Justin Winkler

Die Landwirtschaftsgüter
der Christoph Merian Stiftung Basel

Geographisches Institut
der Universität Kiel
Neue Universität

Basler Beiträge zur Geographie
Heft 35

Die Landwirtschaftsgüter der Christoph Merian Stiftung Basel

Darstellung des raumbezogenen Handelns und der regionalen Funktion einer gemeinnützigen städtischen Institution

Dissertation zur Erlangung der Würde eines Doktors der Philosophie, vorgelegt der Philosophisch-Historischen Fakultät der Universität Basel von

Justin Winkler
von Basel und Mettau/Aargau

1986
Reinhardt Druck Basel
in Kommission bei Wepf & Co. Verlag Basel

Genehmigt von der Philosophisch-Historischen Fakultät der Universität Basel auf Antrag der Herren Prof. Dr. Werner A. Gallusser und Ehrendozent Dr. Erich Schwabe.

Basel, den 30. Mai 1986

Der Dekan
Prof. Dr. Heinrich Löffler

Inhaltsverzeichnis

Vorwort 11

Einleitung
Der landwirtschaftliche Grundbesitz der CMS als Gegenstand
der Geographie 13

Erster Teil
Überlegungen zur Grundbesitzentwicklung der CMS

Kapitel 1   Die Entwicklung des Grundbesitzes und der Ertragslage der CMS 21
1.1   Aufbau und Veränderung des Grundbesitzes 21
1.2   Aufwand, Gesamtertrag und Reinertrag seit 1886, die landwirtschaftlichen Güter in der
      Gesamtrechnung 28

Kapitel 2   Der Grundbesitz «vor den Toren» der Stadt im räumlichen und institutionellen
Funktionswandel 34
2.1   Versuch, die Bedeutung des Brüglinger Grundbesitzes für Christoph Merian zu
      illustrieren 34
2.2   Das testamentarische Landveräusserungsverbot und seine Deutung 36
2.3   Der Grundbesitz der CMS im Einflussbereich der städtischen Interessen: die ersten
      Besitzänderungen und die Rechtsgutachten von 1896 37
2.4   Die Ausweitung des öffentlichen Grundbesitzes und seine Zweckbestimmung 44

Zweiter Teil
Die räumliche Dynamik der Landwirtschaftsgüter der CMS
Vom Stammgut Brüglingen zum regionalen Besitzkomplex

Kapitel 3   Das Gut «vor den Toren der Stadt» unter dem Einfluss städtischer
Landansprüche: Brüglingen und St. Jakob an der Birs 49
3.1   Brüglingen und die Erste Umwandlung der Birsebene 49
3.2   Die Brüglinger Besitzer vor Christoph Merian und die Vergrösserung des Guts 51
      1. Die Gutsbesitzer im ausgehenden 18. Jahrhundert 51
      2. Die Vergrösserung des Guts durch Christoph Merian 53
      3. Der Übergang der Brüglinger Guts in städtischen Besitz 66
3.3   Das Brüglinger Gut im Bereich des «Helvetischen Verkehrsnabels» der Stadt Basel ... 69
      1. Die Landbeanspruchung durch die Bahnen 69
      2. Die Bahnanlagen setzen den Rahmen für eine neue Verteilung des Kulturlands: der
         Bau des Waldhofs 74

Kapitel 4   Der Brüglinger Grundbesitz jenseits der Birs 76
4.1   Die Ausweitung der Landbasis über die Birs und die Formung des
      Grundbeitzkomplexes Muttenzerfeld-Hagnau 76
      1. Die Landkäufe der CMS auf dem Muttenzerfeld 76
      2. Die Auswirkungen der Zentralfriedhofprojekte auf das stadtnahe Land der CMS ... 80
4.2   Die Landumlegungen auf dem Muttenzerfeld, der Ausbau der Bahnanlagen und das
      Flugplatzprojekt 83
      1. Landwirtschaftliche und nichtlandwirtschaftliche Landumlegungen 83
      2. Der funktionale Ausbau der Bahnanlagen 86
      3. Das Flugplatzprojekt «Hard C» 89
4.3   Öffentliche Werke liquidieren den Grundbesitz der CMS auf dem Muttenzerfeld 90
      1. Die Aufgabe des Hagnauhofs und die Erweiterung des Rangierbahnhofs Muttenz 90
      2. Die Zerschneidung des Grundbesitzes auf dem Muttenzerfeld und die Nutzung der
         Restflächen 92

Kapitel 5	Der Brüglinger Grundbesitz in der Birsebene	97
5.1	Die Entstehung der «Erholungslandschaft» in der Birsebene bei St. Jakob	97
	1. Kleingärten als städtische Landbeansprucher	97
	2. Die städtische Landnahme für die Sportanlagen in der Ebene bei St. Jakob	98
5.2	Die Vollendung der Zweiten Umwandlung der Birsebene durch die «Grün 80»	106
	1. Die Vervollständigung der Erholungslandschaft im Kernbereich der Agglomeration Basel	106
	2. Die «Nachnutzung» der Brüglinger Ebene und das neue Gesicht der Birslandschaft	109

Kapitel 6	Der Brüglinger Grundbesitz am Bruderholzfuss und auf dem Bruderholz	115
6.1	Die Öffentliche Nutzung des landwirtschaftlichen Stadtvorlands auf Dreispitz und Ruchfeld	115
	1. Die Standortsuche für die Bahnlagerplätze	115
	2. Die Ausweitung der Lagerplätze	117
6.2	Die Ausbreitung auf das Vordere Bruderholz und zum Unteren Gruth	121
	1. Das stadtnahe Bruderholz	121
	2. Das landwirtschaftliche Bruderholz	123
	3. Die Auseinandersetzung mit dem Kanton Basel-Landschaft und der Kauf des Unteren Gruths	127

Kapitel 7	Die Gutskäufe im Verstädterungsraum von Hochrheintal und Birstal	135
7.1	Die ersten Landkäufe der CMS ausserhalb des Komplexes Brüglingen-St. Jakob: Rothaus und Lachmatt	135
	1. Der Kauf der beiden Güter und der Verkauf des Rothausguts	135
	2. Die Beanspruchung des Lachmattguts durch Verkehr, Industrie und Öffentliche Werke	142
7.2	Die Gutskäufe im Verstädterungsraum Birstal: Weidenhof und Sternenhof	148
	1. Der Weidenhof in der Arlesheimer Birsaue	148
	2. Der Sternenhof auf der Reinacher Niederterrasse	159

Kapitel 8	Die Gutskäufe im Agrarraum des Juras und des Birsecks	172
8.1	Das erste Gut im Agrarraum: Iglingen	172
8.2	Die Grossgüter Schlatthof-Schürhof und Löwenburg	185
	1. Der Schlatthof	185
	2. Die Löwenburg	189
8.3	Die Vereinigung der Schlatthöfe, der Kauf der Löwenburg und die Schaffung der Gutsbetriebe	190
	1. Die CMS als Gutskäuferin und als Treuhänderin von baselstädtischem Landbesitz	190
	2. Die Schaffung der Gutsbetriebe und die Gutsarrondierung	196
8.4	Die aktualgeographische Situation der Gutsbetriebe: Bodennutzung und Betriebsgestaltung	203
	1. Die Bodennutzung	203
	2. Die Betriebsgestaltung	209
	3. Spezialisierung der Produktion und Diversifizierung der Aussenbeziehungen	215
8.5	Zur demographischen und kulturräumlichen Bedeutung der Gutsbetriebe	220
	1. Die Gutsbetriebe der CMS als Wohnorte	220
	2. Die Besonderheit der kulturräumlichen Situation der Löwenburg	222

Dritter Teil
Räumliche Gestalt und regionale Funktion des gegenwärtigen Grundbesitzes

Kapitel 9	Der «nicht realisierte» Grundbesitz und die Bedeutung des «Pächter-Sozialnetzes»	231
9.1	Das Handänderungspotential landwirtschaftlicher Güter als Anzeiger grundbesitzlicher Dynamik	231
9.2	Das «Pächternetz» als Sozialfaktor bei den Güterkäufen der CMS	235

Kapitel 10 Aktualdynamik des gegenwärtigen Grundbesitzes der CMS 236
10.1 Die Handänderungen der letzten 25 Jahre 236
10.2 Typisierung des aktuellen landwirtschaftlichen Grundbesitzes der CMS 248

Kapitel 11 Gedanken über Chancen und Probleme der CMS als regionale Grundbesitzerin .. 253

Rekapitulation/Récapitulation 257

Anmerkungen 264

Abkürzungen und Bibliographie 276

Anhang:
Chronologische Übersicht über die Bewirtschafter der Landwirtschaftsgüter
von Christoph Merian und der Christoph Merian Stiftung 282

Namenregister 287

Abbildungsverzeichnis

1 Die Zunahme der nutzflächenbezogenen Mechanisierungsintensität und die Abnahme der Arbeitskraftintensität 1975/1980.

2 Der Umfang des Brüglinger Guts 1811, 1824, 1839, 1854 und 1879, und des Grundbesitzes der Christoph Merian Stiftung seit 1886: nach Lage

3 desgl.: Die Dynamik von Zunahme und Abnahme

4 Die Entwicklung der Flächen- und Wertanteile der Hauptnutzungskategorien des Grundbesitzes der Christoph Merian Stiftung 1960–1984

5 Die Anteile von Landwirtschaftsgütern und Liegenschaften am Vermögen der Christoph Merian Stiftung 1886–1982.

6 Aufwand, Gesamtertrag und Reinertrag der Christoph Merian Stiftung 1886–1984.

7 Der Aufwand der Christoph Merian Stiftung für die Landgüter 1886–1984, im Vergleich mit ausgewählten anderen Ausgaben.

8 Die Erträge der Christoph Merian Stiftung aus den Landgütern 1886–1984, im Vergleich mit ausgewählten anderen Erträgen

9 Die Pachtzinserträge 1922–1955 aus den Landwirtschaftsgütern der Christoph Merian Stiftung.

10 Das Brüglinger Gut um 1824

11 Das Brüglinger Gut um 1853

12 Das Brüglinger Gut 1886; die Landwirtschaftsbetriebe des Brüglinger Guts

13 Die Landnutzung des Brüglinger Gutes und die Verteilung der Areale auf Basler und Münchensteiner Gebiet 1839, 1854 und 1879

14 Der Landerwerb der Schweizerischen Centralbahn 1853-1888 im Osten der Stadt Basel und in Muttenz

15 Die Landkäufe der Christoph Merian Stiftung auf dem Muttenzerfeld von 1897 bis 1914

16 Die Landkäufe der Christoph Merian Stiftung auf dem Muttenzerfeld

17 Die Birsebene bei St. Jakob-Hagnau und das westliche Muttenzerfeld

18 Das Brüglinger Gut um 1910

19 Das Brüglinger Gut und der Weidenhof um 1920

20 Die Landwirtschaftsgüter der Christoph Merian Stiftung im Birstal um 1931

21 Der Predigerhof zur Zeit des Kaufs durch die Christoph Merian Stiftung (1938)

22 Die Landwirtschaftsgüter der Christoph Merian Stiftung im Birstal um 1951

23 Die Landwirtschaftsgüter der Christoph Merian Stiftung im Birstal um 1966

24 Das Rothausgut der Christoph Merian Stiftung mit den Landverkaufs-Abschnitten von 1917 und 1920

25 Das Lachmattgut in der Feldflur des Muttenzer Landumlegungsgebiets 1929

26 Schematische Wiedergabe der Verminderung des Weidenhoflands 1970, 1978 und 1983

27 Der Wandel der Parzellarstruktur im Gebiet von Sternenhof-Kägen 1938, 1968 und 1983

CORRIGENDA IN TABELLEN

	statt	lies
Tab. 1, S. 17:		
Spalte "Bern"	35,55 35,55	} 35,5 {
Tab. 6, S. 72:		
Spalte "%"	11,5 25,6	11,3 25,9
Tab. 19, S. 207:		
Spalte "Löwenburg 1980, Vergleichstotal"		
	6,6	8,2
Tab. 23, S. 241:		
Spalte "Saldo"	8 05 97 −123 68 10 − 15 16 41	− 8 05 97 +123 68 10 + 15 16 41
Tab. 25, S. 245:		
Spalte "1.-7. Total"	2339,1 2352,1	2337,7 2350,7

Abb. 13, S. 65:

Areal "Park" des Brüglinger Gutes liegt ganz auf Münchensteiner Boden und müsste daher Grauton aufweisen.

28 Das Iglinger Gut in der Mitte des 19. Jahrhunderts und zur Zeit des Kaufs durch die Christoph Merian Stiftung

29a Die Grundbesitzer im Talraum von Iglingen (Wintersingen) nach ihrer Erwerbstätigkeit

29b desgl.: nach dem Umfang ihres Grundbesitzes in der Gemeinde Wintersingen

30 Schürhof, Riedernmatten und Schlattfeld in der Mitte des 19. Jahrhunderts und heute

31 Das Gut Löwenburg nach dem Kauf der Neumühle 1966

32 Die Verschiebung von Grundbesitz und Bewirtschaftungsverhältnissen im Gebiet des Erlenhofs 1968–1978.

33 Die Höhenverteilung des Grundbesitzes der Gutsbetriebe der Christoph Merian Stiftung 1984.

34 Die Bodennutzung der Gutsbetriebe der Christoph Merian Stiftung im Vergleich mit der Bodennutzung der Landwirtschaftsbetriebe der Standorts- und Nachbargemeinden 1960 und 1980.

35 Die landwirtschaftliche Nutzfläche von Schlatthof und Schürhof 1979 und 1985/86.

36 Die landwirtschaftliche Nutzfläche des Gutsbetriebs Löwenburg 1986.

37 Die Entwicklung von Flächennutzung und Arbeitswirtschaft der Gutsbetriebe Löwenburg und Schlatthof 1958/59–1984.

38 Die Wohnbevölkerung der Gutsbetriebe Löwenburg und Schlatthof 1957/58–1985.

39 Die kulturräumliche Sprachgrenze und die politischen Grenzen im Gebiet von Pleigne (Löwenburg), Movelier, Ederswiler und Roggenburg.

40 Die regionale Verteilung der seit 1899 der Christoph Merian Stiftung angebotenen Landgüter.

41 Die raumzeitliche Verteilung der seit 1899 der Christoph Merian Stiftung angebotenen Landgüter.

42 Der Grundbesitz der Christoph Merian Stiftung 1985.

43 Die räumliche Verteilung und Nutzung des Grundbesitzes der Christoph Merian Stiftung 1951 und 1981.

44 Lage des Grundbesitzes baselstädtischer Institutionen in der Dreiländeragglomeration Basel 1981.

45 Grundbesitz der öffentlichen Hände beider Basel und gemeinnütziger stadtbaslerischer Institutionen in den Gemeinden Aesch und Reinach 1979/1983.

46 Ausgewählter öffentlicher Grundbesitz in der Gemeinde Muttenz 1982/1983.

Konzeption und Reinzeichnung der Abbildungen durch den Autor. Nach Vorlagen des Autors wurden folgende Abildungen bearbeitet:
Abb. 2 und 3 von Ueli Meyer;
Abb. 35 und 36 von Leena Baumann-Hannikainen;
Abb. 10–12, 18–20, 22, 23, 31 und 42 von Josef Hodel, hier teilweise veränderte Wiedergabe der in Suter 1986 enthaltenen Karten. Grundkarte reproduziert mit Genehmigung der Eidgenössischen Landestopographie vom 27.6.1986.

Photographienverzeichnis

S. 63 Der Pachthof St. Jakob am Ende des 19. Jahrhunderts.
S. 93 Die Hagnau und der Hagnauhof in den 1950er Jahren.
S. 95 Der «Helvetische Verkehrsnabel» der Stadt Basel 1983.
S. 141 Das Gebiet des ehemaligen Rothausguts bei Schweizerhalle 1986.
S. 144 Der Lachmatthof in der Mitte der 1930er Jahre.
S. 154 Der Weidenhof in der Arlesheimer Birsaue 1986.
S. 169 Der Sternenhof auf der Reinacher Niederterrasse 1983.
S. 178f. Der Osthof des Guts Iglingen in der Mitte der 1930er Jahre und 1984.
S. 192 Der Schlatthof 1986.
S. 224 Das Hofgut Löwenburg und der Löwenburger Hof Hinterschloss 1986.

Vorwort

In einer Zeit, in der sogar das Theaterpublikum manchmal gerne hinter die Kulissen schaut, sind Institutionen des Gemeinwesens wie die Christoph Merian Stiftung besonders auf das Offenlegen ihrer Leitgedanken und auf die Darstellung ihres Wirkens bedacht. In verstärktem Mass gilt dies für das Jahr ihres hundertjährigen Bestehens, was dieser auf Anregung von Prof. Dr. Werner A. Gallusser in Angriff genommenen Dissertation eine besondere Aktualität verleihen dürfte.

Unter den zahlreichen bestehenden Stiftungen ist die Stiftung Christoph Merians wohl unvergleichbar und muss als Glücksfall und Chance für die Stadt Basel betrachtet werden. Ihre ausserordentliche Bedeutung für die Stadt und auch für die Region Basel liess es besonders wünschbar erscheinen, ihren Grundbesitz ausführlicher darzustellen – um so mehr, als die Stiftung vielen Leuten in der Unschärfe des distanzierten Blicks als Moloch erscheint, der ihnen Polemik mit einem feudalzeitlichen Wortschatz abnötigt. Den Glücksfall als Chance wahrnehmen heisst aber, seine Möglichkeiten gelassen betrachten. Vielleicht gelingt es mir, mit dieser Arbeit etwas dazu beizutragen.

Die CMS hat diese Arbeit materiell und finanziell ermöglicht; ich bin der Kommission und der Verwaltung der CMS für das mir entgegengebrachte Vertrauen sehr zu Dank verpflichtet. Ich danke auch Herrn Prof. Dr. Werner A. Gallusser für seine verständnisvolle fachliche Begleitung, sowie den Herren Ehrendozent Dr. Erich Schwabe (Korreferent), Dr. Rudolf Suter, Dr. Hans Meier und Dr. Paul Faessler für die kritische Durchsicht des Manuskripts.
Ich danke allen, die mir mit ihrer lebendigen Teilnahme den Mut zum Abschluss dieser Arbeit gestärkt haben.

Einleitung

Der landwirtschaftliche Grundbesitz der Christoph Merian Stiftung als Gegenstand der Geographie

1. Die Christoph Merian Stiftung und der kommunale Grundbesitz in der geographischen Literatur

Christoph Merian und die Christoph Merian Stiftung waren bisher Gegenstand von vier historisch ausgerichteten und zur Hauptsache der Selbstdarstellung der Institution dienenden Veröffentlichungen. Vergleichbares über den Grundbesitz anderer bürgerlicher Institutionen besteht nicht. Traugott Geerings zum 50. Todestag des Stifters 1908 veröffentlichte Merian-Biographie schloss eine Darstellung des Wirkens der CMS ein. Sie wurde, nachdem sie schon lange vergriffen war, zum 100. Todestag Merians 1958 durch G. A. Wanner von Grund auf neu verfasst. Zum 50. Jahrestag des Bestehens der CMS 1936 wurde eine von Ernst Miescher, dem langjährigen Präsidenten der Stiftungskommission verfasste Übersicht über die Geschichte der CMS herausgegeben. Sie ist klar und sachlich, auf das Erreichte und die Fakten des Tages ausgerichtet. In der 1985 erschienenen Jubiläumsschrift zum hundertjährigen Bestehen der CMS 1986, Rudolf Suter, der Lektor des Christoph Merian Verlags, verfasste, wird der Bogen vom Geburtsjahr Merians 1800 bis in die Gegenwart gespannt: Der Verfasser hatte ausser der grossen Zeitspanne auch die in den letzten dreissig Jahren entstandene beträchtliche Vielfalt der Stiftungsaktivitäten zu bewältigen, die ihr zur heutigen gesamtstädtischen Bedeutung verhalf.

Die vorliegende Arbeit stellt nicht den ersten geographischen Beitrag zur Bedeutung der CMS als Grundbesitzerin dar. Es ist der Planungsverbundenheit der CMS zu verdanken, dass bereits zu Beginn der 1960er Jahre die kulturräumliche und kulturlandschaftliche Bedeutung ihrer Landgüter in einer Sondernummer von Regio Basiliensis[1] zur Darstellung kam. Städtische Prozessräume wie das St. Alban-Tal und der Gutskomplex Brüglingen forderten in hohem Masse das geographische Interesse heraus, was im Lauf der letzten zehn Jahre zu verschiedenen Arbeiten im Rahmen von Lehre und Forschung des Geographischen Instituts der Universität führte. In der Öffentlichkeit diskutiert und missverstanden wurde in jüngster Zeit das Umweltgutachten zur Neugestaltung des Hundsbuckel-Areals von 1984, das die räumlichen Rahmenbedingungen für die Teilüberbauung und die Anlage eines Erholungsgebiets auf bisherigem Kulturland abklärte.[2]

Der Grundbesitz der selbständigen CMS kann, der öffentlichen Aufgabe der Stiftung entsprechend, nicht ganz ohne Bezug auf den öffentlichen – kommunalen, kantonalen, nationalen – Grundbesitz betrachtet werden. Es scheint mir kein Zufall zu sein, dass gerade der landwirtschaftliche Grundbesitz städtischer Gemeinwesen als Einheit bisher keine exemplarische geographische Würdigung erfahren hat. Die Behandlung von Fragen der kommunalen Bodenpolitik oder die Beschreibung von Institutionen mit bedeutenden Domänen wurde von Nationalökonomen, Agrarökonomen, Juristen und Architekten geleistet, die der pragmatischen Ebene der Institutionen offenbar näherstehen als die Geographen. Wir erwähnen in diesem Zusammenhang die Darstellung der *Burgergemeinde Bern* durch Haag (1968), deren Grundbesitz trotz der Besonderheit seiner räumlichen Verteilung nach Umfang und Nutzung mit demjenigen der CMS verglichen werden kann; der *Kanton Thurgau* erarbeitete ab 1979 eine Gesamtkonzeption für die staatlichen Domänen und Gutsbetriebe, die eine fiskalische, betriebswirtschaftliche und kulturelle Neuordnung zum Ziel hatte (1983); auf verschiedene Darstellungen von Aspekten kommunaler Bodenpolitik, die auch auf die Basler Verhältnisse eingehen, weisen wir in unseren Ausführungen über die Einbindung der CMS in den öffentlichen Bereich hin.

2. Begriffssetzungen

Grundeigentum – Grundbesitz

Der Besonderheit unseres Gegenstands, der konkreten Institution mit ihren konkreten Landgütern Rechnung tragend, sprechen wir in einer umgangssprachlichen Weise vom *Grundbesitz*; mit den Begriffen *Landgüter* oder *Landwirtschaftsgüter* bringen wir zum Ausdruck, dass er eine (landwirtschaftliche) räumliche Ausprägung hat und Vermögen (Gut) darstellt. Wir berücksichtigen in diesem Sinne die juristisch korrekte begriffliche Unterscheidung Grundeigentum-Grundbesitz nicht, wonach der selbständige oder unselbständige *Besitz* dem *Eigentum*, der umfassenden Herrschaft an einer Sache, untergeordnet ist. Wir gehen aber mit Gallusser[3] einig, dass eine geographische Analyse, die nicht von einem einzelnen bzw. von überschaubar wenigen Grundbesitzern ausgeht, sondern landschaftsweise oder territoriumsgebunden vorgenommen wird, zur Differenzierung der Landnutzungsbeziehungen mit Gewinn die Verbindungsarten von Eigentümer und Besitzer berücksichtigt. Für die grundbuchlich individualisierte Raumeinheit *Grundstück* verwenden wir meist den gebräuchlichen Ausdruck *Parzelle*. Im Sachbereich der landwirtschaftlichen Güter spielt die Errichtung selbständiger Besitzparzellen (z. B. Baurechts-P.) über der Eigentumsparzelle gegenüber den unselbständigen Nutzungsverhältnissen eine sehr untergeordnete Rolle und gibt uns zu keiner besonderen Unterscheidung Anlass.

Landwirtschaftsgüter

Unsere Betrachtung der landwirtschaftlichen Güter orientiert sich im wesentlichen an den geschlossenen, zum Grundbesitz der CMS geschlagenen Hofgütern, auf deren Grundlage der raumzeitliche Strukturwandel des Grundbesitzes der CMS stattfindet. Sie darf aber, wenn sie dem Gegenstand gerecht werden will, nicht bei einem Begriff der Landwirtschaft als agrarischer Landnutzung stehenbleiben, sondern muss in der zeitlichen Abfolge ihre Ablösung durch die paralandwirtschaftliche und bauliche Bodennutzung miteinbeziehen. Das einstige Brüglingen von Christoph Merian und die heutige Löwenburg der CMS sind kein agrarisches Arkadien, sondern Substrat und Resultat der stadträumlichen Umwälzung. Ohne Kenntnis des Prozesses des Bodenverbrauchs und des Ersatzprinzips wäre die heutige Gestalt des agrarisch genutzten Grundbesitzes der CMS nicht deutbar. Wir haben die städtischen Liegenschaften aber nach pragmatischen Gesichtspunkten so weit als möglich ausgeklammert.

Die CMS stellt ein Beispiel dafür dar, wie landwirtschaftlicher Grundbesitz diversifizierbar ist und nicht als Gegensatz, sondern als Grundlage und Ergänzung jeder städtebaulichen und infrastrukturellen Entwicklung verstanden werden muss.

3. Die verwendeten Quellen

Wir verdanken dem Entgegenkommen der Verwaltung der CMS die Möglichkeit zur Auswertung der in ihrem Hausarchiv enthaltenen Akten. Unsere Arbeit stützt sich daher in grossem Mass auf diese Primärquellen. Die nach den Bedürfnissen der Verwaltungspraxis zur Aufbewahrung ausgewählten und geordneten Akten sind heterogen und teilweise lückenhaft. Selbst die Protokolle der Stiftungskommission (SK) und ihrer Delegationen zu den Sachfragen lassen das Gewicht einiger Landgeschäfte nicht in dem Licht erscheinen, in das diese nach den greifbaren Bruchstücken der Korrespondenz gestellt werden müssen. Zur Vervollständigung des Bilds der aus den Primärquellen rekonstruierten Ereignisse dienten die Auskünfte des jährlichen Verwaltungsberichts des Bürgerrats (VB) und des ab 1956 geführten, ausführlich gehaltenen internen Jahresberichts der CMS (JB). Ergänzend wurden auch Berichte und Ratschläge an die Oberbehörde, den Weitern Bürgerrat, beigezogen.

Seiner aufgrund der verschiedenen Formate nicht einfachen Archivierung wegen ist das historische Planmaterial der CMS etwas verstreut. Der prächtige, unersetzliche Übersichtsplan von Geometer Siegfried zu den Vermessungsplänen des Brüglinger Guts von 1853–54 kam leider durch Diebstahl abhanden. Die Flächenverzeichnisse (Massregister) zu Siegfrieds Plänen von 1839 und 1854 sind erhalten.

Weitere Unterlagen wurden bearbeitet in den Staatsarchiven Basel-Stadt und Basel-Landschaft, im Meliorationsamt und im Planungsamt des Kantons Basel-Landschaft, in verschiedenen Gemeindearchiven sowie im Archiv der SBB (Luzern). Bezüglich Ereignissen der neueren Zeit wurde in offenen Interviews mit Informanten Klärung gesucht. Dazu waren der ehemalige Direktor der CMS und der ehemalige Gutsverwalter sowie ihre Nachfolger in freundlicher Weise bereit. Auch für die von den Stiftungspächtern, weiteren Landwirten und Altlandwirten gezeigte Auskunftsbereitschaft bin ich sehr dankbar.

Allen Personen und Amtsstellen, deren Unterstützung ich erfahren durfte, sei an dieser Stelle gedankt.

4. Umrisse einer Geographie des Grundbesitzes und des Handelns

Das Wort ist der Tat Schatten
Demokrit (Fragment in Gnômai)

Die geographische Darstellung der Landgüter der CMS, die bisher in einer landes- und landschaftskundlichen Betrachtungsweise erfolgte (Annaheim[4]), könnte einer *Geographie des Grundbesitzes* zugeordnet werden, wie sie sich bereits bei Ratzel anbahnt, und, um dem Grundbesitzer als lebendiges Subjekt gerecht zu werden, einer *Geographie des raumwirksamen Handelns*. Damit ist der von Gallusser[5] beschrittene Weg einer den juristischen Raum einschliessenden dynamischen Betrachtungsweise angedeutet.

Wir finden die dynamische Betrachtungsweise bei Böhm[6], der die Landschaft als «das Ergebnis von geglückten bzw. missglückten bodenbezogenen Verhaltensweisen» bezeichnet. Grundbesitz gewinnt in der Geographie mit der Erkenntnis, dass er die sozialen und subjektiven Grundlagen der Lebensraumgestaltung aufzeigt (Hartke[7]), grosse Bedeutung. In einem in Kanada gepflegten, planungsorientierten Zugang wird der Grundbesitzer als humanökologische Komponente verstanden. «The characteristics, attitudes and intentions of the landowners are at the least as important as the physical character of the land itself.» (Bradley/Beaulieu[8]) Auch wir vertreten die Auffassung von Grundbesitz als dem Punkt, an dem Gedankenwelt und Körperwelt zusammentreffen und einander gegenseitig beeinflussen. Grundbesitz stellt so die kulturelle Konkretisierung eines bestimmten Teils des naturräumlichen Potentials dar; aus diesem Grund legt das auf planerische Wirksamkeit ausgerichtete Interesse dem Handeln des Grundbesitzers grosses Gewicht bei. Wir sprechen in diesem Sinne ausdrücklich stets von Handeln und nicht von Verhalten, d.h. mehr vom intentionalen als vom stimulierten Tun (Sedlacek[9]) – obwohl wir gerade am Beispiel der CMS zu erkennen glauben, dass die scheinbare Rationalität des raumwirksamen Handelns von zahlreichen Raumwiderständen gebrochen wird: «Das ursprünglichste Produkt des Handelns ist nicht die Realisierung vorgefasster Ziele und Zwecke, sondern die von ihm ursprünglich gar nicht intendierten Geschichten, die sich ergeben, wenn bestimmte Ziele verfolgt werden.» (Arendt[10]) Dass sich dementsprechend die Impulse des handelnden Grundbesitzers nicht unmittelbar in der konkreten Gestalt seines Grundbesitzes ausdrücken, liegt nicht zuletzt daran, dass der ideelle Raum seiner Entscheidungsfindung und der physische Raum seines Entscheidungsobjekts in nahezu unvereinbaren Kategorien konzipiert werden. In unserer Arbeit stossen wir daher stets auf die Wechselwirkung zwischen Handlungsintention und «nicht intendierten (Raum)Geschichten», hier als Wechselwirkung zwischen der Verpflichtung der CMS, ihren Grundbesitz zu wahren und dem aus diesem Bemühen sich ergebenden zeitlichen und räumlichen Wandel der konkreten Gestalt dieses Grundbesitzes.

5. Zur Methode der Darstellung

Das Raum-Zeit-Modell

Die vorliegende Arbeit hat aufgrund ihres nicht primär räumlich, sondern institutionell definierten Gegenstands stark monographischen Charakter. Quellenlage, räumliche und zeitliche Spanne und damit die innere Diversifiziertheit des Untersuchungsgegenstands führen zu einer grossen Unterschiedlichkeit des raumzeitlichen Betrachtungsmassstabs und einer gewissen Heterogenität des Zugangs. Wir versuchen, unsere Analyse auf der Grundlage eines raumzeitlichen Modells zu ordnen. Wir orientieren die raumprägenden Handlungen, welche die thematische Vielfalt netzartig verbinden, an der Zeitachse; daraus ergibt sich eine chronologische Darstellung von Entstehung und Ausformung des CMS-Grundbesitzes, in der gleichzeitig ein *Zentrum-Peripherie-*Modell zum Ausdruck kommt, d. h. ein Raummodell der Stadtregion Basel. Anhand einiger landwirtschaftlicher Strukturdaten möchten wir nachfolgend den agrarischen Aspekt des städtischen Verdichtungsraums, der *Agglomerationen* und *Städte*, die für unsere Betrachtungen von Bedeutung sind, herausstellen.

Landwirtschaft in Agglomerations- und Stadtgemeinden

Die Konkurrenzierung der Landwirtschaft durch die ertragreichere bauliche Nutzung des Kulturlands führt zu einer Randwanderung des landwirtschaftlichen Schwerpunkts im Verstädterungsbereich und zur Abdrängung in die am kostspieligsten zu erschliessenden Randzonen der vorstädtischen Gemeinden (z. B. das Bruderholz). Wir möchten die Agglomerationsstruktur am Beispiel der Landwirtschaftsbetriebe illustrieren.

Die Eidgenössische Statistik bestimmt aufgrund allgemeiner, aus den Volkszählungsdaten gewonnener Strukturmerkmale die Zahl der zum «städtischen Gebiet» (den Agglomerationen und Städten) gerechneten Gemeinden und damit den Umfang der Agglomerationen.[11] 12,8% der 1980 gezählten Landwirtschaftsbetriebe mit mehr als 1 ha Betriebsfläche und 13,3% der gleichzeitig erhobenen Landwirtschaftlichen Nutzfläche der Schweiz befinden sich in Agglomerationsgemeinden und Städten nach der Definition von 1980 (V). In der Aufschlüsselung nach den Gemeinden der Agglomerations-«Wachstumsringe» von 1930, 1950, 1960 und 1970 (I-IV) ergibt sich folgendes Bild.

Tabelle 1
Betriebe mit ≥ ha LN in den Gemeinden der Agglomerationsbereiche I–V (Prozent)

		Schweiz	Zürich	Bern	Genève	Basel
I	1930	18,8	5,3	35,55	4,4	24,2
II	1950	9,2	6,5	35,55	21,0	13,7
III	1960	23,8	30,1	11,7	33,3	20,5
IV	1970	23,8	16,6	34,5	33,3	31,0
V	1980	24,4	41,5	18,3	41,3	10,6
		100,0	100,0	100,0	100,0	100,0%
		= 12 582	= 2 274	= 1 315	= 433	= 322 Betriebe

Im Vergleich der dargestellten relativ «landwirtschaftsstarken» Agglomerationen Zürich und Bern mit den relativ «landwirtschaftsschwachen» Agglomerationen Genf und Basel zeigen sich deutliche Unterschiede in der Agrarstruktur der städtischen Verdichtungsräume. Die Agglomeration Basel hat (wie jene von Bern) ein Kerngebiet (I–II), das eine relativ grosse Zahl von Landwirtschaftsbetrieben aufweist; über die Hälfte der berücksichtigten Landwirtschaftsbetriebe befinden sich in Gemeinden des statistischen Verdichtungsgebiets von 1960 (III) und 1970 (IV); an der Peripherie werden 1980 (V) nur wenige Gemeinden neu hinzugezählt, weshalb deren landwirtschaftliches Gewicht entsprechend unterdurchschnittlich ist.

Eine Gruppierung der Gutskäufe der CMS nach diesem Schema des Agglomerationswachstums ergibt folgendes Bild.

Agglomerationsausdehnung nach Definition von	Guts- und Landantritte der CMS	
I 1930	1886	Brüglinger Pachthöfe (Erbschaft), Basel-Münchenstein
		+ 1897–1913 Muttenzerfeld (Käufe), Muttenz
		+ 1899 Waldhof (Neubau), Basel
		+ 1913 Hagnauhof (Kauf), Birsfelden
		+ 1938 Predigerhof-Land (Kauf), Reinach
		+ 1951 Unteres Gruth (Kauf), Münchenstein/Muttenz
(III) (1960)	1905	Lachmatthof (Kauf), Pratteln/Muttenz
	1906	Rothausgut (Kauf), Muttenz
II 1950	1918	Weidenhof (Kauf), Arlesheim
	1924	Sternenhof (Kauf), Reinach
	1973	Bernhardsberg (Schenkung), Oberwil
III 1960	1930	Hinterer Schlatthof, Schürhof (Kauf), Aesch
	1960	Vorderer Schlatthof (Kauf), Aesch
Ausserhalb	1918	Iglingerhof (Kauf), Magden AG/Wintersingen BL
	1956	Löwenburg (Kauf), Pleigne JU
		+ 1966 Neumühle (Kauf), Pleigne

In diesem Sinne gliedern wir unsere Darstellung der einzelnen Güter im wesentlichen in die raumzeitlichen Phasen

I   des Stammguts[12] Brüglingen und seiner unmittelbaren räumlichen Ausbreitung und Beanspruchung,

I/II der zugekauften Güter im Verstädterungsraum, und

III   der zugekauften Güter ausserhalb der Agglomeration.

Abbildung 1
Die Zunahme der nutzflächenbezogenen Mechanisierungintensität (a) und die Abnahme der Arbeitskraftintensität (b) der Landwirtschaft in der Nordwestschweiz und drei ausgewählten Teilräumen.

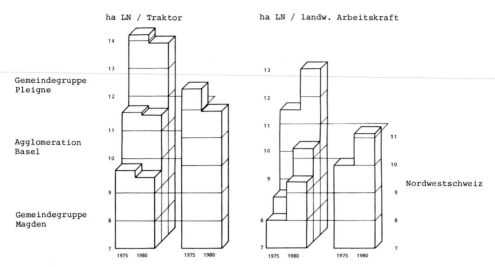

a   Hektaren landwirtschaftliche Nutzfläche pro gezählter Traktor 1975 und 1980.

b   Hektaren landwirtschaftliche Nutzfläche pro gezählte ständige landwirtschaftliche Arbeitskraft 1975 und 1980.

Gemeindegruppe Pleigne: Bourrignon, Charmoille, Ederswiler, Mettemberg, Movelier, Pleigne, Pleujouse, Roggenburg.
Agglomeration Basel: nach Definition BAS 1970[11].
Gemeindegruppe Magden: Arisdorf, Hersberg, Magden, Maisprach, Möhlin, Nusshof, Olsberg, Rheinfelden, Wintersingen.
Nordwestschweiz: Kantone Basel-Stadt und Basel-Landschaft. Bezirke Laufenburg, Rheinfelden (Aargau); Laufen (Bern); Delémont, Porrentruy (Jura); Dorneck, Thierstein (Solothurn).

Mit *Iglingen* und *Löwenburg* gewinnt der Grundbesitz der CMS einen über die Agglomeration Basel hinausreichenden regionalen Aspekt. Mit ihnen fasst die CMS in zwei agrarstrukturell voneinander verschiedenen Gebieten der Nordwestschweiz Fuss. Durch den Vergleich der statistischen Werte der gruppierten Gemeinden in der Nachbarschaft der Betriebsstandortsgemeinden (Magden bzw. Pleigne) mit den Werten der Agglomerationsgemeinden versuchen wir, die regionale Differenzierung zu erfassen. Wir möchten hier stellvertretend für zahlreiche andere Merkmale auf die Unterschiede in der flächenbezogenen Bewirtschaftungsinstensität der drei Gemeindegruppen (GG) hinweisen.

Abbildung 1 zeigt, dass alle drei Gemeindegruppen eine allgemeine, durch den Rückgang der landwirtschaftlichen Arbeitskräfte bedingte und von der Mechanisierung gestützte arbeitsmässige Intensivierung aufweisen. Während die Steigerung zwischen 1975 und 1980 in den Agglomerationsgemeinden und in der Gemeindegruppe Pleigne nur wenig vom Mittel der Nordwestschweiz (+11,2%) abweicht, erweist sich die Gemeindegruppe Magden als recht dynamisch (+17,3%). Aus der Darstellung ist zudem ersichtlich, dass die durchschnittliche Bewirtschaftungsintensität in den drei Gemeindegruppen unterschiedlich ist. Am wenigsten Nutzfläche pro Arbeitskraft und damit die höchste Bewirtschaftungsintensität weist die GG Magden auf; mit dem

Nordwestschweizerischen Mittel ist die Intensität in der Agglomeration Basel vergleichbar; die GG Pleigne ihrerseits zeigt eine durch die Höhenlage bedingte klimatische Extensivierung.

Die Agglomeration Basel erweist sich hier bezüglich ihrer Agrarstruktur im Rahmen der Nordwestschweiz als relativ «durchschnittlich», obwohl ihr absolutes landwirtschaftliches «Gewicht» seit den 1950er Jahren deutlich abgenommen hat. Die Agglomerationslandwirtschaft ist also nicht nur eine «Baulückenlandwirtschaft», sondern verfügt über nicht unbedeutende Reserven, auf die wir in der Besprechung des Schlatthofkomplexes der CMS eingehen werden.

Erster Teil
Überlegungen zur Grundbesitzentwicklung der CMS

Kapitel 1
Die Entwicklung des Grundbesitzes und der Ertragslage der CMS

1.1 Aufbau und Veränderung des Grundbesitzes

In den Abbildungen 2 und 3 verdeutlichen wir durch Aufsummieren der Flächenwerte die Einteilung des Grundbesitzes der CMS seit 1886. Wie die vorangestellten Flächendaten für das Brüglinger Gut zwischen 1811 und 1879 zeigen, findet unter Christoph Merian eine beträchtliche Vergrösserung des Grundbesitzes statt. Zwischen 1854 und 1879 geht dessen Umfang bereits wieder zurück, was in der Darstellung für die folgende Zeit als Gefälle nach rechts in Erscheinung tritt: Wir bezeichnen die damit angezeigte Erscheinung als – wohlstandbedingten – *Flächenschwund*. Die Kompensation dieses Schwunds erfolgt üblicherweise durch den Kauf ganzer Landwirtschaftsgüter oder ausgedehnter Waldungen durch die CMS und tritt als schubweise Grundbesitzvergrösserung in Erscheinung. Die prozentuale Zunahme des Gesamtgrundbesitzes gestaltet sich dabei in der weiter unten dargestellten Weise.

Die Käufe von Weidenhof und Iglingen sowie des Hinteren Schlatthofs führen kurzfristig zu einer Überkompensation der erst in den Folgejahren vollzogenen Landabtretungen. In den 100 Jahren des Bestehens der CMS ist ihr Gesamtgrundbesitz
  in 44 Jahren *zunehmend*,
  in 49 Jahren *abnehmend* und
  in 7 Jahren *ohne Veränderung*
gegenüber dem Stand des Vorjahrs. In fast zwei Dritteln der Jahre, in welchen der Gesamtgrundbesitz per Saldo abnimmt, beträgt der Rückgang mehr als eine Hektare, während nur weniger als die Hälfte der jährlichen Zunahmen dieses Mass überschreiten. Die Dynamik des Landschwunds im Gesamtgrundbesitz ist stärker als die spektakuläre reaktive Dynamik des Zuwachses, versteckt sich aber unter letzterer.

1905	**Lachmatt**, Pratteln, Muttenz	+12,4%
1906	**Rothaus**, Muttenz	+22,0%
1914	**Hagnauhof**, Birsfelden, Muttenz	+ 6,3%
	Weidenhof, Arlesheim	
1918	**Iglingen**, Magden AG, Maisprach, Wintersingen	+15,3%
1924	**Sternenhof**, Reinach, Aesch	+ 1,3%
1930	**Hinterer Schlatthof, Schürhof**, Aesch, Ettingen	+14,4%
1938	**Predigerhof-Land**, Reinach	+ 2,2%
1951	**Unteres Gruth**, Münchenstein, Muttenz	+ 6,3%
1956	**Löwenburg**, Pleigne JU, Ederswiler JU, Roggenburg BE	+53,1%
1960	**Vorderer Schlatthof**, Aesch	+ 2,3%
1966	**Neumühle**, Pleigne JU	+ 1,7%
	Rämelwaldung, Burg BE	
1973	**Bernhardsberg**, Oberwil	+16,8%

Abbildung 2
Der Umfang des Brüglinger Guts 1811, 1824, 1839, 1854 und 1879, und des Grundbesitzes der Christoph Merian Stiftung seit 1886.
Gliederung nach Lage.
(Siehe auch *Tabelle 2*)

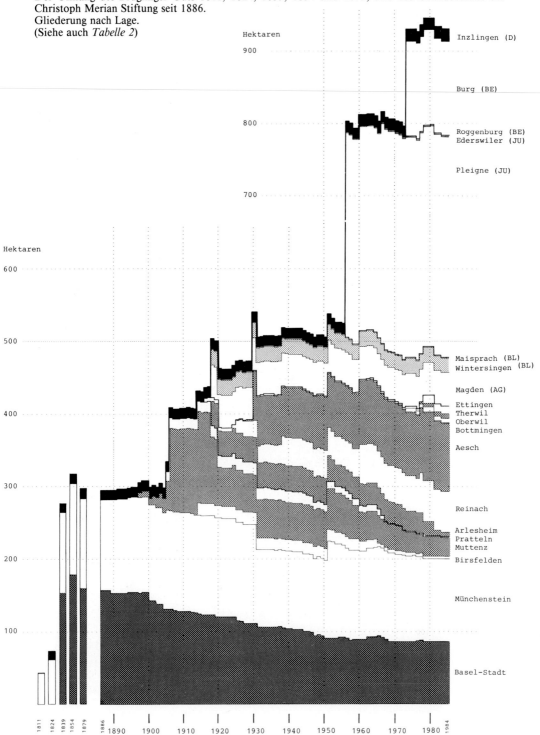

Abbildung 3
Der Umfang des Grundbesitzes der Christoph Merian Stiftung seit 1886.
Die Dynamik von Zunahme und Abnahme nach Lage.
(Siehe auch *Tabelle 2*)

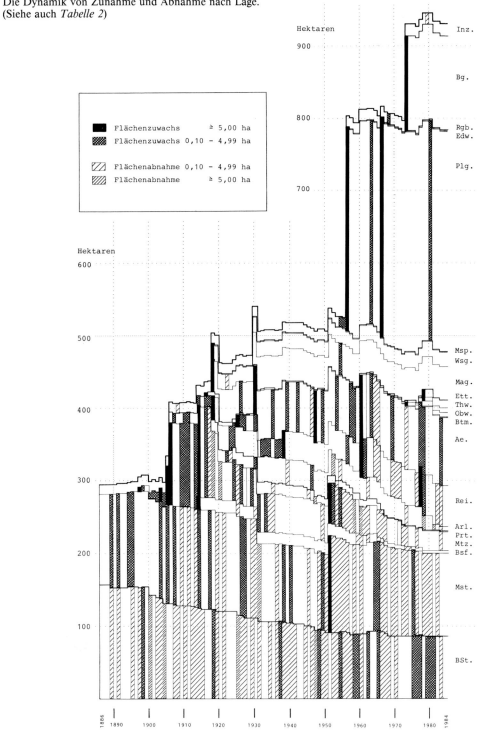

Tabelle 2
Die Fläche des Grundbesitzes der Christoph Merian Stiftung nach Lage

	Gesamtgrundbesitz			In Basel			In Gemeinden der Dreiländer-agglomeration			Im Jura		
	ha	a	m²	ha	a	m²	ha	a	m²	ha	a	m²
1886	296	40	30,5	157	22	68,5	139	17	62			
1887	296	40	30,5	157	22	68,5	139	17	62			
1888	296	40	30,5	157	22	68,5	139	17	62			
1889	296	62	00*	153	08	50*	143	53	50*			
1890	296	62	00*	153	08	50*	143	53	50*			
1891	296	90	00*	152	97	00*	143	93	00*			
1892	296	90	00*	152	97	00*	143	93	00*			
1893	296	90	00*	152	97	00*	143	93	00*			
1894	299	68	00*	153	50	00*	146	18	00*			
1895	299	93	50*	153	38	50*	146	55	00*			
1896	299	88	00*	153	33	00*	146	55	00*			
1897	306	08	50*	153	18	50*	152	90	00*			
1898	308	31	00*	153	68	00*	154	63	00*			
1899	308	31	00*	153	68	00*	154	63	00*			
1900	298	78	00*	142	50	00*	156	28	00*			
1901	301	66	50*	142	50	00*	159	16	50*			
1902	299	40	50*	138	68	50*	160	72	00*			
1903	305	45	08,5	138	31	19,5	167	13	89			
1904	298	42	10	130	83	97	167	58	13			
1905	335	33	16	130	81	19	204	51	97			
1906	409	02	42	130	81	19	278	21	23			
1907	407	39	82,5	128	61	47,5	278	78	35			
1908	406	80	74,5	128	18	53,5	278	62	21			
1909	407	78	55,5	128	13	04,5	279	65	51			
1910	408	03	99,5	127	67	84,5	280	36	15			
1911	408	63	89	127	58	85	281	05	04			
1912	408	03	34	126	98	30,5	281	05	03,5			
1913	406	60	06,5	125	55	67,5	281	04	39			
1914	432	29	54	124	49	67	307	79	87			
1915	430	66	59,5	122	86	72,5	307	79	87			
1916	436	76	92,5	122	86	72,5	313	90	20			
1917	437	47	00,5	122	86	72,5	314	60	28			
1918	504	25	32	122	98	43	314	51	27	66	75	62
1919	501	32	83	120	30	49	314	26	72	66	75	62
1920	462	91	36	120	30	49	275	85	25	66	75	62
1921	461	77	36	119	77	60	275	24	14	66	75	62
1922	461	79	04,5	119	69	05,5	275	66	55	66	43	44

	Gesamtgrundbesitz			In Basel			In Gemeinden der Dreiländer-agglomeration			Im Jura		
	ha	a	m²	ha	a	m²	ha	a	m²	ha	a	m²
1936	507	18	11	105	98	58	334	48	22	66	71	31
1937	508	14	84,5	106	69	94,5	334	73	59	66	71	31
1938	519	41	47,5	105	57	08,5	347	29	11	66	55	28
1939	519	11	70,5	104	12	24,5	348	44	18	66	55	28
1940	517	97	04	103	63	87	348	77	89	66	55	28
1941	517	45	04	103	11	87	348	77	89	66	55	28
1942	517	57	09	103	11	87	348	89	94	66	55	28
1943	517	55	41,5	103	10	19,5	348	89	94	66	55	28
1944	514	86	99	100	41	77	348	89	94	66	55	28
1945	512	32	69	100	41	77	346	35	64	66	55	28
1946	510	41	87	99	15	54	344	71	05	66	55	28
1947	506	43	27,5	93	74	04,5	347	13	95	66	55	28
1948	508	71	20,5	96	19	07,5	345	96	85	66	55	28
1949	508	56	75,5	93	83	07	348	18	40,5	66	55	28
1950	505	78	01,5	91	53	80	347	68	93,5	66	55	28
1951	537	83	90,5	91	53	80	379	74	82,5	66	55	28
1952	532	03	39	91	16	72	374	31	39	66	55	28
1953	526	25	11,5	90	73	52	368	96	31,5	66	55	28
1954	526	92	87,5	92	56	39	367	71	39,5	66	65	09
1955	525	05	54	92	42	78*	365	97	67	66	65	09
1956	803	95	67	91	24	00*	363	72	09	348	99	58
1957	800	95	30	88	52	60*	363	34	12	348	99	58
1958	794	16	08	89	28	28,5*	355	88	21,5	348	99	58
1959	794	49	36	89	42	58	355	88	21,5	348	99	58
1960	812	81	72,5	88	70	15,5*	375	11	99	348	99	58
1961	812	63	15,5	88	68	65,5*	374	94	92	348	99	58
1962	813	62	38,5	93	20	09,5*	371	42	71	348	99	58
1963	813	99	08,5	93	14	53,5*	371	63	40	349	21	15
1964	810	87	87,5	93	14	11,5*	368	52	52	349	21	15
1965	803	06	24,5	93	70	98,5*	360	14	11	349	21	15
1966	816	81	89,5	92	45	09,5*	353	06	51	371	30	29
1967	808	53	29	88	85	95*	348	37	05	371	30	29
1968	807	11	61	85	91	50*	349	89	82	371	30	29
1969	807	19	13,5	85	94	31,5*	349	59	52	371	65	30
1970	804	23	05	85	79	21*	346	78	54	371	65	30
1971	803	06	41	85	73	85*	345	59	12	371	73	44
1972	797	21	76,5	85	76	06,5*	339	72	26	371	73	44

Year					Year				
1923	461 42 10,5	119 69 05,5	275 29 61	66 43 44	1973	931 25 72,5	85 81 65,5	341 93 21	503 50 86
1924	466 90 41,5	119 62 01,5	280 84 96	66 43 44	1974	930 87 23,5	85 81 65,5	341 54 72	503 50 86
1925	472 99 87,5	114 56 38,5	292 00 05	66 43 44	1975	931 30 99,5	85 96 00,5	341 79 47	503 55 52
1926	473 75 42	110 34 86	292 78 76	66 61 80	1976	927 42 42	87 54 69	336 32 21	503 55 52
1927	472 06 69	110 83 44	294 61 45	66 61 80	1977	937 27 75	87 80 72	345 91 51	503 55 52
1928	472 45 21	110 83 44	294 99 97	66 61 80	1978	946 43 03	85 59 27	357 28 24	503 55 52
1929	472 66 92	110 70 68	295 34 44	66 61 80	1979	946 03 64,5	85 78 88,5	356 69 24	503 55 52
1930	540 90 94	110 70 68	363 48 95	66 71 31	1980	946 16 88	85 91 34	355 32 77	504 92 77
1931	506 47 31	106 26 91	333 49 09	66 71 31	1981	934 27 94	86 06 79	343 36 52	504 84 63
1932	507 81 12	106 26 91	334 82 90	66 71 31	1982	933 66 09,5	86 06 67,5	342 74 79	504 84 63
1933	508 76 33	106 26 91	335 78 11	66 71 31	1983	931 46 95,5	85 74 59,5	340 87 73	504 84 63
1934	508 32 50	106 14 98	335 46 21	66 71 31	1984	931 44 99	85 74 48	340 85 88	504 84 63
1935	507 88 15	106 14 78	335 02 06	66 71 31	1985	932 15 63	85 74 34	341 93 78	520 83 87

Der Umfang des Grundbesitzes der Christoph Merian Stiftung seit 1886.

Die Flächenberechnung für *Tabelle 2*, in detaillierterer Form graphisch wiedergegeben in den *Abbildungen 2* und *3*, folgt der aktuellen Darstellungspraxis der CMS: Kleinkinderschule und Inzlinger Waldungen werden ganz zum Stiftungsgrundbesitz gezählt.

Mit * bezeichnete Flächenwerte wurden mit Hilfe der Mutationen ermittelt. Ihre Verlässlichkeit unterliegt Einschränkungen:

1887–1902: Die Jahresrechnungen der CMS enthalten erst ab 1903 Flächenangaben für die Landgüter. Die Flächen der sechzehn vorangehenden Jahre sind, auf halbe Aren gerundet, nach den aus den Kaufverträgen, VB und Miescher 1936 zusammenstellbaren Mutationen berechnet worden. Sie stellen mit vermutlich kleinem Fehler den wahrscheinlichen Güterbestand dieser Jahre dar. Die Verteilung des 1894 zugekauften Landes auf die Rubriken «Basel» und «Münchenstein» wird durch den relativ kleinen Fehler im Anschluss 1902–1903 gerechtfertigt.

1897–1902: Der Landzuwachs in Muttenz wird nach den Daten der Fertigungsprotokolle und nicht nach VB berechnet.

1902–1905: Die Liegenschaftsfläche der Kleinkinderschule wird, da im VB nicht ausgewiesen, ergänzt. Sie ist über lange Zeit unverändert.

1955–1958 und *1960–1972*: Die Flächenwerte sind nach den Mutationen des JB interpoliert und dürfen als relativ zuverlässig gelten.

Abbildung 4
Die Entwicklung der Flächen- und Wertanteile der Hauptnutzungskategorien des Grundbesitzes der Christoph Merian Stiftung 1960–1984.

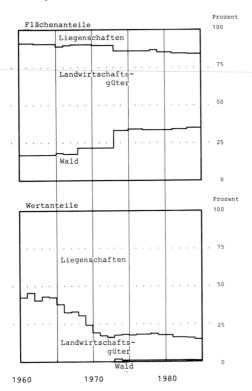

Die Unterscheidung nach den Standortgemeinden des Grundbesitzes erlaubt es, in der Darstellung die räumliche und zeitliche Beziehung zum Grundbesitzkern in Basel und Münchenstein und damit das *Zentrum-Peripherie-Modell* zum Ausdruck zu bringen. Die gemeindeweise Unterscheidung von Schwund- und Zuwachsdynamik des Grundbesitzes zeigt, dass der Schwerpunkt der Zunahmen sich in die Peripherie verlagert, während in der Stadt und in den stadtnahen Gemeinden die Abnahmen vorherrschen. Was räumlich-quantitativ als Schwund in Erscheinung tritt, kann qualitativ oder nutzungsbezogen als Verdichtung betrachtet werden. Wie Abbildung 4 zeigt, bilden die Bauliegenschaften (1984) nur 16% der Fläche des Gesamtgrundbesitzes. Die Entwicklung der Buchwertverhältnisse lässt eine wertmässige Abschreibung der Waldungen erkennen, die seit 1973 mit einem mittleren Flächenanteil von 35% die zweitgrösste Arealkategorie im Grundbesitz der CMS darstellen; dies weist darauf hin, dass in der Verwaltungspraxis des Grundbesitzers ein Wert «gesetzt» werden kann.

Abbildung 5 zeigt, dass die 1950er und 1960er Jahre für die Landgüter der CMS die Zeit einer bewegten Durchgangsphase darstellen. In den 1970er Jahren festigen sich die neuen Anteilsproportionen: Das von den Liegenschaften gebildete Anlagevermögen vervierfacht sich im Laufe von zwanzig Jahren bis 1984, wodurch der Anteil der «nur» in etwa gleichbleibenden Landgüterwerte stark sinkt. Die Ausscheidung der bis 1954 zum Brüglinger Gut gerechneten Landwirtschafts- und Liegenschaftsflächen bringt mit der Neudefinition von 1955 eine sprunghafte Zunahme des Anteils der

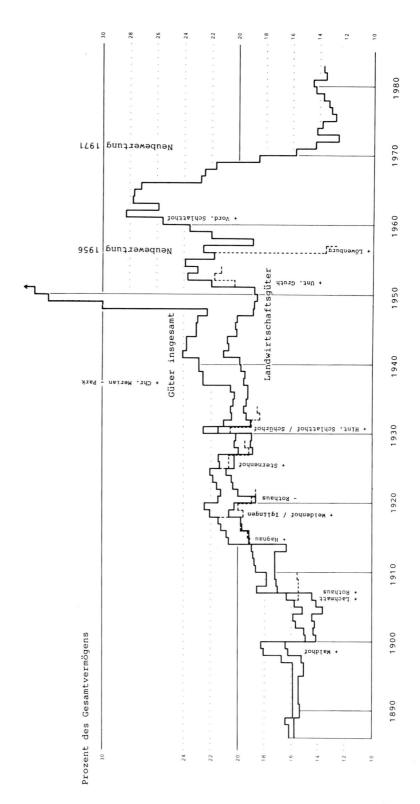

Abbildung 5
Die Anteile von Landwirtschaftsgütern und Liegenschaften am Vermögen der Christoph Merian Stiftung 1886–1982.
(Gestrichelt: der Verlauf ohne jeweils zugekaufte Landgüter.)

letzteren von 1% auf 14% des Gesamtgrundbesitzes. Das wiederholt sich 1973 mit einer Zunahme der Liegenschafts-Flächenanteile von 10% auf 14%. Wie die Darstellung erkennen lässt, verhindert der Kauf der Löwenburg, dass der wertmässige Anteil der Landwirtschaftsgüter am Gesamtvermögen bereits nach der Neugliederung von 1955 auf das heutige Niveau sinkt.

Nehmen wir den hier dargestellten wertmässigen Anteil als Mass für die Bedeutung der Landwirtschaftsgüter im Merianschen Vermögenskomplex, so wird eine langfristige Entwicklung deutlich: Bis etwa zum Kauf des Hagnauguts 1913 spiegelt sich die passive Rolle der Landgüter in ihrem niedrigen Anteil am Gesamtvermögen; vom Ersten bis nach dem Zweiten Weltkrieg wächst ihr Anteil trotz bedeutender Landabtretungen gleichzeitig mit der Zunahme der Baureife des stadtnahen Lands; durch die unvollständige Ausscheidung der Baulandkomponenten wird ihr wertmässiger Anteil in den 1950er Jahren schliesslich hochgezogen; mit der raumplanerischen Entmischung von Bau- und Landwirtschaftsland, der praxisorientierten Neudefinition der Nutzungskategorien und dem starken Ansteigen des Gesamtvermögens sinkt ihr Anteil in den 1970er Jahren auf das Niveau ihrer passiven Rolle in der Anfangszeit der CMS zurück.

1.2 Aufwand, Gesamtertrag und Reinertrag seit 1886 und die landwirtschaftlichen Güter im Rahmen der Gesamtrechnung

Die Entwicklung von Aufwand und Ertrag der CMS erlaubt eine differenziertere Darstellung ihrer Güterverwaltungspraxis.
Die Entwicklung des *Ertrags* ist bis in die 1940er Jahre weitgehend nicht von den Landgütern bestimmt: Bis zur Zeit des Ersten Weltkriegs erzielt die CMS den Reinertrag ohne bedeutenden Umsatz und mit nur geringem Verwaltungsaufwand, hauptsächlich aus Kapitalzinsen; in der zweiten Hälfte der 1910er Jahre führen vor allem die Erträge auf den Kapitalanlagen und der gewerblichen Nutzung des Dreispitzareals zu einer Ertragssteigerung, die 1927 ihren Höhepunkt findet und mit der Krisenzeit der frühen 1930er Jahre wieder rückläufig wird.
Der bis in die 1950er Jahre tief gehaltene *Aufwand* steigt 1956 mit der neuen Buchhaltungsweise und dem Eintreten der Löwenburg in die Rechnung bedeutend an; mit dem Erreichen der «städtischen Ertragslage» der 1960er und 1970er Jahre festigt sich der jährliche Reinertrag auf einem Niveau von um 5 Mio. Franken.

Abbildungen 6, 7 und 8 veranschaulichen die Entwicklung des Aufwands und der Erträge der landwirtschaftlichen Güter der CMS im Vergleich mit anderen Rechnungsgrössen.

Als *Landwirtschaftlicher Aufwand* gelten die laufenden Ausgaben für die Güter mit den Gutsarbeiterlöhnen, Material-, Versicherungs- und Abonnementskosten, Teichunterhalt und, bis zu ihrer Auflösung 1926, dem Unterhalt der Gutsfeuerwehr. Vor 1911 sind die Güter nicht in der nachher üblichen Weise gesondert ausgewiesen.
In Ermangelung detaillierterer Unterlagen kann der *Landwirtschaftliche Ertrag* i.e.S. für die Zeit vor 1922 nicht bestimmt werden. Für diese Zeit gilt die Rubrik «Diverse Pachtzinsen», welche zusammen mit den eigentlichen landwirtschaftlichen Erträgen die später gesondert ausgewiesenen Miet- und Baurechtszinseinnahmen beinhaltet. Die landwirtschaftlichen Erträge bilden von 1922 bis in die Mitte der 1930er Jahre im Durchschnitt zwei Drittel der gesamten Pacht- und Mietzinseinnahmen der CMS.
Die landwirtschaftlichen Güter der CMS werden bis 1955 in einer einzigen Rubrik zusammengefasst; mit der neuen Buchhaltung und dem Kauf der Löwenburg wird die Unterscheidung zwischen Gutsbetrieben und Pachthöfen eingeführt, deren Verschiedenheit bezüglich Aufwand und Ertrag deutlich zum Ausdruck kommt.

Abbildung 6
Aufwand, Gesamtertrag und Reinertrag der Christoph Merian Stiftung 1886–1984.
(Zu *1.-8.* siehe Kommentar.)

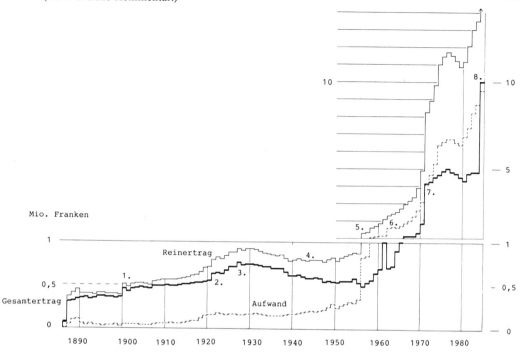

1. *1900* Ertragssteigerung durch Zinserträge aus den Expropriationserlösen von Land auf dem Wolf.
2. *1921* Neuer Pachtvertrag und höhere Pachtzinseinnahmen aus dem Dreispitzareal.
3. *1927* Ertragssteigerungs durch Zinserträge aus den Expropriationserlösen von verschiedenen an die Bahnen abgetretenen Arealen, u.a. dem Pachthof St. Jakob.
4. *Ab 1933* Allgemeiner Ertragsrückgang infolge Hypothekarzinssenkungen und kriegsbedingten Zahlungsrückständen.
5./6. *1956–1964* Einführung der neuen Buchhaltungsweise (Bruttoprinzip) und Steigerung von Aufwand und Ertrag durch den Gutsbetrieb Löwenburg, besonders hohe Ausschüttung aus Anlass des 75jährigen Bestehens der CMS 1961.
7. *1971* Anpassung der Baurechtszinsen für die Lagerplätze auf dem Dreispitz und Mehrerträge aus neuen Mietliegenschaften.
8. *1984* Die bis 1981 rückwirkende Anpassung der Baurechtszinsen für das Dreispitzareal führt zu einer vorübergehenden Spitze von Gesamtertrag und Reinertrag.

Die allgemeine Entwicklung

Die Anteile des Aufwands der CMS für die Landwirtschaftsgüter an ihrem Gesamtaufwand sind auffällig höher als der Anteil der entsprechenden Erträge am Gesamtertrag. Dies zeigt die Gegenüberstellung:

	% aller Ausgaben	% aller Einnahmen
vor 1922	45	10
1922–1955	35	7,4
seit 1956	43	26,7

Hinter den grossen Unterschieden dieser Prozentzahlen steht ein bis 1955 sehr unterschiedlicher Umfang von Aufwand und Ertrag: Vor 1920 beträgt der Gesamtaufwand im Mittel nur ein Achtel (12,6%) des Gesamtertrags, im gesamten Zeitraum von 1886 bis 1955 ein Fünftel (19,9%) und nach 1955 drei Fünftel (58,9%).

Grosse Anteile am kleinen Aufwand...

Von 1887 bis 1893 wird die Ausgabenseite vom Aufwand für die Renovation der von der CMS angetretenen Güter dominiert (1890 zu über 60%). Renovations- und Ausbauarbeiten als Folge der ersten Gutskäufe der Stiftung lassen den Anteil des Aufwands für die Landwirtschaftsgüter nach 1906 wieder ansteigen. Bis 1950 wächst der Aufwand für die Landwirtschaftsgüter weniger stark als der übrige Aufwand; sein Anteil am Gesamtaufwand sinkt daher von um 40% im ersten Viertel dieses Jahrhunderts auf das Minimum von 24,3% im Jahr 1947. Durch die mit den Gutsbetrieben aufgenommene Aktivität steigt er in den 1950er und 1960er Jahren wieder auf über die Hälfte des Gesamtaufwands, um unter dem rechnerischen Einfluss des jäh anwachsenden Aufwands für städtische Liegenschaften in den 1970er Jahren an Gewicht zu verlieren (1984 28,6%).

Das in Abbildung 7 in Erscheinung tretende auffällige Ansteigen des Aufwands für die Landwirtschaftsgüter (Gutsbetriebe und Pachthöfe seit den 1950er Jahren) ist im Vegleich mit dem gleichzeitigen Ansteigen des Aufwands für die Liegenschaften gewissermassen waisenknabenhaft. Der mit dem Baukostenindex berechnete reale Aufwand für die Landwirtschaftsgüter steigt von 1947 bis 1969 stetig, um aber nur ein Drittel des nominalen Aufwands zu erreichen; seit 1970 ist der reale Aufwand für die Güter – zur Hauptsache die Gutsbetriebe – rückläufig und beträgt in den 1980er

Zu Abbildung 7: ▶
Der Aufwand für die landwirtschaftlichen Güter

1. *1888–1893* Bau neuer Ökonomiegebäude und Renovation von Unter-Brüglingen, Singerhof und St. Jakob, der Mühle und der Villa Brüglingen.
2. *1899* Renovation der Ökonomiegebäude von Vorder-Brüglingen.
3. *1908–1910* Renovation auf dem Rothaus-. und Lachmattgut, grosse Reparatur der Brüglinger Mühle.
4. *1916–1918* Erhöhter Unterhaltsaufwand infolge Truppenbelegung der Höfe, Notwendigkeit der Elektrifizierung wegen kriegsebdingten Brennstoffmangels. Kriegsteuerungszulagen für das Gutspersonal.
5. *1919–1921* Ausserordentliche Unterhaltsarbeiten als Notstandarbeiten, Ansteigen von Lohnleistungen und Baukosten.
6. *1925–1926* Neuer Schweinestall und Wagenschopf auf Iglingen, Renovationen und Erweiterungen auf Unter- und Vorder-Brüglingen.
7. *1929* Stall- und Remisenbauten auf Iglingen, Sternenhof, Waldhof und Weidenhof.
8. *1931–1932* Renovationen und Erweiterungsbauten auf Unter-Brüglingen. Hagnauhof, Iglingen, Schürhof und Weidenhof.
9. *1939* Renovationen auf allen Pachtgütern.
10. *1941–1944* Renovationen und Erweiterungsbauten auf allen Pachtgütern zur Bewältigung des Mehranbaus. Kriegsteuerungszulagen für das Gutspersonal.
11. *1947–1949* Starke Erhöhung der laufenden Ausgaben, v.a. als Folge der Gewährung von Teuerungszulagen und von Renovationen auf den meisten Pachthöfen.
12. *Nach 1951* Starke Erhöhung der laufenden Ausgaben durch Zunahme der Lohnsummen.
13. *Pachthöfe ab 1972:* Starke Anhebung des ausgewiesenen Aufwands durch Neugliederung der Erfolgsrechnung.
14. *Gutsbetriebe ab 1973:* Betriebskosten, Personalfürsorge-Leistungen und Abschreibungen steigen und fallen parallel. Die starke Reduktion der Arbeitskräfte auf der Löwenburg von 1975 stabilisiert die Betriebskosten, die auch von einer allgemeinen Kostenstagnation auf der Produktionsseite verringert werden.

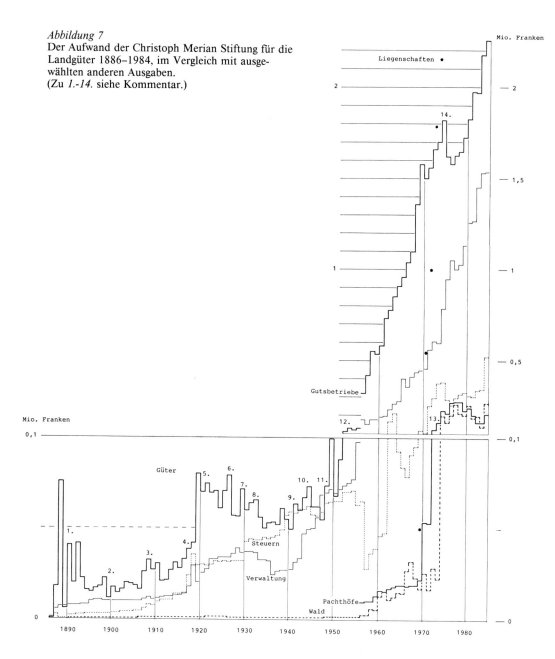

Abbildung 7
Der Aufwand der Christoph Merian Stiftung für die Landgüter 1886–1984, im Vergleich mit ausgewählten anderen Ausgaben.
(Zu *1.-14.* siehe Kommentar.)

Jahren nur noch ein Sechstel des nominalen Aufwands. Diese Entwicklung kann sowohl als Konsolidierung der landwirtschaftlichen Substanz, wie auch als Abzug der Aufmerksamkeit auf die städtischen Aufgaben gedeutet werden.

...kleine Anteile am grossen Ertrag

Bis 1902, als die Dreispitz-Lagerplätze in die Ertragsrechnung eintraten, wächst der Anteil des allgemeinen Pachtzinsertrags am Gesamtertrag der CMS. Er bildet in den folgenden Jahrzehnten rund ein Zehntel des Gesamtertrags. Die landwirtschaftlichen

Zu Abbildung 8: ▶
Der Ertrag aus den landwirtschaftlichen Gütern

1. *1886–1888* Langsames Ansteigen der Pachtzinserträge: 1886 werden erst 7 Monate verzinst (Konstituierung der CMS), 1887 Pachtzinsreduktion für Unter-Brüglingen infolge Brand des Ökonomiegebäudes und Vergütung des aus der landwirtschaftlichen Nutzung fallenden Areals des Wolfgottesackers. Der Normalertrag wird 1888 erreicht.
2. *1893* Zinsreduktion nach grossem Dürrejahr.
3. *1900–1903* Ertragserhöhung durch Verpachtung von Land an die Bahn 1900, an Birseckbahn und Baudepartement 1902. 1903 Verpachtung von Kieslagerplätzen an das Gas- und Wasserwerk und von zusätzlichem Kulturland auf dem Muttenzerfeld.
4. *1904ff.* Das von den SBB bisher gepachtete und nun expropriierte Land fällt weg.
5. *1907–1918* Das «Pachtzinsplateau»: Die 1907 eingegangenen Pachtzinserträge aus dem neuerworbenen Rothausgut kompensieren die Mindererträge, welche die Expropriation von stadtnahem Land verursacht. Die Umstellung von Unter-Brüglingen auf halbjährliche Pachtzinszahlung führt aus terminlichen Gründen (praenumerando) zu einer vorübergehenden Mehreinnahme. Das relative «Tief» von 1917–1919 hat verschiedene Ursachen: Die landwirtschaftlichen Pachtzinserträge gehen wegen der Landabgabe an die Materiallagerplätze auf dem Dreispitz und an Pflanzland leicht zurück. Das Wegfallen eines Teils des Rothausguts und der Kauf des Weidenhofs 1918 lassen die Zinsertragsrechnung knapp ausgeglichen erscheinen. Der erste volle Jahreszins des Weidenhofs und gleichzeitig ein halber des neuerworbenen Iglingen lassen die Pachtzinserträge 1919 wieder stark ansteigen.
6. *1920–1926* Nach den Güterrenovationen und verschiedenen Neuverpachtungen von Land und Liegenschaften werden die Pachtzinsen 1920–1923 nach oben angepasst. 1925 kommt der neuerworbene Sternenhof hinzu.
7. *1932ff.* Der Verkauf der St. Jakobsmatten für die Sportanlagen führt 1932 zu einem Pachtzinsminderertrag, der Kulturlandentzug infolge Erweiterung der Materiallagerplätze und Mietzinsreduktionen führen zu einem Minderertrag 1933. Pachtzinsnachlässe und -stundungen als Folge schlechter landwirtschaftlicher Konjunktur setzen 1934 den Rückgang fort, die Nachzahlung der gestundeten Zinsen gleicht die Rechnung 1935 wieder aus.
8. *1939ff.* Verschiedene Pachtkündigungen und der Landentzug durch die Hafenbahn Birsfelden und die Neue Walkestrasse (Brüglingerstrasse) vermindern 1939 die Pachtzinserträge. Die in den folgenden Jahren zunehmenden Wohnungsvermietungen lassen sie wieder leicht ansteigen.
9. *1947ff.* Durch die in den Dürrejahren 1946 und 1947 gewährten Pachtzinsreduktionen wird das Ansteigen des Gesamtzinsertrags gebremst. 1948 steigen die Mietzinserträge durch die Vermietung der neuen Wohnhäuser an der Reinacherstrasse stark an. Mietzins- und Baurechtszins-Erhöhungen tragen 1950 zur weiteren Ertragssteigerung bei und lassen die Ertragsniveaus der landwirtschaftlichen und der städtischen Liegenschaften auseinandertreten. Das landwirtschaftliche Pachtzinsniveau steigt nach dem Kauf des Hofs Unteres Gruth 1951 nochmals leicht an.
10. *1974 und 1981* versus *1977 und 1982* Die Gutsbetriebe verzeichnen 1974 und 1981 ein gutes Landwirtschaftsjahr bezüglich Witterung und Produktepreisen. 1977 und 1982 ist in beiden Beziehungen ein schlechtes Landwirtschaftsjahr, was sich deutlich im Ertrag niederschlägt.

Pachtzinsen i.e.S. (erst ab 1922 bezifferbar) stellen in den 1920er und 1930er Jahren gegen zwei Drittel der allgemeinen Pachtzinsen der CMS, 1940 nur noch 47,5% und 1950 36,9%. Zu Beginn der 1950er Jahre erreichen sie mit 8% des Gesamtertrags der CMS ihr Anteilsmaximum nach der alten Buchhaltungsweise; mit der Umstellung der Buchhaltung 1956 werden völlig veränderte Anteilsverhältnisse geschaffen. Vor allem die Gutsbetriebe lassen Aufwand und Ertrag hoch sein, wenn auch in 10 von 29 Jahren der Saldo negativ ist. Der stark ansteigende Ertrag aus städtischen Liegenschaften und Baurechtszinsen (ohne Dreispitzareal) nach 1969 bestimmt den Gesamtertrag der CMS in neuster Zeit zu über der Hälfte (Mittel 1981–1984: 55,4%). Trotz des leicht

Abbildung 8
Die Erträge der Christoph Merian Stiftung aus den Landgütern 1886–1984, im Vergleich mit ausgewählten anderen Erträgen.
(Zu *1.-10.* siehe Kommentar.

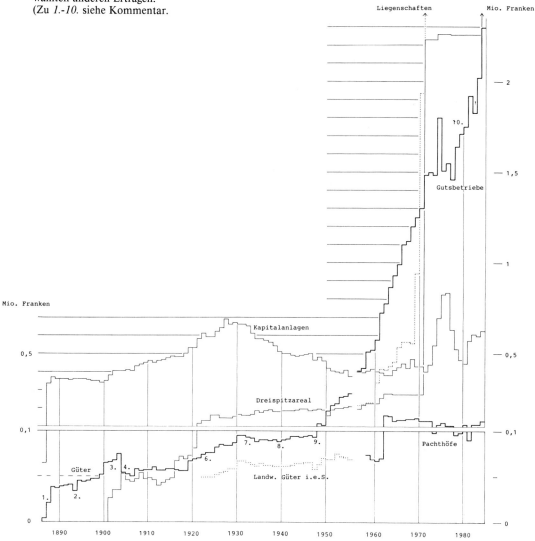

zunehmenden absoluten Ertrags der landwirtschaftlichen Güter sinkt daher ihr Anteil am Gesamtertrag sehr deutlich bis auf 14,5 % (Mittel 1981–1984).
Wird die Entwicklung der Pachtzinserträge wie in Abbildung 9 überhöht dargestellt, so zeigen sich Schwankungen, die auf das Hinzutreten von Schlatt- und Schürhof (1930), die allgemeine Pachtzinsreduktion im Trockenjahr 1947 und das Hinzutreten des Unteren Gruths (1952) zurückgehen. Der Rückgang in der ersten Hälfte der 1930er Jahre ist von der Verkleinerung der Brüglinger Pachthöfe durch die Landverkäufe bei St. Jakob und von den Pachzinsreduktionen für Weidenhof (1933) und Iglingen (1934) mitbestimmt.

Abbildung 9
Die Pachtzinserträge 1922–1955 aus den Landwirtschaftsgütern der Christoph Merian Stiftung. Dargestellt in Prozent der mittleren Zunahme (freihändige Näherungsgerade) der nominalen Erträge.

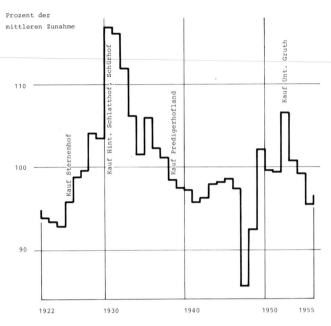

Kapitel 2
Der Grundbesitz «vor den Toren der Stadt» im räumlichen und institutionellen Funktionswandel

2.1 Versuch, die Bedeutung des Brüglinger Grundbesitzes für Christoph Merian zu illustrieren

Ist das Verhalten als Grundbesitzer eine Frage der Persönlichkeit?

Es ist ebenso verlockend wie schwierig, die Bedeutung zu erschliessen, die der Brüglinger Grundbesitz für Christoph Merian haben könnte. Merian lässt sich als Mensch kaum beschreiben und schweigt sich über seine Auffassungen aus; was er der Nachwelt in seinem Testament darüber mitteilt, wirkt plakativ und unindividuell. Nach den spärlichen Anhaltspunkten zum menschlichen Format seiner Person erscheint er als jemand äusserst zurückhaltender, wodurch er zu seinem Vater kontrastiert, der sich gesellig-expansiv und geschäftlich-spekulativ verhält.[13]

Dennoch zeigt sich bei Christoph Merian eine expansive, allem Anschein nach kaufmännisch zielstrebige Landkauftätigkeit zusammen mit einer offenkundigen Grosszügigkeit in der Unterstützung sozialer Einrichtungen. Wie sieht die Gedankenwelt aus, in der ein solches Zusammenfügen von Grundbesitz sinnvoll erscheint? Sieht

Merian seinen Grundbesitz unter dem Gesichtspunkt der Anlagesicherheit, die er in seinem Testament anruft – als räumlichen Werttitel? Oder hat das Brüglinger Gut für ihn auch einen Wert als der besondere und nicht vertauschbare Ort und Tätigkeitsbereich seines Lebens?

Die Intepretationslücke, welche die Überlieferungslücke zwischen Merians landwirtschaftlichen Lehrjahren und seiner so wirkungsvollen testamentarischen Verfügung schafft, füllen wir gerne mit der Unterstellung eines rationalen Programms und Ziels, das seinem Wirken – nachträglich und in unseren Augen – Begründung verschafft und Sinn stiftet. Die einzigen in einer gewissen Vollständigkeit erhaltenen Dokumente über Merians finanzielle und grundbesitzliche Transaktionen geben lediglich die Hülle seines Wirkens wieder und erweisen sich für die Erschliessung seiner Motivation als dürr.[14]

Der «ideale Grossgrundbesitzer»

Guggisberg weist in der Biographie von Merians Lehrer Philipp Emanuel von Fellenberg auf ein Räsonnement Goethes hin, das dieser in «Wilhelm Meisters Wanderjahre» der Unterhaltung im Haus eines idealen Domänenbesitzers, des namenlosen «Oheims», einfügt. «Was soll es heissen, Besitz und Gut an die Armen zu geben? Löblicher ist, sich für sie als Verwalter zu betragen.»[15] Der von Goethe dargestellte Gutsherr verwaltet sein fast als «Isolierter Staat» beschriebenes Gut in philanthropischer, wirtschaftsliberaler und sozial fortschrittlicher Weise – aber wie auf einem Goldgrund von Ancien Régime, als aufgeklärter Herrscher des 18. Jahrhunderts.

Im betreffenden Kapitel bespricht Goethe die Legitimation von Privateigentum und Grossgrundbesitz «durch richtigen Gebrauch». Er kommt zu dem Schluss, dass eine solche Legitimation auf der Grundlage von Leistungen zum Wohl der Allgemeinheit ohne sozialrevolutionäre Veränderungen gegeben sei – beispielsweise durch Urbarisierung von Land und Öffnung des Bodennutzens über den engen Kreis erblich Privilegierter hinaus.[16] Herrschaftlich-privater Grundbesitz und öffentliche Aufgabe erscheinen in seiner Darstellung als eng miteinander verbundene Bedingungen für die Legitimation von Grossgrundbesitz: Es wird nicht die Streuung des Grundeigentums angestrebt, sondern die Streuung des nach liberaler Auffassung aus diesem gewonnenen Nutzens. Zu einem ähnlichen Schluss würde vermutlich auch eine Auffassung kommen, die aus der für Merian überaus bedeutenden christlichen Haltung abzuleiten wäre.

Goethe kommt nicht in Brüglingen vorbei. Ob Christoph Merian die Maximen des Oheims, in welchen wir gerne die seinen sehen würden, kennt, lässt sich nicht feststellen. Weder seine Bibliothek noch das Inventar einer solchen sind erhalten; er wird als jemand den geistigen und musischen Werken nicht Zugewandter überliefert. Die genannten Stellen aus den 1821 erstmals im Druck erscheinenden «Wanderjahren» sind aber entscheidend von den Ideen von Ph. E. von Fellenberg inspiriert, dessen Hofwiler Lehranstalt der neunzehnjährige Merian besucht[17]; auf diesem Wege wäre eine mittelbare Verbindung zur Gedankenwelt des jungen Baslers vorstellbar. Die Goetheschen Maximen sprechen in diesem Zusammenhang zweifellos nicht eine bewusst gewählte Bestimmung realisierten Handelns, sondern eine Grundeinstellung oder Intention aus. Fellenbergs visionäre Ideen, die auf einen gesamteuropäischen Geist zielen, dürften einen Nachklang im Handeln Merians und anderer, ihm nahestehender Basler (siehe Kap. 3.2) gefunden haben; dafür spricht die Gründung der «Landökonomischen Waisenanstalt» im Jahr 1824. Es können Merian aber auch einfach baslerisch städtisch-herrschaftliche Gepflogenheiten bewegen, sein Vermögen in dieser Weise anzulegen.

Eine andere Auffassung von der Wohlfahrtsverteilung deutet sich an

Christoph Merians Grundbesitz stellt im gesamtstädtischen Rahmen nach 1886 einen Vermögenskomplex dar, der mit dem am Ende des 19. Jahrhunderts sich rasch ausweitenden öffentlichen Grundbesitz in eine Reihe gestellt werden kann. Im Rückblick erscheint es so, als nehme Merian die Entstehung eines «Bereichs des Öffentlichen» im Rahmen der Gesamtheit allen Grundbesitzes vorweg, indem er das von ihm eben erst privatisierte, von alten Lasten befreite Land mit der Auflage der öffentlichen Nutzniessung weiterreicht. Hinter seinem Handeln steht möglicherweise die Vorstellung einerseits einer nach Gesetzmässigkeiten privater Wirtschaftstätigkeit verfahrenden Öffentlichen Hand, anderseits eines mit dem Anspruch auf öffentliche Wirksamkeit wirtschaftstätigen Privatmanns.

Wie die Gedanken in den «Wanderjahren» nahelegen, kann und will sich Merian den öffentlichen Aspekten, die der atypischen Grösse seines Reichtums eigen sind, nicht entziehen. Anders aber als beispielsweise Fellenberg oder Pestalozzi versteht er sich nicht als ein Mann des idealistischen Handelns; er sucht das öffentliche Wirken nicht, sondern verhält sich gewissermassen als versteckter Mäzen der öffentlich sichtbar Ausführenden. Die heutige Unterscheidung eines öffentlichen von einem privaten Bereich der Wirtschaftstätigkeit, aber auch des gesamten persönlichen Lebens, geht auf eine Begriffsbildung der neueren Zeit zurück, die dem «Sonderfall» Christoph Merian nicht gerecht werden kann.[18]

2.2 Das testamentarische Landveräusserungsverbot und seine Deutung

Die testamentarischen Bestimmungen über die Verwaltung des Vermögens

Merians Verbot, die Landgüter zu veräussern – wie überhaupt das Kapital anzutasten – widerspricht auf den ersten Blick seiner nur im Rahmen einer vertrauensvollen Grosszügigkeit verständlichen Vermeidung, die Zweckartikel seines Testaments zu eng zu fassen. Gerade dieses Landveräusserungsverbot bildet zusammen mit den Bestimmungen über die Vermögenserhaltung die Grundlage für das spätere bedeutende Anwachsen des Stiftungsgrundbesitzes. Es ist enthalten in Art. 27 des Testaments vom 26. März 1857, in welchem Zweckbestimmungen und Verwaltungsweise festgelegt werden. Wir heben im folgenden die beiden von *Heusler* in seinem Gutachten von 1896 besprochenen Passagen hervor.

Art. 27 regelt die Erbschaftsanwartschaft der Stadt Basel nach dem Tod von Christoph Merians Witwe:

«Diese zu meinem Nachlasse berufene, meiner lieben Ehegattin nachgesetzte Haupterbin soll das ihr zufallende Vermögen, mit Inbegriff also meiner sämtlichen Güter im Stadtbann und den angrenzenden Bännen des Kantons Basel-Landschaft eigentümlich erhalten, mit der ausdrücklichen und unumstösslichen Bedingung jedoch, dass dasselbe stets von dem übrigen städtischen Vermögen getrennt und für sich bestehen bleiben und besonders für sich verwaltet werden solle»; es soll «städtischen Zwecken überhaupt» dienen und der Stadtgemeinde nie entzogen werden.

«Die Güter sollen wegen der Sicherheit, die sie als Anlage gewähren, beibehalten und nie verkauft werden. Es soll daher vom löblichen Stadtrate eine besondere Kommission aufgestellt werden, die unter der bei allen Kommissionen üblichen Oberaufsicht des Stadtrats und E.E. grossen Stadtrats die Verwaltung dieser Stiftung besorgen wird.» Es folgen die Bestimmungen über Verwaltungsgebäude und -personal.

«Mein Wille ist es, dass das Kapital ganz erhalten werde, und nur die Zinsen und der Ertrag der Güter für wohltätige und nützliche Zwecke jährlich verwendet werden sollen, was auch bei grössern Unternehmungen durch Verteilung der Ausgaben oder durch allmählige Amortisation aus dem Ertrage der Stiftung erzielt werden kann.

In der Hoffnung, dass E.E. Stadtrat jeweilen in dem Sinne und Geist der Beweggründe, die mich zu dieser Erbseinsetzung bestimmt haben, handeln werde, und die Schwierigkeit nicht verkennend, welche spezielle Vorschriften, namentlich im Verlaufe der Zeit hervorrufen, und selbst bessere und zeitgemässere Verwendung der Mittel vereiteln könnten, enthalte ich mich der Vorzeichnung aller weiteren Bedingungen und wünsche nur, dass diese Stiftung auch noch späteren Generationen durch Gottes Segen und die Einsicht der Behörden zum Nutzen und Frommen dienen möge.»[19]

Die «passive» Rolle der Güter im Stiftungsvermögen

Im Landveräusserungsverbot kommt zum Ausdruck, dass die Funktion der Güter im Rahmen der Stiftung nicht in der Ertragsbildung, sondern in der Absicherung des Anlagevermögens zu bestehen hat. Diese Anweisung beruht vermutlich auf einer besonderen Wertschätzung von konkret-anschaulichen Vermögensbestandteilen; die Substanz von Landvermögen stellt den Lebensraum schlechthin dar und ist unersetzlich. Im Brüglinger Grundbesitz sind unseres Erachtens Wertfunktion und Nutzungsfunktion vereint: erstere im Aspekt der Anlagesicherheit, letztere in Merians Ausgestaltung von Brüglingen zu einem Mustergut.

Christoph Merians Rechtsnachfolgern muss ein solcher Grundbesitz durch die testamentarische Auflage aber nicht nur in seinem Bestand, sondern auch in seiner Nutzung festgeschrieben erscheinen, solange sie nicht an eine unternehmerische Eigenaktivität der Stiftungsverwaltung zu seiner Verwertung denken: Die Ergänzung der landwirtschaftlichen Nutzung durch wohnbauliche und gewerbliche Nutzungen wird noch lange abgelehnt.

Unter dem Eindruck der die Mauern sprengenden Entwicklung der Stadt erhält solcherart konservierter Grundbesitz einen Aspekt von gebundenem, der toten Hand verfallenem Land. Merian selbst hätte das wohl kaum so sehen können. Die von ihm begünstigte Allgemeinheit ist noch im Bild der ummauerten Stadt symbolisiert; die in dieser Stadt sich anbahnende Entwicklung und ihre Folgen für die Nutzung des Stadtumlands können von ihm nicht in ihrer ganzen Weite vorausgesehen und vorgestellt werden.

2.3 Der Grundbesitz der CMS im Einflussbereich der städtischen Interessen: die ersten Besitzänderungen und die Rechtsgutachten von 1896

Erste Überlegungen zu Landverkaufsfragen

Schon bevor die CMS existiert, dürfte der Meriansche Grundbesitz besonders im Bereich der Bahnanlagen auf dem Wolffeld Gegenstand von Anfragen bauwilliger Kaufinteressenten gewesen sein. Nach 1888, als die CMS erstmals mit der Stadt über den Verkauf des Wolfgottesacker-Areals berät, erscheint in den Kommissionsprotokollen immer wieder die Frage, wie sich die Stiftungsverwaltung den Landinteressenten gegenüber verhalten solle. Die Stiftungskommission spricht sich Anfang 1889 für ein Stillhalten der CMS, das heisst für ein grundsätzliches Nichteintreten auf Kaufanfragen aus. Sie äussert die Ansicht, dass angesichts der testamentarischen Bestimmungen «ein Handel mit Land überhaupt unpassend» sei und nur eine langjährige

Vepachtung oder ein wertmässiger Landersatz im Falle eines von der Stadterweiterung erzwungenen Landverkaufs denkbar wären; darüber hinaus wolle sie die mit grossem Aufwand instandgesetzten Pachthöfe nicht um ihr Land bringen und damit die Erträge aus den dort investierten Mitteln gefährden. Eine bedenkenlose Verminderung des Kulturlands wird der CMS durch die aus der Zeit von Margaretha Merian übernommenen Pachtvertragsbestimmungen erschwert, wonach ihre Pächter kein Land von Dritten zupachten dürfen.[20]

Landbewegungen im Schutz des öffentlichen Interesses

Die CMS verkauft schon vor den klärenden Gutachten von 1896 und der auf diesen fussenden bürgerrätlichen Ermächtigung zu freihändigen Landverkäufen Gebäude und Boden. In der Zeit von 1887 bis 1898 tritt sie ca. 0,76 ha Land an die Einwohnergemeinde Basel für Strassenverbreiterungen ab, davon rund 0,36 ha unentgeltlich. Sie verkauft 1889 das 1,6 ha grosse Areal des Wolfgottesackers; 1895 leistet sie eine Mehrabtretung von 0,63 ha an das Bürgerspital und verkauft Christoph Merians Stadthaus, das ihr als Verwaltungssitz dient.

Vor der Ermächtigung von 1897 wird das selbständige grundbesitzliche Handeln der CMS mit der Begründung legitimiert, dass die fraglichen Landverkäufe im öffentlichen Interesse erfolgen; nach ihrer Ermächtigung zu selbständigerem Handeln wird eine Art von direktem öffentlichem Anspruch am Stiftungsland formuliert. 1898 steht die CMS in Verhandlungen mit dem Finanzdepartement über die Abtretung von Strassenareal für die quartiermässige Erschliessung des Gellertplateaus. Die Regierung betrachtet eine unentgeltliche Landabtretung und die Strassenerstellung auf Kosten der CMS als eine Leistung der Stiftung zu Gunsten des Gemeinwesens, die im Sinne des Stifters sei. 1904 tritt die CMS 3,83 ha Strassenareal auf dem Gellertfeld ab und handelt eine zehnjährige Frist für die Strassenerstellung aus; das ganze Areal wird aber erst in den 1950er Jahren durch eine Gesamtüberbauung genutzt, für die eine völlig andere Einteilung vorgenommen wird.[21]

Die Tatsache, dass alle diese Verkäufe und Abtretungen im öffentlichen Interesse erfolgen, erlaubt weitgehend die Umschiffung der Schwierigkeiten mit dem Wortlaut des testamentarischen Landveräusserungsverbots. Besonders beim Verkauf des Verwaltungsgebäudes am St. Alban-Graben wird auf Gutachter- und Regierungsseite sehr kasuistisch, unter Betonung der Unvergleichbarkeit des konkreten Falls mit irgend einem anderen, argumentiert; auf diese Weise soll ein jegliches Präjudiz vermieden werden, das die Existenzberechtigung der CMS und ihre zukünftigen Erträge gefährden könnte. Nachfolgend dokumentieren wir die drei wichtigsten Landgeschäfte der CMS vor den Rechtsgutachten von 1896 zusammenfassend.

Der Wolfgottesacker

1889 verkauft die CMS der Einwohnergemeinde Basel das von dieser seit April 1869 gepachtete Areal des Wolfgottesackers im Umfang von 6,14 ha.[22] Die CMS hat bei diesem Verkauf sowohl die «Umgehung» der testamentarischen Vorschriften als auch den für die Lage dieses Landes unüblich niedrigen Preis von Fr. 1.67/m^2 zu begründen. Unter Verweis auf die schon von Christoph Merians Witwe gewährte Verpachtung des Areals stellt sie sich auf den Standpunkt, es handle sich bei diesem Verkauf nicht um «eine Abtretung eines freier Verfügung unterliegenden Areals», da die Nutzung als Friedhof auf lange Zeiträume angelegt sei. Vermutlich um ein Präjudiz für die Entschädigungsberechnungen bei künftigen Expropriationen durch die unmittelbar benachbarten Eisenbahnen zu vermeiden, hält sie fest, dass «diese ganz ausnahmsweisen Umstände» für den niedrigen Verkaufspreis verantwortlich seien; der Stiftungszweck lege zudem nahe, dass die CMS der öffentlichen Hand in der Erhaltung einer öffentlichen Einrichtung wie dieses Friedhofs entgegenkomme. Im gleichen Jahr ersetzt die CMS das verkaufte Land zu 92% der Fläche und zu einem Drittel des Buchwerts am Bruderholz.[23]

Das Sanatoriumsprojekt Bruderholz-Spitzacker

1893 wird in Basel ein Verein zur Bekämpfung der Tuberkulose gegründet, der im Frühjahr 1894 das Bürgerspital bittet, eine «Anstalt für unbemittelte Lungenkranke in der nächsten Nähe Basels» zu errichten und zu betreiben. Das Spitalpflegamt tritt auf den Vorschlag ein und der Engere Bürgerrat äussert im Herbst 1894 sein Einverständnis und legt das acht Grundeigentümer betreffende Landgeschäft dem Weitern Bürgerrat zur Beratung vor[24]:

Firma Dreyfus & Söhne	4,81 ha Jakobsbergerhof, Krummenacher
Koechlinsches Gut	0,08 ha Hechtlicker
Private	1,78 ha Spitzacker
CMS	1,58 ha
	8,25 ha

Die CMS tritt Anfang 1895 1,58 ha Land an das Spital ab und erhält tauschweise 0,95 ha an ihre Grundstücke anstossendes Ackerland. Mit Fr. -.35/m^2 wird ihre als Verkauf betrachtete Mehrabtretung von 0,6 ha etwas geringer entschädigt als das Land der übrigen Verkäufer (Mittel Fr. -.40/m^2). Die Abtretung von Stiftungsland wird behördlicherseits akzeptiert, da ihr Zweck in der Intention des Stifters liege, «städtische Zwecke überhaupt» zu unterstützen und daher das Veräusserungsverbot überwiege.[25]

1895 liegen die Eingaben eines Architekturwettbewerbs für den Sanatoriumsbau vor. Das ganze Sanatoriumsprojekt wird aber 1896 hinter dringendere Bauprojekte des Spitals zurückgestellt. Zudem gibt die windexponierte Lage des gewählten Standorts zu Bedenken Anlass. Es wird daher nach einem besser geeigneten Platz Umschau gehalten, der im folgenden Jahr in Davos gefunden wird. 1897 und 1898 erfahren die Landgeschäfte des Spitals in der Stadt eine beträchtliche Anspannung durch eine Bauspekulations-Welle.[26] Die Stiftungskommission wird im Februar 1898 unterrichtet, dass das Sanatoriumsprojekt auf dem Bruderholz endgültig aufgegeben werde und am Projektstandort rund 7,3 ha Land zu verpachten seien.

1962 kauft die CMS das 4,68 ha grosse, inzwischen in der Zone für zweigeschossige Bauten liegende Grundstück vom Bürgerspital für Fr. 75.-/m^2 zurück. Das Land wird zu diesem Zeitpunkt noch vom Brüglinger Pächter bewirtschaftet und nimmt 1966–1970 die im Baurecht realisierte Gesamtüberbauung «Hinterer Jakobsberg» auf.[27]

Das erste Verwaltungsgebäude

Am 24. Dezember 1894 lässt die CMS ihr Verwaltungspersonal aus dem von Christoph Merian als Verwaltungsliegenschaft bestimmten «Hinteren Truchsesserhof» am St. Albangraben ins Stadthaus umziehen. Dieser Wechsel wird gegenüber dem Finanzdepartement mit der Übernahme der Kassenführung der Bürgergemeinde durch Stiftungspersonal mit freien Arbeitskapazitäten begründet. Das Departement billigt den Umzug nicht. Der wirkliche Grund für den Wechsel ist aber der trotz des Umbaus von 1886–87 schlechte Bauzustand des Gebäudes am St. Albangraben. Auf der Grundlage eines sanitarischen Gutachtens, das die Gesundheitsgefährdung durch dauernden Aufenthalt in den Räumen des Hinteren Truchsesserhofs festhält, folgt der Regierungsrat im Dezember 1895 dem Bürgerrat und genehmigt den schon im Juli dieses Jahres mit der Basler Depositenbank vertraglich geschlossenen Verkauf als unumgängliche Massnahme. Das Finanzdepartement ist in seinem Bericht an den Gesamtregierungsrat der Auffassung, dass bezüglich der Benützung dieses Gebäudes durch die Stiftungsverwaltung «Undurchführbarkeit des Stifterwillens» vorliege.

Hat das Departement zuvor den eigenmächtigen Auszug der Stiftungsverwaltung gerügt, so verlangt es nun ausdrücklich, dass diese sowohl organisatorisch als auch räumlich von der Verwaltung der Bürgergemeinde getrennt bleiben müsse. Die Regierung erwartet daher, dass die CMS das Stadthaus baldmöglichst verlasse und wieder ein eigenes Verwaltungsgebäude beziehe.[28] Am 1. April 1896 gibt die Verwaltung der CMS die Kassenführung der Bürgergemeinde wieder ab und bezieht am 1. Oktober 1898 das neuerstellte Verwaltungsgebäude an der Elisabethenstrasse, für das sie das Land im Januar 1896 erworben hat.

Die Anregung zu einem Rechtsgutachten über die Handlungsfreiheit der CMS als Grundbesitzerin

In der Sitzung des Weitern Bürgerrats vom 5. November 1896 stellt Regierungsrat Wilhelm Bischoff den Antrag, der Engere Bürgerrat solle prüfen, ob die CMS ermächtigt werden könne, «zu Bauplätzen sich eignende Liegenschaften zu veräussern und sie durch Landkäufe in einiger Entfernung von der Stadt zu ersetzen». Zustimmendenfalls müsse geklärt werden, wie der Ersatz von verkauftem Land auf Fläche, Buchwert oder Verkaufserlös bezogen werden solle. Zentrale Frage ist, ob der Wortlaut von Christoph Merians Verbot, die Güter zu verkaufen, eine Auslegung erlaube, die im Rahmen des damals sehr aktuellen «baulichen Fortschreitens» der Stadt auch die in der Hand der CMS vereinigten grossen Areale im Osten der Stadt für die städtebauliche Entwicklung verfügbar macht; gerade vom Albanquartier strahlt in den 1890er Jahren eine überdurchschnittliche Bodenpreissteigerung aus.

Der Interessendruck auf das Stiftungsland und die nur kasuistischen Begründungen für die bisherigen Liegenschaftsgeschäfte der CMS machen die Zeit für eine grundsätzliche Klärung der rechtlichen Situation reif. Dass die Anregung zu einem Gutachten von Regierungsseite eingebracht wird, ist auch Ausdruck der gründerzeitlichen, durch die Baukonjunktur der 1890er Jahre verstärkten Sorge, die Stadt könnte in ihren ohnehin engen politischen Grenzen nicht genügend Fläche für die bauliche Ausdehnung finden; sie ist Ausdruck auch einer verstärkten bodenpolitischen Aktivität des Staats. Stadtwachstum und Raumordnung sind bereits rund zehn Jahre vorher Gegenstand einer über die Kantonsgrenzen hinaus geführten Diskussion. 1885 wird im Grossen Rat beantragt, ein Industriequartier auszuscheiden, das der Stadt zur Bildung industrieller Kapazitäten und fiskalischer Substanz verhelfen könnte; die räumliche Zusammenfassung der Betriebe erlaube zudem eine Entmischung von Gewerbe und Wohnen und könnte die Qualität der Wohnquartiere garantieren.

Ein Korrespondent der *Basellandschaftlichen Zeitung* spricht sich in diesem Zusammenhang für die Anlegung eines Industriegeländes im Allschwiler Bann aus, womit sich diese Gemeinde «sanieren» könne. Er hält die wohnbauliche Entwicklung der Stadt für zu weit fortgeschritten, als dass ein grosses Industrieareal in ihrem Bann noch störungsfrei plaziert werden könnte, und er stellt die Frage, ob nicht die Verteilung des Grundbesitzes im Südosten der Stadt das Haupthindernis für die bauliche Entwicklung darstelle: «Vor dem Alban- und Aeschenthor sind die Bauplätze zu theuer, vom Schweizerischen

Zentral-Bahnhof bis an die Birs sind sie in ganz wenigen Händen, von denen nur durch Expropriation etwas zu erhalten ist, aber wer kann exproprüeren?» Er stellt den Nachteilen, die eine Industrieansiedlung im Stadtkanton hat, die Vorteile des Landkantons gegenüber, wo Bodenpreise und Steuern günstiger als in der Stadt seien und «jene lästigen» Baugesetze und sanitarischen Bestimmungen der Stadt wegfielen.[29]

Ein Einsender antwortet in der nächsten Ausgabe des Blattes auf diesen Vorschlag und nimmt auf die negativ beschriebene grundbesitzliche Situation Bezug; mit den «wenigen Händen» wurde deutlich auf den Merianschen Landkomplex angespielt. Er verwirft Allschwil als Industriestandort und bezeichnet die weniger fruchtbare Birsebene als geeigneter. Das Problem der Verfügbarkeit des dortigen Lands hält er für lösbar, da dieses «voraussichtlich mit der Zeit zum Theil auf billigste Weise Eigenthum der Stadt werde». Die Birsebene habe alle Vorteile der Bahnerschliessung, Brauchwasser- und Wasserkraftversorgung und liege abseits von Wohnquartieren und deren Ausdehnungsbereichen.[30]

Die Rechtsgutachten von 1896

Mit der Abfassung je eines Gutachtens werden die in Basel lehrenden Professoren *Andreas Heusler* und *Andreas von Tuhr* beauftragt.[31] Diese sind sich darin einig, dass eine streng ausgelegte Unveräusserlichkeit-Klausel die zeitgemässe Erhaltung der Güter verhindere und damit die von Christoph Merian angestrebte Anlagesicherheit letztlich gefährde. Das Veräusserungsverbot müsse deshalb als sekundär, als Mittel zum «liberal gefassten» primären Stiftungszweck – Erträge für die Stadt zu erwirtschaften – betrachtet werden. Der Ersatz von verkauftem Land durch «Güter, die eine entsprechende Sicherheit gewähren» (Heusler[32]), vermöge daher der Intention der testamentarischen Formulierung Genüge zu tun.

In der Frage, wie der Ersatz zu leisten sei, gehen die Ansichten der beiden Experten auseinander. Von Tuhr legt den Wunsch Merians nach der Erhaltung des Kapitals eng aus und leitet daraus ab, dass «der effektive Wert,... d.h. der gesamte Kauferlös» in Ersatzgütern neu angelegt werden sollte.[33] Heusler dagegen verwirft Auslegungen, die zu entweder ausschliesslich auf das Flächenmass oder ausschliesslich auf den Verkaufserlös abgestützten Vorschriften für den Ersatz von Land oder die Neuanlage von Mitteln führen. Das Flächenmass als alleiniges Kriterium würde dem Ersatz von teurem Bauland durch billigstes Landwirtschaftsland und damit einer testamentswidrigen Aushöhlung der Wertsubstanz der Güter Vorschub leisten. Die Neuanlage der gesamten Verkaufserlöse dagegen wäre sehr schwierig, da kaum genügend geeignete Güter zu finden wären, in welche die Wertüberschüsse aus dem verkauften Bauland angelegt werden könnten. Heusler empfiehlt daher, beim Ersatz von verkauftem Land das Verhältnis der Liegenschaftswerte zu den Kapitalwerten im Vermögen der CMS zu erhalten; oder nur die Summe des Buchwerts des verkauften Lands wieder in Land anzulegen.

Der Weitere Bürgerrat schliesst sich am 25. Mai 1897 Heuslers Auslegung an und ermächtigt die CMS, nach diesen Grundsätzen Land freihändig zu verkaufen.

Die landwirtschaftliche Entwicklung zur Zeit der Diskussion der Landveräusserungsfrage

Im Heuslerschen Gutachten klingt Skepsis an, ob die mit Schwierigkeiten kämpfende Landwirtschaft eine genügende Verzinsung der Landgüter erbringen könne. Heusler dürfte dabei nicht nur an das grundlegende klimatische Risiko aller agrarischen Wirtschaftstätigkeit denken, an das die Ertragseinbussen des Trockenjahrs 1893 deutlich erinnert haben; denn über solche Akzidenzen hinaus leidet die Landwirtschaft dieser Zeit an längerfristig sich entwickelnden Problemen.

Einerseits verändert sich der Produkteabsatz in nachteiliger Weise: Getreide, Milch und Fleisch – letztere in einer wachsenden Stadt besonders gut abzusetzen – werden von billigen ausländischen Importen konkurrenziert. Die Preise für die wichtigsten landwirtschaftlichen Produkte sinken bis in die Mitte der 1890er Jahre auf einen unter den Produktionskosten liegenden Tiefpunkt. «Eine Beeinträchtigung bedeutete auch die Einführung der Kanalisation in der Stadt. Sie entzog der Landwirtschaft ein Düngmittel, auf das sie bei dem mageren Boden und dem im Verhältnis zur Ausdehnung des Pachtlandes beschränkten Viehbestand unbedingt angewiesen war. Die Bewirtschaftung nahm daher mehr und mehr den Charakter der blossen Selbstversorgung an, bis in den neunziger Jahren die Milchwirtschaft zu grösserer Bedeutung gelangte.»[34]
Anderseits verändert sich auch die Arbeitskräftesituation: Mit dem Zurücktreten des Getreidebaus hinter die arbeitsintensivere Veredlungswirtschaft (Milch, Fleisch) entsteht die «Dienstbotenfrage», verschärft von der Konkurrenz der steigenden industriellen Arbeitslöhne.[35]

Seit den 1850er Jahren ist also die Landwirtschaft im Begriff, sich grundlegend zu verändern und die Urbanität dominiert in zunehmendem Masse Raum und Wirtschaft. Der massgebliche Rahmen für Christoph Merians des Ackerbauers Bestimmungen wandelt sich so deutlich, dass Heusler sogar veranlasst ist zu schreiben, dass Investitionen in landwirtschaftliche Pachtgüter «nicht gerade eine zeitgemässe Verwendung der Mittel» seien. Ähnlich wird schon 1894 im bügerrätlichen Anzug Zutt argumentiert; dort wird die Erstellung von Wohnungen durch die CMS postuliert, u.a. mit der Begründung, diese böten eine gegenüber den landwirtschaftlichenPachtzinserträgen bessere Ertragsbildung.[36]

Als die CMS 1898 den *Waldhof* an der Alten Reinacherstrasse errichten lässt, geschieht dies indirekt unter dem Einfluss der Bahnen, deren wachsende Anlagen Kulturlandverschiebungen zur Folge haben, aber auch aus einer inneren Verpflichtung zu der «landwirtschaftlichen Linie» des Stifters, die einem bereits versunkenen wirtschaftlichen Zitalter angehört; es geschicht aber zweifellos nicht aus einer Begeisterung für die Landwirtschaft. Erst in der Mitte des ersten Jahrzehnts unseres Jahrhunderts erlebt die Landwirtschaft eine Konjunktur, die die Skepsis Heuslers hätte brechen können.

Kontinuität der «landwirtschaftlichen Linie» trotz der Relativierung der Kontinuität des Güterbestands

Der Buchstabe des Veräusserungsverbots wird durch die Auslegung der Gutachten von 1896 gebrochen, nach welchen die Wiederanlage des Werts von verkauftem Land dem von den testamentarischen Bestimmungen verfolgten Zweck der Vermögenserhaltung hinreichend Rechnung trage. Damit wird eine Behandlung der Güter legitimiert, die die von Merian letztlich vorgeschriebene Kontinuität der *Erträge* – des übergeordneten testamentarischen Zwecks – sichern soll. Es geht nicht darum, die Kontinuität der *Landgüter* in ihrer räumlichen und funktionalen Gestalt zu sichern. Mit der «Befreiung» des Stiftungslands vom eng ausgelegten Veräusserungsverbot wird die Herstellung seiner fiskalischen Beweglichkeit angestrebt.

Die Legitimierung des Grundsatzes, das Brüglinger Land dürfe unter der Bedingung seines Ersatzes veräussert werden, schafft die Grundlage dafür, dass der Stiftungsgrundbesitz parallel zur Stadtentwicklung zunimmt. Die CMS folgt mit der empfundenen Verpflichtung, die von ihr angetretene Nutzungstradition fortzuführen, der «landwirtschaftlichen Linie» des Stifters und ersetzt verkauftes Land wieder durch Landwirtschaftsland. 1916, als sich bereits Interessenten der Industrie für das Rothausland melden, formuliert die Stiftungsverwaltung diese Linie: «Um den Intentionen des Stifters gerecht zu werden, war daher unsere Verwaltung seit jeher bestrebt, aus den Merianschen Höfen eine Art von Musterfarmen zu machen.»[37]

Hätte die CMS die Verkaufserlöse von Anfang an in städtische Renditeliegenschaften investiert – wogegen keine ausdrückliche Bestimmung spricht – wäre ihr Gesamtgrundbesitz stärker auf den städtischen Bereich begrenzt geblieben. Da sie sich damit aber nicht vor die jeweilige Front der Bodenteuerung begeben hätte, wäre er vermutlich nicht auf seine heutige flächenmässige Grösse und damit auf seine heutige funktionale Vielfalt und seinen wertmässigen Bestand angewachsen. Bis nach dem Zweiten Weltkrieg betreibt die CMS eine auf agrarische Ertragsbildung ausgerichtete Landbuchhaltung und eine im eigentlichen Wortsinn konservative, d.h. werterhaltende Vermögensverwaltung. Erst in den 1950er Jahren beginnt sie, als Folge des Gegendrucks aus dem Landkanton, die in ihrem stadtnahen Land liegenden Werte unternehmerisch zu aktivieren[38].

Die Landverkäufe in der Zeit nach der Neuinterpretation

Die Ermächtigung der CMS zu freihändigen Verkäufen unter der Bedingung des Ersatzes führt nicht zu einer Hausse von Landverkäufen im Einflussbereich der Stadt, obwohl es gerade in diesen Jahren überhitzter Preisbewegungen und rascher baulicher Quartierentwicklung nicht an Kaufinteressenten fehlt. Die Bilanz des Stiftungsgrundbesitzes ist in der Zeit um die Jahrhundertwende durch die grossen Zukäufe auf dem Muttenzerfeld positiv und wird erst 1901 als Folge der Expropriationen durch die Bahnen um 2,3 ha rückläufig. Die Nutzung des Grundbesitzes erfährt aber grosse Änderungen: Als Folge der Abtretungen an den Rangierbahnhof auf dem Wolf wird im Winter 1899–1900 das Kulturland der Brüglinger Pachtgüter und des neu errichteten Waldhofs reorganisiert. Gleichzeitig beginnen die Verhandlungen über das ab Juni 1900 der Einwohnergemeinde Basel verpachtete Land auf dem Dreispitz, wo die Öffentlichen Materiallagerplätze eingerichtet werden sollen.

Die Argumente im Streit mit den Bahnen

Die Ausdehnung des Bahnareals auf Kosten von Stiftungsland ist in den 1890er Jahren voraussehbar; mit den 1898 eingeleiteten Landexpropriationen durch die SCB ist die CMS genötigt, Überlegungen zur Bedeutung ihres Grundbesitzes und zu den Konsequenzen für ihre Bodenpolitik anzustellen. Die Erwägungen im Entscheid der Eidgenössischen Schätzungskommission vom 14. Juni 1899 in Sachen Expropriation von 11,2 ha Stiftungsland auf dem Wolf werfen ein Licht auf die Probleme, die der CMS durch ihren stadtnahen Grundbesitz erwachsen.

Gegenstand der Differenzen zwischen der Enteignerin SCB und der Enteigneten CMS ist die Höhe der Entschädigung. Statt der von der CMS geforderten durchschnittlichen Fr. 22.–/m^2 legt die Schätzungskommission Fr. 12.–/m^2 fest. Das Bundesgericht folgt Ende 1900 diesem Antrag in der Behandlung des Rekurses, den die CMS trotz der Aussichtslosigkeit, noch eine namhafte Erhöhung der Entschädigung zu erzielen, eingereicht hat.[39]

Die SCB ist der Auffassung, die testamentarische Bestimmung Merians habe «faktisch die Wertverhältnisse des Landes beeinflusst», und das Veräusserungsverbot bilde für das Stiftungsland auf dem Ostplateau eine Last, die auf dessen Wert einen Einfluss habe. Der Rechtsvertreter der CMS wehrt sich gegen diese Auslegung. Er räumt ein, dass das Veräusserungsverbot bisher tatsächlich die Erschliessung des umfangreichen Grundbesitzes auf dem Gellertfeld hinausgeschoben habe und ohne diese Bestimmung «die Gegend eine ganz andere Entwicklung genommen» hätte. Dennoch müsse aber ein Landwert der Entschädigungsberechnung zugrundegelegt werden, der aus den in angrenzenden Quartieren bezahlten Landpreisen zu ermitteln ist: «Vermöge seiner ebenen Lage und Verkehrsgunst wäre das Plateau längst überbaut worden, wenn nicht die oben angeführten Hindernisse bestanden hätten.»[40] Die CMS steht vor dem Problem, genügend Preisbeispiele für in der Nachbarschaft ihres Grundbesitzes gehandeltes Land beibringen zu können und muss sich zum Teil auf nur angebotene und nicht realisierte Preise stützen.

Die Eidgenössische Schätzungskommission argumentiert, das Ausbleiben der Quartierentwicklung und der Landpreissteigerung auf dem äusseren Gellertplateau falle allein der CMS zur Last. Das expropriierte Land sei ausserdem durch die Nachbarschaft des neuen Rangierbahnhofs benachteiligt und weise keine Strassenverbindung zum fernen Stadtzentrum auf, so dass eine wohnbauliche Nutzung als Grundlage für die Wertberechnung nicht in Frage komme. Die Immissionen des Rangierbahnhofs – Lärm und Rauch – hätten beispielsweise zur Umnutzung des Bachofenschen Sommersitzes beim Singerhof als Pferdestallung geführt. Anlässlich weiterer Landexpropriationen 1904 durch die SBB bricht der Streit über die Frage, «zu welchen Zwecken das zur Expropriation gelangende Areal hätte Verwendung finden können» nochmals aus, indem die CMS von der Wohnbaunutzung ausgeht, zu der die SBB dem Land die Eignung absprechen.[41]

2.4 Die Ausweitung des öffentlichen Grundbesitzes und seine Zweckbestimmung

Die Bewegung der 1890er Jahre

Zu einer Privatisierung des kommunalen und genossenschaftlichen Grundbesitzes in ländlichen Gebieten kommt es im 19. Jahrhundert, beispielsweise durch die Allmendaufteilungen. Da solche Teilungen meist die Verbesserung der finanziellen Grundlage der Gemeinden zum Ziel hatten, ist die Privatisierung des Bodens in vielen Fällen ein Nebeneffekt; wesentliche Voraussetzung der Privatisierung ist die Aufhebung des Flurzwangs und der Gemeinweide.[42] Der später entstandene, städtisch-kommunale Grundbesitz hat, soweit wir aus den in den Brüglinger Grundbesitz eingreifenden Vorgängen ableiten können, seinen Vorläufer im funktionalen Grundbesitz der seither verstaatlichten Eisenbahngesellschaften. In den 1890er Jahren beginnt in Basel eine Zeit bewusster Landkauftätigkeit der öffentlichen Hand, die für die spätere Gestalt des Brüglinger Grundbesitzes von grosser Bedeutung ist.

In einer parlamentarischen Eingabe der bodenreformerischen «Gesellschaft Frei-Land» im Jahr 1891 wird eine Untersuchung des Liegenschaftsverkehrs und der Bodenverschuldung in Basel verlangt, über die der Grosse Rat Ende 1892 aufgrund eines Ratschlags berät. Die Gesellschaft spricht sich, ihren reformerischen Grundvorstellungen entsprechend, für die Ausdehnung des städtischen Grundbesitzes aus; auf dem vergrösserten und vereinigten Staatsgrund könnten als Beitrag zur Behebung des akuten Wohnungsmangels Arbeiterwohnhäuser errichtet werden.[43] 1894 wird die CMS im bürgerlichen Anzug Zutt aufgefordert, billige Wohnungen zu erstellen. Der Anzug wird erst 1901(!), nach der Erledigung der Landexpropriationen durch die SBB, beantwortet: die Stiftungskommission hält fest, dass die intensive Wohnbautätigkeit mittlerweile den Wohnungsmangel durch die Schaffung eines Überangebots behoben habe; die CMS sehe ausserdem ihre Aufgabe im Falle eines wiederkehrenden Wohnungsmangels mehr in der Unterstützung von Baugenossenschaften durch Hypothekardarlehen als in eigener Bautätigkeit. Zum gegenwärtigen Zeitpunkt hätten alle in grösserer Stadtnähe gelegenen Grundstücke der CMS bereits eine Zweckbestimmung, so dass sie als Standorte für Sozialwohnungen nicht mehr in Frage kämen: Dreispitz- und Singerfeld werden von Lagerplatz- und Bahnanlagen beansprucht, auf dem Gellertfeld ist ein Villenquartier geplant.[44]

Die Gewichtung des fiskalischen Grundbesitzes

Der Grundbesitz der öffentlichen Hand ist zu unterscheiden in funktionalen und fiskalischen Grundbesitz.

Der *funktionale*, d.h. verwertungsgebundene Grundbesitz beinhaltet die für die Infrastrukturleistungen erforderlichen Areale und wird üblicherweise im Verwaltungsvermögen ausgewiesen; dazu gehören Wege und Strassen, Grundstücke mit öffentlichen Werken wie Verwaltungsgebäude und Schulhäuser, Werkhöfe, Entsorgungseinrichtungen u.a.m., sowie Grundstücke mit öffentlich-rechtlichen Einschränkungen wie Grundwasseranreicherungsgebiete oder Grünanlagen.

Der *fiskalische*, d.h. vermögensbildende Grundbesitz beinhaltet die handelbaren und meist auch ertragsabwerfenden Areale. Funktionalen Grundbesitz sind die öffentlichen Hände zur Erfüllung ihrer Aufgaben zu halten gezwungen, sein Umfang ist von der Grösse des Gemeinwesens und den wohlstandsbedingten Flächenansprüchen abhängig; Umfang und die Verwertung von fiskalischen Grundbesitz werden dagegen vom verwaltungspolitischen Ermessen bestimmt. Im Falle der CMS wird dieses Ermessen eingeschränkt durch die Persistenz des fiskalisch definierten Brüglinger Grundbesitzes und seine Unterstellung unter die testamentarischen Handlungsrichtlinien.

Der nichtbürgerliche städtische Grundbesitz im Kanton Basel-Stadt umfasst Anfang 1886 rund 147 Hektaren, wovon ca. zwei Fünftel als funktionaler Grundbesitz angesprochen werden können. Knapp ein Drittel der 147 ha ist Kantons-, Universitäts-, Kirchen- und Schulgutsbesitz, zwei Drittel gehören der Einwohnergemeinde Basel. Gegen neun Zehntel des Lands der Einwohnergemeinde sind als fiskalischer und ertragsloser Grundbesitz eingestuft. Bei diesem setzt in der Mitte der 1880er Jahre, wohl als Reaktion auf die gesamtstädtische Bodenpreishausse dieser Zeit, eine bedeutende Bewegung ein. 1895 erwirbt der Staat einen 40 ha grossen Landkomplex im linksrheinischen Nordwesten der Stadt, um die Verlegung des Elsässerbahn-Trassees durchführen zu können und um der Landspekulation die Spitze zu brechen – aber auch um selbst an den Landwertsteigerungen teilhaben zu können. In einem Bericht des Finanzdepartements unter Paul Speiser an den Gesamtregierungsrat vom September 1895 wird eine fiskalisch orientierte, das Steuerkapital schonende staatliche Bodenpolitik befürwortet. Bis 1902 werden weitere 50 ha erworben.[45]

Die Einbindung der CMS in die staatliche Bodenpolitik

Die Ansicht, dass die Stadt die negativen Folgen der in dieser Zeit angeheizten Bodenspekulation dadurch eindämmen könne, dass sie – als privatrechtsfähige juristische Person – selbst als Grundeigentümerin auftritt, dürfte seine Auswirkungen auf die CMS gehabt haben. Eines der Argumente für den Kauf bedeutender Areale – zum Beispiel des Landauerhofs 1928 durch das Gas- und Wasserwerk oder des Schlatthofs 1960 durch die CMS – lautet, das betreffende Land werde auf diese Weise der Spekulation entzogen. Darin zeigt sich die Auffassung, öffentliche Grundbesitzer gingen rationaler und unspekulativer mit dem Boden um: Ihr wird von Hummel (1934), welcher der baselstädtischen Bodenpolitik der Jahrhundertwende Manchestertum und Teilnahme an der Bodenspekulation vorwirft, polemisch widersprochen; Bernoulli (1946) setzt zweckrationales Verhalten pragmatisch voraus und Joller (1969) greift diese Auffassung zustimmend auf, wenn er auch die mit der Ausweitung des öffentlichen Grundbesitzes einhergehenden Nachteile der Entpersönlichung und Konzentration des Grundeigentums dagegenhält.[46]

Nach den Bestimmungen Christoph Merians muss die CMS trotz ihres privatrechtlichen Status dem öffentlichen Bereich zugerechnet werden. Ihr Vermögensbestand ist als unabhängig verwaltetes Fiskalvermögen der Bürgergemeinde mit dem Fiskalvermögen des Kantons vergleichbar. Über den fiskalischen Charakter, der dem meisten städtischen, bürgerlichen und auch dem Stiftungsgrundbesitz gemeinsam ist, wird die CMS – neben ihrer testamentarischen Verpflichtung zur Unterstützung öffentlicher Werke – mit der städtischen Bodenpolitik verflochten. Als Exponentin der Stadt im ländlichen Umland nimmt sie mehrmals die Funktion der Vermittlerin oder der Landtreuhänderin wahr: Ein erstes Mal wird ihr diese Rolle vom Finanzdepartement 1898 im Zusammenhang mit der Strassenausscheidung auf dem Gellertfeld zugesprochen. 1899 setzt der Staat auch Mittelsmänner zur Vertretung seiner Landinteressen in Kleinhüningen ein.[47]

Die Güter Hagnau und Schlatthof bilden im Rahmen der städtischen Bodenpolitik eine Art «Reservemasse», d.h. eine für eine gewisse zeitliche und räumliche Beweglichkeit notwendige Flächenreserve. In der Tat stellt die CMS, solange sie «willig» ist und nicht, wie vom Ende der 1940er Jahre an, in ihrer Landnutzung unternehmerische Massstäbe anlegt, eine Art von Reservegefäss für fiskalischen städtischen Grundbesitz dar. Im Falle der Hagnau und des Schlatthofs sichert die CMS Land, das der Staat mit Blick auf die für jene Standorte erst geplanten Einrichtungen vorsorglich hätte erwerben oder expropriieren müssen. Der Staat delegiert dies, denn: Ein *bedarfsbezogener*, erst nach Vorliegen eines ausführbaren Projekts getätigter Landerwerb würde mit Bestimmtheit den Kaufpreis stark hochtreiben, die Ausführung verteuern und so möglicherweise an der parlamentarischen Hürde scheitern lassen. Ein *vorsorglicher* freihändiger Erwerb oder eine Expropriation durch den Staat könnte ihn wiederum von parlamentarischer Seite her unter Verwertungsdruck bringen, da es sich um gebundenes Steuerkapital handelt. Gerade die Expropriation als Erwerbsart zur Befriedigung dringlichen, aktuellen Landbedarfs ist nicht für den vorsorglichen Landerwerb geeignet: Die öffentliche Hand würde damit ihre Legitimation zur Enteignung von funktionalem Grundbesitz zur Äufnung von fiskalischem Grundbesitz missbrauchen.[48]

Die zeitbedingte Landnutzungspraxis

Gebrauchsleihe, Miete, Pacht, Baurecht und ihre Unterabtretungsweisen erlauben es, den durch sein Anwachsen diversifizierten Grundbesitz der CMS den interessierten Nutzern zur Verfügung zu stellen. Die Vielzahl der Abtretungsarten ist nicht von Anfang an selbstverständlich. 1909 ersucht die Basler Wohngenossenschaft die Einwohnergemeinde um die Gewährung eines Baurechts, wie es das neue ZGB vorsieht; nach Überwindung zahlreicher Widerstände schliesst der Staat mit ihr 1912 den ersten Baurechtsvertrag der Schweiz nach ZGB. Im Juli 1909 wird im bürgerrätlichen Anzug A. Silbernagel u. Kons. gefragt, ob CMS und Bürgerspital ihr Land im Baurecht zur wohnbaulichen Nutzung abgeben oder auch selbst im Wohnbau tätig werden könnten. In den Beratungen der bürgerrätlichen Spezialkommission in den folgenden Jahren kommt zum Ausdruck, dass wenig Experimentierlust besteht: Es wird aber klar festgehalten, dass das Baurecht geeignet wäre, Stiftungsland mit einem gegenüber der landwirtschaftlichen Nutzung bedeutend höheren Zinsertrag zu verwerten, ohne seinen Umfang vermindern zu müssen. Der Bürgerrat schliesst daher nicht Landabtretung durch die CMS im Baurecht, aber stiftungseigenen Wohnungsbau aus. Erst 1923 schliesst die CMS mit der Einwohnergemeinde Basel einen ersten Baurechtsvertrag über das Areal des Zollfreilagers auf dem Dreispitz ab; wie 1946 festgehalten wird, treten keine privaten Baurechtsinteressenten auf.[49] Der Rückzug der Landwirtschaft vom stadtnahen Stiftungsland geschieht über Landverpachtung an Dritte (Pflanzland) oder Landverkauf und -abtretung (Zeughaus, Bahnanlagen).

Dass die CMS langfristige Vertragsverhältnisse über die Nutzung ihres Landes vermeiden will, macht ihre Stellungnahme zu der 1927 von Gregor Staechelin angeregten Steigerung der Pachtzinseinnahmen durch Vergabe der Pachthöfe in einer baurechtsartigen, dreissigjährigen Erbpacht deutlich. Sie möchte nicht auf diese Weise die bauliche Landnutzung blockiert sehen, die sie als die eigentliche Rendite des ausserordentlich niedrig verzinsten Landwirtschaftslands betrachtet. Da mit der Erbpacht auch die Übernahme namentlich von Liegenschaftsunterhalt und Grundsteuern durch den Bewirtschafter verbunden wäre, ergäbe sich eine ungerechtfertigte Besserstellung der Pächter auf dem steuerfreien Stadtbasler Stiftungsland. Gegen die Erbpacht spreche auch die Grösse der Güter, die unter anderem durch die weiten Bewirtschaftungswege einen grossen Bedarf an Arbeitskräften erzeugen; zur Sicherstellung der notwendigen überdurchschnittlichen Düngung der relativ ertragsschwachen Kiesböden ist die Haltung einer grossen Viehherde erforderlich, was für Gebäude und Betrieb ein grosses Bewirtschafterkapital erfordere. Die CMS sieht also aus einer Erbpacht für sich wie für den Bewirtschafter Nachteile erwachsen, die zu einer Gefährdung der Wertsubstanz ihrer Güter führen und dadurch die testamentarischen Bestimmungen verletzten könnten.[50]

Die Frage der Nutzungsweise und der Verzinsung des bürgerlichen Grundbesitzes wird in der Zeit des Zweiten Weltkriegs wieder aufgegriffen. In der Antwort auf den Anzug H. Bernoulli u. Kons. von 1937 wird festgestellt, dass trotz ausserordentlich geringer Nettoerträge aus dem Landbesitz der bürgerlichen Institutionen keine Neigung zur Vergabe von einträglicheren Baurechten bestehe. In Bernoullis Eingabe schwingt der Wunsch nach einer im eigentlichen Wortsinn Grund legenden Rolle des Staats im Bodenmarkt mit; er vertritt die Idee der Freiland-Bewegung, dass Bodenspekulation und Bodenmonopole durch die Vergabe von Baurechten auf grundsätzlich im Gemeineigentum stehendem Boden gebrochen werden sollten und dadurch eine humane städtebauliche Zyklik erreicht werden könnte.[51] Aus den Reaktionen von Bürgerrat und CMS bis in die 1940er Jahre erhellt, dass dem Baurecht offenbar der Makel anhaftet, ein «Reforminstrument» zu sein, das sich in einen Gegensatz zur Bodennutzung durch den Eigentümer stellt.

1946 wird mit der Erinnerung an die abgewendeten Landansprüche des geplanten Hardflugplatzes und im Gefolge der Auseinandersetzung der CMS mit den basellandschaftlichen Behörden um den gescheiterten Hofkauf in Pfeffingen im Anzug F. Weiss u. Kons. Rechenschaft über die bürgerliche Landpolitik verlangt. Im Bericht des Bürgerrats wird bekräftigt, dass der Bestand des bürgerlichen Grundbesitzes erhalten und wo möglich vermehrt werden soll. Die CMS ihrerseits sieht sich durch die basellandschaftlichen Restriktionen auf die Stadt zurückgeworfen, denn «die Kapitalinvestitionen für den Wohnungsbau auf eigenem Boden in der Stadt sind für die Stiftung in finanzieller Hinsicht ertragreicher als eine Vermehrung des ausserkantonalen [besteuerten] Grundbesitzes».[52] 1947 beginnt mit dem ersten stiftungseigenen Wohnungsbau an der Reinacherstrasse jene Entwicklung, die im Lauf von zwanzig Jahren die Landnutzungs- und Ertragsverhältnisse der CMS ganz bedeutend verändern wird.

1947 und 1948 werden auch im Grossen Rat Anzüge zur staatlichen Bodenpolitik eingereicht, die unter anderem die Landabgabe zu Bauzwecken und die Auslagerung von Anstalten aus der Stadt betreffen. Es wird kritisiert, dass für den Verkauf oder die Baurechts-Abtretung von Staatsland kein Konzept bestehe, das dem Grundstückshandel des Staats städtebauliche Funktionen geben könnte; gleichzeitig wird als notwendig erachtet, dass der Staat «zusammenhängende grössere Bodenflächen» in seinen Besitz bringe. Im Anzug E. Bolza 1949 werden die gleichen Fragen nach der Landnutzungs- und Landreserven-Politik dem Bürgerrat gestellt. Gleichzeitig wird eine Koordination der Landgeschäfte der bürgerlichen Institutionen mit jenen von Kanton und Einwohnergemeinde und eine auf weite Sicht angelegte geschlossene Erhaltung von landwirtschaftlichen Gütern angeregt. Der Bürgerrat weist nach, dass der bürgerliche Grundbesitz insgesamt angewachsen ist, aber bedeutende Neuerwerbungen zur Zeit ausserordentlich schwierig sind.[53]

Zweiter Teil
Die räumliche Dynamik der Landwirtschaftsgüter der CMS. Vom Stammgut Brüglingen zum regionalen Besitzkomplex

Kapitel 3
Das Gut «vor den Toren der Stadt» unter dem Einfluss städtischer Landansprüche: Brüglingen und St. Jakob an der Birs

3.1 Brüglingen und die Erste Umwandlung der Birsebene

Birs, Quellen und Teich als räumliche und wirtschaftliche Grundlagen von Brüglingen

Der Hof Brüglingen wurde auf einer schmalen, vom sogenannten *Hörnli* oberhalb des Kastanienwegs bis zu *Neuewelt* reichenden Niederterrassenstufe errichtet, deren Fortsetzung oberhalb von Neuewelt das Feld von *Zollwiden* bildet. Die auf 268–270 mNN gelegene Terrasse erhebt sich nur 10 m über das heutige Niveau der Birsebene; sie wird um rund 15 m von der Niederterrassenfläche von *Ruchfeld*, *Dreispitzfeld* und *Wolffeld* überhöht. Der Hof lag damit unmittelbar am Rand der Überschwemmungsfläche der Birs. Der Fluss durchzog die Ebene mit seinen mäandrierenden Läufen und überschwemmte sie mit den für sein hydrologisches Regime typischen, sehr kurzzeitigen Hochwassern.[54]

Brüglingen erweist sich durch seinen auf -ingen endenden Namen als Anlage der älteren Siedlungsschicht. Name und archäologische Befunde weisen auf seine Entstehung zur Zeit der alemannischen Landnahme im fünften bis sechsten Jahrhundert hin.[55]

Aus dem 13. Jahrhundert stammen die ersten schriftlichen Quellen, die eine Mühle in Brüglingen erwähnen: Der Domstift erteilte 1259 die Bewilligung zur Errichtung des zweiten Wasserwerks einer schon bestehenden Mühle und gewährte 1260 eine Zinserleichterung, da die Mühle offenbar durch ein Hochwasser zerstört worden war. Schweizer (1923) vermutet, dass die Existenz dieser Mühle im Zusammenhang mit weiteren Birsmühlen gesehen werden muss, die stets von den Hochwassern bedroht waren. Mit der Verlagerung der Hauptläufe der Birs gegen Osten wurde es in der Mitte des 14. Jahrhunderts um die Brüglinger Mühle ruhiger.[56]

Um 1430 wird in den Akten einer Grenzermittlung ein Quellwasserlauf erwähnt, der zu diesem Zeitpunkt für den Betrieb der Mühle in Brüglingen von Bedeutung gewesen sein dürfte. In der Zeit zwischen dem Wegfallen der Birs für die Gewinnung von Wasserkraft und dem Bau des Teiches von St. Jakob bis Neuewelt waren solche «Brunnwasser» von besonderer Bedeutung für die wirtschaftliche Tätigkeit in der Birsebene; es handelte sich dabei hauptsächlich um Aufstösse von Birsgrundwasser. Aus den Akten eines Streitfalls auf Brüglingen im 17. Jahrhundert geht hervor, dass dort um 1593 ein Bad bestanden hatte; dieses verdankte seine Existenz einer warmen

Quelle, die möglicherweise dem Hang der Niederterrasse entsprang. Die Quelle wird auch in einem um 1600 einsetzenden Streit der Lehen am St. Albanteich mit dem damaligen Besitzer von Brüglingen erwähnt. Die Lehen waren an der Zuleitung von warmem Wasser in den Teich interessiert, weil dieses im Winter dessen Vereisung und damit Winterschäden verminderte.[57]

Mit *Brunnwasser* wird die Quelle in den Auenmatten südlich von Brüglingen im Birsplan Jacob Meyers von 1657 bezeichnet. Noch im 19. Jahrhundert trägt einer der Kanäle in den Wässermatten der urbarisierten Birsaue diese Bezeichnung als Namen.[58]

Aus den Akten eines Zehntenverkaufs von 1279 wird erstmals auf einen «decursus aque» hingewiesen, bei dem es sich um den damals noch neuen *St. Albanteich* handeln muss. Seine Wasserfassung befand sich bis 1624 unterhalb des Stegs bei St. Jakob, der durch die Hochwasser und Laufänderungen des Flusses oft zerstört wurde und verlegt werden musste. Die vorerwähnte Verlagerung der Birsläufe gegen Osten machte in der Mitte des 15. Jahrhunderts bauliche Massnahmen notwendig; diese sollten die Abzweigung von Birswasser in den Altlauf bewerkstelligen, der zum alten Wuhr mit der Wasserfassung des Teichs bei St. Jakob führte. Damals begann man, die Möglichkeiten für eine neue Wasserfassung zu prüfen. 1624–1626 wurde das Wuhr bei Neuewelt erstellt, das bis heute den Einlauf des verlängerten St. Albanteichs bildet.[59]

Die Erste Umwandlung der Birsebene durch die Eindämmung der Birs

1660 erhielt der Besitzer des Lands in den *Schwankenmatten* und am Rain bei der heutigen Neuen Welt die Erlaubnis, auf Allmend am Teich Eisenwerke zu erstellen. Hammerschmiede und *Drahtzug*, letzterer zusammen mit *Neue Welt* (Neuewelt) häufig als Name für diesen Ort anzutreffen, entwickelten sich zu einer gewerblichen Siedlung, die 1746 neun Gebäude aufwies.[60] Der Flurname *Neue Welt* bezieht sich auf die Matten im neugewonnen Land am südwestlichen Ende der Birsebene; dass es sich um neues, dem Nutzungsrecht der Zelgenwirtschaft entzogenes und minder ertragreiches Kulturland handelt, wird durch spätere Hinweise auf Sondernutzungsflächen angedeutet.[61]

Von Anfang an beschädigten Birshochwasser das Wuhr der neuen Wasserfassung des Teichs beim *Wasserhaus* schwer. Ein halbes Jahrhundert nach der Verlängerung des Teichs, im Jahr 1676, befasste sich der Rat von Basel erstmals mit einem Vorschlag zur Begradigung des Birslaufs. Von 1785 ist ein weiteres Projekt bekannt, und 1796 macht die Waisenhausinspektion als Besitzerin des zu diesem Zeitpunkt wieder durch eine Verlagerung der Birsläufe nach Westen bedrohten Landes bei St. Jakob einen Verbauungsvorschlag. Nach ihrer neuerlichen Eingabe im Juni 1798 und der Erstellung von Birsplänen durch «Orismüller» Joh. Jakob Schäfer wird am 24. April 1799 die sogenannte Birskommission ernannt, welche die erforderlichen Arbeiten zu planen und zu leiten hat. Im Februar 1800 stören Muttenzer die Wuhrarbeiten im unteren Birsabschnitt, da sie befürchten, ihre Gemeinde würde durch die Eindämmung der Birs Allmendfläche verlieren und die mit den Brüglinger Besitzern festgelegten Grenzbäume würden mitten in das neue Flussbett zu liegen kommen.[62]

1803 liegen zur Ausführung bestimmte Pläne für Birswuhrarbeiten im Münchensteiner Flussabschnitt vor. Viele Münchensteiner Bürger sprechen sich dagegen aus; als das Werk trotzdem ausgeführt werden soll, entziehen sich zahlreiche fronpflichtige Münchensteiner der Arbeit. Im Jahr 1807 werden wieder Überschwemmungsschäden gemeldet, und das Landkollegium schlägt ein Begradigungsprojekt von J.J. Schäfer zur Ausführung vor. Noch im November 1810 wird über die Ausführungsart der Dämme verhandelt, da die Münchensteiner auch dieses Projekt zu teuer finden. 1809 kann sich Schäfer in der Linthebene über die neuesten Verbauungsmethoden ins Bild setzen und Kontakte mit dem zu dieser Zeit dort tätigen Ingenieur Joh. Gottfried Tulla (1770–1828) anknüpfen. Nach einem Augenschein Tullas an der Birs legt das Landkollegium das definitive Projekt mit Ausführungs- und Lastenverteilungsvorschlägen vor, die vom Rat am 6. Februar 1811 genehmigt werden. Mit der Ausführung werden Nikolaus Merian und der Präsident des Baukollegiums, Hans Georg Stehlin (1766–1832) beauftragt.[63]

Am 25. September 1811 wird der Abschluss der Korrektionsarbeiten im Münchensteinerbann oberhalb der Münchensteinerbrücke (Hofmatt) gemeldet und die Fortführung des Werks im Arlesheimer Bann vorgeschlagen. 1827 wird die Birs von der Münchensteinerbrücke abwärts bis zum Wuhr beim Wasserhaus eingedämmt. Ab 1814 wird an der Eindämmung der Birs im Abschnitt der Ebene zwischen Neuewelt und St. Jakob, ab 1823 zwischen St. Jakob und der Birsfelder Brücke gearbeitet.[64]

Das Birshochwasser vom 11. Juni 1813 zerstört wichtige Teile des schon angegriffenen Wuhrs gegenüber dem Teicheinlauf beim *Wasserhaus*. Wieder hat J.G. Tulla ein Gutachten zu verfassen; die Schäden werden aber nur provisorisch behoben, so dass 1814 ein weiterer Hochwasserdurchbruch erfolgt. Das daraufhin bei Tulla in Auftrag gegebene Projekt für ein neues Wuhr mit Überfall wird im Januar 1817 vom Rat genehmigt und der Bau Ende des gleichen Jahrs in Angriff genommen.[65]

1817 beklagt sich der Gemeinderat von Münchenstein über die Besitzer der an das Korrektionsgebiet anstossenden Basler Herrengüter, da diese keine Beiträge an die Wuhrarbeiten leisten wollen. Unter den sieben namentlich aufgeführten befindet sich Christoph Merian-Hoffmann, in dessen Besitz Brüglingen seit sechs Jahren steht. (s.u.) Wegen der Verpflichtung zur Einquartierung von Soldaten und Offizieren im Zusammenhang mit der Belagerung von Hüningen überwirft dieser sich 1814 mit der Gemeinde Münchenstein und 1815 mit der Stadt Basel und zieht nach Mannheim, von wo aus er sogleich das grosse Gut *Bonnefontaine* in Lothringen erwirbt. Die Gemeinde sieht sich 1817 ausserstande, einen Vergleich mit den widerspenstigen Gutsbesitzern auszuhandeln, und auch das Landkollegium meldet ein Jahr später noch keinen Verhandlungserfolg. Erst 1825, als Christoph Merian-Burckhardt gerade seit einem Jahr Besitzer und Bewirtschafter des Brüglinger Guts ist, zeigen sich die Gutsbesitzer mit dem von der Gemeinde Münchenstein vorgeschlagenen Verteilungsschlüssel in einem Zirkularbeschluss einverstanden. Sie tun dies unter dem Vorbehalt, dass die Gebäude in der Beitragsberechnung nicht in Anschlag gebracht würden und der Beitrag kein Präjudiz für weitere Pflichten und Lasten darstellen dürfe. 1827 begleicht Merian seinen Anteil, der seinem im Münchensteiner Bann gelegenen und an die Birs anstossenden Grundbesitz entsprechend hoch ausfällt.[66]

3.2 Die Brüglinger Besitzer vor Christoph Merian und die Vergrösserung des Guts

1. Die Gutsbesitzer im ausgehenden 18. Jahrhundert

Die Ausgestaltung zum Herrschaftsgut

Hieronymus Christ-Kuder (1729–1806), während zehn Jahren Landvogt in Münchenstein, erwirbt das Gut Brüglingen 1775 von Alexander Löffel. Die Familie Löffel hat mit der Veränderung des Herrschaftshauses begonnen, um dem Gut Repräsentationscharakter zu verleihen. Johann Ludwig Thurneysen-Merian (1760–1816) erwirbt Brüglingen von Christ 1790. Damals gehören zum Gut rund 18 Hektaren Land, von dem zwei Drittel Ackerland sind.[67] (Zur Umrechnung der Flächenmasse siehe Anm. 93.)

1801 kauft der Seidenfabrikant Joh. Jak. Thurneysen-Bischoff (1763–1829) das Gut und erweitert es durch Zukauf der *Märkischen Matten* zwischen Mühleteich und Neuewelter Teich sowie verschiedener Ackerlandparzellen auf der *Langen Heid* und auf dem *Ruchfeld*. Er beginnt damit, das Ziel der Ausweitung und Arrondierung des Grundbesitzes zu verfolgen, das Christoph Merian Vater und Sohn später erreichen. Als er durch die Exportengpässe der napoleonischen Zeit in Liquiditätsschwierigkeiten gerät, kann Christoph Merian-Hoffmann am 8. November 1811 das Gut Brüglingen aus seiner Konkursmasse erwerben. Dieses hat jetzt einen Umfang von rund 41 ha, also bereits das Sechsfache seiner Grösse zur Zeit des Erwerbs durch Thurneysen. Zwei Drittel des Lands werden im Kaufbrief als Ackerland ausgewiesen.[68]

Die Erweiterung des Gutes durch Christoph Merian Vater

Schon in der Zeit zwischen dem Abschluss des Vorvertrags und dem Abschluss des Kaufvertrags beginnt Christoph Merian-Hoffmann (1769–1849) mit dem Kauf von Land zur Erweiterung des Brüglinger Guts. Rund neun Zehntel des auf ihn zurückgehenden Landzuwachses kommen in den Jahren 1811 bis 1813 zustande. Kurze Zeit nach dem Kauf des Guts löst er die auf der Brüglinger Mühle lastenden Zinsen ab, lässt einige nicht genau bestimmbare Gebäude errichten und die offenbar rentable Mühle betreiben. Nach 1816, als er das etwa 3000 ha grosse lothringische Gut *Bonnefontaine* erwirbt und zu einer Residenz ausbaut, scheint er nur noch kleine Gelegenheitskäufe zu tätigen. Von 1811 bis 1819 wächst das Gut um rund 13,7 ha Ackerland, Wiesland und Rebland mit einzelnen Gebäuden. Zwei Drittel dieses Landes liegen im Gebiet der *Neusätze* nördlich von St. Jakob und auf dem *Wolf*plateau, ein Drittel bei *Gundeldingen* und auf dem nordöstlichen *Bruderholz*. Letzteres, 4,6 ha Äcker und Matten, dürfte Merian Vater aber zum Gundeldinger Gut rechnen, das er im Jahr nach dem Erwerb von Brüglingen kauft.[69]

Das Vordere Gundeldingen: familiäres und räumliches «Schwestergut»

Für die kurze Zeit von fünf Jahren (1812–1817) besitzt Christoph Merian Vater die beiden Güter Brüglingen und Vorder Gundeldingen gemeinsam. Zusammen mit den Gundeldinger Ländereien des Handelsherrn Gemuseus, der sich gerade in dieser Zeit das Dreispitzgut durch einen Vorvertrag sichert, und dem ca. 50 ha grossen Spitalgut Mittleres Gundeldingen sind seine beiden neuerworbenen Güter Teil eines grossflächigen Grundbesitz-Kordons auf dem Südostplateau des Stadtbanns, wo in der zweiten Hälfte des 19. Jahrhunderts die Stadterweiterung einsetzt.

Das Vordere Gundeldingen schenkt Christoph Merian Vater 1817 seiner Tochter Susanna (1798–1823), Christoph Merians älterer Schwester, als Hochzeitsgut; sieben Jahre später erhält Christoph Merian selbst Brüglingen als Hochzeitsgeschenk. Der Schwager von Christoph Merian Sohn, der Bandfabrikantensohn Carl Wilhelm Forcart (1788–1838) geht einen ähnlichen Bildungsweg wie dieser. Nach landwirtschaftlichen Studien bei Fellenberg in Hofwil und bei Thaer in Berlin übernimmt er nach seiner Vermählung die Bewirtschaftung des Frauenguts. 1825, zwei Jahre nach dem Tod seiner Frau, verpachtet er die landwirtschaftlichen Teile des Guts an die im Oktober 1824 eröffnete «Landökonomische Erziehungsanstalt». Nach deren Übersiedlung auf das Spitalgut unterhalb von St. Margarethen und seiner zweiten Vermählung 1830 bewirtschaftet er das Gut wieder selbst, bis ihm eine unheilbare Krankheit 1837 dies verunmöglicht. Das Vordere Gundeldingen bleibt im Besitz seiner Witwe und deren zweiten Ehemannes; dieser ist mit Christoph Merian eng befreundet, so dass er in dessen Testament mit einer Vegabung bedacht wird.[70]

Die Tatsache, dass die nachmaligen «Bruder-» und «Schwestergüter» Brüglingen und Vorderes Gundeldingen für kurze Zeit grundbesitzlich vereinigt sind, regt zu spekulativen Überlegungen an. Von Christoph Merian Vater darf vermutet werden, dass er die beiden Güter halb aus Gründen der Repräsentation, halb als Kapitalanlage erwirbt. In der Tat wurde die Villegiatur, die Sommerfrische, im 18. Jahrhundert guter Ton und bescherte nicht nur Brüglingen einen herrschaftlichen Ausbau.[71] Wie weit es nur Zufall ist, dass Gundeldingen und Brüglingen von Verwandten mit einer landökonomischen Ausbildung «auf der Höhe der Zeit» selbst bewirtschaftet werden, muss offen bleiben. Beide stammen jedoch aus handelsherrschaftlichen Familien, in welchen ihr beruflicher Weg ausdrücklich anders vorgezeichnet ist. C.W. Forcart, der zehn Jahre älter als Christoph Merian Sohn ist und seine landwirtschaftliche Ausbildung auch sechs Jahre vor ihm beginnt, ist für diesen vielleicht ein Wegbereiter und Anreger. Als Forcart 1816 von Hofwil nach Basel zurückkehrt, beginnt Christoph Merian seine Handelslehre. Ein Jahr, nachdem Forcart die Bewirtschaftung des Vorderen Gundeldingen aufgenommen und gewissermassen ein Modell für das spätere Brüglingen geschaffen hat, kann Christoph Merian die Lehre abschliessen oder abbrechen und das Institut Fellenbergs in Hofwil besuchen.[72]

Was es für die Stadt bedeutet haben könnte, wenn die beiden einst familiär und interessenmässig verbundenen Güter sich ähnlich ausgreifend entwickelt hätten, um räumlich geschlossen das Stadtvorland zu belegen, wäre ein unterhaltsamer Gegenstand geographischer Imagination.

2. Die Vergrösserung des Guts durch Christoph Merian

Die Übernahme durch Christoph Merian Sohn

Als Christoph Merian im Herbst 1824 Margaretha Burckhardt heiratet, erhält er von seinen Eltern als Hochzeitsgeschenk das Gut Brüglingen und ein Kapital von etwa zwei Dritteln des Werts des Landguts. Das Gut hat zu diesem Zeitpunkt einen Umfang von zwischen 55 und 71 Hektaren[73] (siehe Abb. 10).

Während der ersten fünf Jahre soll Merian nach mündlicher Überlieferung das Gut selbst bewirtschaftet haben. Dass damit nicht die eigentliche körperliche Arbeit gemeint sein kann, legt seine eher schwache Konstitution nahe. 1838 kommt der Verwalter von Christoph Merian Vater in Bonnefontaine, Friedrich Hartmann Aeby, nach Brüglingen. Nicht vor 1844 übernimt der Berner Wiedertäufer Jakob Wenger als Pächter Unter-Brüglingen und die Brüglinger Mühle. Er kommt vom Markhof bei Herten gegenüber Augst, den er bis dahin erfolgreich bewirtschaftet hat.[74]

In die ersten Jahre von Merians Gutsverwaltung fallen nur zwei, mit einem Flächenzuwachs von 13,7 ha Ackerland aber bedeutende Landkäufe. Mit diesen erweitert er die wenigen zu Brüglingen gehörenden Grundstücke, die am östlichen Bruderholzhang bei Klosterfiechten liegen, um einen wichtigen Komplex; er ergänzt so den nur extensiv genutzten Aueboden der Ebene und die flachgründigen, trockenen Kiesböden der *Langen Heid* um tiefgründigere Lössböden. Die Äcker am Bruderholz werden bereits vom Anonymus der Beschreibung des Guts St. Jakob von 1788 als die besten und die am teuersten gehandelten bezeichnet. Es ist damals bekannt, dass mit dem von den Bruderholzäckern abgeschwemmten Löss der magere Boden der Langen Heid verbessert werden kann. Das Regenwasser wird daher über Gräben auch zu den vom Bruderholzfuss entfernter gelegenen Flächen geleitet.[75]

Wie weiter oben erwähnt, unterzeichnet Merian 1825 die Übereinkunft mit der Gemeinde Münchenstein über die Kostenverteilung der Birskorrektion von 1811. Als bedeutendster Birsanstösser hat er Anfang 1827 den grössten Beitrag zu leisten.[76] Der Kontrast zwischen dem noch weidenbestockten Birsvorland und den Ackerschlägen am Bruderholz ist zu diesem Zeitpunkt noch gross und zeichnet den Weg für eine grosse Meliorationsleistung vor, mit der die Erste Umwandlung der Birsebene von der unproduktiven Aue zum Wiesland vervollständigt wird.

Dass dem Landkauf von 1829 kein weiteres Landgeschäft unmittelbar folgt, kann als vorsichtiges Warten Merians angesichts seiner noch begrenzten Mittel gedeutet werden; darin kann aber auch eine Auswirkung der unruhigen politischen Lage vor der Kantonstrennung gesehen werden. Der einzige weitere Landzuwachs vor 1833 besteht in der Übertragung von rund 7 ha Land seiner Eltern auf ihn. Dieses liegt zwischen dem *Wolfrain* und den *Neusätzen*, also ganz auf städtischem Boden.[77]

Das Brüglinger Gut ist wegen seiner Lage auf Münchensteiner Gebiet unmittelbar von der Aufwertung der Gemeindegrenze zur Kantonsgrenze betroffen. Diese Grenze ist bereits 1819–20 Gegenstand eines Streits zwischen der Stadt und Münchenstein. Die Basler schlagen vor, sie vom Bruderholz her über die *Lange Heid* und, nahe am Brüglinger Gut vorbei, im rechten Winkel zum neuen Birslauf durch die Ebene zu einem 1819 auf der Muttenzer Seite gesetzten Grenzstein zu ziehen. Die Münchensteiner ihrerseits schlagen vor, die Grenze nach St. Jakob zu ziehen; dort würde sie die Häusergruppe von St. Jakob, das «Dörflein», teilen und dem Weg zum Birssteg entlangführen. Wie die Basler möchten auch sie sich mit diesem Vorschlag möglichst viel Land in der Ebene sichern. Die Gescheidskommission löst diesen Streit mit einem geometrischen Kompromiss zwischen den beiden Vorschlägen. St. Jakob und Walke, beide in Basler Besitz, kommen damit ganz auf Basler Boden zu liegen; Brüglingen und der grösste Teil der Ebene auf Münchensteiner Boden. Die Grenze wird vom *Hohen Thierlin Stein* in der *Äusseren Wanne* ohne Rücksicht auf topographische und grundbesitzliche Einheiten in nur fünf Geraden an die Birs gezogen und stellt bis zur ersten Grenzverschiebung 1938 die seit der Kantonstrennung gültige Kantons- und Gemeindegrenze dar.[78]

Der Kauf der Neuen Welt 1834

1833 gerät die Firma B. de B. Staehelin, die seit dem Ende des 18. Jahrhunderts die Wasserkraft in Neuewelt zur Produktion von Mousseline nutzt, als Folge handelsprotektionistischer Massnahmen Deutschlands in finanzielle Schwierigkeiten. Sie bietet daher ihre Liegenschaft und ihre Wasserrechte in der Neuen Welt Merian zum Kauf

---

Abbildung 10 ▶
Das Brüglinger Gut um 1824.
Brüglingen zur Zeit des Übergangs in den Besitz von Christoph Merian-Burckhardt. Rekonstruktion nach dem Grenzstreit-Plan von 1820 (siehe *Anm. 78*); die Abgrenzung des Gutes in der Ebene bei Neuewelt ist etwas unsicher.
(Die Grundkarte der *Abbildungen 10, 11* und *12* zeigt die Situation von 1913.)

an. Sie scheint die Tatsache herunterzuspielen, dass es sich dabei um eine industrielle Anlage handelt, mit der ein landwirtschaftlicher Unternehmer wie Merian Verwertungsprobleme haben könnte. Als Merian den Kaufpreis um ein Fünftel reduzieren kann und die Verkäuferin bereit ist, die nur schwer umrüstbare Bleicherei und Zwirnerei mietweise weiter zu nutzen, kommt am 10. April 1834 der Kaufvertrag über den 5,3 ha grossen Komplex von Land und Gebäuden in der Neuen Welt zustande. Die dortige Hammerschmiede verpachtet Merian dem Hammerschmied Joh. Jacob Büchler, der und dessen Söhne sie bis 1860 betreiben. Merian kann die Dienste ihrer in vorteilhafter Nähe zu seinem Landwirtschaftsbetrieb gelegenen Reparaturwerkstätte für die von ihm geführten neuen landwirtschaftlichen Werkzeuge und Maschinen in Anspruch nehmen.[79]

Hat Christoph Merian Vater das Gut Brüglingen 1811 aus dem Besitz eines in finanzielle Not geratenen Unternehmers übernommen, so wird Christoph Merian Sohn die Erweiterung des Guts 1834 von einem mit finanziellen Schwierigkeiten kämpfenden Unternehmen angetragen. Die Wechselfälle der Basler Textilindustrie führen zu Lücken in der grundbesitzlichen Kontinuität des Stadtvorlands, in welchen dieser neue, von einem landwirtschaftlich-humanistischen Anliegen getragene Grundbesitz anwachsen kann.

Die Verbreiterung der finanziellen Grundlage

Mit dem Tod von Christoph Merians Mutter im Jahr 1834 verändert sich seine finanzielle Lage bedeutend. In der Teilung vom 31. Januar 1835 erhält er 3,6 Mio. Neue Franken als mütterliches Erbteil aus dem elterlichen Vermögen. Einen Teil dieser Summe bilden einige nicht näher bekannte elsässische Landwirtschaftsgüter, die Merian wie den von seinem Vater übernommenen Hof im thurgauischen Wigoltingen bis 1839 offenbar veräussert. Dies ist ein Hinweis darauf, dass er seine Landwerte auf das Brüglinger Gut konzentrieren will. Der Zug Merians, die internationalen Vermögensverflechtungen abzubauen, die sein Vater geschaffen hat, charakterisiert sein gesamtes finanzielles Gebaren. Eine Entflechtung nimmt er auch in der für ihn neben dem Grundbesitz bedeutenden Anlage des Vermögens in Hypothekardarlehen vor; bis in die 1850er Jahre reduziert er die grosse Zahl seiner im ländlichen Elsass verstreuten Hypothekarschuldner beträchtlich.[80]

Die gewonnene finanzielle Schlagkraft des Brüglinger Gutsherrn beeinflusst seine Landkauftätigkeit nicht direkt, zumal er kein Interesse daran haben kann, das Land im Erweiterungsbereich seines Guts durch zu starke Nachfrage selbst zu verteuern. Möglicherweise hat er Pläne für den inneren Ausbau des Guts; mit ihrer Ausführung kommt er aber erst nach dem Kauf von St. Jakob in Zugzwang. Im Juli 1836 schliesst er drei Kaufverträge über ca. 2 ha Ackerland auf *Limmern* (Lange Heid) und einen Vorvertrag zu einem im Oktober gefertigten Kauf von 18 Parzellen mit einer Gesamtfläche von 9,6 ha auf *Ruchfeld* und *Wolfacker* ab.[81] Zu dieser Zeit bahnt sich bereits der Kauf des *Waisenhausguts St. Jakob* an, der den zukünftigen Umfang, die weitere Ausdehnung und die spätere Bedeutung des Brüglinger Guts entscheidend bestimmt.

Abbildung 11 ▶
Das Brüglinger Gut um 1853.
Die Abbildung zeigt seine Ausdehnung unmittelbar vor dem Bau der Bahnlinie. Das Land bei St. Jakob (NE), auf dem Gellert (N) und auf dem Sesselacker (W) sowie das Jakobsbergerholz verdankt Brüglingen dem von Christoph Merian 1836 zugekauften Waisenhausgut St. Jakob.

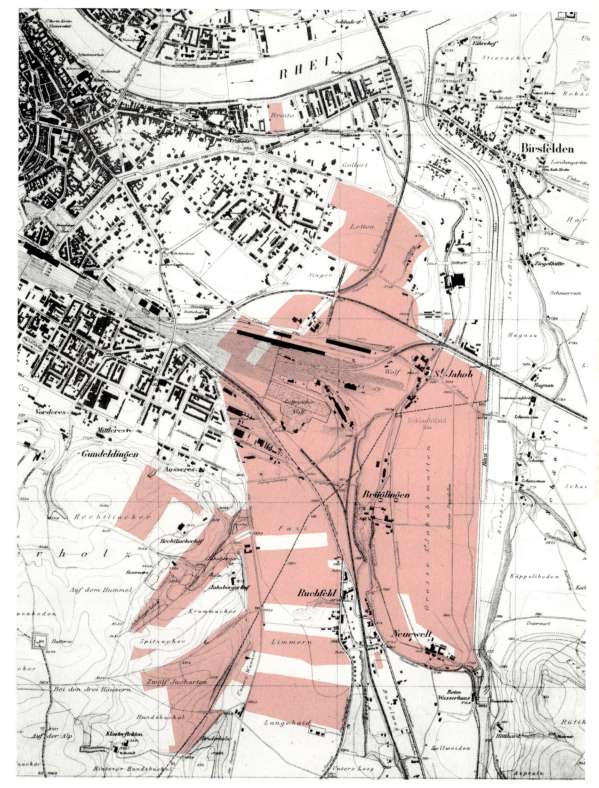

Der Kauf von St. Jakob 1836

Dem Basler Waisenhaus wurde 1677, zehn Jahre nach seiner Gründung, das Kirchengut des alten *Siechenhauses zu St. Jakob an der Birs* zur Sicherung seiner wirtschaftlichen Grundlage übertragen. Das Zentrum dieses grossen Landkomplexes, das «Dörflein» von St. Jakob, nahm durch seine periphere Lage und durch seine besondere Zweckbestimmung im 18. Jahrhundert eine Zwischenstellung zwischen der Stadt Basel und dem Amt Münchenstein ein. Die Gebäude weisen auf die der Stadt ausgegliederten oder an die Birsübergang gebundenen Funktionen der Siedlung hin: das *Siechenhaus* von 1571 mit dem Lehenhof, die staatliche *Ziegelhütte* von 1640, das neue *Zoll-* und *Wirtshaus* von 1687 und die *Walke* der E. Zunft zu Webern.

Gegen Ende des 18. Jahrhunderts erlebte das still gewordene St. Jakob gerade in landwirtschaftlicher Hinsicht einen kleinen Aufschwung, der auf den wiedertäuferischen Pächter Johannes Freyenberger zurückgehen soll und eine Vergrösserung der Rebberge brachte. Möglicherweise geht auf diesen Mann auch die detaillierte, als Bewirtschaftungsanleitung zu verstehende Beschreibung von St. Jakob von 1788 zurück.[82] Wie wir weiter oben darstellten, unternimmt die Waisenhausinspektion unter dem Eindruck der an das westliche Ufer andrängenden Birs Vorstösse für eine wirksame Eindämmung des Flusses. Die Ausgaben für den Uferunterhalt und die nach der vorgesehenen Reorganisation des Waisenhauses in der Kartause voraussehbaren erhöhten Betriebskosten lassen das Gut mehr als Belastung denn als wirtschaftliche Grundlage erscheinen. Das Land des Guts St. Jakob ist in diesem Augenblick für Handänderungen und neue Nutzungsmöglichkeiten offen. Die Waisenhausinspektion verkauft zur Hebung ihrer Einkünfte 1836 4 ha Wiesland südlich des Dörfleins den Textilunternehmern Staehelin & Respinger. Diese vervollständigen ihre Niederlassung durch den Kauf von Land, Gebäuden, Wasserkraft und Wasserrechten von der E. Zunft zu Webern aus dem Bestand der Walke und errichten 1837 ein vierstöckiges Fabrikgebäude für ihre Baumwollspinnerei. Vier Jahre nach dem Erlöschen der Firma (1841) kann Merian den ganzen Komplex in seine Hand bringen.[83]

Das Landgeschäft von 1836 für den Fabrikneubau muss, wie Wanner vermutet, Christoph Merian beunruhigen, da dieses die Aussicht auf eine zunehmende industrielle Nutzung der Ebene und damit eine Sprengung seiner landwirtschaftlichen Ziele eröffnet. Die Handänderung lässt aber auch die unter dem Druck der unumgänglichen Mittelbeschaffung enstandene Bereitschaft der Waisenhausinspektion zum Verkauf erkennen. Mit dem Kapital des mütterlichen Erbteils ist Merian nun in der Lage, die Gelegenheit rasch wahrzunehmen und auf den 30. Juli 1836 einen Vorvertrag über den Kauf des ganzen, 169,09 ha grossen Guts St. Jakob abzuschliessen. Nach der Genehmigung der Handänderung durch die Räte beider Kantone wird der Vertrag am 12. Dezember 1836 unterzeichnet und tritt in Kraft.[84]

Abbildung 12 ▶
Das Brüglinger Gut 1886.
Situation zur Zeit der Konstituierung der Christoph Merian Stiftung. Während auf dem Ruchfeld (S) der Grundbesitz gegenüber 1853 noch etwas arrondiert wurde, zerschneiden nun mehrere Bahnlinien den zuvor geschlossenen Gutskomplex; auf dem Wolffeld dehnt sich der Rangierbahnhof aus. Der Gottesacker auf dem Wolf besteht bereits, sein Areal steht aber noch im Besitz der CMS.

Die Landwirtschaftsbetriebe des Brüglinger Guts (vgl. Numerierung im Anhang):
1 Unter-Brüglingen, **2** Vorder-Brüglingen (1837/40–1961), **3** St. Jakob (bis 1927), **4** Ziegelhüttenhof (bis 1900, ersetzt durch den) **5** Waldhof (1898–1966), **6** Singerhof (bis 1943), **7** Neusatzgütchen, **8** Hagnauhof (bis 1962).

Tabelle 3
Die Flächennutzung des Gutes St. Jakob zum Zeitpunkt des Übergangs in den Besitz Christoph Merians (1836), und des Gutes Brüglingen unter Christoph Merian (1839, 1854) und seiner Witwe (1879). Flächen in Hektaren.

	A: Gut St. Jakob 1836		B: Brüglinger Gut (Basel und Münchenstein)		
	Basel und Münchenstein ha	Muttenz (Hagnau) ha	1839 ha	1854 ha	1879 ha
Acker	80,10	9,43	162,57	194,09	175,05
Matten	32,75	–	61,57	81,01	79,16
Raynmatten, Grien, Widen	25,98	6,74	20,37	*8,99	9,38
Reben	4,34	–	2,17	2,00	2,06
Wald	7,37	0,38	7,86	7,53	7,53
Bündten, Gärten, Baumschulen			1,37	1,73	1,96
Park («Englischer Garten»)			3,75	3,75	3,75
Gebäude, Plätze, Wege	1,99	–	3,77	4,19	3,81
Total	152,53	16,55	263,43	303,29	282,70

Quellen: A: Kaufvertrag über St. Jakob, 12.12.1836 (StA BS, P 79 I 18).
B: Massregister 1, 1839; 2, 31.12.1854; 3, 1.12.1879.
* Die übergrosse Flächenabnahme in dieser Rubrik dürfte nicht auf einen absoluten Flächenverlust, sondern vielmehr auf eine Nutzungsänderung bzw. Änderung der Rubrizierung (z. B. infolge Melioration!) zurückgehen.

Mit dem Kauf von St. Jakob kann Christoph Merian den Umfang seines Brüglinger Besitzes von schätzungsweise 93 ha auf rund 245 ha erweitern.[85] Die qualitative Erweiterung, die er damit zustandebringt, ist bedeutend. Die Fläche des Ackerlands wird durch die hinzutretenden 80,8 ha vermutlich mehr als verdoppelt, ebenso die Fläche des Wieslands, von dessen 33 ha der grösste Teil als Wässermatten in der Ebene liegt. Merians besitzmässiger Anteil an der Birsebene wird durch 26,2 ha weidenbestocktes unproduktives Birsvorland ergänzt, von dem er nach der Auskunft des Massregisters von 1839 innerhalb weniger Jahre etwa ein Fünftel urbarisiert (siehe Tab. 3).

Der Siedlungskern von St. Jakob, das nicht zum Dorf gewordene «Dörflein», kommt mit der Handänderung ganz in die Unterhaltspflicht Merians. Bis 1842, als das neue Bürgerspital im Markgräfler Hof bezogen werden kann, überlässt er der Waisenhausinspektion das Siechenhaus unentgeltlich zur Benützung, muss aber vollumfänglich für den baulichen Unterhalt aufkommen. Der vertraglichen Verpflichtung nachkommend – aber eigentlich wider Willen – lässt er den Betrieb der Wirtschaft im Zollhaus bestehen. Er überlässt diese dem als Wirt, als Zoller und als Verwalter von St. Jakob bereits im Auftrag des Waisenhauses wirkenden Simon Tschientschy; wie bisher die Waisenhausinspektion rechnet auch er ihm die Aufsichtspflichten durch die vorerst zinsfreie Überlassung des Wirtshauses an.[86]

Wie aus Merians Vorgehen beim Kauf des *Scherkesselguts* im Mai 1838 erhellt, ist sein Interesse an dem im dortigen Inventar enthaltenen Wein äusserst gering. Dass er in dieser Beziehung auch keine Produktionsabsichten hegt, obwohl mit dem Waisenhausgut viel Rebland vom *Vorderen Wolfrain* bis zum *Scherkessel* in seinen Besitz gelangt, lässt sich daraus ablesen, dass er die 1838 übernommenen Fassgebinde teils verkauft, teils auslagert. Gegenüber den 4,3 ha Rebland, die er laut Kaufvertrag übernimmt, sind drei Jahre später (MR 1839) noch 2,2 ha ausgewiesen, eine Zahl, die bis 1879 (MR) konstant bleibt. Das ist insofern nicht selbstverständlich, als Merian mit dem Gut St. Jakob auch dessen Pächter übernimmt, dem die Mitwirkung an den Rebbergvergösserungen zugesprochen wird. Zur Verminderung des Rebareals dürften die Rodungen, welche die von ihm unmittelbar nach seinem Antritt von St. Jakob ins Werk gesetzte Verbreiterung und teilweise Neuanlage der nach der Stadt führenden Strasse erfordern, nur den kleinsten Teil betragen.[87]

Die nicht gestellten «Weichen» in der Nutzung der Birsebene

Mit dem Kauf von St. Jakob ist Christoph Merian auch auf dem Weg, den ganzen hinteren St. Albanteich in seinen Grundbesitz einzuschliessen und die Nutzungsrechte in seiner Hand zu vereinigen. Durch die Ersteigerung der Ziegelhütte am 9. Februar 1837, den «Rückkauf» der Fabrik zu St. Jakob 1845 (s.u.) und den Kauf der Neuen Walke am linken Teichufer von der E. Zunft zu Webern 1855 gelingt es ihm, die im Kauf von 1836 fehlenden Teile des Dörfleins seinem Gut einzuverleiben. Einzig Kirchlein und Friedhof, die bis 1891 im Eigentum des Waisenhauses blieben[88], sind nie Gegenstand seiner Erwerbsabsichten. Mit dem Kauf der Walke 1855 wird Merian «mit Ausnahme des rechtsufrigen Gewerbes in der Neuewelt alleiniger Beherrscher der Wasserkraft des Teiches oberhalb der St. Jakobsstrasse». Schweizer[89], der dies festhält, sieht mit der Tatsache, dass der Teich auf eine solche Länge in einheitlichem Besitz steht, die Möglichkeit zur Gründung einer industriellen Ansiedlung gegeben; diese könnte die zu diesem Zeitpunkt noch nicht von der Dampfkraft konkurrenzierte Wasserkraft nutzen. Er kritisiert daher die vorindustrielle Denkweise Merians, der im entscheidenden Augenblick eine gewerbliche Besiedlung der Ebene verhindert habe, und assoziiert sein testamentarisches Landveräusserungsverbot mit dem Prinzip der toten Hand des Klosters zu St. Alban, das an der Entstehung des Teichs beteiligt war.

Der landwirtschaftliche Ausbau dank dem gewonnenen Kulturland

Wir vermuten, dass der 1836 erreichte Umfang des Brüglinger Guts und sein Ackerlandanteil von schätzungsweise 60% der Gesamtfläche Christoph Merian dazu bewegen, mit *Ober-* oder *Vorder-Brüglingen* eine weitere Pachtstelle zu schaffen. Ende März 1837 erhält er die Bewilligung zum Bau des von Melchior Berri entworfenen Ökonomiegebäudes, im Februar 1839 jene für das dazugehörige Wohnhaus. 1840 kann er den Wiedertäufer Peter Tschanz als Pächter des neuen Vorder-Brüglingen verpflichten.[90]

Mit diesem neuen Hof weist Brüglingen vier Pachthöfe auf. Unter-Brüglingen und die Brüglinger Mühle werden von Jakob Wenger geführt, Vorder-Brüglingen vom genannten Peter Tschanz. Der in der Freyenbergerschen Tradition stehende Pächter des Pachthofs *St. Jakob*, Christian Gerig, dessen Pachtvertrag Merian übernimmt, stirbt schon 1837; ihm folgt Jakob Weitstich, der im Ruf besonderer Zuverlässigkeit steht. An der St. Jakobsstrasse befindet sich der nach dem Vorbesitzer *Büchingut* (oder *Büchisches Gut*) oder nach der Flur *Singerhof* genannte Pachthof, wo Merian Johann Würgler als Pächter unter Vertrag nimmt (siehe auch Aufstellung im Anhang).

Es fehlen Unterlagen, die den Umfang des Kulturlands der vier Pachthöfe zur Zeit Merians zu bestimmen erlauben. Erst das von 1879 erhaltene Pachtregister (siehe Tab. 4) gibt Anhaltspunkte: Es schliesst auch den kleinen Pachthof in der *Ziegelhütte* ein, dessen Ställe und Scheunen von Merian repariert und offenbar dem bisherigen

Tabelle 4
Die Flächen der zum Brüglinger Gut gehörenden Pachtgüter zwischen 1879 und 1935. Flächen in Hektaren.

	1879 ha	1886 ha	1893 ha	1899 ha	1900 ha	1935 ha
1. *Unter-Brüglingen*	62	67,3	65,2	64,80	47,70	47,2
2. *Vorder-Brüglingen*	49	53,6	52,6	53,64	58,14	48,4
3. *St. Jakob*	63	67,0	63,3	61,92	53,60	–
4. *Ziegelhüttenhof/ab 1899 Waldhof*	13	20,9	21,5	25,92	30,78	46,1
5. *Singerhof*	42	63,4	43,9	44,28	48,42	–
6. *Gemeinsame Pachten der Hauptpächter 1.–5.*	19	–	–	–	–	–
7. *Scherkesselgütlein*	4	–	–	–	–	–
Hagnauhof Birsfelden*	–	–	–	–	–	7,7
Sternenhof Reinach*	–	–	–	–	–	5,0
Total	252	272,2	246,7	250,56	238,68	154,4

* Nur die zum Landkonto «Brüglingen» gerechneten Teilflächen dieser Pachthöfe.
Quellen: 1879 «Register zu dem Massregister von Siegfried»;
        1886/1935 Miescher 1936, 74;
        1893 Gutachten Degen, Mory, Bär vom 19.9.1893, «Schätzung des Minderertrags in der Folge der Trockenheit...»;
        1899/1900 SK 12.9.1899, Neueinteilung der Pachtgüter.

Ziegler Hegner verpachtet werden.[91] Wir nehmen an, dass schon unter Merians Regie die «Musterhöfe» *Unter-* und *Vorder-Brüglingen* die beiden grössten Pachteinheiten darstellen.

Die Erweiterungen und Abrundungen nach 1836

1837–1839 erweitert Christoph Merian seinen Grundbesitz um ca. 5,2 ha: Am 9. Februar 1837 ersteigert er die Ziegelhütte zu St. Jakob und am 23. Mai 1838 erwirbt er für Fr. 10'000.– und gegen die Überlassung des Gillhofs in Wigoltingen, Kanton Thurgau, das ca. 3,2 ha grosse *Scherkesselgut* von Notar Johannes Dietschy. Zu letzterem gehörten neben dem eigentlichen Scherkesselgütlein ein Einschlag auf dem Gellert und Wiesland am Weidengässlein ausserhalb der Stadtmauern bei St. Alban. 1837 und hauptsächlich 1839 erwirbt Merian von 6 Besitzern Ackerland auf dem Ruchfeld, grösstenteils von der Kantonsgrenze geteilte Grundstücke; die Masse ihrer Flächen im Bann Münchenstein werden im Gegensatz zu jenen ihrer baselstädtischen Abschnitte trotz der Münchensteiner Vermessung von 1832 nur näherungsweise gegeben.[92]

1839 lässt Christoph Merian sein Gut von Geometer Heinrich Siegfried ein erstes Mal vermessen. Wichtigster Beweggrund dafür dürfte die Uneinheitlichkeit der in den Kaufverträgen niedergelegten Flächenmasse und deren unterschiedliche Genauigkeit sein. Beides verunmöglicht es, den tatsächlichen Umfang des grossen, bisher nur wertmässig bezifferten Gutes zuverlässig anzugeben. Wir gehen kaum fehl, wenn wir hier Entsprechungen zu den Vorstössen für die Vermessung des Kantons Basel sehen, die 1806 unternommen werden und im August 1823 endlich zu einem Beschluss und einer Ausführungsverordnung führen; der Wunsch nach einer objektiven steuerlichen Erfassung des Grundbesitzes fördert die genaue Erfassung der Flächen. Siegfrieds Grundstücksregister für Merian gibt die Grundstücksflächen gleichzeitig im Alten Basler Feldmass und im Schweizer Mass, das zu diesem Zeitpunkt das verbindliche Flächenmass darstellt. (Zu den Umrechnungen siehe Anm. 93)

Der Pachthof St. Jakob am Ende des 19. Jahrhunderts.
Blick über den Innenhof, nach Südosten zum Tor zur Gellertstrasse. Das Kirchlein von St. Jakob trägt noch den Dachreiter von 1844; die Aufnahme dürfte kurz vor dem tiefgreifenden Umbau des Kirchleins von 1898 entstanden sein. Der ganze Pachthof weicht 1927 dem Bahndamm.
(Aufnahme o.D.; HA CMS.)

Das Massregister von 1839 gliedert die Grundstücke nach den Flurnamen, ohne Angabe der territorialen Zugehörigkeit. Im Vergleich mit dem Massregister von 1854 (siehe Abbildung 13) lässt sich ermitteln, dass rund zwei Fünftel (ca. 42%) der Gesamtfläche von 1839 im Bann Münchenstein liegen. Dieses Land wird hauptsächlich als Wiesland genutzt oder stellt mehr oder weniger unproduktives Land in der Aue (*Widen*) und an Steilborden (*Raynmatten*) dar. Das Register verzeichnet neben den 263,4 ha Land von Christoph Merian selbst 26,4 ha Anstösserland verschiedener Besitzer. Von letzterem stehen 20,5 ha (78%) im Besitz von sechs Städtern; die übrigen 5,9 ha auf dem *Ruchfeld*, die sich aus Parzellen mit einer mittleren Grösse von 15 a zusammensetzen, stehen im Besitz von Münchensteinern und Auswärtigen. Von diesen erscheint ein Teil in den Kaufverträgen vom Frühjahr 1839.[94]

Arrondierungs- und Gelegenheitskäufe

Brüglingen erfährt nach 1836 keine dem Kauf von St. Jakob auch nur annähernd entsprechende Erweiterung mehr. Der aus den Massregistern zuverlässig ablesbare Landzuwachs beträgt zwischen 1839 und 1854 15% und betrifft überwiegend Ackerland. Bis 1845 nimmt Christoph Merian noch des öfteren Gelegenheiten zu Landkäufen wahr, durch die er seinen Grundbesitz zwischen Wolffeld und Langer Heid ergänzen kann.

1840 erwirbt er 2,9 ha Ackerland beim Dreispitzgut und das 10,8 ha grosse *Dreispitzgut* selbst (siehe Kap. 6.1). 1841 übernimmt er eine Kiesgrube am *Wolfrain* von der Stadt Basel unentgeltlich und mit der Verpflichtung, sie aufzufüllen. 1843 ersteigert er rund 4 ha Ackerland auf dem Wolf aus dem Besitz der Vorstadtgesellschaften zum «Rupf» und zu den «Drei Eidgenossen». Weitere Landkäufe tätigt Merian im äusseren Bereich des Guts. 1841 erwirbt er ca. 2,2 ha grösstenteils zur Rodung bestimmten Wald im Bereich von Klosterfiechten aus dem Basler Kirchen- und Schulgut. 1843 und 1845 schliesst er 18 Kaufverträge über Einzelparzellen auf dem *Ruchfeld* ab.[95]

In den 303,29 ha, die Brüglingen nach dem Massregister von 1854 aufweist[96], fehlen 2,02 ha 1853 an die Schweizerische Centralbahn abgetretenes Land bei St. Jakob. Mitte 1855 kann Christoph Merian seinen Grundbesitz bei St. Jakob mit der Ersteigerung der *Neuen Walke* und dem Kauf von Land des Walkers schliessen. Daneben übernimmt er ca. 2,2 ha Auenland bei St. Jakob von der Bandfabrik Forcart-Weiss & Burckhardt-Wildt, deren Grundstück durch den neuen Bahndamm geteilt wurde. Diese Käufe können noch als Vollzug seines Konzepts der grösstmöglichen Schliessung des Grundbesitzes im Kernbereich von Brüglingen und St. Jakob verstanden werden. Den letzten Landkauf aber, mit dem er dem Brüglinger Gut die grösste Ausdehnung zu seinen Lebzeiten gibt, unternimmt er nach Ansicht der Biographen mehr als Förderung einer städtischen Institution als aus eigenem Antrieb.[97] Die Tatsache, dass Merian seit 1845 kein Ackerland mehr kauft, stützt diese Annahme und deutet darauf hin, dass seine Pachthöfe mit genügend Kulturland versehen sind. Zudem verschlechtert sich sein Gesundheitszustand stark; die notwendigen Kuraufenthalte lassen ihn häufig von Basel und Brüglingen abwesend sein. Im Frühling 1856 übernimmt Merian die ergebnislos versteigerten *Gernlerschen Erblehen*, 4,46 ha Ackerland des Basler Kirchen- und Schulguts, das an seinen Grundbesitz im *Küchenacker* am Bruderholz anstösst (siehe Abb. 11).

Der Umfang von Merians Brüglinger Grundbesitz darf nach diesem letzten Kauf auf rund 309 ha geschätzt werden. Dazu kommen 14,3 ha Waldungen in Inzlingen, die Christoph Merian Vater von 1801 bis 1823 parzellenweise erworben hat, und die der Sohn seit seiner Übernahme von Brüglingen verwaltet. Er lässt den Umfang dieses Waldbesitzes unverändert und befasst sich vorwiegend mit dessen Pflege und Bewirtschaftung, die von Inzlinger Waldhütern in seinem Auftrag geleistet wird. Der Inzlinger Wald scheint vor allem als Brennholzlieferant für Merians Stadtliegenschaften zu dienen, was sich auch in seiner testamentarischen Bestimmung niederschlägt, dass der Holzertrag für die Beheizung der Kleinkinderschule zu St. Elisabethen verwendet werden soll.[98]

Das Brüglingen, das Christoph Merian 1858 als Grundlage für die CMS hinterlässt, ist ein atypisch grosses Landgut, das durch die Verbindung eines finanzstarken Nachfragers mit in Liquiditätsschwierigkeiten stehenden Anbietern zustandekommen kann:

Abbildung 13 ▶
Die Landnutzung des Brüglinger Gutes und die Verteilung der Areale auf Basler und Münchensteiner Gebiet 1839, 1854 und 1879.
(Quellen: MR 1839, MR 1854, MR 1879.)

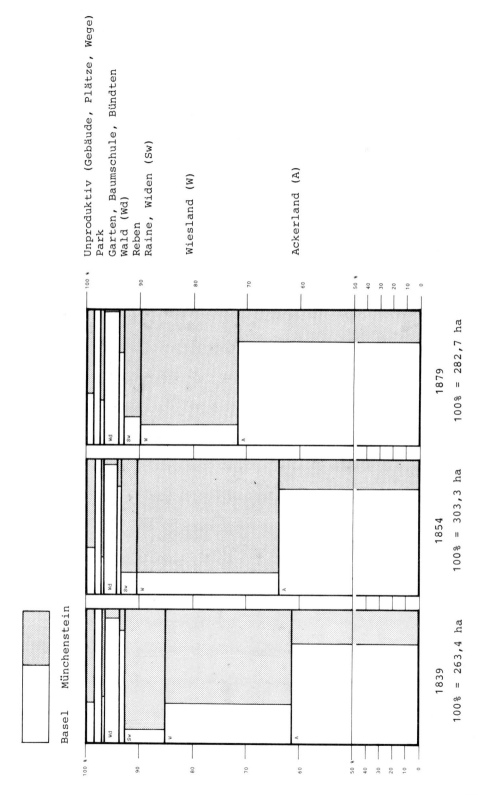

solches gilt für das Gut des Jahres 1811, den Kauf der Neuen Welt 1834 sowie für die spektakuläre Erweiterung 1836 durch das Waisenhausgut. Eine *Eigendynamik* steht einer *Gelegenheitsdynamik* gegenüber. Der Zuwachs durch die von Merian gesuchten Arrondierungskäufe wird vom Zuwachs durch die an ihn herangetragenen Liquidationsverkäufe überwogen. Im Falle des Waisenhausguts und des Kirchen- und Schulgutlands findet eine bedeutende Privatisierung statt, die allerdings durch Merians Schenkung an das städtische Gemeinwesen wieder relativiert wird.

3. Der Übergang des Brüglinger Guts in städtischen Besitz

Die Bildung der Christoph Merian Stiftung

1850 verfasst Christoph Merian angesichts seines sich verschlechternden Gesundheitszustands das erste Testament, das die Grundzüge des gültigen Testaments vom 26. März 1857 aufweist. In diesem setzt er seine Gattin als Universalerbin seines Vermögens ein; dieses soll nach ihrem Tod an die Stadt fallen und vom übrigen städtischen Vermögen getrennt verwaltet werden. Im Ausscheidungsvertrag von 1876, durch den die Bürgergemeinde Basel geschaffen wird, wird festgelegt, dass die Aufsicht über die Verwaltung des Stiftungsvermögens den Behörden der Bürgergemeinde obliege und die Vermögenserträge nach einem den jeweiligen Bedürfnissen Rechnung tragenden Teilungsmodus der Bürgergemeinde und der Einwohnergemeinde zufliessen sollen. Am 3. Mai 1886 stirbt Margaretha Merian-Burckhardt und am 27. Mai beginnt mit der Wahl der Mitglieder der Stiftungskommission die Christoph Merian Stiftung zu existieren.[99]

1858 wird das Reinvermögen der Eheleute Merian auf 19.3 Mio. Franken beziffert. 6,3% dieser Summe stellt das Brüglinger Gut mit dem seit 1846 unveränderten Buchwert von 1,22 Mio. Franken dar. Das Güterkonto wird von der Witwe Christoph Merians durch Meliorationen, Birsuferverbauung und den Ausbau der Infrastruktur (Wasserversorgung und Löschwesen) um rund Fr. 299'000.– erhöht, aber durch die Landabtretungen an die Bahnen und den Landverlust durch das Birshochwasser von 1881 um Fr. 590'000 vermindert. Bezogen auf den 1886 neu festgesetzten Buchwert des Guts von 2 Mio. Franken, tritt die CMS das Brüglinger Gut mit einem Buchwert von 1,7 Mio. Franken an. Es bildet damit 16,8% des Gesamtvermögens von 10,8 Mio. Franken.[100]

Da Margaretha Merian und ihr gesetzlicher Vormund während 28 Jahren hauptsächlich die bauliche Substanz der Höfe unterhalten und die Landabtretungen nicht kompensieren, nimmt der Gutsumfang gegenüber dem Todesjahr Christoph Merians um rund 27 ha auf 288,1 ha ab (siehe Abb. 12).

Der Gutsunterhalt und -ausbau als erste Bauaufgabe der CMS

In der Nacht vom 16.–17. September 1887 brennt das grosse Ökonomiegebäude von Unter-Brüglingen mit Stall und Scheune infolge vermuteter Brandstiftung vollständig nieder. Mit dem Wiederaufbau beginnen die ersten Bauinvestitionen der CMS. Gleichzeitig mit dem Ersatzbau in Unter-Brüglingen werden 1888 auch auf dem Singerhof, und 1889 auf dem Pachthof St. Jakob je ein neues Ökonomiegebäude errichtet. Die Güterdelegation der Stiftungskommission besichtigt zu diesem Zweck einen Ökonomiebau der landwirtschaftlichen Schule Rüti BE. In den nachfolgenden

Jahren werden vor allem die Wohnungseinrichtungen der Pachthöfe verbessert und 1892 wird die Brüglinger Mühle umgebaut und renoviert. Aus Anlass des Pächterwechsels auf Vorder-Brüglingen 1898 werden auch die dortigen, seit der Zeit ihrer Errichtung durch Christoph Merian kaum renovierten Ökonomie- und Wohngebäude instandgestellt.[101]

1886 stellt die CMS einen Gärtner an, um den Park der Brüglinger Villa in «wohlgeordnetem und des Stifters würdigem Stande» zu erhalten. Als die Familie des Stifters auf das Benützungsrecht der Villa verzichtet, stellt die CMS diese nach 1888 dem Bürgerspital zur Verfügung, das dort im Sommer eine Station für rekonvaleszente Patientinnen führt. Aus diesem Grund wird die Villa 1893–94 innen und aussen renoviert und 1896 an die städtische Wasserversorgung angeschlossen. Ab 1911 wird der Sommerbetrieb zum Ganzjahresbetrieb erweitert. Die Villa dient bis 1965, als die Rekonvaleszentenstation auf der Chrischona eröffnet wird, diesem Zweck.[102]

Dass die Bautätigkeit der CMS auf dem Brüglinger Gut nicht nur der Erhaltung der Bausubstanz, sondern auch der Vergrösserung der landwirtschaftlichen Kapazität dient, zeigt sich in den Äusserungen der Stiftungskommission, die sich grundsätzlich für Arrondierungskäufe von Kulturland und gegen Landabtretungen durch Verkauf oder Verpachtung an Dritte ausspricht. Die Pächter der CMS dürfen nach den Bestimmungen der damaligen Pachtverträge kein Land von Dritten zupachten, weshalb die CMS dafür zu sorgen hat, dass die vergrösserte bauliche Kapazität der Betriebe nicht durch Kulturlandverluste unproduktiv wird.[103]

Ende 1886 beginnt die CMS mit der Revision der von ihr übernommenen Pachtverträge. Die Pachtzinsansätze werden nach dem Vorschlag der Güterdelegation um rund ein Fünftel heraufgesetzt. Es wird festgehalten, dass mit der Erhöhung auf Fr. -.90 bis Fr. 1.20 pro Are und Jahr noch nicht das in der Umgebung der Stadt bestehende Pachtzinsniveau erreicht werde; unter Berücksichtigung der teilweise hoffernen Lage des Kulturlands und der misslichen Agrarkonjunktur sei aber nur ein etwas niedrigerer Ansatz vertretbar.[104]

Die Konsolidierung der neuen Birsufer

Mit der Übernahme von Brüglingen tritt die CMS in die Geschichte von Birs und St. Albanteich und damit der wasserbaulichen Probleme der Ebene ein. Bedeutende Ereignisse sind ihrer Entstehung ein halbes Jahrzehnt vorausgegangen: Am 1.–2. September 1881 reisst ein Birshochwasser das ganze Wuhr beim Einlauf des St. Albanteichs weg, wodurch der Teich völlig trockengelegt wird. Das Brüglinger Gut erleidet durch dieses Hochwasser einen Verlust von 4,1 ha Land von den *Lehenmatten* auf der Basler Seite bis zu den *Zollwiden* in seinem südlichsten Abschnitt. Das zerstörte Wuhr wird durch Notwuhre ersetzt, die aber schon im folgenden Jahr so schwer beschädigt werden, dass sich der Bau einer neuen Wuhranlage aufdrängt. Gleichzeitig mit deren Ausführung 1882 wird der Birslauf in der Ebene in der heute bestehenden Weise geradegezogen.[105]

Schon ein halbes Jahr nach der Ernennung ihrer ersten Kommission muss sich die CMS mit Hochwasserschäden befassen. Anfang November 1886 zerstört ein Hochwasser das Streichwuhr des neuen Birsufers auf einer Länge von 500 Metern. Die CMS wird von den basellandschaftlichen Behörden angewiesen, den Schaden zu beheben. Im Birsabschnitt ihrer Basler Grundstücke wird als Folge der Auffüllung des Flussbetts mit Geschiebe das Ufer angegriffen, so dass der baselstädtische Kantonsingenieur die CMS anweist, auch dieses zu sichern. Die Ausführung der 1888 notwendig gewordenen

Verbauungen wird aber wegen unterschiedlicher Auffassungen über die Verbauungsart noch über drei Jahre hinausgeschoben. 1892 leistet die CMS den Lehen- und Gewerbsinteressenten St. Albanteich einen hohen Kostenbeitrag an Birsuferverbauungen bei Neuewelt.[106]

Während und nach dem Ersten Weltkrieg müssen die durch verschiedene Hochwasser unterwaschenen Uferstrecken neu verbaut werden, besonders bei der Holzbrücke von Neuewelt. Das Uferbord wird mit Eisenbahnschienen und Betonplatten gesichert. Die dortige Landschaft muss schon zu dieser Zeit für Erholungssuchende aus der Stadt von Bedeutung gewesen sein, denn die CMS stellt ausdrücklich fest, dass man «durch Auffüllen der Böschung mit Steineinlagen, Weidenstöcken und Humus» einer Beeinträchtigung des «stimmungsvollen Landschaftsbilds des obern, linksseitigen Birsufers» bestmöglich vorgebeugt habe. 1940 werden bei niedrigem Wasserstand der Birs Uferverbauungen im Birswäldchen ausgeführt.[107]

Die Bau- und Prozesstätigkeit am Teich

Wie oben dargestellt, sind Teichunterhalt und Birsverbauung eng miteinander verflochten. Für die wasserbaulichen Arbeiten wird Anfang 1807 die weiter oben erwähnte «Birskommission» geschaffen, der später auch die Aufsicht über die Teichbenützung und den Teichunterhalt obliegt. Die Bauaufgaben am sehr exponierten Wuhr beim Teicheinlauf belasten die Korporation der Lehen und Gewerbe und führen zu zahlreichen Auseinandersetzungen nach innen und aussen: «Das 19. Jahrhundert war in der Geschichte des St. Albanteiches das Jahrhundert der grossen Wuhrbauten und der grossen Prozesse...» (Schweizer[108])

Dem Wuhrneubau von 1882 folgt angesichts der hohen Baukosten eine Auseinandersetzung zwischen den Lehensgenossen, die das Nutzungsrecht besitzen, und der Stadt, die die Hoheit und das Obereigentum besitzt. Es geht dabei um Konsequenzen früherer Regelungen der Beitragsleistung an Ausbesserung bzw. völligen Neubau des Wuhrs. Der Prozess wird 1886 mit einem Bundesgerichtsurteil abgeschlossen, das den Versuch des Kantons, sich durch den Verzicht auf Ansprüche am Teich von den Lasten desselben zu befreien, misslingen lässt. Auf einen Vorschlag der Elektra Birseck zur Aufhebung des Mühlenteichs und den rationelleren elektrischen Betrieb der Brüglinger Mühle 1903 tritt die CMS nicht ein; sie hält dies aus Pietät gegenüber den vom Stifter gepflegten Anlagen für nicht angebracht.

1912 muss das 1882 neuerstellte Wuhr beim Teicheinlauf teilweise neu gebaut werden, da sich einzelne Bauteile infolge Unterwaschung gesenkt haben. Angesichts der daraus entstehenden beträchtlichen Kosten verhandelt die CMS mit der Teichkorporation über die Höhe ihrer Beitragsleistung, die nach den Wasserkraftanteilen der einzelnen Teichanstösser berechnet wird. Sie möchte nicht, dass dieser Verteilungsschlüssel auch auf die Wuhrbaukosten angewendet wird, da sie auf diese Weise zu stark belastet würde. Im folgenden Jahr wird ein neuer Verteilungsmodus ausgehandelt, gegen den ein anderer Teichinteressent Einsprache erhebt. Dies führt zu einer gerichtlichen Auseinandersetzung, die 1916 zu Ungunsten der CMS ausgeht. Sie muss die Beitragsdifferenzen nachzahlen und zudem die Prozesskosten tragen.[109]

1926 kommt es über der Servitutsbereinigung anlässlich der Grundbuchanlegung in Münchenstein zu einem Prozess mit der Teichkorporation, die das Recht der CMS zur Abwassereinleitung in den Teich bestreitet. Der alte Zustand wird im zustandekommenden Vergleich geduldet, und es werden Vereinbarungen über Verbesserungen gemacht.[110]

3.3 Das Brüglinger Gut im Bereich des «Helvetischen Verkehrsnabels» der Stadt Basel

1. Die Landbeanspruchung durch die Bahnanlagen

Der Bahnbau in Basel

Die bahnbauliche Entwicklung erreicht die Stadt Basel mit der Eröffnung der 1,9 km langen Verbindungsstrecke St-Louis-St. Johann der Eisenbahnlinie Strassburg–Basel am 15. Juni 1844 und der Eröffnung des Französischen Bahnhofs am 15. Dezember 1845. Zehn Jahre später erfährt Basel das rasante Fortschreiten des Bahnbaus, der die ganze Eidgenossenschaft überzieht. Im Oktober 1850 erstatten die vom Bund berufenen Experten ihren Bericht über die Anlage eines schweizerischen Eisenbahnnetzes. Am 1. Mai 1850 erlässt die Bundesversammlung das «Bundesgesetz betreffend die Verbindlichkeit zur Abtretung von Privatrechten»: Aufbauend auf der in der Bundesverfassung von 1848 verankerten Abtretungspflicht bei öffentlichen Werken, die eine Lücke in der Eigentumsgarantie offenhält, wird den Bahngesellschaften die Enteignung des zur Anlage ihrer Betriebsbauten benötigten Lands gestattet. Im Juli 1852 wird der Beschluss gefasst, der Eisenbahnbau sei nicht Sache des Bundes, sondern Sache Privater und der Kantone. Damit ist der Weg der Eisenbahn durch das an der Ausfallstrecke des provisorischen Bahnhofs an der Langen Gasse liegende Brüglinger Gut frei.[111]

Die Landkäufe der Bahngesellschaften bis 1879

Christoph Merian tritt zu seinen Lebzeiten, 1853 und 1858, 2,11 ha Land an die Schweizerische Centralbahn (SCB) ab, das sind 7% des gesamten von dieser Gesellschaft in den Landerwerbsabschnitten Birs-Birsig bis 1858 erworbenen Landes. Im Dezember 1854 wird die über das Gut aus Basel hinausführende 13,3 km lange Linie Basel-Liestal eröffnet. Sie ist ab Mai 1858 bis Olten und ab Dezember 1882 bis Chiasso durchgängig befahrbar. Der Ausbau der Bahnanlagen schreitet in Basel in den 1870er Jahren voran und bringt dem Brüglinger Gut grosse Flächenverluste. 1875 müssen auf dem Wolffeld 18,6 ha für den Bau des Rangierbahnhofs abgetreten werden. Im September 1875 wird die Bahnlinie Basel-Delémont der Bernischen Jurabahn (BJB) eröffnet, die vom Mai 1877 an eine durchgängige Schienenverbindung mit Biel herstellt. 1877–78 gehen 2,71 ha Brüglinger Land an das Trassee dieser Bahnlinie, die unmittelbar hinter dem Brüglinger Park den Stadtboden verlässt.[112]

Die Landabtretungen der Eheleute Merian an SCB und BJB von 1853 bis 1879 belaufen sich gesamthaft auf 29,84 ha, die sich durch Rückübertragungen von Land auf 26,76 ha vermindern.[113] Davon geht der grösste Teil, 25,03 ha, an die SCB. Das Grundbuch dieser Bahngesellschaft erlaubt es, Lage und Preise des von ihr angetretenen Landes sowie den Status der abtretenden Grundeigentümer zu rekonstruieren[114] (siehe Abb. 14, Tab. 5 und 6).

Die Auswirkungen der Landkäufe der SCB auf das Brüglinger Gut

89% der 25,03 ha liegen im Abschnitt Birs-Birsig, in dem der neue Rangierbahnhof auf dem Wolf entsteht, die übrigen 11% im Grossbasler Abschnitt der Verbindungsbahn nach dem Badischen Bahnhof. Letztere wird allerdings erst am 3. November 1873

Abbildung 14
Der Landerwerb der Schweizerischen Centralbahn 1853–1888 im Osten der Stadt Basel und in Muttenz.
Landentschädigungen und Landbestand der SCB.
(Quelle: SCB, Grundbuch für die Gemeinden Muttenz und Basel.)

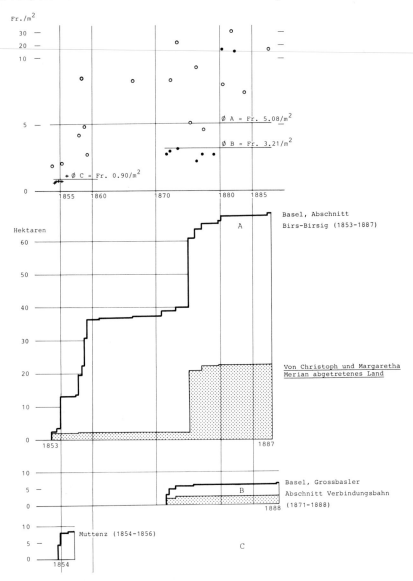

eröffnet; ihre Planung wird von politischen Erwägungen und der Notwendigkeit des Baus einer Eisenbahnbrücke über den Rhein belastet.[115] Neun Zehntel (91%) des angetretenen Brüglinger Lands verzeichnet das Grundbuch der SCB als *kaufvertraglich*, den Rest als durch *Kauf-Tausch* erworben.

Von der grossen Landabtretung 1875 an den Rangierbahnhof auf dem Wolffeld sind die Pachthöfe der Witwe Merian in bedeutendem Umfang betroffen, da hier überwie-

Tabelle 5
Von der Schweizerischen Centralbahn 1853 bis 1888 erworbenes und rückübertragenes Land in den Abschnitten Birs–Birsig und Verbindungsbahn Grossbasler Seite. Flächen in Hektaren.

	Landerwerb		Rückübertragung/Abtretung	
	1. Total ha	2. Von Chr. und M. Merian ha	3. An Chr. und M. Merian ha	4. An öffentliche Hände* ha
1853	2,55	2,02		
1854	1,09		0,16	
1855	9,67			
1857	1,44			
1858	15,71	0,09	0,02	
1859	5,46	0,14	0,04	0,23
1860	0,49			0,03
1861	0,47			0,40
1864				0,04
1865				3,23
1866	0,35			0,02
1871	4,88	2,11		
1872	1,83			
1873	1,93	0,52		
1874	0,05			
1875	20,71	18,58		
1876	3,11			0,03
1877	1,44	1,44		
1879	0,69	0,13	0,19	0,94
1880	1,66			
1881	0,01			0,18
1882	0,22			0,07
1883	0,16			0,07
1887	0,45			
1887	0,15			
Total	74,52	25,03	0,41	5,24

* zu 4. zählen Kanton, Einwohnergemeinde, Bürgergemeinde und die Landtreuhänder-Gesellschaften der öffentlichen Institutionen.
Quelle: Grundbuch der SCB, Archiv der SBB, Kreisdirektion Luzern.

gend relativ gutes Ackerland abgetreten wird. Nach einer Zusammenstellung sind vom abgetretenen Land
    Ackerland 96%
    Wiesland 3%
    Rebland   1%
    100% = 19,8 ha

Die Pächter erhalten eine Kultur- und Umwegentschädigung. Zu entschädigen sind vor allem gründüngende futterbauliche Kulturen, zu 82% Luzerne- und Kleesaaten, zu 12% Getreidessaaten und vorbereitetes Ackerland.[116] Mit 12,44 ha (Ackerland und Anwände) erfährt der Singerhof, in dessen unmittelbarer Nachbarschaft der Rangierbahnhof entsteht, weitaus den grössten Kulturlandverlust, gefolgt von Unter-Brüglingen mit 2,01 ha (Ackerland und Anwände). Weitere 2,01 ha (Ackerland, Reben) entfallen auf den Ziegelhüttenhof und das Wirtshaus zu St. Jakob. Gesondert entschädigt werden die erschwerte Zufahrt zum Bruderholz und andere Umwege durch die von der Bahnlinie isolierten Kulturflächen sowie 37 Feldobstbäume und über 6000 Rebstöcke.[117]

Tabelle 6
Die Eigentümer und die Abtretungsarten des zwischen 1853 und 1888 an die Schweizerische Centralbahn übertragenen Landes in den Abschnitten Birs–Birsig und Verbindungsbahn Grossbasler Seite. Flächen in Quadratmeter.

	ha/a/m²	%
Privatpersonen	2 399 79	32,2
Erben	8 164 3,5	11
Chr. Merian/M. Merian	2 502 41	33,6
1. *Privatpersonen insgesamt*	5 718 63,5	76,8
2. *Juristische Personen*	1 914 5,5	2,6
Bürgerspital	8 408 7	11,5
Bürgergemeinde	8 375	1,1
Kanton/Einwohnergemeinde	6 172 9	8,2
3. *Öffentliche Institutionen*	1 541 91	20,6
Eidg. Schätzungskommission	3 093 5,5	
Bundesgerichtsentscheide	16 230 0,5	
1. *durch Dritte bewertetes Land*	1 932 36	25,6
Kauf	4 116 50,5	
Tausch	4 543 3,5	
Kauf und Tausch	3 169 7,5	
2. *vertraglich übertragenes Land*	4 887 81,5	65,6
3. *mit besonderer Übereinkunft übertragenes Land*	6 318 2,5	8,5
Total	7 452 00	100,0

Quelle: Grundbuch der SCB, Archiv der Schweizerischen Bundesbahnen, Kreisdirektion Luzern.

Die Bedeutung des Brüglinger Guts für die Landkäufe der SCB

Zu sieben Achteln sind die der SCB Land abtretenden Grundbesitzer Private (96); das restliche Achtel wird von juristischen Personen des privaten (1) und des öffentlichen Rechts (12) gebildet. Zwei Drittel der gesamten 74,52 ha Bahnareal werden von der SCB kauf- oder tauschweise angetreten. Ein Viertel kann von ihr erst nach den Entscheiden der Eidgenössischen Schätzungskommission oder des Bundesgerichts übernommen werden. Die Schätzungskommission hat in all jenen Fällen über die Entschädigung zu beraten, in welchen keine gütliche Einigung erzielt werden kann.[118] Ein Zwölftel der Landfläche wird auf der Grundlage besonderer Vereinbarungen übernommen. Es handelt sich dabei vor allem um Areale, die von der öffentlichen Hand kostenlos zur Verfügung gestellt und, nach ihrer Verwendung als Baulager und Installationsplatz, wieder rückübertragen werden: drei Viertel der angetretenen 7,01 ha werden der öffentlichen Hand wieder zurückgegeben.

Vom Brüglinger Gut stammen zwar 39% des gegen Entschädigung an die SCB abgetretenen Landes, an die Brüglinger Grundbesitzer gehen aber nur 33% der flächenbezogenen (bzw. nur 29% der gesamten, Inkonvenienzen einschliessenden) Entschädigungen. Das weist darauf hin, dass Christoph Merian und seine Witwe ihr Land zu unterdurchschnittlichen Preisen abgetreten haben, was besonders für die Abtretungen im Bereich der Verbindungsbahn gilt. Die mittlere nominale Flächenentschädigung, die sie für ihre Landabtretungen 1853–1879 erhalten, beträgt 77% (Fr. 4.22/m²)

Tabelle 7
Landabtretungen der Christoph Merian Stiftung zu Bahnzwecken zwischen 1894 und 1984 an SCB, SBB und Kanton Basel-Landschaft. Flächen in Hektaren.

	Basel-Stadt ha	Nachbargemeinden* ha	Total ha
1894–1899	0,09		0,09
1900–1909	21,61	0,47	22,08
1910–1919	0,61		0,61
1920–1929	8,21	6,23	14,44
1930–1939	0,04	2,68	2,72
1940–1949	4,95		4,95
1950–1984	7,39		7,39
1894–1984	42,90 (82,1%)	9,38 (17,9%)	52,28 (100%)

* Birsfelden, Münchenstein, Pratteln, vor allem aber Muttenz.
1984 und 1900: SCB.
1938: Hafenbahn Muttenz–Birsfelden, Kanton Basel-Landschaft.
Übrige Jahre: SBB.
Quellen: Verwaltungsberichte und Mutationspläne, internes Grundbuch der CMS; Miescher 1936, 70;
1923–1934 nach VB 1934, 144f., proportional korrigiert, um widersprüchliche «Versionen» der Landbuchhaltung auszugleichen. Diese Zahlen dürften eine gute Annäherung an die gesamten Abtretungen an Bahnen darstellen.

derjenigen der anderen Landabtreter 1855–1887 (Fr. 5.46/m^2). Da sie kaum über die Flächenentschädigung hinausgehende Inkonvenienzentschädigungen erhalten, ist auch die von ihnen bezogene nominale Gesamtentschädigung (Fr. 4.23/m^2) mit 63% deutlich geringer als jene der übrigen Abtretungspartner der SCB (Fr. 6.76/^{2}).

Die hier vorgelegten Zahlen gelten zwar nur für einen Teil des in Basel entstandenen Bahngrundbesitzes; dieser stellt aber schon zwei Drittel der heutigen 111,5 ha Grundbesitz der SBB in der Stadt Basel dar. Daraus kann die Bedeutung ersehen werden, welche die Brüglinger Besitzer für die enteignende SCB haben. Das Brüglinger Gut, das die CMS 1886 antritt, ist schon ganz bedeutend von der durch die Bahn geschaffenen räumlichen Situation auf dem Wolfplateau geprägt. Es ist erschliessungsmässig in ein grosses «Äusseres» Gut – *Brüglingen, Birsebene, Ruchfeld* und *Bruderholz* – und ein kleineres «Inneres» Gut (*Gellert, Singerweg, Neusätze*) aufgetrennt. Letzteres wird dadurch zum Entwicklungsgebiet der wachsenden Stadt geschlagen.

Der Ausbau der Bahnanlagen und die Auswirkungen auf den Grundbesitz der CMS

Die Landabtretungen der CMS an die Bahnen stellen in den ersten 50 Jahren ihres Bestehens einen der wesentlichsten Anstösse für die Veränderung und kompensatorische Vergrösserung ihres Grundbesitzes dar. Im Zeitraum von 1886–1919 tritt die CMS auf städtischem Boden 22,8 ha Land an die Bahnen ab, was neun Zehntel der von Christoph Merian und seiner Witwe 1853–1879 abgetretenen Fläche entspricht. In der Zeit ihres Bestehens tritt die CMS 52 ha Land an Bahnen ab; davon liegen rund vier Fünftel (82%) in Basel-Stadt, der Rest in den basellandschaftlichen Nachbargemeinden, vorwiegend in Muttenz (siehe Tab. 7). Die bedeutendsten Abtretungen von

Stiftungsgrundbesitz finden im Stadtgebiet zwischen 1900 bis 1904 statt (50 % der dortigen Gesamtabtretungsfläche), auf basellandschaftlichem Boden zwischen 1920 und 1929 (66% der dortigen Gesamtabtretungsfläche); sie stehen im Zusammenhang mit dem Ausbau des Rangierbahnhofs auf dem Wolf und der Anlage des Rangierbahnhofs auf dem Muttenzerfeld.

2. Die Bahnanlagen setzen den Rahmen für eine neue Verteilung des Kulturlands: der Bau des Waldhofs

Anfang 1897 kündigt der Pächter von Unter-Brüglingen, Heinrich Rediger, den Pachtvertrag vorsorglich, um seiner Bitte nach der Entlassung von 14 ha Kulturland am Bruderholz und einer entsprechenden Reduktion des Pachtzinses Nachdruck zu verleihen. Wie auch andere Pächter der CMS hat er Schwierigkeiten, günstige Arbeitskräfte zu finden und möchte daher von der Bewirtschaftung des entlegensten Landes entlastet sein.Er hat ausserdem das Wasserhausgütlein bei Neuewelt gekauft und beabsichtigt, eine eigene Hofstelle zu gründen. Die Bahnareale haben durch den Entzug des betriebsnahen Kulturlands zu einer stärkeren Gewichtung der peripheren Wirtschaftsflächen geführt. Da die Bahnen zudem das Gut zerschneiden, so dass Umwege zum entfernter gelegenen Land bewältigt werden müssen, wird eine kritische Grenze der Belastung durch den Wegaufwand erreicht, die sich zusammen mit der ungelösten Arbeitskräftefrage rasch zuspitzt. Die Stiftungskommission sieht denn auch die Notwendigkeit gegeben, einen der Bewirtschaftung des Bruderholzlands dienenden Hof zu errichten. Sie beschliesst aber, zuerst die Ergebnisse der bevorstehenden Expropriationen durch die SCB abzuwarten, um die neue Lage bezüglich der Entschädigungserträge und der Landressourcen berücksichtigen zu können.[119]

1897 prüft die Güterdelegation der CMS, ob der baufällige und in seiner baulichen Gestaltung unrationelle Ziegelhüttenhof zu St. Jakob durch einen Neubau an der gleichen Stelle ersetzt werden könnte. Zwei vorgelegte Projekte werden durch die Verlegung der Strassenlinie unausführbar. Die daraufhin als Bauplatz in Betracht gezogene Wiese gegenüber der Kirche von St. Jakob wird aber zu grossen Teilen von der Bahn beansprucht; diese schüttet einen bis an das Brüglingersträsslein reichenden Damm für ein Auszugsgeleise des Rangierbahnhofs an. Deshalb wird die von der Anfrage Redigers ausgelöste Frage des Baus «eines kleineren Hofes auf dem Hinteren Bruderholz [d.h. Wannenäcker]» wieder behandelt. Auch ein Standort an der Alten Reinacherstrasse wird für eine neue Hofstelle in Betracht gezogen. Die projektierten Hofstellen sollen einerseits die günstige Bewirtschaftung des entlegensten Bruderholzlands ermöglichen, anderseits einen Ersatz für den Ziegelhüttenhof bieten: «Infolge des Neubaus des Kellerhals'schen Hofs [d.h. Ziegelhüttenhof] in der Nähe des Bruderholzes kann nun eine andere rationelle Landeinteilung vorgenommen, das Bruderholzland von Rediger an verschiedene Pächter als Ersatz des von der Bahn beanspruchten Landes zugeteilt, somit vom Neubau eines zweiten Hofes am Bruderholz Umgang genommen werden.» Die Kommission genehmigt Anfang Februar 1898 den Bau des neuen Pachthofs. Im Juni 1898 werden die Hauptarbeiten vergeben, die Ende Jahr abgeschlossen werden. Ende Januar 1899 kann der Pächter des Ziegelhüttenhofs den Pachthof an der Reinacherstrasse beziehen.[119]

Die Entwicklung des Landwirtschaftsbetriebs Waldhof

Der anfänglich mit verschiedenen Bezeichnungen umschriebene neue Hof – u.a. auch als *Reinacherhof* – wird 1907 erstmals mit dem später üblichen Namen *Waldhof* benannt.[121] Die alte Ziegelhütte wird wie der Dreispitzhof 1900 abgebrochen. In diesem Jahr findet das seit 1898 laufende und 1899 durch einen Rekurs der CMS an das Bundesgericht weitergetragene Expropriationsverfahren seinen Abschluss. Gleichzeitig wird das Dreispitzland als Materiallagerplatz beansprucht; das Lagerplatzareal trifft im Laufe seiner stetigen Ausdehnung den Waldhof: 1921–22 erfordert der Bau von Erschliessungsgeleisen den Abbruch und Ersatz der östlich der Alten Reinacherstrasse stehenden Waldhofscheune. Von diesem Zeitpunkt an sind alle Hofgebäude auf dem nur ca. 40 m tiefen flachen Gelände zwischen Strasse und Bruderholzfuss gruppiert. Die Verbreiterung der Strasse in ihrem baselstädtischen Abschnitt erfordert 1925 eine Änderung der Hofzufahrt. Die Zuteilung von Kulturland des 1927 aufgegebenen Pachthofs St. Jakob macht den Ausbau der Ökonomiegebäude notwendig. In der Zeit des Zweiten Weltkriegs erfordern der kriegsbedingte Mehranbau, die Zunahme des Kulturlands um weitere 10 ha und der stark vergrösserte Maschinenpark den Bau neuer Frucht-, Stroh- und Wagenscheunen.[122]

Der Waldhof als suburbaner Milchproduktionsstandort

Bis 1921 wird der Waldhof von dem vom Ziegelhüttenhof übersiedelten Pächter Emil Kellerhals bewirtschaftet. 1906 wird ein neuer Pferdestall errichtet; der alte wird aufgrund seiner lagemässigen Eignung zu einem Milchviehstall umgebaut und in den nachfolgenden Jahren mit modernen Installationen für eine hochqualifizierte Milchproduktion ausgerüstet. Dies geschieht auf Anregung des neu gegründeten «Vereins für Säuglingsfürsorge», dem der Waldhofpächter nach besonderen Vertragsvorschriften Spezialmilch liefert.[123] Die Stiftungsverwaltung äussert aber schon 1919 die Ansicht, Kellerhals sei von der Grösse dieses Pachthofs überfordert. Ein unabhängiger Gutachter beurteilt den Waldhof als relativ schwierig zu bewirtschaften, die ACV-Verwaltung als Pachtnachfolgerin von Kellerhals bezeichnet ihn als «heruntergewirtschaftet» und sein Kulturland als stark düngebedürftig. Als Kellerhals 1920 wegen ungenügender Erfüllung der hygienischen Anforderungen der Stadtverkauf von Milch gerichtlich verboten wird, erfolgt auf Ende 1921 die endgültige Pachtkündigung durch die CMS. Von Anfang 1922 an pachtet der «Allgemeine Consumverein beider Basel» (ACV) den Hof, um dort Kindermilch mit erhöhten Hygiene- und Qualitätsanforderungen zu produzieren.[124]

Bereits die Spezialmilchproduktion von Kellerhals steht unter der günstigen Voraussetzung der stadtnahen Lage des Waldhofs. Bis in die 1920er Jahre gibt es in der Stadt die «Milchausmesser», d.h. Landwirte der Umgebung von Basel, die auf der allmorgendlichen Tour durch die Wohnquartiere der Stadt ihrer privaten Stammkundschaft Milch ausmessen. Ein Teil von ihnen besucht Freitags das zum sogenannten «Bauernsonntag» auswachsende Treffen in der Aeschenvorstadt (siehe Anm. 125).

Die Milchversorgung wird nach der Jahrhundertwende zunehmend von Zusammenschlüssen geprägt. Als eine der ersten in der Schweiz wird 1884 die Molkerei des ACV in Basel gegründet, 1904 folgt der «Verband nordwestschweizerischer Milch- und Käsereigenossenschaften» und 1907 der «Zentralverband schweizerischer Milchproduzenten» (ZVSM). Die über diese Organisationen vom Bund ausgeübte Kontrolle von Milchproduktion und -transport trägt das Ihre dazu bei, die wirtschaftsräumliche Differenzierung des Milchmarkts im Stadtumland zu verwischen. Dank der Spezialmilchproduktion und der Nähe der vom Konsumverein seit 1909 im äusseren Gundeldingerquartier betriebenen Molkerei wird der Waldhof vom grossen Zusammenbruch der Milchpreise in der Zeit unmittelbar vor der Übernahme durch den ACV wenig beeinträchtigt.[126]

Die Aufgabe des von Gewerbe- und Wohnbaugebieten eingefassten Waldhofs

1947 entstehen die ersten von der CMS an der Reinacherstrasse erstellten Wohnblöcke. Sie markieren die bauliche Auffüllung auch der ungünstigeren Wohnlagen am Bruderholzfuss, nachdem die Überbauung der Bruderholzhöhe bereits stark vorangeschritten ist. Diese Bauentwicklung bringt dem Waldhofpächter unter anderem eine Beeinträchtigung seines Wieslands durch die Abkürzungswege der Bewohner der neuen Quartiere. Wie die CMS verlegt auch der ACV seine Landwirtschaftsgüter aus dem Kerngebiet der Agglomeration hinaus. Zu Beginn der 1950er Jahre lässt er auf den in seinem Besitz stehenden Gütern *Rotberg* in Metzerlen und dem *Ziegelhof* in Oberwil sowie dem von der Einwohnergemeinde Basel gepachteten *Neuhof* in Reinach 139 ha Land bewirtschaften.Wegen der zunehmenden räumlichen Einschränkungen beim Waldhof verlegt er die Produktion von Vorzugsmilch auf den Ziegelhof. 1949 steht mit der Kündigung der Waldhofpacht durch den ACV auf Anfang April 1951 das Ende des Waldhofs als landwirtschaftlicher Betrieb fest. Gleichzeitig treten Mietinteressenten für die freiwerdenden Gebäude auf; schon im Herbst 1950 kann ein Vertrag mit der CMS abgeschlossen werden. Die Hofgebäude werden 1951 renoviert und teilweise umgebaut, die funktionelle Einheit des Landwirtschaftsbetriebs wird durch voneinander unabhängige Einzelnutzungen abgelöst: Im Pächterhaus werden zwei Wohnungen, in den Ökonomiegebäuden Garagen und Lagerräume eingerichtet; der Viehstall wird von der Mieterin, einer Vieh- und Pferdehandelsfirma, selbst zu einem Pferdestall umgebaut.[127]

1950 steht der Waldhof bezüglich Pachtzinsertrag für die CMS an zweiter Stelle unter ihren Pachthöfen hinter Unter-Brüglingen. Mit seiner Umwandlung zur Rubrik «Reinacherstrasse 260» nimmt die CMS drei Jahre später einen eineinhalbmal höheren Mietzins allein aus den Gebäuden ein, was den Wandel der Wertschöpfungsverhältnisse im Verstädterungsbiet eindrücklich aufzeigt. Die Verwendung des Waldhofareals als Viehstellplatz, Bettwaren- und später Baumaschinenlager hat Übergangscharakter, sie wird nach 15 Jahren durch die Abgabe des Lands im Baurecht beendet. Im Herbst 1966 werden die Gebäude von 1898 abgebrochen. An ihrer Stelle steht heute eine Überbauung mit hoher Flächenausnützung durch Gewerbe- und Wohnraum.[128]

Kapitel 4
Der Brüglinger Grundbesitz jenseits der Birs

4.1 Die Ausweitung der Landbasis über die Birs und die Formung des Grundbesitzkomplexes Muttenzerfeld–Hagnau

1. Die Landkäufe der CMS auf dem Muttenzerfeld

Der Schritt über die Birs

Das Spätjahr 1896 bringt der CMS in zweierlei Beziehung eine Verselbständigung. Anfang Oktober 1896 bezieht sie ihr neues Verwaltungsgebäude an der Elisabethenstrasse und Anfang November beschliesst der Weitere Bürgerrat, ein Gutachten über die Zulässigkeit von Landverkäufen durch die CMS in Auftrag geben zu lassen. In der Kommissionssitzung, in der beschlossen wird, Prof. Dr. Andreas Heusler zum ersten

Gutachter zu bestellen, wird auch der Kauf von 5,57 ha Land auf dem Muttenzerfeld von der Witwe und den Kindern des Ziegelhüttenhof-Pächters Kellerhals genehmigt. Er wird am 5. Januar 1897 vollzogen und stellt nach der am 25. Mai erfolgten Ermächtigung der CMS durch den Bürgerrat zu Landverkäufen bei angemessenem Landersatz den ersten vorsorglichen Landersatzkauf der CMS dar.[129]

Die so erworbenen 29 Parzellen, zwischen 10 a und 34 a grosse Landstreifen, liegen in den Fluren *Löchliacker, Hofacker* und *Siechenholz* am Südrand des Hardwalds. Die Stiftungskommission hält fest, dass dieser Landkauf «Gelegenheit zu weiteren Käufen» biete. Die regelmässige Schmalstreifenflur im Hofackergebiet ist mehr als die in der angrenzenden Ackerflur im Gemenge liegenden unregelmässigen Parzellen zur Bildung eines grossen, einfach geformten Grundstücks durch fortgesetzte Landkäufe geeignet (siehe Abb. 15a/b). Daher folgen schon im Februar 1897 weitere ergänzende Landkäufe. Das Land wird als qualitativ und erschliessungsmässig gut bezeichnet; es wird erwartet, dass die neue Birsbrücke bei St. Jakob den Zugang von den Brüglinger Pachthöfen her noch verbessern werde. Im Mai 1897 verpachtet die CMS ihrem Pächter Emil Kellerhals das zuvor in seinem Miteigentum stehende und vermutlich schon bisher von ihm bewirtschaftete Land zusammen mit dem zusätzlich erworbenen im Gesamtumfang von 6,35 ha[130].

Veränderliche Motivation für die Landkauftätigkeit

Warum tätigt die CMS diese nach dem genannten Bürgerratsbeschluss land- und vermögensbuchhalterisch wohlbegründeten Käufe von Kulturland, während gleichzeitig die Brüglinger Pächter über betriebliche Schwierigkeiten mit dem zu umfangreichen und zu entfernt gelegenen Land klagen und die Agrarkonjunktur nicht nur im Heuslerschen Gutachten Skepsis hervorruft? Erst viel später, in der Vernehmlassung über die Expropriation des Hafenbahnareals 1937 werden diese Landkäufe als Ausführung eines ausdrücklich landwirtschaftlichen Konzepts dargestellt. Da es sich dabei um eine Äusserung in einer Streitsache mit dem Kanton Basel-Landschaft handelt, muss vermutet werden, die landwirtschaftliche Begründung gewinne nun mehr Gewicht als sie um die Jahrhundertwende tatsächlich hatte: «Das Land auf dem Muttenzerfeld ist von der Stiftung in den Jahren 1896 bis 1914 parzellenweise erworben worden und zwar als Ersatz für rund 39 ha im Stadtgebiet expropriiertes Land. Auf diese Weise sollte die durch Kulturlandentzug gefährdete Auslastung der Ökonomiekapazitäten der Stiftungspachthöfe gewährleistet werden.»[131]

Ein Schreiben der Stiftungsverwaltung an die Gemeindekanzlei Muttenz vom Dezember 1898 widerspricht dieser späteren Aussage; die CMS bekundet darin ein schwindendes Interesse an weiteren Landkäufen, da ihre Pächter wegen der schwierigen Arbeitskräftesituation ohnehin zuviel Land zu bebauen hätten. Es scheint auf der Seite der Muttenzer Grundbesitzer eine nicht unbedeutende Zahl von Verkaufswilligen oder zu Landverkäufen Genötigter zu geben, die der CMS von der Gemeindekanzlei vermittelt werden. Ab Oktober 1898 setzt die CMS für ein Jahr mit Landkäufen aus und teilt dem Gemeindeschreiber mit, dass sie wegen vorgefallener Vertragsbrüche und wegen der gesamtlandwirtschaftlichen Situation «anderes und besseres zu thun» habe «als uns mit Spekulanten herumzustreiten». Mit dem Aussetzen der Kauftätigkeit sollten vermutlich die spekulativen Preiserwartungen der Anbieter gedämpft werden, was allerdings das Steigen der mittleren Bodenpreise um ein Drittel bis die Hälfte in den folgenden Jahren nicht verhindert.[132]

Die Landkäufe der CMS lassen sich zur Verdeutlichung in Zeitabschnitte mit verschiedener Dynamik des Landzuwachses gliedern (siehe Abb. 16):

Abbildung 15
Die Landkäufe der Christoph Merian Stiftung auf dem Muttenzerfeld von 1897 bis 1911 (a) und 1914 (b).
Zur Orientierung vergleiche mit Abbildung 17.

Abbildung 16
Die Landkäufe der Christoph Merian Stiftung auf dem Muttenzerfeld:
Flächenzuwachs und Landpreissteigerung.

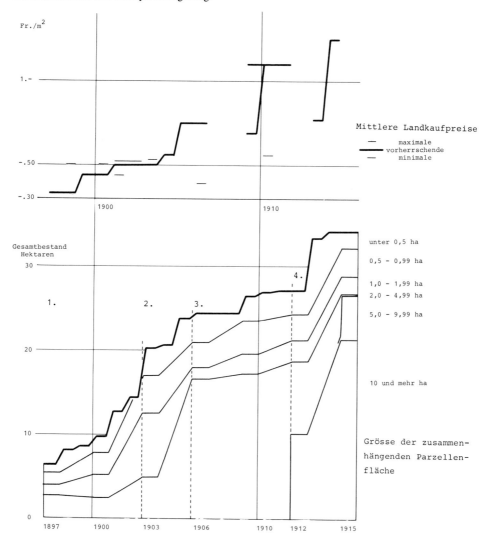

1. *1897-1902* Mehr oder weniger kontinuierliche Zukäufe.
2. *1903-1905* Grosser Flächenzuwachs.
3. *1906-1911* Relative Stagnation der Zukäufe, vermutlich infolge der Preissteigerungen auf den restlichen zur Arrondierung zu erwerbenden Parzellen.
4. *1913-1914* Abrundung des Grundbesitzes auf dem Muttenzerfeld, vor allem durch das Land des Hagnauhofs.

1903, als die zusammengekaufte Fläche 20 ha und die bezahlten Landpreise Fr. –.50/m² zu übersteigen beginnen, wird von der Stiftungskommission erstmals ausdrücklich von einer «vollständigen Abrundung des an die Hard stossenden Grundbesitzes» gesprochen und festgehalten, dass die zur Schliessung desselben noch fehlenden Parzellen wohlhabenden Landwirten gehörten, die nicht auf einen Verkauf angewiesen seien und nur bei höheren Verkaufserlösen dafür zu gewinnen wären. Da zudem ein allgemeines Steigen der Bodenwerte in den Landgemeinden feststellbar sei, müsse inskünftig überhaupt mit höherem Aufwand gerechnet werden. Man beschliesst 1903, die Angebote auf Fr. –.55/m² zu erhöhen, 1905 weiter auf Fr. –.78/m².[133]

Im Rahmen der Arrondierungsbemühungen vereinbart die CMS mit Wilhelm Kellerhals vom Hagnauhof 1911 einen Landtausch; dieser soll eine günstigere Führung des Feld- und Waldwegs von der Muttenzerstrasse zur Hard ermöglichen, dessen Bau im Vorjahr beschlossen wurde und der gemeinsam mit der Bürgergemeinde Basel als Hardwaldbesitzerin und unter Beteiligung des Basler Rennvereins ausgeführt wird. Die von Kellerhals an die CMS mehr abgetretenen 16 a werden ihm zu Fr. 1.–/m² vergütet, einem Preis, der in den nachfolgenden Jahren mehrmals bezahlt werden muss und 1914 mit Fr. 1.25/m² bereits überschritten wird. Die Landkäufe auf dem Muttenzerfeld werden aber noch 1914, als die Bodenpreise in diesem Gebiet den Erwerb eines derart grossen Landkomplexes kaum mehr erlaubt hätten, unter Ausschluss des «besonderen» Geschäfts Hagnau, als günstig bewertet. Die CMS erwirbt bis 1914 31,11 ha Land für insgesamt Fr. 206'000.–.[134]

Die 44 Grundbesitzer, mit welchen die CMS 1897 bis 1914 Kauf- oder Tauschverträge abschliesst, sind zu 70% in Muttenz ansässige Personen, bzw. zur Hälfte Muttenzer Bürger. Die übrigen wohnen in Birsfelden, Pratteln, Basel und Binningen;
    73% der Vertragspartner sind Private,
    18% Erben und
    9% Konsorten und Firmen.
Die CMS übernimmt das Land auf dem Muttenzerfeld also weitgehend aus dem agrarisch-handwerklichen Grundbesitz des in Veränderung begriffenen dörflichen Muttenz.[135]

2. Die Auswirkungen der Zentralfriedhofprojekte auf das stadtnahe Land der CMS

Anfragen an die CMS

Am 1. Juli 1872 wird der *Wolfgottesacker* eröffnet. Er liegt auf Brüglinger Land, das die Stadt ab April 1869 von Christoph Merians Witwe pachtet. Die beiden seit 1859 dort befindlichen Pulvermagazine werden zuvor an den Leimgrubenweg verlegt, wo die Verpächterin dem Kanton im Mai 1869 zwei zusammen 14,5 a grosse Areale verkauft. 1896 verkauft die CMS das bisher verpachtete Areal dem Staat (siehe Kap. 2.2). Um die Jahrhundertwende wird als Folge des starken Anwachsens der Stadtbevölkerung die «Friedhoffrage» akut. 1905 werden von der kantonalen Verwaltung Projekte für Friedhoferweiterungen und -neuanlagen geprüft. Die drei in Benützung stehenden städtischen Friedhöfe *Kannenfeld* (seit 1868, 9 ha), *Wolf* (seit 1872, 6,1 ha) und *Horburg* (seit 1890, 5,2 ha) können auf längere Zeit nicht mehr genügen.[136]

Dem Regierungsrat wird vorgeschlagen, Bauprojekte für eine ca. 13 ha grosse Friedhofanlage auf dem stadtnahen und gleichwohl für billig gehaltenen, teilweise im Besitz der CMS stehenden Land der *Inneren Langen Heid* auf Münchensteiner Gebiet, und für einen ca. 9 ha grossen Friedhof im Gebiet des *Landauerhofs* ausarbeiten zu lassen. Die CMS wird im Dezember 1905 angefragt, ob sie dem Staat auf der *Langen Heid* Land verkaufen würde. Ihr dortiger Grundbesitz umfasst 19,51 ha und ist von acht Parzellen anderer Grundbesitzer von zusammen 3,62 ha unterbrochen; vier der sechs von CMS-Grundbesitz eingeschlossenen Landbesitzer wären bereit, 0,95 ha zu Fr. 2.– und Fr. 4.–/m² arrondierungshalber abzutauschen. Die Kommission äussert Ende

1905 ihr grundsätzliches Einverständnis zu einem eventuellen Verkauf des Landkomplexes an die Einwohnergemeinde. Möglicherweise wird die CMS vom Regierungsrat gebeten, auch den *Landauerhof* vorsorglich zu erwerben. Sie hat aber nach dem unmittelbar vorangegangenen Kauf des Lachmattguts kein Interesse an einer weiteren Strapazierung ihrer finanziellen Mittel (siehe Anm. 137).

Der Friedhofstandort Landauerhof wird bald fallengelassen. Nur noch das Projekt eines Zentralfriedhofs auf der Inneren Langen Heid bei allfälliger Auflassung des Wolfgottesackers wird weiterverfolgt. Anfang 1906 wird die CMS angefragt, ob sie dort rund 27 ha Land kaufsweise arrondieren und dem Staat als Ganzes verkaufen könne. Die Kommission hält eine derartige Arrondierungsaufgabe aber mit Blick auf die gemachten schlechten Erfahrungen in Muttenz und Münchenstein für ein sehr «umständliches und schwieriges Geschäft», das ohne Expropriationsrecht im Rahmen eines vertretbaren finanziellen Aufwands kaum durchführbar sei.[138] Erst drei Jahre später klären die basellandschaftlichen Behörden die Lage, indem die Justizdirektion dem Zentralfriedhofprojekt nicht die für die Gewährung eines Expropriationsrechts erforderliche Dringlichkeit zugesteht und die Gemeinde Münchenstein wegen Bedenken bezüglich der Grundwassergefährdung und der Entwertung des an einen Grossfriedhof grenzenden Lands sich gegen das Projekt stellt. Ende 1909 werden die Arbeiten an diesem Projekt eingestellt. Die Verhandlungen lassen der CMS zu diesem Zeitpunkt immerhin eine Arrondierung ihres Landes auf der Langen Heid als wünschbar erscheinen, weshalb sie einen Abtausch mit einem Anstösser vereinbart.[139]

Der Kauf des Hagnauhofs als teure Landarrondierung für den nicht realisierten Hardfriedhof

1911 wird dem als Friedhofstandort nochmals geprüften Landauerhof die westliche *Hard* vorgezogen. Dort könnte das Problem des Landerwerbs am kleinsten gehalten werden: Der Hardwald steht im Besitz der Bürgergemeinde und der grösste Teil des im Westen angrenzenden Muttenzerfelds im Besitz der CMS.[140]

Als die Stiftungskommission im Oktober 1911 die Arrondierungskäufe auf dem Muttenzerfeld behandelt, nimmt sie zur Kenntnis, «dass das Feld in absehbarer Zeit zu grösseren öffentlichen Unternehmungen in Anspruch genommen» werden könnte und die Arrondierungskäufe gezielt vorangetrieben werden sollten. Eine enge Verbindung der CMS mit dem Hardfriedhofprojekt ist durch die Mitwirkung ihres Verwalters in der Projektkommission gegeben. Als bedeutendster Beitrag der CMS an das Hardfriedhofprojekt muss ihr Kauf des *Hagnauguts* im Juni 1913 gelten, den sie höchstwahrscheinlich nicht aus eigenem Antrieb tätigt. Offenbar sollte sie auch auf dem *Klünenfeld* Arrondierungskäufe für den Friedhof tätigen, was aber an den von einzelnen nicht verkaufswilligen Grundbesitzern hochgetriebenen Preisen scheitert.[141]

Das in einer Ausräumung der Niederterrasse rechts der Birs liegende Hagnaugut kommt im 16. Jahrhundert als noch kaum urbanisiertes Auenland aus der Hand des Klosters St. Alban in den Besitz des Siechenhauses zu St. Jakob. 19,8 ha des dortigen Grundbesitzes werden im 17. Jahrhundert an einen Privatmann verkauft. Noch 1815, als anlässlich einer Handänderung des Guts ein Wohnhaus und Ökonomiegebäude erwähnt werden, dauert der Kampf gegen die Birs an, die das dort gewonnene Kulturland bedroht. Mit dem Kauf des Waisenhausguts St. Jakob 1836 kommt der südliche Hagnaukomplex im Umfang von 13 ha für einen Monat in den Besitz von Christoph Merian. Es scheint aber nicht in sein Konzept der Gutserweiterung zu passen, Güter jenseits der Birs zu besitzen, durch die zum Wuhrunterhalt noch der Aufwand für Brückenbau und -unterhalt hinzukommen würde. Er verkauft daher

81

dieses Land zu einem Viertel bis Fünftel des von ihm in diesen Jahren für gutes Ackerland bezahlten Preises an den Besitzer des anstossenden Hagnauguts, was auf den geringen Ertragswert des Auenlands hinweist.

Durch den Bau der Eisenbahnlinie wird das besitzmässig zusammengeführte Gut wieder zerteilt. Im abgetrennten südlichen Teil entstehen daher weitere Hofgebäude. Nach 1872 fällt der Gutsteil nördlich der Bahnlinie in das Gebiet der neugebildeten Gemeinde Birsfelden und wird damit auch politisch vom südlichen Gutsteil getrennt. Durch die Pfeiler der Eisenbahnbrücke verursachte Querströmungen der Birs gefährden das Hagnauland dauernd und führen zu wiederholtem Wechsel der im Kampf gegen Wasser und SCB ermüdeten Besitzer. Wilhelm Kellerhals-Häring, der Vater des Besitzers zur Zeit der Verkaufsofferte an die CMS, bekommt in einem 1880–1882 geführten Prozess mit der SCB endlich eine Entschädigung zugesprochen. Er erweitert die Gebäudegruppe in der Hagnau 1879 um ein Stöckli und 1881 um ein Waschhaus.[142]

Da die CMS 1905 und 1906 das Rote Haus und den Lachmatthof erworben hat, zeigt sie sich im Spätjahr 1908 nicht interessiert, über einen Kauf des wegen seiner stadtnahen Lage für stattliche Fr. 400'000.– angebotenen Hagnauguts überhaupt zu verhandeln. Im Juli 1912 wird sie vom Finanzdepartement aufgefordert, mit dem Besitzer des Hagnauhofs, Wilhelm Kellerhals, in Verhandlungen zu treten. Im August wird festgestellt, dass der Versuch, den geforderten Preis von Fr. 350'000.– zu reduzieren, eher zu einer Steigerung der Kaufpreisforderung führt. Im Oktober 1912 beschliesst die Kommission, ein Angebot von Fr. 300'000.– zu machen, obwohl von ihr auch dieses noch immer als zu hoch und nur mit Rücksicht auf das öffentliche Interesse am Friedhof und am vorgesehenen Ausbau der Bahnanlagen als vertretbar empfunden wird. Im Laufe des Frühjahrs 1913 bahnt sich eine Einigung auf der Grundlage des endgültigen Kaufpreises von Fr. 260'000.– an, indem die CMS die Ablösung der Ersten Hypothek, die Gewährung des lebenslangen Wohnrechts für den Verkäufer und die Übernahme eines Sohnes in das Pachtverhältnis akzeptiert.[143]

Obwohl das obere Hagnaufeld bereits für sehr kurze Zeit im Besitz Christoph Merians stand und obwohl die 7,61 ha Land, die das Hagnaugut zum Zeitpunkt des Kaufs durch die CMS auf dem Muttenzerfeld aufweist, die Arrondierung des dortigen CMS-Grundbesitzes begünstigen, erwirbt die CMS das Anfang 1914 angetretene, 24,8 ha grosse Gut zu einem Preis und zu Bedingungen, die ihren bisherigen und nachmaligen Gepflogenheiten nicht entsprechen – man darf sagen *contre-coeur*.[144] Bei einem theoretischen Kaufpreis des Kulturlands erscheint die Hagnau mit Fr. –.57/m² deutlich teurer als das 1905–06 erworbene Zwillingsgut Lachmatt-Rothaus (Fr. –.37/m² bzw. Fr. –.39/m² ohne Wald). Auch bei Berechnung des Kulturlandpreises auf der Grundlage des um die Gebäudewerte verminderten Kaufpreises und im Vergleich mit indexbereinigten Kaufpreisen anderer Gutskäufe der CMS fällt die Hagnau als teures Gut auf (siehe Tab. 8). Aus der Ersatzkaufverpflichtung der CMS kann keine Begründung für diesen Kauf abgeleitet werden; die Gutskäufe von 1905 und 1906 dämpfen die Auswirkung der Landabtretungen an die Bahnen auf ein negatives Saldo des Gesamtgrundbesitzes von nur 2,4 ha; mit einem Anteil am Gesamtwert des Vermögens von 19% haben die Landgüter schon vor dem Kauf der Hagnau ein grösseres Gewicht als 1886.

1913 und 1914 werden die Projektarbeiten für den Friedhof vorangetrieben, wird der Kontakt mit den Behörden des Kantons Basel-Landschaft aufgenommen und werden verschiedene Gutachten über die Eignung des geplanten Standorts für einen Grossfriedhof erstellt. Im Frühjahr 1914 wird auch das Projekt der SBB für einen Rangierbahnhof auf dem Muttenzerfeld publik. Der Engere Bürgerrat bedauert in einem

Tabelle 8
Kaufpreise und aus diesen abgeleitete Landpreise der von der Christoph Merian Stiftung zwischen
1905 und 1929 erworbenen Landwirtschaftsgüter.

	Vertraglicher Kaufpreis in Fr. Gebäude und Land	Kaufpreis Land allein[1] (cts/m²)		Verhältnisbereinigter[3] Kaufpreis Kulturland ohne Wald (cts./m²)
		nominal[1]	indexbereinigt[2]	
1905 Lachmatt	130 000	36	ca. 65	37
1906 Rothaus	325 000	25	ca. 45	39
1913 Hagnau	260 000	75	75	57
1918 Weidenhof	215 000	48	18	[]
1918 Iglingen	250 000	26	10	ca. 26
1925 Sternenhof	150 000	71	42	30–40
1929 Schürhof	157 000	26	17	[]
1929 Hint. Schlatthof	250 000	33	21	30–40

[1] Berechnet auf Kaufpreis abzüglich Gebäudewert (Brandversicherungs-/Steuerwert).
[2] Mit Index der landwirtschaftlichen Produktenpreise verrechneter Wert von [1].
[3] Nach dem Verhältnis von Gebäude- zu Landwert geschätzter Anteil des Landes am Gesamtkaufpreis; nur in Fällen genügender Angaben in den Kaufverträgen möglich, ansonst mit [] gekennzeichnet.

Schreiben an der Regierungsrat, dass nicht gleichzeitig noch ein anderer Standort geprüft werde. Der Hardwald würde durch den Friedhof und den Rangierbahnhof Muttenz bedeutend beeinträchtigt und die vierzigjährige Arbeit, Teile davon von einem Nieder- zu einem Hochwald zu kultivieren, zunichte gemacht.[145] Nach kurzem Unterbruch werden die Projektarbeiten 1915 fortgesetzt, unter anderem mit der Planung einer Friedhofzufahrt über die *Hagnau*. Im August und September 1916 wird der Entwurf zu einer Vereinbarung über Errichtung und Betrieb eines Zentralfriedhofs in der Hard dem Kanton Basel-Landschaft und den betroffenen Gemeinden Birsfelden und Muttenz vorgelegt. Anfang 1917 beschliesst die Regierung des Landkantons unter Berufung auf die Meinungsäusserungen der Gemeinden, die Landbedarfsfrage von Rheinhafen und Güterbahnhof sei noch nicht genügend abgeklärt, so dass sie mit der weiteren Prüfung des Waldfriedhofprojekts «bis auf weitere Zeit zuwarten» wolle.[146] Noch im gleichen Frühjahr wird das Sanitätsdepartement von einem Grundstücksvermittler auf einen zum Verkauf angebotenen Grundstückskomplex beim Hörnli aufmerksam gemacht. Dort wird schliesslich 1932 der *Friedhof am Hörnli* errichtet, womit die Zentralfriedhofsfrage gelöst ist.

4.2 Die Landumlegungen auf dem Muttenzerfeld, der Ausbau der Bahnanlagen und das Flugplatzprojekt

1. Landwirtschaftliche und nichtlandwirtschaftliche Landumlegungen

Landumlegungen im Glacis des Stadterweiterungsgebiets

1893 beginnen in Oberwil und Allschwil die ersten Felderregulierungen (Güterzusammenlegungen) des Kantons Basel-Landschaft. In Allschwil werden bis 1899 655 ha Kulturland neu geordnet. Die Landkäufe der CMS auf dem Muttenzerfeld und auf dem Ruchfeld sowie die Frage der Arrondierungskäufe für die Zentralfriedhofprojekte werden von der CMS eigenartigerweise ohne jede Bezugnahme auf die Möglichkeit des

Abbildung 17
Die Birsebene bei St. Jakob-Hagnau und das westliche Muttenzerfeld.
Situation von Grundbesitz und Besiedlung um 1913, zur Zeit des Kaufs des Hagnauguts durch die Christoph Merian Stiftung.
Die Bahnlinie durchzieht den Kartenausssschnitt diagonal. Links oben (NW), südlich der Bahnlinie, das Dörflein St. Jakob; nördlich der Bahnlinie die Industriebauten in der Lehenmatt. Auf der Muttenzer Seite der Birs liegen beidseits der Bahnlinie die landwirtschaftlichen Gebäudegruppen von Hagnau und Schänzli. An den Hardwald stösst das von der CMS erworbene Kulturland an, das mit dem Kauf des Hagnauhofs eine bedeutende Arrondierung erfährt (siehe Abb. 15b).

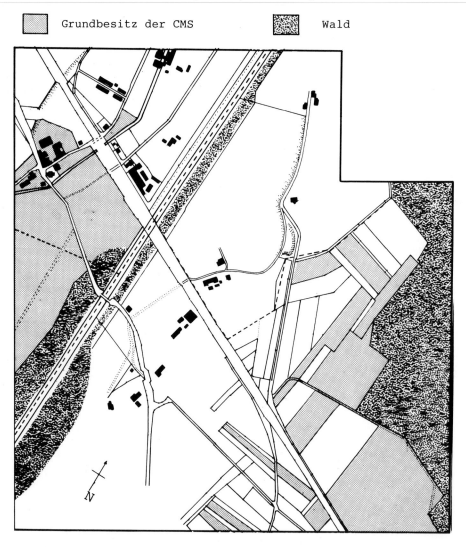

Erreichens eines Umlegungsvorteils behandelt. Als ihr Grundbesitz auf dem Ruchfeld Ende 1920 durch eine Felderregulierung zu einem geschlossenen Block zusammengelegt wird, sind in den heutigen Agglomerationsgemeinden bereits 1'503 ha Grundbesitz durch Regulierungen umstrukturiert worden. Im Oktober 1920 gewährt die CMS unter der Bedingung einer korrekten Gesuchsstellung der Vollzugskommission «Felderregulierung Ruchfeld» ein Darlehen.[147]

Die landwirtschaftliche Felderregulierung und die Grundbuchvermessung

Von 1921 bis 1925 wird das Land auf dem Muttenzerfeld im Rahmen der Felderregulierung «Muttenz IV», die zusammen mit der Regulierung «Muttenz V» den grössten Umlegungsperimeter aufweist, neu geordnet. 2,66 ha südlich der Bahnlinie gelegenes Land der CMS fallen in das Umlegungsgebiet. Die dortigen 22 Grundbuchparzellen bilden 6 Parzellenblöcke; sie werden zu 4 Grundbuchparzellen zusammengelegt. Die Wegbauten werden 1921–22 als Notstandsarbeiten ausgeführt.[148]

Der Stiftungsgrundbesitz auf dem Muttenzerfeld wird anlässlich der Grundbuchvermessung Muttenz 1924 mit 35,98 ha beziffert. Über drei Viertel (78%) dieser Fläche beinhaltet die 27,99 ha grosse *Hofacker-Schüracker*-Parzelle zwischen Hardwald und Bahnareal, 15% liegen auf dem *Klünenfeld* und im *Freuler* an der Grenze zu Birsfelden, 7% isoliert südlich der Bahnanlagen. Anfang 1931 rekurriert die CMS gegen die Liegenschaftsgewinnsteuer für die von ihr 1930 an die SBB abgetretenen 0,77 ha Land der Hofackerparzelle. Die Gemeinde Muttenz berechnete diese unter Berufung auf einen Zusammenlegungsvorteil nach einem höheren Ansatz. Die im Rahmen der Grundbuchvermessung erfolgte grundbuchliche Zusammenlegung der etwa 110 in der Hand der CMS vereinigten Parzellen zur einzigen grossen Hofacker-Schüracker-Parzelle wird denn auch von der angerufenen basellandschaftlichen Finanzdirektion nicht als Güterzusammenlegung und damit auch nicht als steuerpflichtige Eigentumsübertragung oder als durch ein öffentliches Verfahren geschaffener Zusammenlegungsvorteil betrachtet. Der Rekurs der CMS wird geschützt und die Liegenschaftsgewinnsteuer herabgesetzt.[149]

Die Baulandumlegung im Freuler 1932

Im Februar 1931 finden erste Besprechungen über eine Landumlegung «Im Freuler» statt. Der Stiftungsverwalter und der Pächter des Hagnauguts sind als Mitglieder der Vollzugskommission beteiligt. Im April 1931 genehmigt der Regierungsrat des Kantons Basel-Landschaft diese Landumlegung, die nicht mit Mehrheitsbeschluss, sondern auf der Grundlage einer Vereinbarung der beteiligten Grundbesitzer durchgeführt wird. Die Gemeinde Muttenz gewährt ein Jahr später einen Subventionskredit für eine neue Verbindungsstrasse, die von der geplanten Eisenbahnüberführung («Hofackerbrücke») zur Strasse Birsfelden-Schweizerhalle durch das Umlegungsgebiet führen sollte.[150]

Von den 13,25 ha Land, die in den Umlegungsperimeter fallen, stehen 6,91 ha (52%) im Besitz der CMS. Diese Fläche ist auf vier Parzellen sowie einen Anteil von 2 ha an der 22,5 ha grossen Hofackerparzelle verteilt. Nach dem im Januar 1932 aufgelegten Umlegungsprojekt erhält die CMS neu zugeteilt sieben daraus gebildete Parzellen. Der Anteil der Hofackerparzelle wächst dabei auf 2,3 ha.; ihre grosse Landreserve wird in der Umlegungsarithmetik nicht ganz zu Recht als Ausgleichsfläche benützt. Durch die Abtretung von Strassenarealen und die durch eine Einsprache bedingte Mehrabtretung vermindert sich der umgelegte Grundbesitz der CMS um 13% auf 6 ha. In den Besitz der Regulierungsgenossenschaft fallen 12 Strassenparzellen mit insgesamt 1,72 ha. Die Strassen werden im Winter 1932–33 nur teilweise gebaut. Da die Gemeinde Muttenz sie nicht, wie vom Regulierungsgesetz stipuliert, übernehmen will, bleiben sie bis 1956 im Besitz der Genossenschaft.[151]

Die Neuordnung der Bauland-Parzellierung 1956

1955 gelangt eine Einrichtungsfirma an die CMS, die sich für den Kauf eines ihrer Grundstücke im Freuler interessiert. Sie hat zuvor Bauland von einem Privaten und

Strassenareal von der Umlegungsgenossenschaft erworben. Mit der Parzelle der CMS könnte sie ihren Grundbesitz zur Errichtung eines Produktionsgebäudes zweckmässig arrondieren und ihr von der geplanten Hafenbahn-Überführung beanspruchtes Land ersetzen. Da nach der Kündigung des Hagnau-Pächters eine verstreute Verpachtung des verbliebenen Kulturlands erfolgen wird, kann dieser Verkauf ohne Rücksicht auf die Erhaltung einer landwirtschaftlichen Betriebseinheit erfolgen und wird Ende 1955 vom Bürgerrat gutgeheissen.[152]

Schon Mitte 1955 befasst sich eine Landeigentümerversammlung der noch immer bestehenden Regulierungsgenossenschaft «Im Freuler» mit der Neuausscheidung der Strassenparzellen, um die zu Beginn der 1930er Jahre für eine Wohnbebauung dimensionierte Erschliessung an die Bedürfnisse einer Fabrikerschliessung anzupassen. Der Muttenzer Zonenplanentwurf von 1944 teilt das ganze Freulergebiet der gemischten Wohn- und Gewerbenutzung mit dreigeschossiger Bauweise zu. Die Hofackerparzelle der CMS wird mit einer Zone für Industrie mit Einschränkungen belegt.

In diese «korrigierende» Umlegung werden 9,23 ha Land einbezogen, das zu
    44% im Besitz der CMS, zu
     4% der Einwohnergemeinde Basel und zu
    52% von Privaten steht.
Im Mai 1956 beschliesst die Einwohnergemeindeversammlung von Muttenz, die 1,48 ha Strassenareal in Eigentum und Unterhaltspflicht der Gemeinde zu übernehmen; am 9. Juli 1957 beschliesst die Eigentümerversammlung die Auflösung der Regulierungsgenossenschaft «Im Freuler».[153]

Im Freulerquartier ist nach dem Muttenzer Zonenplan von 1974 flächenmässig 1:1 Wohn- und Gewerbebaunutzung zulässig. Nach der Quartierplanung von 1983 wird das Quartier 1984 baulich aufgefüllt. Es ist heute durch die Eisenbahn- und Autobahnanlagen erschliessungsmässig von der Stammgemeinde Muttenz abgeschnitten und versorgungsmässig an die Gemeinde Birsfelden angeschlossen; diese hat sich bereits 1872 als periphere «Brückenkopf»-Fraktion der Gemeinde Muttenz politisch verselbständigt. Die Industriezone von 1944, die den Nutzungsspielraum für das der CMS im Hofackergebiet verbliebene Land vorgibt, würde eine begrenzte Ansiedlung kleinerer Industriebetriebe wie im Freulerquartier denkbar erscheinen lassen; sie zeichnet aber eher die weitere Ausdehnung der Bahnanlagen und anderer öffentlicher Werke vor.[154]

Mit ihren parzellenweisen Landkäufen auf dem Muttenzerfeld kann die CMS einen räumlich und grundbuchlich arrondierten Grundbesitzkomplex schaffen; die landwirtschaftliche Zusammenlegung ist für sie daher nur am Rande von Bedeutung. Die Baulandumlegung «Im Freuler» entspricht darüber hinaus dem Versuch, das agrarische Grundstücksmuster, das ein Bauhindernis darstellt, zu überwinden und auf diese Weise die Landnutzung zu «dynamisieren» (vgl. Böhm[155]). Während beispielsweise beim *Sternenhof* in Reinach die Bautätigkeit in ein landwirtschaftliches Parzellenmuster hinauswächst (siehe Abb. 27b), wird hier ein Baugrundstücksmuster geschaffen, das noch lange Zeit landwirtschaftlich genutzt wird und schliesslich den veränderten Ansprüchen der auftretenden Nutzer nicht mehr genügen kann.

2. Der funktionale Ausbau der Bahnanlagen

Die Erweiterung der Rangieranlagen und erste Preiskämpfe

Als die Öffentlichen Materiallagerplätze auf dem Dreispitz eingerichtet und der Rangierbahnhof auf dem Wolf ausgebaut werden, stellt sich bereits die Frage, wo die

Bahnen in Zukunft noch genügend Land finden können, das nicht durch die Stadtentwicklung verteuert ist und das die Anlage einer weiteren Rangieranlage für den Grenzbahnhof Basel zulässt. Seit dem Konzessionsrückkauf und der Verstaatlichung der Schweizerischen Centralbahn Anfang 1902 werden daher Projekte für einen Rangierbahnhof auf dem Muttenzerfeld bearbeitet. Die Verwirklichung dieses Projekts wird durch den Ersten Weltkrieg verzögert, so dass die Schweizerischen Bundesbahnen (SBB) erst 1920 den Entscheid zum Ausbau fällen.[156] Diese Ausbauvorhaben sind der CMS beim Kauf des Hagnauguts bekannt. 1923 tritt sie auf dem Muttenzerfeld 9,2 ha Land für die 1922 durchgeführte Verlegung der Liniengeleise ab; für den 1927–1932 gebauten Rangierbahnhof Muttenz I 6,5 ha Land. Bis 1938, als die Expropriation des Landes, das der Kanton Basel-Landschaft für das Hafenbahn-Trassee benötigt, vollzogen wird, tritt die CMS in den Gemeinden Muttenz und Birsfelden 8,91 ha Land ab – etwas mehr als die 8,25 ha des im gleichen Zeitraum an den Ausbau der Bahnanlagen auf Basler Boden abgegangenen Landes.

Als die SBB 1922 von der CMS 0,92 ha Hofackerland für den Bau von Liniengeleisen erwerben wollen, fordert die CMS Fr. 6.–/m^2. Da die SBB aber nur wesentlich weniger zu entschädigen gewillt sind, setzt die Eidgenössische Schätzungskommission eine Expropriationsentschädigung von Fr. 1.50/m^2 fest; sie stützt sich dabei auf die von der CMS selbst bei ihren letzten Landkäufen in diesem Gebiet bezahlten Fr. 1.25/m^2. Die SBB entschädigen darüberhinaus den Pächtern der CMS die durch die Bahnbauten entstehenden Umwege zum Kulturland auf dem Muttenzerfeld. Der bisherige, 2,04 km lange Anfahrtsweg des Pächters von St. Jakob wird um rund ein Drittel verlängert, der 2,56 km lange des Pächters von Vorder-Brüglingen um ein Sechstel.

Die CMS selbst betont den rein landwirtschaftlichen Charakter ihres Landkomplexes zwischen Bahn und Hardwald; dieser sei ausserdem durch schlechte Feldwege ungenügend erschlossen. Die Schätzungskommission ihrerseits ist der Meinung, die CMS baue ihre Preisforderung auf der unrealistischen Hoffnung auf, dieses Land dereinst einträglicher als mit Landwirtschaft nutzen zu können.[157]

Der Bau der Hafenbahn und der Entschädigungsstreit mit dem Kanton
Basel-Landschaft

Anfang 1936 korrespondieren CMS und Regierungsrat Basel-Landschaft über den Umfang des Lands, das der Kanton für die projektierte Bahnverbindung von Muttenz zum Birsfelder Auhafen benötigt und über die Entschädigungsansätze. Wieder verlangt die CMS mit Fr. 7.–/m^2 eine wesentlich höhere Entschädigung, als die öffentliche Hand zu leisten gewillt ist. Zudem ist der Landkanton nicht bereit, die durch das Bahntrassee isolierten Parzellenreste vollständig zu übernehmen und Minderwertentschädigungen für die geforderte Bautiefe von 30 m zu bezahlen. In der Begründung ihrer Preisforderung weist die CMS konsequent auf die beabsichtigte bauliche Nutzung des Freulergebiets hin. Sie überträgt von Firestone in Pratteln bezahlte Fr. 6.–/m^2 auf das Freulergebiet und sieht eine Entwertung durch die Immissionen der Bahn und eine Mindernutzung durch Erschliessungsnachteile voraus.[158]

Im Sommer 1936 unternommene Versuche, zu einer gütlichen Regelung der Landabtretung zu gelangen, scheitern an den demonstrativ 1:9 auseinandertretenden Entschädigungsangeboten und -forderungen: Fr. 36'680.– vs. Fr. 322'600.–! Im September wird daher von den basellandschaftlichen Behörden die Expropriation der 0,78 ha beanspruchter Fläche eingeleitet. An den Auhafen und die Hafenbahn haben städtische Institutionen insgesamt 15,1 ha Land abzutreten, wovon der überwiegende Teil

91,1% Wald im Besitz der Bürgergemeinde Basel ist;
7,9% gehören der CMS,
0,4% der Einwohnergemeinde Basel.
Die Abtretungsanteile der drei städtischen Institutionen entsprechen ihren Anteilen an den zusammen 265,3 ha Grundbesitz in Muttenz und Birsfelden recht genau.[159]

Die basellandschaftliche Regierung will die Expropriation nach dem kantonalen Enteignungsrecht durchführen, da eine Hafenbahn «in hohem Masse im Interesse des Kantons» liege. Die CMS würde diesen Entscheid gerne anfechten, möchte aber den Weg zur Einsetzung eines neutralen Schiedsgerichts für ihre eigene Sache und jene der Bürgergemeinde nicht versperren; sie möchte auch nicht das der Arbeitsbeschaffung dienende Bauprogramm verzögern. Das dreiköpfige Schiedsgericht wird im Februar 1937 vom Bundesrat eingesetzt und tagt 1937 und 1938 sechsmal. Nach mehreren Teilentscheiden, die unter anderem die Entschädigungen der Pächter betreffen, fällt es im September 1938, als die Hafenbahn bereits besteht, das Urteil. Es anerkennt hauptsächlich landwirtschaftliche Minderwerte am verbleibenden Land, und auch diese nicht für die ganze von der CMS gewünschte Fläche. Das Projekt der SBB für eine Hofackerbrücke über die Bahnanlagen ist bezüglich seiner Realisierung noch zu unbestimmt, als dass ihm ein Einfluss auf den Landwert zuerkannt wird; ebenso wird wegen des nicht bestimmbaren Zeitpunkts für die Überbauungsreife des Landes ein tiefer Ansatz für die Minderwertsentschädigung gewählt. Die CMS erhält für 1,18 ha abgetretenes Land im Mittel Fr. 4.25/m², sowie für 1,56 ha angrenzendes Land eine Minderwertentschädigung von Fr. –.88/m².[160]

In den Eingaben an das Schiedsgericht gerät das Expropriationsverfahren zu einem Schlagabtausch zwischen Stadt- und Landkanton. Für die CMS gilt es, die aktuelle landwirtschaftliche gleichzeitig mit einer potentiellen baulichen Landnutzung glaubhaft zu vertreten. Ersteres fällt leichter, da 30% des von Vorder-Brüglingen bewirtschafteten Pachtlands auf dem Muttenzerfeld liegen und ihre Erreichbarkeit von der Durchschneidung durch das Bahntrassee verschlechtert wird. Letzteres kann aber nur mit der Absicht der baulichen Nutzung und Aufwertung begründet werden, die durch die Felderregulierung von 1932 zum Ausdruck kommt: Ihr Perimeter soll sich an einem Hafenbahnprojekt von 1927 orientieren.[161]

Die Tatsache, dass auf dem umgelegten Land noch keine namhafte Bauentwicklung stattgefunden hat, bildet für den Rechtsvertreter des Kantons Basel-Landschaft den Anlass zu scharfer Kritik an der «Baulandtheorie», die den Entschädigungsforderungen der CMS zugrunde liege. Er versucht, die Überbauungsgunst des Freulergebiets, gestützt auf die Windexponiertheit, die periphere Lage und die Nähe zum Rangierbahnhof Muttenz, zu verneinen und äussert die Ansicht, dass das städtische Bauwachstum gelegentlich zum Stillstand kommen *müsse*, mit anderen Worten, dass der Verstädterungsprozess dieses Bauland nicht erreichen und inwertsetzen würde. Über diese negative Prognose hinaus wirft er der CMS vor, sich in die schlechte Gesellschaft der aus «spekulativ veranlagten» Grundbesitzern bestehenden Vollzugskommission der Baulandumlegung begeben zu haben. Die zwischen 1923 und 1933 spekulativ überbauten Grundstücke der Freulerkolonie seien seither in betreibungsamtliche Verwaltung gekommen.[162]

Bei dieser Gelegenheit wird die CMS als Gefangene einer städtischen «Autarkiepolitik» hingestellt, die in der ein Jahr zuvor erfolgten Neuordnung der Gesamtarbeitsverträge erblickt wird. Die CMS kann diesem Vorwurf immerhin entgegenhalten, dass sie durch den Verkauf des Rothausguts an Basler Chemiefirmen dem Landkanton zu industriellen Arbeitsplatz- und Steuerreserven verholfen hat; von einer Abschottung der stadtbaslerischen Wirtschaft könne nicht gesprochen werden.[163]

3. Das Flugplatzprojekt «Hard C»

Die Suche nach einem Flugplatzstandort

Seit dem Herbst 1920 benützt die «Aviatik beider Basel» das *Sternenfeld* bei Birsfelden als Flugfeld. Schon 1935 muss als Folge des Baus des Birsfelder Rheinhafens die Schaffung eines anderen Flugplatzes zur Diskussion gestellt werden. Die Aviatik verpflichtet sich dem Kanton Basel-Landschaft gegenüber, den Flugbetrieb auf dem Sternenfeld 1940 einzustellen; noch 1942 wird ihr aber eine Fristerstreckung bis zum Zeitpunkt des Baus der geplanten Industrieanlagen gewährt. Das Flugfeld wird schliesslich erst Mitte 1950, vor dem Bau des Kraftwerks, aufgehoben.[164]

1935 werden neben *Allschwil-Burgfelden* und *Hard* noch weitere Flugplatzstandorte geprüft, unter anderem die Ebene zwischen Aesch und Reinach (zwischen Neuhof, Sonnenhof und Schlatthof). Die Aviatik spricht sich 1935 für die Realisierung des Hardprojekts aus, das rascher als das Allschwiler Projekt zu verwirklichen wäre, denn letzteres müsste zwei Drittel seines Flächenbedarfs auf französischem Staatsgebiet decken und würde zwischenstaatliche Verhandlungen erfordern. Die vorgesehene Rodung von 137 ha Hardwald führt aber sogleich zu grossen Widerständen, die durch das anschauliche Beispiel der gerade erfolgenden Rodungen für den Bau von Hafen und Hafenbahn gestützt werden.

Da sich die Bundesbehörden trotz Ersuchens der baselstädtischen Regierung nicht zu Verhandlungen mit Frankreich bewegen lassen, beschliesst der Regierungsrat 1937, ein auf Schweizer Boden beschränktes Projekt für den Standort Allschwil ausarbeiten zu lassen, das eine spätere Erweiterung über die Grenze zulassen würde. Die dann auf Bundesebene doch aufgenommenen Verhandlungen mit Frankreich werden durch französische Militärstellen stark verzögert und kommen mit dem Kriegsausbruch zum Erliegen. Die Aviatik setzt sich Anfang 1942 wieder mit Nachdruck für einen im Umfang reduzierten provisorischen Flugplatz zwischen Hardwald und Bahnanlagen ein. Dieses «Hard C» genannte Projekt würde die Rodung von «lediglich» 63 ha Wald erfordern.[165]

Die Abklärung der Rahmenbedingungen

Im April 1942 findet eine Besprechung der Aviatik mit Vertretern der hauptsächlich betroffenen Grundbesitzer, Bürgergemeinde und CMS, statt. Bei dieser Gelegenheit wird die Befürchtung geäussert, ein Flugplatz in der Hard entwickle sich, einmal angelegt, zu einem dauerhaften und sogar expansiven Provisorium. Es wird betont, dass im Falle einer Enteignung die ertragserhaltenden Verpflichtungen von CMS und Bürgergemeinde keine gütliche Einigung erwarten liessen und besonders für die CMS betriebswirtschaftliche Fragen im Zusammenhang mit den Pachthöfen gelöst werden müssten. Der Bürgerrat erklärt sich einen Monat später trotz grundsätzlicher Bedenken zu Verhandlungen über die Flugplatzfrage bereit. Zu diesem Zeitpunkt wird ein von der Aviatik in Auftrag gegebenes Gutachten in der Presse diskutiert, das von Eduard Amstutz, Professor für Flugzeugstatik und Flugzeugbau an der ETH Zürich und Delegierter für die Zivilluftfahrt, verfasst wurde. Seine Flächenarithmetik ist von dem durch den Mehranbau gestärkten Willen zu Rodungen geleitet. Dank der Berechnung des freiwerdenden Sternenfelds als Ackerland kommt er trotz der Extensivierung der Nutzung im Bereich des Flugfelds, wo er 80 ha Grünland veranschlagt, auf eine Mehrfläche an Ackerland von 26 ha.[166]

Die CMS beauftragt im Juni das Schätzungsamt des Schweizerischen Bauernverbandes in Brugg mit einem Gutachten über den zu erwartenden Aufwand durch betriebliche Umstellungen auf Vorder-Brüglingen und Hagnau infolge Landentzug. Das Gutachten trifft kurz vor der endgültigen Erledigung der Flugplatzfrage im März 1943 ein. Es sieht für die beiden Betriebe einen Kulturlandverlust von 27% und die Notwendigkeit einer Reduktion des Viehbestands um etwa ein Drittel voraus: Allenfalls erlaube die Rauhfuttergewinnung auf dem Flugfeld eine Erhaltung des Viehbestands des Hagnauhofs. Die Einkommensausfälle werden im Fall des Hagnauhofs auf die Hälfte und im Fall von Vorder-Brüglingen auf zwei Fünftel berechnet. Zudem würde die Umstellung eine Entwertung von Maschinen- und Gerätekapital sowie der Gebäude nach sich ziehen und allfällige Investitionen für innere Aufstockungen notwendig machen.[167]

Neben solchen bedeutenden Umstellungen wären die Möglichkeiten, das Hagnaugut im stark beanspruchten Stadtrandgebiet mit zusätzlichem Kulturland versehen zu können, gering. Die CMS äussert in einer Besprechung Anfang 1943 die Befürchtung, der Kanton Basel-Landschaft würde mit seiner «rigorosen, stiftungsfeindlichen Bodenpolitik» die Beweglichkeit in dieser Landfrage behindern und indirekt den Pächter des Hagnauguts schädigen. Diese Bemerkung zeigt das gespannte Verhältnis zwischen CMS und basellandschaftlichen Behörden an, das seit dem Kauf des Predigerhofs und bis in die 1950er Jahre besteht (siehe Kap. 6.2).

Nach einer heftigen öffentlichen Diskussion darüber, welchem der beiden vorgeschlagenen Flugplatzstandorte in flugtechnischer Hinsicht und bezüglich der räumlichterritorialen Möglichkeiten für spätere Erweiterungen der Vorzug zu geben sei, beschliesst der Grosse Rat am 3. September 1942 mit 72:29 Stimmen die sofortige Ausführung des Projekts «Hard C» als «provisorischer Sofortflugplatz» und erteilt den Auftrag, längerfristig die Vorarbeiten für einen Grossflughafen Allschwil-Burgfelden an die Hand zu nehmen. Die Flugplatzvorlage vom Februar 1943 wird aber am 20.–21. März 1943 von den Basler Stimmbürgern im Verhältnis 65:35 deutlich verworfen. Der Standort Hard scheidet damit aus der Flugplatzdiskussion definitiv aus.[168]

4.3 Öffentliche Werke liquidieren den Grundbesitz der CMS auf dem Muttenzerfeld

1. Die Aufgabe des Hagnauhofs und die Erweiterung des Rangierbahnhofs Muttenz

Der Rückzug des Hagnau-Pächters und die Übergangsnutzung des Landes

1951 kann die Stadtgärtnerei 2,77 ha Land im nördlichsten Abschnitt der zum Hagnaugut gehörenden Aue übernehmen. Auf diese Weise können die Familiengärten ersetzt werden, die im Bereich des geplanten Schulhauses im Gellert geräumt werden müssen. Die CMS lehnt zuletzt Anfang 1954 Anfragen um Überlassung von weiterem Land zu diesem Zweck ab und verweist das Baudepartement auf die soeben durchgeführte Teilrenovation der Hofgebäude und den in seinem Umfang noch nicht bekannten Landbedarf der projektierten Autobahn.[169]

1954 hat das Hagnaugut einen Umfang von 27,68 ha. Davon liegen 40% in der *Hagnau* selbst, 17% im *Freuler* und im *Klünenfeld* auf dem Niederterrassenfeld, 38% auf dem *Hofacker* und 5% in den Muttenzer *Feldreben* südlich der Bahnanlagen. Die eigentliche Hagnau in der Birsaue wird zu diesem Zeitpunkt von der 16,38 ha grossen Parzelle des

Grundbuchs Birsfelden gebildet. Von dieser sind Mitte 1955 4,9 ha der Stadtgärtnerei Basel und 8,59 ha als Teil des Hagnauguts verpachtet; dem Hagnau-Pächter werden zusätzlich 1,02 ha Böschungsareal und 1,87 ha Auffüllungsareal in der Hagnau unverzinslich überlassen.[170]

Im Juli 1955 kündigt der Pächter der Hagnau die Pacht auf Ende März 1956 vorzeitig, da die Bauprojekte für die Autobahn und die Erweiterung des Rangierbahnhofs das Kulturland drastisch verringern werden. Zudem würde ein Ersatz der Hofgebäude erforderlich, dem angesichts der ungenügenden Kulturlandbasis die Aufgabe des Hofs vorgezogen werden muss. Mit dieser Kündigung schliesst die Geschichte der über 80jährigen Verbindung zum Hagnaugut, das für die Familie Kellerhals als Besitzer (1872–1913) und als Bewirtschafter (1872–1955) Wohnsitz war. Sogleich melden sich zahlreiche Pacht- und Kaufinteressenten für das Land in der Hagnau, die dieses für Schuttablagerungen (wie schon bisher entlang dem Bahndamm), für landwirtschaftliche und gartenbauliche Zwecke oder als Sportplatz benützen möchten.[171]

Die Aufgabe des Hagnauhofs, die bevorstehenden grossen Landabtretungen auf dem Muttenzerfeld und die Abgabe von Land des Weidenhofs und des Lachmattguts lassen die CMS nach einem Ersatzgut suchen, was 1956 zum Kauf der Löwenburg führt. 1958 berät die Kommission über die Anfrage des Finanzdepartementes, ob die CMS allenfalls bereit wäre, 32,4 ha Hagnauland für die Verlegung der Kaserne dem Staat zu verkaufen. Sie sieht den Vorteil der CMS in der Möglichkeit, mit einem solchen Geschäft tauschweise zu einem grösseren Grundbesitz in der Stadt zu gelangen, möchte aber erst verhandeln, wenn für die Kasernenverlegung konkrete Projekte bestehen.[172]

1954 bittet die CMS die SBB um möglichst detaillierte Auskünfte über das Ausmass ihres Landbedarfs für den Ausbau des Rangierbahnhofs Muttenz. 1956–57 wird in Basel in Presse und Grossem Rat der Ausbau des Bahnhofs und die rationellere Gestaltung der Güterbahnhofanlagen diskutiert. Für den Ausbau der Bahnanlagen benötigen die SBB 6,37 ha Land des Hagnauguts, weshalb sie ein Gutachten als Grundlage für die Festsetzung der Inkonvenienzentschädigungen für das verbleibende Land anfordern. Dieses wird im Juli 1957 abgegeben. Der Gutachter hält fest, dass das Hagnaugut als Landwirtschaftbetrieb vor Ablauf der Vertragsfrist schon 1955 wegen der voraussehbaren Landabtretungen aufgegeben wurde; die Entschädigungen für die Landabtretungen hätten sich somit rückwirkend am Landgut als bäuerlicher Wirtschaftseinheit zu orientieren. Das von den SBB beanspruchte Land mache rund 17% der verbliebenen Fläche des Guts aus; da aber vier Fünftel der Abtretungsflächen qualitativ gutes Land darstellen, wäre die für die Entschädigung massgebliche Reduktion mit 20% zu veranschlagen.[173]

Abklärungen für die Ausbeutung des Untergrunds

Der Kies im Untergrund der Niederterrasse, die das Muttenzerfeld bildet, wird am Anfang dieses Jahrhunderts nur an der Terrassenkante abgebaut, beispielsweise an der heute überbauten Hagnaukante im Winkel zwischen Hagnausträsslein und Muttenzerstrasse. 1930 wird das Muttenzerfeld südlich der Bahnlinie von zahlreichen in die Parzellen der alten Feldflur eingezwängten Kiesgruben geprägt, die ihre Entstehung unter anderem der durch den Ersten Weltkrieg bedingten Rohstoffverknappung verdanken dürften.[174]

Als 1955 die Liquidation des Stiftungslandes auf dem Muttenzerfeld absehbar wird, erwägt die CMS, dessen Kiesvorrat vor der «Versiegelung» durch Bahn und Autobahn zu nutzen und die dabei entstehenden Gruben mit Aushubmaterial aus der Stadt wieder aufzufüllen. Der Bahningenieur äussert Bedenken, da er eine Verschlechterung des Baugrundes für die Erweiterung des Rangierbahnhofs befürchtet und eine rechtzeitige Wiederauffüllung als nicht gewährleistet betrachtet. Ende 1956 erteilt die Gemeinde Muttenz die erbetene Bewilligung zur Kiesausbeutung; die zur Realisierung erforderliche kantonale Bewilligung liegt aber noch 1958 nicht vor. Die CMS hält trotz der Verhandlungen mit den SBB an ihrer Absicht fest, ein 4,4 ha grosses Gebiet auszubeuten, um den Bahnen für die Festsetzung der Expropriationsentschädigungen einen höheren als nur den landwirtschaftlichen Bodenwert anzuzeigen. Im Dezember 1957 wird der Vorschlag für den mit den SBB abzuschliessenden Kauf- und Tauschvertrag über die netto 6,48 ha Land dem Bürgerrat vorgelegt.[175]

Am 17. Dezember 1957, als der Weitere Bürgerrat das Verkaufsgeschäft mit einer Lösung der Kiesabbaufrage auf dem Entschädigungsweg genehmigt, geben die SBB bei der Erdbauabteilung der ETH Zürich ein Gutachten über die zu erwartenden Folgen der Kiesausbeutung in Auftrag. Das im Januar 1958 eintreffende Gutachten formuliert die Anforderungen, die das Material für die Wiederauffüllung sowohl als Baugrund für die SBB als auch als Filter für die Hardwasser AG erfüllen muss. Bauschutt und von chemisch zersetzbaren Abfällen durchsetztes Material wird daher ausgeschlossen. In der Folge gelangt die regierungsrätliche Hardwasserdelegation an die CMS mit der Bitte, auf die Kiesausbeutung zu verzichten. Dies sei besonders deshalb angebracht, weil der Kanton Basel-Landschaft die schon vor über einem Jahr von der Gemeinde Muttenz erteilte Schürfbewilligung noch nicht in Kraft gesetzt habe. Die SBB zeigen sich auf Ersuchen der Regierung bereit, der CMS eine Inkonvenienzentschädigung von Fr. 2.–/m^2 zu leisten; damit können sie sich allerdings vor der höheren Entschädigung von Fr. 5.–/m^2 im Fall eines ausdrücklichen Kiesabbauverbots retten. Die CMS gibt sich trotz kritischer Stimmen in der Stiftungskommission mit diesem Angebot zufrieden, da es immerhin die Höhe der Einkünfte aus dem zu diesem späten Zeitpunkt noch möglichen begrenzten Kiesabbau erreicht. Darüber hinaus will sie der baselstädtischen Regierung entgegenkommen.[176]

Im März 1958 wird der Kauf- und Tauschvertrag zwischen SBB und CMS abgeschlossen, nach dem die CMS den SBB 6,49 ha und diese der CMS 0,8 a abtreten. Da die CMS schon 1947 den SBB die 4,91 ha grosse Zeughausmatte verkauft hat, diese aber bis zu diesem Zeitpunkt baulich noch nicht beansprucht ist, wird der Vertrag mit einem zehnjährigen Rückkaufsrecht der CMS im Falle der Nichtverwendung des Landes durch die SBB versehen. Die Praxis der CMS, ihr Land nur zur unmittelbaren Verwertung und nicht als fiskalische Reserve abzutreten, sichert ihr gerade in der Zeit stark anwachsender Landwerte eine optimale Verwertung und Ertragsbildung im Sinne ihrer testamentarischen Verpflichtung.[177]

2. Die Zerschneidung des Grundbesitzes auf dem Muttenzerfeld und die Nutzung der Restflächen

Der Bau der Nationalstrasse N2

Seit 1962 werden im Kanton Basel-Landschaft Projekte für den Ausbau des Strassennetzes zur Bewältigung hoher Verkehrsfrequenzen geprüft. Der im Bereich der Agglomeration Basel östlich der Stadt stark anschwellende lokale und überregionale Strassenverkehrs lässt diesen Raum «autobahnreif» erscheinen. 1953 wird auf eidgenössischer Ebene ein autobahnmässiger Ausbau der Zubringer-Schnellstrasse zur Stadt mit einer neuen Linienführung südlich des Hardwalds beschlossen.[178]

Die Hagnau und der Hagnauhof in den 1950er Jahren.
Blick von der Niederterrassenkante nach Süden über die Hagnauebene, die vom Bahndamm begrenzt wird. Die Aufnahme zeigt die Situation kurz vor der Aufgabe des Landwirtschaftsbetriebs 1955; der nördliche Teil der Ebene ist bereits mit Familiengärten genutzt.
(Aufnahme vom August 1955, H.Bertolf, Basel; HA CMS.)

Die ersten Bauarbeiten beginnen im September 1960, noch bevor ein generelles Projekt für die Stammlinie der Autobahn besteht, mit der Erstellung der im Baurecht unter dem Rangierbahnhof Muttenz angelegten Galerie Schweizerhalle. Westlich der Galerie weisen die Geleiseanlagen des Rangierbahnhofs mit rund 400 m ihre grösste Breitenausdehnung auf und müssen sich im Bereich der ehemals ganz im Hardwald gelegenen, zum Rothaus abfallenden Niederterrassenkante aus topographischen Gründen verengen. Zwischen der vom Rangierbahnhof belegten Oberkante der Geländestufe und ihrem von den Industriegeleisen von Rothaus-Schweizerhalle belegten Fuss kann die sechsspurige Stammlinie Basel-Ergolz der N2 nur mit dem Bau dieser Galerie durchgezogen werden.

Erst vier Jahre nach der vorsorglichen Öffnung dieses Nadelöhrs wird das Ausführungsprojekt der Stammlinie vom Eidgenössischen Departement des Innern genehmigt. Die Führung der Autobahn zwischen Hardwald und Rangierbahnhof ist seit den ersten Projektstrichen bemerkenswert unverändert und folgt dem von der Bahn im letzten Jahrhundert vorgezeichneten Strang über das Muttenzerfeld. Die östliche Umfahrung der Stadt Basel ist hingegen Gegenstand heftiger Diskussionen. Die sogenanne «Äussere Osttangente», die vom Muttenzerfeld her der Hafenbahn folgen sollte, um über Sternenfeld und Rhein den Anschluss an das deutsche Autobahnnetz zu finden, setzt sich nicht durch. Da es notwendig ist, zuerst die Art der Stadtumfahrung festzulegen, erhält der Anschluss Hagnau erst 1967, zwei Jahre nach der Stammlinie, die eidgenössische Ausführungsgenehmigung. Dem Anschlusswerk fallen die 1962 für Fr. 113'002.– an den Kanton Basel-Landschaft übergegangenen Gebäude des Hagnauhofs zum Opfer. Das erste Teilstück der N2 im Raum Basel wird am 23. Dezember 1969 dem Verkehr übergeben.[179]

Die von der CMS 1960–1962 an den Kanton Basel-Landschaft für die Autobahn abgetretenen 11 ha Land (94% der gesamten von der CMS für die N2 in Muttenz und Birsfelden abgetretenen Fläche) werden 1960 zu Fr. 28.–/m^2, einem für die Käuferin günstigen Preis, berechnet. Der Kanton gewährt der CMS dafür das Recht zum Ersatz des aufgegebenen Landwirtschaftsbetriebs *Hagnau*. Dem Ratschlag des Bürgerrats betreffend den Verkauf des Hagnaulands kann somit der Ratschlag betreffend den Kauf des *Vorderen Schlatthofs* unmittelbar folgen. Der Kanton pachtet für die Dauer des Strassenbaus 2,6 ha Land. Anfang 1963 wandelt die CMS das Pachtverhältnis, in dem der Landwirt des *Jakobshofs* im Lutzert 3,2 ha Land auf Hofacker bewirtschaftet, in eine Gebrauchsleihe um, da das Land teilweise als Installationsplatz benützt wird und das Restland durch die Bauarbeiten nur noch schwer erreichbar ist. Im Juni 1965 werden die stattlichen Gebäude des Hagnauhofs bis auf das Wohnhaus Nr. 7, das bis zum Frühjahr 1971 noch als Baubüro- und Mannschaftsgebäude dient, abgebrochen. Einziger Zeuge des Hofs ist heute die in der Schlaufe eines Anschlusses der Birstal-Zubringerautobahn T18 stehende Hoflinde, deren Grösse wegen der Niveauanhebung der Strasse nicht mehr ganz zum Ausdruck kommt.[180]

Abwasserreinigungsanlage und neue Erschliessung

Im Frühjahr 1962 verkauft die CMS dem Kanton Basel-Landschaft 7,1 ha Hagnauland für die Errichtung der Abwasserreinigungsanlage Birs II, welche die stadtnahen Gemeinden des Landkantons und die östlichen Quartiere der Stadt entsorgen soll. Die auf dem Areal der Kläranlage befindlichen Familiengärten müssen vom Kanton Basel-Landschaft der Stadtgärtnerei und ihren Unterpächtern gesondert entschädigt werden. Durch den Bau einer zwischen Autobahn und Abwasserreinigungsanlage verlaufenden Verlängerung der Freulerstrasse wird eine öffentliche Verbindung von der Oberkante der Landterrasse zur flussparallelen Birseckstrasse geschaffen. Das alte Hagnausträsslein, das steil über die Böschung und durch den Hof zum Fluss hinunterführt, wird damit zu einer bei den Familiengärten endenden Stichstrasse. Nach zahlreichen Beschwerden der CMS über die Benützung dieser Hofzufahrt wurde sie schon 1950 mit einem generellen Fahrverbot für den nichtlandwirtschaftlichen Motorfahrzeugverkehr belegt.[181]

Neue Nutzungen für das Restland zwischen den Verkehrsflächen

Sandwichartig von Autobahn und Rangierbahnhof eingefasst bleibt auf dem Muttenzerfeld ein rund 1,6 km langes, an seiner breitesten Stelle 120 m tiefes Areal von 16,9 ha mit Wald- und Flur-Resten von *Hardacker* und *Siechenholz* übrig. Diese Landschaftsranche ist Gegenstand verschiedener Nutzungswünsche: Private interessieren sich für die Errichtung eines Speditionszentrums, der Kantonsoberförster von Baselland wünscht eine Ersatzaufforstung, die Gemeinde Muttenz möchte ein Erholungsgebiet mit Pflanzland, Spielplätzen und einem eventuell zu einer Raststätte auszubauenden Restaurant verwirklichen. Der Verzicht auf eine vollständige, strassenmässige Erschliessung dieser «Insel» von Birsfelden her und die Zonierung als Übriges Gemeindegebiet engen den Projektierungsspielraum ein, weshalb die Privatinteressenten abgewiesen werden müssen.

Der «Helvetische Verkehrsnabel» der Stadt Basel.
Rechts im Hintergrund, an den Hardwald anstossend, liegt das Muttenzerfeld; es ist von der Autobahn N2 (l.), dem Erholungsgebiet Hardacker (m.) und dem Rangierbahnhof Muttenz (r.) belegt. Im Mittelgrund ist die von Familiengärten, der Kläranlage Birs II und dem Strassenanschlusswerk N2/T18 belegte Hagnauebene zu sehen. Im Vordergrund ist noch ein Teil des Stadions St. Jakob sichtbar.
(Aufnahme vom 10.6. 1983, J.Winkler.)

Die Grundlagen für die Nutzung im öffentlichen Interesse werden in einer 1966 beschlossenen Gesamtplanung erarbeitet; 1970 liegt ein Vorprojekt des beauftragten Architekten für Erschliessung und Aufteilung des Erholungsgebiets vor und Ende 1971 erwirbt die Einwohnergemeinde Muttenz 4,7 ha von der CMS für Pflanzland und 0,4 ha von der Bürgergemeinde Basel für den Robinsonspielplatz. Sie will durch den Landkauf die Probleme einer Zonenänderung vermindern: Das Areal wird 1973 dem Teilzonenplan «Erholungsgebiet Hardacker» unterstellt und ist im Zonenplan Landschaft von 1978 zusammen mit der Pflanzland-Restparzelle der CMS zwischen Autobahn, Hafenbahn und Hardwald als Spezialzone ausgeschieden.[182] Das Erholungsgebiet ist trotz des im westlichsten Abschnitt verwirklichten Lärmschutzwalls vom Verkehr der Autobahn akustisch stark beeinflusst und weist an vielen Stellen noch die für periphere Areale charakteristischen Deponienutzungen auf.

Mit dem als Expropriation verwirklichten Verkauf des Parzellenrests von 1,5 ha an die SBB bleiben der CMS heute vom ganzen, 1924 53,4 ha grossen Hofacker-Hagnau-Komplex noch 2,8 ha am Hardwaldrand zwischen Nationalstrasse und Hafenbahn und 4,3 ha in der Hagnau selbst. Beide Parzellen werden als Pflanzland genutzt.

Die Auseinandersetzung um die Nutzung der Niederterrassenkante

Bahnen und Strassen haben die natürliche Terrassenlandschaft im Bereich der Hagnau in beispielloser Weise umgewandelt: Dämme, Einschnitte, Untertunnelungen und Überführungen schaffen künstliche Terrassenkanten und einander überlagernde Ebenen einer dreidimensionalen Landschaft. Verkehrsbauten und Abwasserreinigungsanlage auf der einen Seite und das Birsfelder und Muttenzer Baugebiet auf der anderen Seite fassen den noch freien Rest des Hagnaulands hart ein. Von den rund 430 Metern Niederterrassenkante, die in der zerschlagenen Tallandschaft erhalten blieben, sind die 240 Meter, die in der Restparzelle der CMS liegen, Gegenstand einer grundsätzlichen Auseinandersetzung mit dem Instrument der Zonenplanung.

Nach dem ersten Zonenplan der Gemeinde Birsfelden von 1951 ist die Hagnauparzelle der CMS dem «Übrigen Gemeindegebiet» zugeteilt, was ihrer landwirtschaftlichen Nutzung entspricht. 1955, als die Landansprüche für die Verkehrsbauten absehbar sind und der Pächter des Hagnauhofs den Betrieb aufgibt, teilt die Gemeinde die Hagnau der Zone für dreigeschossige Wohnbauten zu. In der Begründung gegenüber der genehmigenden Kantonsbehörde wird festgehalten, es müsse «damit gerechnet werden, dass nach der Erstellung der Autobahn das restliche Land in diesem Gebiet für eine Überbauung freigegeben wird», da es sich um «schönes Wohngebiet» handle. Der Kanton nimmt bei der Inkraftsetzung der Zonenänderung 1958 die zwei südlichen Drittel der insgesamt 16,7 ha neuzonierten Landes bis zur Realisierung der N2 von der Genehmigung aus.[183]

Die Aufgabe des Pachthofs und der Beginn der Gellertbebauung tragen nach 1955 dazu bei, dass die vom Gellert in die Hagnau verlagerten Familiengärten das Hagnaufeld sukzessive zum grössten Pflanzlandareal auf dem Grundbesitz der CMS machen.[184] 1975 regt eine Birsfelder Architektengemeinschaft eine Planungsstudie für eine zonenkonforme Überbauung der Niederterrassenkante der Hagnau durch eine Hangsiedlung an. Die CMS erklärt sich, ohne weitergehende Verpflichtungen einzugehen, damit einverstanden. Sie ist 1977 bereit, einer Teilzonenänderung zuzustimmen, wenn die Gemeinde das Land mit den Familiengärten in der Ebene erwirbt; sie macht ihr für dieses unter der Voraussetzung, dass der Terrassenhang zonengemäss überbaut werden kann, ein für Wohnbauland mässig hohes Preisangebot.

Im August 1978 beschliesst der Einwohnerrat Birsfelden die Zulassung einer Überbauung; das Komitee «Hagnau-grün» reicht eine mit Unterschriften von beiden Seiten der Kantonsgrenze zustandegekommene Petition für die völlige Überbauungsfreiheit der Hagnau ein, auf die der Einwohnerrat aber nicht eintritt. Das Komitee fördert im September 1979 die Ablehnung der Ortsplanung Birsfelden in der Volksabstimmung. Damit bleibt vorläufig die bisherige Wohnbauzonierung des Hagnaulandes gültig, und die Architektengemeinschaft reicht im April 1980 das formelle Baubegehren für eine im Baurecht zu realisierende Hangsiedlung ein. Gemeinde und Einwohnerrat reagieren mit der Umzonung der Ebene in die Zone für Öffentliche Werke (Familiengärten) und der Terrassenkante in die Grün- und Aussichtszone; sie erlassen eine grundbuchlich vermerkte zweijährige Bausperre. Die Gemeinde sucht vor diesen Beschlüssen keine Verständigung mit der betroffenen Grundbesitzerin, und auch später kann weder mit dem Kanton noch mit der Gemeinde eine Einigung gefunden werden. Mit der regierungsrätlichen Abweisung der Einsprache der CMS wird die neue Zonierung definitiv, so dass die CMS im Mai 1982 beim Enteignungsgericht des Kantons Basel-Landschaft gegen die Einwohnergemeinde Birsfelden betreffend materielle Enteignung auf eine Minderwert- und Inkonveniezentschädigung von rund 17,8 Mio. Franken klagt.[185]

Kapitel 5
Der Brüglinger Grundbesitz in der Birsebene

5.1 Die Entstehung der «Erholungslandschaft» in der Birsebene bei St. Jakob

1. Kleingärten als städtische Landbeanspucher

Die Suche nach Pflanzlandareal und die Aufgabe des Singerhofs 1918

Parallel zur Ausweitung sportlicher Betätigung wächst in Basel die Pflanzlandbewegung an. Die Versorgungsengpässe während des Ersten Weltkriegs fördern sie, so dass es 1918 zur Gründung der Pflanzlandpächter-Vereinigung kommt. Unter grossem Druck wird Pachtland gesucht: Das Land der stadtnahen Güter, die aus der Sicht des Städters als «eingekapselte Reliquien» bezeichnet werden (Dr. Adam David), wird damit Objekt einer neuartigen städtischen Konkurrenz zur landwirtschaftlichen Nutzung. Die CMS muss zu diesem Zeitpunkt nicht nur ihre Pachthöfe vor Kulturlandverlust schützen; sie will auch nicht, wie sie zum Ausdruck bringt, die zukünftige Nutzung von «wertvollem baureifem Terrain» durch langfristige Überlassung an die Stadtgärtnerei als Sammelpächterin der Pflanzer blockiert sehen. Sie wendet sich nicht zuletzt aus diesem Grund gegen die 1923 im Weitern Bürgerrat geforderte Besserstellung der Pflanzlandpächter bezüglich der Kündigungstermine; auch in den Verträgen ihrer Gutspächter ist die Möglichkeit zu kurzfristigem Landentzug enthalten.[186]

Erste Anfragen um Überlassung von Land für Kleingärten weist die CMS 1916 mit dem Hinweis auf die geringe Eignung der in ihrem Besitz stehenden Kiesböden ab. 1917 verpachtet sie kurz nach dem Erlass von Bundesmassnahmen zur Stützung der Nahrungsmittelversorgung der seit 1915 bestehenden staatlichen Pflanzlandkommission 2,5 ha Land; schon nach einem Monat beklagen sich die Gutspächter über Kulturschäden durch die Pflanzlandpächter, so dass Zäune um die Kleingärten errichtet werden müssen.

Das von der CMS der Pflanzlandkommission bzw. Stadtgärtnerei verpachtete Areal vergrössert sich von 2,5 ha (1917) auf 3,5 ha (1918) und auf ein erstes Maximum von 16,1 ha (1919), wovon 5,2 ha im Bann Münchenstein liegen. Zwischen 1924 und 1929 misst es noch 10 ha, um bis 1936 wieder auf 13 ha, 1940 auf rund 15 ha zuzunehmen.

Zunahme und Abnahme des von der CMS verpachteten Areals folgen der Gesamtentwicklung der Kleingartenbewegung in Basel-Stadt; mit seinem grossen Umfang stellt es den bedeutendsten Anteil der Pflanzlandareale im Grossbasler Osten dar.[187] Das Pflanzland ist für die Güterreorganisation der CMS von 1918 insofern von Bedeutung, als es dazu beiträgt, dass der Singerhof aufgegeben wird. Damit beginnt die Entwicklung, die Falter[188] am Beispiel der Hagnau 1950–1980 als Verdrängung und Randwanderung der Kleingärten beschreibt. Am Ende der «Nutzungskette Landwirtschaft-Kleingärten-Bauland» steht im Fall des Gellertplateaus wie auch der Hagnau charakteristischerweise nicht die private, sondern die öffentliche Bautätigkeit (Schulhaus, Autobahn, ARA).

Die Konkurrenz zwischen Landwirtschaftsbetrieben und Pflanzland

Die Aufhebung des Pachthofs St. Jakob im Jahr 1927 infolge Bahnbaus und die Einpflanzung der Sportanlagen in die Ebene bei St. Jakob nach 1930 erfordern eine

Neuzuteilung des Kulturlands an die verbliebenen Brüglinger Pachthöfe. Von staatlicher Seite wird offenbar gerade in dieser Zeit die landwirtschaftliche Substanz des Stadtkantons im Zusammenhang mit der Pflanzlandbeschaffung in Frage gestellt. Die Stiftungskommission wird Anfang 1929 über die Erwartung des Regierungsrats unterrichtet, dass Bürgerspital und CMS als Gegenleistung für die staatliche Unterstützung der bürgerlichen Armenanstalten «vermehrtes Land zu Pflanzlandzwecken zur Verfügung stellten, wenn nötig unter Aufhebung eines landwirtschaftlichen Gutes». Die CMS weist Regierungsrat Brenner darauf hin, dass bei dem grossen Interessendruck auf ihr Land weitere Nutzungsabtretungen auf Kosten der landwirtschaftlichen Substanz gingen und ausgesprochen nicht im Sinne des Stifters wären. Sie zeigt sich aber bereit, rund 3,2 ha Land bei den bestehenden Kleingärten auf dem *Gellert* und neu auf dem *Sesselacker* zur Verfügung zu stellen.[189]

Öffentliche und private Bautätigkeit am Stadtrand und die Reorganisation der Bewirtschaftung des Brüglinger Kulturlands lassen in den 1930er Jahren Restflächen im Grundbesitz der CMS entstehen, die sie im Sinne des mittleren Glieds der Falterschen Nutzungskette der Stadtgärtnerei verpachten kann. Als auf diese Weise das von ihr vergebene Pflanzlandareal 1940 wieder auf 15 ha zunimmt, muss sie eine Anfrage der Pflanzlandaktion der Schweizerischen Vereinigung für Innenkolonisation und industrielle Landwirtschaft von Prof. Hans Bernhard abschlägig beantworten. Sie räumt ihren Pachthöfen nun klar die Priorität ein, da diese durch Investitionen in die Lage gesetzt werden, den Mehranbau der Kriegszeit mitzutragen: «Während kleine landwirtschaftliche Anwesen nur die Bedürfnisse der Selbstversorger befriedigen können, ist es allein den leistungsfähigen Grossbetrieben möglich, die Landesversorgung sicherzustellen.»[190]

In Tabelle 9 vergleichen wir die Pachtzinserträge der CMS aus dem Pflanzland mit jenen aus dem ertragsmässig grössten der Brüglinger Höfe, Unter-Brüglingen. Zwischen 1930 und 1949, der Zeit des besonderen, nicht zuletzt auch kriegsbedingten Anwachsens der Zahl der Kleingärten, entspricht der Pflanzland-Zinsertrag immerhin 52% des Pachtzinsertrags des Landwirtschaftsbetriebs. An den gesamten Zinseinnahmen aus den Gütern hat das Pflanzland im gleichen Zeitraum den bescheidenen Anteil von 4,5% (Unter-Brüglingen 8,6%).[191]

2. Die städtische Landnahme für die Sportanlagen in der Ebene bei St. Jakob

Die Aufhebung des Pachtguts St. Jakob und die Neuverteilung des Kulturlands

In der zweiten Hälfte der 1920er Jahre beginnt die bisher passive Landnahme der städtischen Interessen in eine aktive umzuschlagen. Mit der Aufhebung des alten Pachthofs St. Jakob setzen für die dortigen Landgüter der CMS bedeutende Veränderungen ein. Auf Betreiben der SBB kündigt die CMS ihrem Pächter zu St. Jakob auf Ende 1926, da die Expropriation der Ökonomiegebäude bevorsteht. Diese müssen vollständig weichen, da sie im Bereich des neuen Bahndamms liegen, auf dem ein Verbindungsgeleise zum Rangierbahnhof Muttenz geführt wird. Die 48,6 ha Kulturland des Pachthofs sollen auf die Höfe Unter- und Vorder-Brüglingen aufgeteilt werden, obwohl ihre Ökonomiekapazitäten bei der bestehenden Kulturlandzuteilung bereits zu knapp sind.

Abbildung 18
Das Brüglinger Gut um 1910.
Die um die Jahrhundertwende erfolgenden Landabtretungen auf dem Wolf veranlassen die CMS, auf dem Muttenzerfeld (E) ersatzweise Land zu kaufen. Der Grundbesitz auf dem Ruchfeld wird weiter arrondiert. Nicht im Bild sind die beiden zugekauften Güter Lachmatt und Rothaus bei Schweizerhalle (E).

Geographisches Institut
der Universität Kiel
Neue Universität

Tabelle 9
Die Erträge der Christoph Merian Stiftung 1922–1954 aus der Verpachtung von Pflanzland, verglichen mit den Pachtzinserträgen des Landwirtschaftsbetriebes Unter-Brüglingen.

	Fünfjahresweise Pflanzland-Pachtzinserträge in Prozent der fünfjahresweisen landwirtschaftlichen Pachtzinserträge %	Mittlerer Jahrespachtzins von Pflanzland pro Fünfjahreseinheit, in Fr. (gerundet) Fr.
1922*–1924	24,4	1770
1925 –1929	35,5	3200
1930 –1934	48,1	4020
1935 –1939	54.6	4250
1940 –1944	54,0	4400
1945 –1949	50,5	4130
1950 –1954	45,4	5210
Ganzer Zeitraum *1922–1954*	45,8	
Zeitabschnitt «Kleingartendynamik» *1930–1949*	51,7	

* Unvollständige Fünfjahreseinheit wegen des Fehlens von detaillierten Aufstellungen für die Zeit vor 1922.
Quelle: Jahresrechnungen der CMS, Originalbogen.

Die SBB versuchen, die Entschädigung für die Gebäude zu St. Jakob möglichst tief anzusetzen, und argumentieren, die bisherigen Enteignungen von Kulturland hätten Ökonomiekapazitäten freigesetzt und dadurch den Nutzwert der Gebäude verringert; durch die 1925 abgeschlossene Landexpropriation für ein Verbindungsgeleise zwischen Verbindungsbahn und Rangierbahnhof Muttenz verlor die CMS 4,1 ha Kulturland. Die CMS widerspricht und verweist auf ihre Ersatzkäufe. Diese haben in den vorangehenden Jahren aber ausschliesslich den Grundbesitz in Arlesheim und Reinach anwachsen lassen, während auf dem Brüglinger Gut kein Ersatz des seit 1921 abgetretenen Lands stattgefunden hat. Die CMS verlangt vorsorglich eine gegenüber der angebotenen mehr als doppelt so hohe Entschädigung und rekurriert gegen den Entscheid der Eidgenössischen Schätzungskommission Anfang 1927 beim Bundesgericht. Mit dem bundesgerichtlichen Entscheid vom Mai 1927 wird die Entschädigung für die 4,1 ha Land und die Gebäude des Pachthofs einschliesslich Minderwertentschädigungen um 5% angehoben: 51% des enteigneten Landes werden zu im Mittel Fr. 4.25/m^2, 34% zu Fr. 11.–/m^2 und 15% zu Fr. 15.80/m^2 berechnet. Die Entschädigung für die Gebäude beträgt mit Fr. 172'400.– fast die Hälfte der Landentschädigung.[192]

1927 liquidiert die Pächterin der Fabrik St. Jakob, die Firma B. de B. Staehelin, ihr Geschäft. Da eine Wiederverpachtung der Gebäude wegen deren schlechten baulichen Zustands sich als unmöglich erweist, verkauft die CMS die 1,1 ha grosse Liegenschaft inklusive Wasserkraft und Teichanstoss an die nachmalige Schappecordonnetspinnerei AG St. Jakob.[193]

Abbildung 19 ▶
Das Brüglinger Gut und der Weidenhof um 1920.
Im Bereich von Muttenzerfeld und Hagnau wächst der Grundbesitz der CMS über das alte Brüglinger Gut hinaus. Bei Arlesheim (S) erwirbt die Stiftung 1918 – gleichzeitig mit dem Gut Iglingen in Magden/Wintersingen – den Weidenhof in der Birsaue.
(Grundkarte reproduziert mit Bewilligung der Eidg. Landestopografie vom 27.6.1986.)

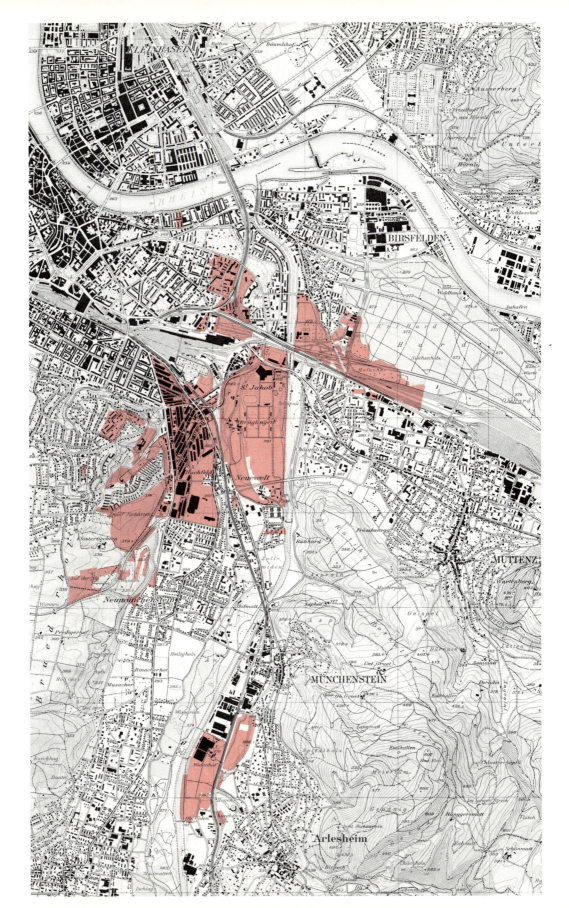

Die Beanspruchung von peripherem Kulturland durch den Sport

Ausser für Pflanzlandzwecke verpachtet die CMS auch Land für sportliche Aktivitäten. Etwa 5 ha Wiesland zwischen der *Grossen Allee* und dem *Birswäldchen* hält lange Zeit die Sektion Basel des Schweizerischen Rennvereins in Pacht, die dort einen Springgarten aufgebaut hat. Die CMS erlaubt ihren Gutspächtern, mit Sportvereinen Unterpachten über das von ihnen nicht dringend benötigte Kulturland abzuschliessen. Während der Kriegsjahre ist der Fussballclub Concordia Unterpächter von Matten bei St. Jakob, muss diese aber im Laufe der Intensivierung der Landwirtschaft 1918 wieder abgeben. Auch das zum ehemaligen Singerhof gehörende Land hinter dem Zeughaus wird zeitweise von verschiedenen Sportclubs zu benützen gewünscht, was auf die allgemeine Knappheit an Land für die sportliche Betätigung hinweist: Der Gewinn von Freizeit führt zu neuen städtischen Landbedürfnissen.[194]

Der in der Kriegszeit ansteigende Pflanzlandbedarf betrifft die St. Jakobsmatten kaum, da ihr Untergrund für gärtnerische Zwecke als ungeeignet betrachtet wird. Um so mehr belegen die Pflanzgärten das stadtnäher gelegene beste Land der Stiftungspächter. Die St. Jakobsmatten werden aber ausser vom erwähnten Springgarten von den an ihren Standort gebundenen Schlacht- und Gedenkfeiern und von anderen grösseren Ereignissen und Anlässen beansprucht. Aus diesem Grund muss die CMS 1917 die Rekultivierung der Grasdecke verlangen, die bei militärischen Übungen teilweise zerstört wird. 1919 beanstandet sie die Beeinträchtigung des Landes durch eine Flugzeuglandung und das nachfolgende Zusammenströmen von Schaulustigen. Im August 1929 finden Wettkämpfe des in Basel abgehaltenen Eidgenössischen Schwing- und Älplerfests unter anderem auf den St. Jakobsmatten statt.[195]

Städtische Bauprojekte für die St. Jakobsmatten

Als sich der Rennverein Mitte 1929 für den Kauf des von ihm bisher gepachteten Reitplatzareals interessiert, fragt die CMS bei der Regierung an, ob dieses Land von den Projektstudien für eine Sportplatzanlage bei St. Jakob betroffen werde. Der Regierungsrat bildet eine Delegation, die diese Fragen behandelt. In dieser Zeit herrscht ein grosses Bedürfnis nach Sportplätzen, nach einem Zeitungskommentar ein «übergrosses»: die Pläne für den Sportplatzbau hätten «vor einem Jahrzehnt schon aufgegriffen werden sollen». Im Februar 1930 wird im Grossen Rat zudem ein Postulat für zusätzliche Badegelegenheiten in Grossbasel-West eingereicht.[196]

Anfang 1930 liegen mehrere Projektvarianten zur Diskussion vor; die regierungsrätliche Delegation wird beauftragt, ein Architektur-Gutachten einzuholen und mit der CMS über den Verkauf von Land zwischen St. Jakob und Brüglingen zu verhandeln. Die beauftragten Architekten beurteilen in ihrem Gutachten Lage und Ausdehnung der Ebene bei St. Jakob als sehr geeignet für die Errichtung von Sportanlagen; dies um so mehr, als diese nach Süden jederzeit erweiterbar wären. Als gut werden ausserdem die Entfernung von der Stadt und die Erschliessung bezeichnet. Um die Billetsteuer der

---

Abbildung 20 ▶
Die Landwirtschaftsgüter der Christoph Merian Stiftung im Birstal um 1931.
Der Grundbesitz auf dem Muttenzerfeld, der seit dem Kauf des Hagnauguts arrondiert ist, wird vom neuen Rangierbahnhof Muttenz angeschnitten. Durch einen der grössten Landverkäufe der CMS verliert das Brüglinger Gut einen grossen Teil der St. Jakobsmatten. Im Birstal gehen der Sternenhof in Reinach sowie Schlatthof und Schürhof bei Aesch in den Besitz der CMS über.
(Grundkarte reproduziert mit Bewilligung der Eidg. Landestopografie vom 27.6.1986.)

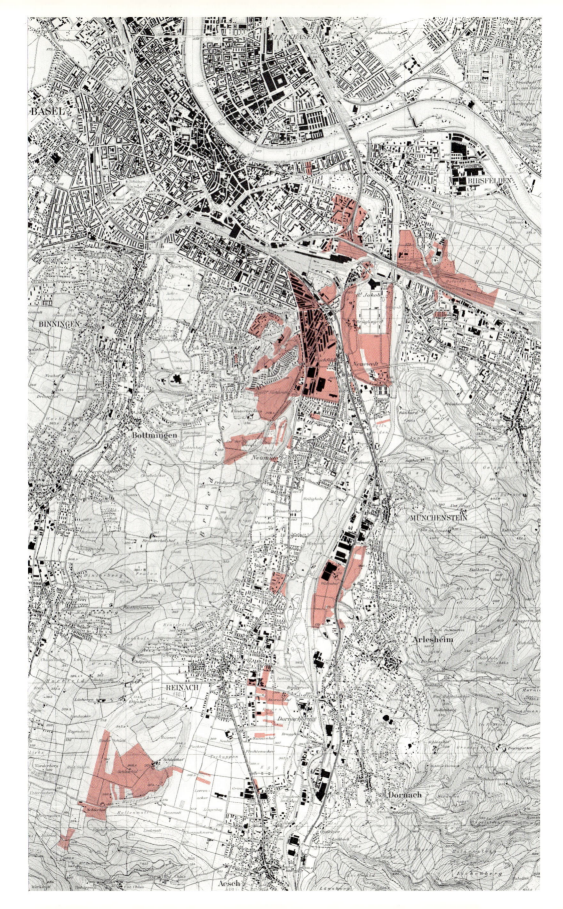

Stadt zu erhalten, wird in Regierungskreisen schon bald postuliert, das geplante Stadion am Bahndamm ganz auf städtischem Boden zu plazieren. Der Gutachter spricht sich aber dagegen aus, dass ein Standort aus fiskalischen Gründen gewählt werde; er selbst würde im Windschatten des Bahndamms eher das vorgesehene Familienbad anlegen.[197]

Die Zweite Umwandlung der Birsebene bahnt sich an

Bei der Planung der Sportanlagen und auch später wird die Lage der Ebene bei St. Jakob als «abseitig» charakterisiert.[198] Die Abschirmung von bestehenden und potentiellen Wohnquartieren durch Terrassenstufe und Bahndämme und die zweitklassige landwirtschaftliche Ertragskraft des Bodens führen dazu, dass die Ebene als der beste Standort für lärmige sportliche Grossanlässe mit grossem Verkehrsaufkommen betrachtet wird. Indirekt klingt dabei die 1885 geführte Diskussion an, in der die Ebene aus ähnlichen Gründen als für die Ansiedlung von Industriebetrieben geeignet betrachtet wurde. Bisher existierte die *Freizeit-* und *Erholungsnutzung* der Ebene neben den *Landwirtschaftsbetrieben* und den *gewerblichen Ansiedlungen* in Neuewelt. Mit dem Entscheid, die Erholungsnutzung weiterzuentwickeln, setzt die «Zweite Umwandlung» der Ebene ein. Sie wird die Ebene mehr, als die Industrialisierung es vermocht hätte, in das öffentliche Bewusstsein rücken und zu einem unentbehrlichen Bestandteil des städtischen Lebensraums machen.

Ein bedeutender Landverkauf

Im April 1930 nimmt die CMS Stellung zur Anfrage des Regierungsrats betreffend den von ihm gewünschten Kauf von rund 30 ha Land der St. Jakobsmatten beidseits der Kantonsgrenze. Die Regierung weist die CMS in ihrer Anfrage darauf hin, dass sie mit dem Verkauf des Landes ein öffentliches Werk im Sinne ihres Testators unterstütze. Die CMS macht Preisvorschläge, die sich anfänglich an den Expropriationsentschädigungen von 1927 orientieren, im Verhandlungsverlauf aber auf etwa die Hälfte dieses Ansatzes gedrückt werden. Im September 1930 stimmt die Stiftungskommission dem Verkauf von 30,5 ha Land zu. Da nicht vorgesehen ist, die projektierten Anlagen sofort zu erstellen, wird in der Kommission beantragt, der Verkauf solle hinausgeschoben werden. Die Mehrheit der Kommissionsmitglieder spricht sich aber unter Hinweis auf die testamentarische Verpflichtung der CMS zur Unterstützung öffentlicher Werke dafür aus, dem staatlichen Kaufwunsch sofort zu entsprechen.[199]

Die Pläne für die Sportanlagen werden zum Zeitpunkt des Landkaufs noch ständig abgeändert. Ende 1930 wird festgestellt, dass das publizierte(!) Bauprojekt «um Fussballplatzbreite» über das vom Staat erworbene Land hinausreicht. Die CMS wird daher Anfang 1931 gebeten, dem Staat weitere 4 ha Land in der Ebene zu verkaufen. Die Gesamtfläche des von der CMS verkauften Landes beträgt damit 34,5 ha, von welchen sieben Achtel im Bann Münchenstein liegen. Der mittlere Kaufpreis wird für das Land im Bann Basel mit Fr. 9.40/m^2, für das Land im Bann Münchenstein mit Fr. 3.–/m^2 festgesetzt.[200]

24 ha Pachtland der Pächter von Unter- und Vorder-Brüglingen werden durch diesen Verkauf im Laufe der folgenden Jahre der Bewirtschaftung entzogen. Dieses Land wurde erst 1927 vom aufgehobenen Pachthof St. Jakob den beiden Brüglinger Pächtern zugeteilt. Die beträchtliche, offenbar zur herrschenden Knappheit an Ökonomieräumen und Personalunterkünften hinzutretende Zunahme des Kulturlands macht

damals zahlreiche Um- und Erweiterungbauten auf beiden Pachthöfen notwendig, die zum Teil aus den von den SBB erhaltenen Expropriationsentschädigungen finanziert werden. Diese Investitionen, die nun durch den Landverkauf zu einer unverzinsten Überkapazität der beiden Pachthöfe führen, sind nach dem Ratschlag an den Bürgerrat in dem von der Einwohnergemeinde bezahlten Kaufpreis und in der Übernahme der Handänderungskosten durch die Käuferin berücksichtigt. Nochmalige bauliche Änderungen, die eine Intensivierung der Betriebsführung auf dem verbleibenden Kulturland ermöglichen sollen, werden geplant. So erhält Unter-Brüglingen 1931 einen neuen Schweinestall für 200 Tiere, der die Verminderung der Milchproduktion betriebswirtschaftlich ausgleichen soll. 1978 weicht dieser Stall den Anlagen der «Grün 80».[201]

Der Bau der Sportanlagen

Im September 1932 beginnen die Bauarbeiten für die *Sportplätze* in der Ebene vor dem Hof Unter-Brüglingen mit der Planierung und Drainage des Landes. Diese erste Bauetappe wird im Juli 1933 abgeschlossen. Im Sommer 1933 werden Gebäude und Wege gebaut, später die Kastanienbaum- und Buchhecken-Pflanzungen und die Zäune mit Drahtgeflecht ausgeführt. Da die Anlagen der ersten beiden Bauetappen intensiv benützt werden, wird im Sommer 1935 die Frage des weiteren Ausbaus behandelt. 1936–37 folgen eine dritte und vierte Bauetappe, die zur Fertigstellung der Sportplätze mit Grünanlagen und Parkplätzen führen.[202]

Schon 1930 sind Stimmen zu vernehmen, die den Bau eines *Leichtathletik-Stadions* auf dem Schlachtfeld zu St. Jakob aus Pietätsgründen ablehnen. In der Grossratsdiskussion vom 22. Dezember 1933, als der Kredit für die zweite Bauetappe der Sportplätze gewährt wird, kritisiert man den baselstädtischen Sportplatzbau aber grundsätzlich. Mit Blick auf den 1932 als Arbeitsbeschaffungswerk ausgeführten Hörnlifriedhof wird die Befürchtung ausgesprochen, «aus dem guten ursprünglichen Gedanken werde immer mehr ein Werk des kommunalen Grössenwahnsinns»; die Sportplätze entstünden gewissermassen 'auf der grünen Wiese', ohne dass bis zu diesem Zeitpunkt ein definitives Bauprojekt oder ein Finanzprogramm vorlägen.[203]

Im Frühjahr 1935 wird im Grossen Rat ein Postulat überwiesen, in welchem die Ausführung des geplanten und im Arbeitsbeschaffungsprogramm zurückgestellten Fussballstadions bei St. Jakob verlangt wird. Das Baudepartement wird Anfang 1937 mit der Ausarbeitung eines definitiven Projekts beauftragt, das mit Mitteln des Arbeitsrappens ausgeführt werden soll. Für den Bau des *Fussballstadions* (auch K*ampfstadion* genannt) vor dem Bahndamm muss die St. Jakobsstrasse verlegt werden, was die Bau- und Verkehrsverhältnisse der alten Gebäudegruppe von St. Jakob einschneidend verändert. Mit dem Stadionbau setzen beträchtliche Erdverschiebungen in der Ebene ein, da 1937–38 rund 58'000 m³ Bauaushub aus der Stadt für die Stadionanlage und 30'000 m³ Kiesaushub vom Bau des Hafenbeckens II in Kleinhüningen für Aufschüttungen im Strassen- und Tramtrassee Verwendung finden. Im November 1952 scheitert die Vorlage für die bauliche Vollendung des Fussballstadions an einem Referendum. Der Grosse Rat genehmigt 1953 ein reduziertes Projekt, das ausgeführt wird. Im April 1954 kann das Stadion eröffnet werden.[204]

Die Expansion zum Birsuferwäldchen

Neben dem Land südlich der St. Jakobsstrasse übernimmt die Einwohnergemeinde Basel 1930 auch den bisherigen Pachtvertrag der CMS mit dem Rennverein Basel über dessen Springgartenareal. Der Reitplatz wird später aufgehoben und auf die Reitanlage des Reiterklubs beider Basel auf dem Schänzli verlegt. Die Sportplätze der ersten vier Bauetappen werden von Anfang an sehr stark benützt. In den 1940er Jahren geben sie zu Klagen wegen schlechten Unterhalts und ungenügender Bewässerung Anlass. 1955 werden wegen der Überbeanspruchung der bestehenden Sportfelder im Bereich des ehemaligen Springgartens östlich der Grossen Allee weitere drei Felder angelegt, für die ein Viertelhektar des Birswäldchens gerodet und flächengleich südlich anschliessend wieder aufgeforstet wird. Dabei wird die alte, in einer unbewilligten Rodung liegende Schuttablage am Uferbord der Birs zugedeckt und bepflanzt. Das Birswäldchen wird von der CMS seit 1910 der Schweizerischen Naturschutzkomission als Vogelschutzgehölz verpachtet.[205]

Unter den Bauprojekten der Einwohnergemeinde zur Zeit des Landerwerbs 1930 befindet sich auch eines für ein Freibad. Mit Blick auf dessen Wasserversorgung werden zu dieser Zeit vereinzelte Grundwasseruntersuchungen vorgenommen. Ende 1952 wird als Antwort auf eine Initiative für die Errichtung von Freibädern in Grossbasel der Projektwettbewerb für ein Familien- und *Gartenbad* bei St. Jakob ausgeschrieben. Von elf zuvor geprüften Standorten in der Stadt und in Stadtnähe bietet das Gebiet beim Birswäldchen die grösste verfügbare Grundfläche. Im Frühling 1954 wird der Bau des Gartenbads beschlossen und in Angriff genommen, wozu der Staat von der CMS 2,3 ha des Birswäldchens erwirbt. Die Badeanlage wird am 1. Juli 1955 eröffnet und stellt das zu dieser Zeit grösste Freibad der Schweiz dar.[206]

5.2 Die Vollendung der Zweiten Umwandlung der Birsebene durch die «Grün 80»

1. Die Vervollständigung der Erholungslandschaft im Kernbereich der Agglomeration Basel

Die wachsende Beanspruchung und die Veränderung der Brüglinger Ebene in den 1970er Jahren

Mit der Verbauung und Zähmung der Birs seit dem Ende des 18. Jahrhunderts hat die *Erste Umwandlung* der Birsebene bei Brüglingen ihren Anfang genommen. Das zuvor nur in den geschützten Randbereichen produktive Land kann von Christoph Merian in bedeutendem Umfang urbarisiert und landwirtschaftlich nutzbar gemacht werden. In den 1970er Jahren erzwingen die Bedürfnisse des städtischen Lebens die Vervollständigung der *Zweiten Umwandlung* der Birsebene, die sich seit den 1930er Jahren anbahnt: Das aus wildem Flussland geschaffene Kulturland wird der produktiven Nutzung wieder entzogen und auf künstliche, dem ehemaligen Aussehen der wilden Birsaue fremde Weise parkartig neugestaltet. Die Weite der Ebene wird von den ab 1933 auf den Weganlagen der Sportplätze gepflanzten Kastanienalleen ein erstes Mal optisch gebrochen; durch die Gestaltung der neuesten Zeit ist die Ebene in Landschaftskammern mit vielfältigen Ein- und Durchblicken aufgelöst. Die zu Beginn des 19. Jahrhunderts überschaubare und morphologisch klar begrenzte Birsebene besteht nach dieser Zweiten Umwandlung aus Teilflächen mit stark kontrastierenden Nutzungen und wird von Verkehrsanlagen in neue topographische Raumeinheiten aufgeteilt.

1967, 1972 (Obligatorium des Lehrlingsturnens) und 1974 beantwortet die CMS Anfragen des Regierungsrats und der grossrätlichen Prüfungskommission betreffend die Abtretung von zusätzlichem Land für die Erweiterung des Sportplätze in der Brüglinger Ebene ablehnend. Die Erhaltung des Landwirtschaftsbetriebs mit seiner grossen baulichen Kapazität erachtet sie für wichtiger als die an sie herangetragenen städtischen Interessen.[207] Zu dieser Zeit werden von den Planungsämtern beider Basel im Zusammenhang mit der Ansiedlung des Botanischen Gartens, der Erweiterung der Sportanlagen und der Abschirmung der Querverbindungsstrasse Münchenstein-Bottmingen Studien zur Gestaltung der Brüglinger Ebene als Stadtpark und Naherholungsgebiet gemacht. Seit den ersten Entwürfen des Regionalplans Landschaft der beiden Kantone wird die Ebene als Gebiet für die sogenannte Intensiverholung betrachtet.

1975 wird der Bau des Bruderholzabschnitts der Querverbindungsstrasse vollendet. Diese Strasse durchzieht den südlichen Teil der Ebene und trennt die Neuewelt ab. Der CMS werden 1975 5,2 ha Land durch vorzeitige Besitzeinweisung entzogen, damit der Anschluss an den Autobahnzubringer T18 und die Lärmschutzwälle gebaut werden können.

Idee und Standortsuche für die «Grün 80»

Auf Anregungen von Gartenarchitekten und nach Konsultation der Regierungen von Basel-Stadt und Basel-Landschaft, erarbeitet die CMS 1975 mit einer Gruppe von Fachleuten eine Studie für Durchführung der «Zweiten Schweizerischen Ausstellung für Garten- und Landschaftsbau». Diese müsste 20 Jahre nach der «Grün 59» eigentlich 1979 stattfinden; aus verschiedenen Gründen wird sie aber auf 1980 angesetzt. Die Ausstellung soll nicht eine vorübergehende Veranstaltung, sondern ein dauerhafter Beitrag zur Umweltgestaltung sein. Deshalb beinhalten die Basler Bewerbungsvorschläge von Anfang an das Konzept der «Grünen Ringe», d.h. fussgänger- und radfahrerfreundlicher Verbindungen der Stadt mit ihren Erholungsgebieten sowie Rundwegen.

Die Bewerbung der Kantone Basel-Landschaft und Basel-Stadt ist erfolgreich, als am 26. November 1975 die Delegiertenversammlung des Verbands Schweizer Gärtnermeister (VSG) sich für die Durchführung der Ausstellung im Raum Basel und damit in der Brüglinger Ebene ausspricht. Ein Organisationskomitee aus Vertretern des Verbands, der Kantone und Gemeinden, der CMS und weiterer interessierter Kreise befasst sich mit der Realisierung der Ausstellung.[208]

Die politische und rechtliche Standortbestimmung

Für die Plazierung der Ausstellung auf dem Brüglinger Land muss die Gemeinde Münchenstein die Zonenordnung anpassen. In einer Vereinbarung mit dem VSG beansprucht die Gemeinde Fr. 300'000.– des Billetsteuerertrags, während sie darüber hinaus erzielte Einnahmen dem Veranstalter als Beitrag der Gemeinde an die eingerichteten Grünanlagen überlässt. Nachdem Gartenbad und Sporthalle in der Brüglinger Ebene mit Ausnahmebewilligungen in nicht baukonformen Zonen verwirklicht worden sind, wird die Gemeinde durch die von der Ausstellung aufgeworfenen Fragen genötigt, einen Teilzonenplan «Brüglinger Ebene» auszuarbeiten. In der Debatte des Einwohnerrats kommt dabei neben fragloser Zustimmung auch Unbehagen über die nun zu beschliessenden Nutzungsverschiebungen in der Ebene zum Ausdruck.[209]

Fast notwendigerweise entsteht in dem Augenblick, in dem beschlossen wird, jene Planungsstriche zu ziehen, welche die seit Jahren angebahnte grundlegende Veränderung der Ebene sichtbar machen, Widerstand. Der unmittelbaren Anschauung des Landschaftsbilds der Ebene erscheint das Vorhaben als «Erholungsmaschinerie» und ruft auch parteipolitisch motivierte Oppositon auf den Plan. Gegen den Beschluss des Einwohnerrats vom 30. Januar 1978 über den Teilzonen- und Teilstrassenplan Landschaft und den Grundwasserschutz-Zonenplan für die Brüglinger Ebene wird das Referendum ergriffen. Deshalb entscheiden die Münchensteiner am 28. Mai in einer Gemeinde-Volksabstimmung über die Landschaftsplanung, die im Verhältnis 72:28 deutlich angenommen wird.[210]

Nach ihrer sehr aktiven Beteiligung an der Bewerbung der beiden Basel 1975 wirkt die CMS als Besitzerin des zukünftigen Ausstellungsgeländes an der Vorbereitung der Ausstellung mit und schliesst mit dem VSG am 7. Oktober 1977 einen Mietvertrag über rund 23 ha Land in der Brüglinger Ebene ab. 1977–78 überlässt sie dem VSG weitere 13 ha; die Landschaftsplanung der Gemeinde Münchenstein wird zu diesem Zeitpunkt rechtsverbindlich. Im November 1978 schliesst die CMS mit dem Migros-Genossenschaftsbund den Vorvertrag zu einem Baurechtsvertrag über 7,9 ha Land im südwestlichen Teil der Ebene ab. Dieses Areal wird die Grundlage der am 11. Juli 1978 vom Genossenschaftsbund gegründeten «Stiftung im Grünen». Sie wird dort ein Naherholungsgebiet nach dem Vorbild der von der Migros bereits in Rüschlikon («Park im Grüene» 1946) und in Féchy («Signal de Bougy» 1971) betriebenen Erholungsstäten einrichten. Der Einwohnergemeinde Basel tritt die CMS ab Januar 1978 5,1 ha Land im Baurecht für die Erweiterung der Sportanlagen und den Bau eines unterirdischen Zivilschutzraumes ab. Nach der Gutheissung der Münchensteiner Teilzonenplanung 1978 kann mit den Arbeiten im zukünftigen Ausstellungsgelände und dem Ausbau des Botanischen Gartens begonnen werden, und die Ebene verwandelt sich in eine Grossbaustelle.[211]

Mit der Renovation der Gebäude von Unter-Brüglingen, der Neugestaltung des Hofplatzes und der Umgestaltung des Mühleteichs zu einem natürlich wirkenden Wasserlauf trägt die CMS zur «Grün 80» bei. Die Renovation der «Museums-Scheune» in Vorder-Brüglingen wird aus dem Anteil des Stiftungsertrags, welcher der Einwohnergemeinde Basel zusteht, zu Gunsten des Botanischen Gartens finanziert und ausgeführt.

Vom 12. April bis zum 12. Oktober 1980 findet die «Grün 80» statt. Die Brüglinger Ebene wird in dieser Zeit von 3,9 Millionen Leuten aufgesucht.

Die Aufhebung der Brüglinger Pachtgüter

Die Aufhebung der Pachthöfe *Unter-* und *Vorder-Brüglingen* beginnt bereits mit der zwangsweisen Liquidation ihres Kulturlands auf dem Muttenzerfeld und in der Hagnau in den 1960er Jahren. Seither beschränken sich ihre Kulturlandreserven auf die linke Birsseite. Als das Ruchfeld und die ganze Brüglinger Ebene der städtischen Nutzung verfallen, findet ein «Rückzug» an den östlichen Bruderholzhang statt. Dieser Gesamtentwicklung folgend, erfahren auch die Brüglinger Gebäude zum Teil beträchtliche Nutzungsänderungen und Erweiterungen.

Schon 1955 muss die CMS den Pächter von Vorder-Brüglingen, Jakob Mühlethaler, durch die Entlastung von Pachtland auf dem Muttenzerfeld von einer Kündigung wegen Personalmangel abhalten. Als dieser auf Ende 1961 aus Gesundheitsgründen die Pacht kündigt, wird der Hof mit Blick auf die Pläne für den Botanischen Garten nicht mehr verpachtet. Da in dieser Zeit auch die Landansprüche des Kantons Basel-Landschaft in der Hagnau befriedigt werden müssen, erstellt die Gutsverwaltung der CMS 1962 Wirtschaftspläne für den verbliebenen Pachthof Unter-Brüglingen. Sie prüft, wie dieser betrieblich reorganisiert werden kann, wenn das Land bei Klosterfiechten gesamthaft überbaut würde; in die Planung wird auch die Erwägung eines viehlosen Bruderholzhofs einbezogen (siehe Kap. 3.10). Zu dieser Zeit aufgenommene Verhandlungen über eine Pachtzinsanpassung werden 1964 mit einem Auftrag an das Schätzungsamt des Schweizerischen Bauernverbands abgeschlossen.[212]

Mit der Abtretung des Lands für die Querverbindungsstrasse beginnt die Schmälerung des Brüglinger Kulturlands im südlichen Teil der Ebene und bahnt sich die völlige Nutzungsänderung an. Die CMS kündigt schon auf Ende 1976 den Pachtvertrag mit den Brüglinger Pächtern provisorisch, gewährleistet ihnen aber in einem Nachtrag zum Pachtvertrag die Weiterführung des Landwirtschaftsbetriebs bis zur Realisierung der «Grün 80». Schon 1974 stehen 21,6 ha, 38% der insgesamt 57,4 ha des vom Brüglingerhof aus bewirtschafteten Kulturlands, in einem provisorischen Pachtverhältnis.[213]

Die Kündigung führt in beiden Kantonen zu parlamentarischen Interpellationen, welche die besondere Stellung des Brüglingerhofs im öffentlichen Bewusstsein erkennen lassen. In ihren Antworten auf die gegen sie erhobenen Vorwürfe begründet die CMS die eingeleitete Aufhebung des Pachthofs in seiner bisherigen Form mit dem Interesse der Stadtbevölkerung an einer neuen Nutzung des Landes in der Ebene. Die schon seit längerer Zeit wiederholt an die CMS herangetragenen Wünsche nach der Erweiterung der Sportplätze auf dem Kulturland des Hofs erscheinen dabei nur als der formulierte Teil diese Interesses. Gleichzeitig mit dem Wunsch der Städter nach einem Erholungsgebiet tritt aber der Wunsch nach der Erhaltung des Landwirtschaftsbetriebs in seiner bisherigen Form auf. Der absolute Flächenverlust durch Querverbindungsstrasse und Sportplatzerweiterung, die Einschränkung durch die vorübergehende Landbeanspruchung durch die Ausstellung und die vorgezeichnete Verpflichtung zur Berücksichtigung der Bewirtschaftungsauflagen in der Grundwasserschutzzone verkleinern das landwirtschaftliche Potential der Ebene bedeutend. Zwei Fünftel der 44,3 ha Kulturland befinden sich 1977 auf dem Bruderholz und sind vom Betriebszentrum in der Ebene durch ein von starkem Verkehr durchflutetes und von den Öffentlichen Materiallagerplätzen belegtes Gebiet getrennt.[214]

Mitte 1978 werden alle 25,6 ha Kulturland in der Ebene von den Bauarbeiten für die Ausstellungsanlagen in Anspruch genommen. Der Regierungsrat von Basel-Stadt bietet im Interesse der Durchführung der «Grün 80» und der Schaffung eines Erholungsgebiets den *Margarethenhof* der Einwohnergemeinde Basel zur Pacht an; die Brüglinger Pächter können diesen in einem provisorischen Pachtverhältnis beziehen. Sie ziehen ihn dem ebenfalls zur Diskussion stehenden Hof *Obere Klus* in Pfeffingen wegen der Nähe zu dem von ihnen bewirtschafteten Bruderholzland vor (siehe Kap. 7.2.1). Das Land von Bürgerspital und CMS, das sie von dort aus bewirtschaften, umfasst 50 ha. Davon gehören 14,8 ha am östlichen Bruderholz der CMS; 5,4 ha Ackerland im Bereich der zu dieser Zeit noch anstehenden Bauzonenplanung an der Giornicostrasse sind ihnen zusätzlich in Gebrauchsleihe (zinsloser Pacht) überlassen. Im April 1979, als sie auch den Kuhstall von Unter-Brüglingen räumen, erhalten sie von der CMS 10,8 ha Land beim Weidenhof in Arlesheim zur Bewirtschaftung, das nach der Betriebsaufgabe des dortigen Pächters verfügbar wird. Es ist vorgesehen, dass bei einer Rückkehr nach Unter-Brüglingen das nach der «Grün 80» um rund die Hälfte auf 12,5 ha reduzierte Kulturland in der Ebene das qualitativ ähnliche Weidenhofland ersetzen und die Beibehaltung einer Betriebsfläche von rund 60 ha erlauben würde. Die weitere Nutzungsplanung für die Brüglinger Ebene und erfolglose Verhandlungen über die Führung eines reduzierten und spezialisierten Betriebs in Unter-Brüglingen lassen die Pächterfamilien Rediger auf dem Margarethenhof bleiben und von da an nur die Brüglinger Mühle mieten.[215]

2. Die «Nachnutzung» der Brüglinger Ebene und das neue Gesicht der Birslandschaft

Das Bild des Brüglingerhofs in der öffentlichen Diskussion

Mit grosser gestaltender Kraft verwandelt die «Grün 80» die Brüglinger Ebene in eine städtische Freizeit- und Erholungslandschaft. Die Verwaltung des dortigen Stiftungslandes wird geprägt von Begriffen des «vorher» und «nachher», die sich im Wort *Nachnutzung* verdichten. Die sogenannte Nachnutzung ist gemäss Zielsetzung der Ausstellung nicht einfach ein Überbleibsel der Gartenschau, sondern eine mehr oder weniger dauerhafte neue Gestalt der Ebene. Mit dem Torschluss der «Grün 80» im Herbst 1980 wird die Frage der endgültigen Neugestaltung in der Öffentlichkeit diskutiert. Kristallisationspunkte der Diskussion sind der künstliche See, die Familiengärten und der Pachthof, deren Erhaltung ungewiss ist. Im öffentlichen Bewusstsein werden sie als Einzelobjekte wahrgenommen, die offensichtlich die Nutzungsfrage für die ganze Brüglinger Ebene verkörpern (*pars pro toto*) und auf die Bedeutung dieses Gebiets für den Stadtbewohner hinweisen. Eigenartig selbstverständlich und undiskutiert ist dagegen das Landopfer an die Sportplätze (siehe Anm. 216).

In Münchenstein bilden sich zwei Komitees, die für die Erhaltung des Landwirtschaftsbetriebs in Brüglingen eintreten. Das «Überparteiliche Komitee für den Brüglinger Bauernhof» setzt sich in einem offenen Brief Anfang Dezember 1980 für einen Betrieb mit Milchviehhaltung ein. Angesichts der Lage von Brüglingen in einer Ackerbauregion und der herrschenden Milchüberproduktion erscheint dieses Anliegen als Versuch, die Erholungslandschaft auch im wirtschaftlichen Bereich nach physiognomischen, d.h. die äussere Erscheinung bewertenden Grundsätzen zu gestalten. *Künstlicher See – künstlicher Bauernhof.*

Wie einzelne Diskussionbeiträge zeigen, kommt das Bild der Münchensteiner Bevölkerung von Unter-Brüglingen am ehesten in der Photographie zum Ausdruck, die in den Unterlagen zur Abstimmung von 1978 über den Teilzonenplan enthalten ist: Sie zeigt das auf der Heimweide des Hofs weidende Vieh und ihr Kommentar spricht von der «Aufrechterhaltung des stadtnahen landwirtschaftlichen Pachtbetriebs Unter-Brüglingen». Die meisten Leser der Vorlage dürfte die suggestive Macht dieser Verbindung von Bild und Text zur Annahme führen, der Hof werde in dieser Weise konkret-physiognomisch erhalten; In einzelnen Diskussionbeiträgen tritt denn auch eine Enttäuschung über die «Wirkungslosigkeit» der Landschaftsplanung für die Brüglinger Ebene zutage, die diese Erwartung nicht erfüllt. Der über der Weideidylle stehende eigentliche Text der Abstimmungsvorlage ist nicht geeignet, Klarheit zu schaffen. Auf der genannten Seite des Abstimmungskommentars wird in Fettdruck lediglich von der quantitativen Kulturlandverschiebung des Hofs gesprochen – der wichtige Hinweis, die Teilzonenplanung könne nicht die Art der Betriebsführung vorschreiben, geht im Normaltext unter. Man kann immer wieder feststellen, dass es eine für das öffentliche Bewusstsein schwierige Gedankenoperation darstellt, die *formalrechtliche* Ebene des Zonenplans von der *Anschauung* des in seinem Rahmen sichtbar gemachten zu unterscheiden.

Wenn auch das Argument ernst genommen werden muss, es gebe für die städtische Jugend kaum mehr die Möglichkeit zur Anschauung eines Landwirtschaftsbetriebs mit Tieren, so entspringt die daraus abgeleitete Forderung nach einem Milchviehbetrieb an einem dafür ungünstigen Standort gerade jener Entfremdung des Städters, die zu verhindern das Argument vorgibt. Es wäre eine sowohl betriebs- als auch volkswirtschaftlich falsche Standortnutzung, in Brüglingen die Milchproduktion zu forcieren. Mit dem Kulturlandverlust sind die räumlichen Voraussetzungen nach der «Grün 80» stark verändert und die Ökonomiegebäude im Verhältnis zum Landbesatz zu gross; zudem bedingt die Milchkontingentierung eine Unflexibilität der Produktion und Benachteiligung der Investition. Der Eindruck kann nicht abgewehrt werden, dass den Initianten ein Zwitter aus Zoologischem Garten und Landwirtschaftsbetrieb vorschwebt, wie er etwa in der Freizeit- und Kleinstlandwirtschaft unserer Agglomerationen anzutreffen ist.

Die Erhaltung der Seenlandschaft durch Umzonung

In einer Eingabe sprechen sich die «Freunde des Botanischen Gartens», der Schweizerische Familiengärtnerverband und der Verband Schweizer Drogisten für die Erhaltung der Seen, des Kräutergartens in Unter-Brüglingen und der Familiengärten aus. Die CMS kann auf den letztgenannten Wunsch nicht eintreten, da der Landbedarf der Familiengärten den geplanten biologischen Landwirtschaftsbetrieb zu stark konkurrenzieren würde. Die Seen, der Kräutergarten und der geplante Topfpflanzenbetrieb der Stadtgärtnerei können dagegen ergänzend bestehen.

Am 12. Januar 1981 findet in Münchenstein eine mit über 680 Stimmenden überdurchschnittlich gut besuchte Gemeindeversammlung statt, deren Haupttraktandum die Beschlüsse zur Umzonung und Reglementsergänzung im Bereich des 1978 beschlossenen Teilzonenplans Brüglinger Ebene sind.[217] Rund zwei Drittel der Fläche des für die «Grün 80» angelegten *Quellsees* liegen in der Landwirtschaftszone. Um eine Äusserung über den Willen zu seiner Erhaltung zu ermöglichen, wird die Umzonung in die Spezialzone «Intensiverholung B» für freiräumige Erholungsanlagen mit Zulässigkeit von Fahrnisbauten beantragt. Das Konzept für die Betriebsweise von Unter-Brüglingen geht mittlerweile klar in Richtung der Spezialisierung und Intensivierung. Gemeinderat und CMS können den Antrag daher damit begründen, dass die Erhaltung der Seenlandschaft im öffentlichen Interesse von höherem Wert ist als die Rückgewinnung von 4 ha Kulturland für den nun ohnehin kleiner konzipierten Landwirtschaftsbetrieb.

Neben dieser Umzonung, die eine Flächenverminderung des Landwirtschaftsgebiets zur Folge hat, werden Ergänzungen des Zonenreglements zur Beschlussfassung vorgelegt, die ein grundsätzliches Verbot von Gärtnereianlagen in der Landwirtschaftszone vorsehen, gleichzeitig aber die Zulässigkeit eines Betriebs der Stadtgärtnerei genau umschreiben. Das bedeutet faktisch eine weitere Verminderung der landwirtschaftlichen Nutzfläche, erlaubt aber die Ausnützung der Bauvolumina der Ökonomiegebäude. Die Gemeinde Münchenstein kann mit dieser Reglementsziffer die bauliche Entwicklung der Topfgärtnerei-Anlagen bestmöglich kontrollieren. Die diesbezüglichen Auflagen sind in einer Vereinbarung der Gemeinde mit dem Kanton Basel-Stadt und der CMS vom 7./8. Januar 1981 festgelegt.

Aspekte der Umzonungsdebatte

Aus den in der Debatte über die Umzonungsbeschlüsse vorgebrachten Argumenten seien hier jene herausgegriffen, die ein Licht auf die Ansprüche der Bevölkerung an die Brüglinger Ebene werfen.

Gegner der Umzonung beanstanden, die geschaffene Landschaft sei zu künstlich und stelle das Produkt einer der CMS angekreideten «Industrialisierungspolitik» dar, die notwendigerweise die Verschandelung der Landschaft nach sich ziehe. In diesem Sinne wird auch geargwöhnt, der Bau der Seeanlage in der Landwirtschaftszone sei ein Schachzug: Dieser ziele darauf ab, die Stimmbevölkerung, die mit grosser Wahrscheinlichkeit für die Erhaltung der Seen eintreten würde, selbst einen Entscheid gegen die Erhaltung des Landwirtschaftsbetriebs Unter-Brüglingen fällen zu lassen. Im Falle der Ansiedlung der Stadtgärtnerei wird zusätzlicher Werkverkehr befürchtet, der Landwirtschaft und Sportbetrieb beeinträchtigen könnte.

Befürworter der Umzonung erachten den Gewinn an Erholungsraum für die Agglomerationsgemeinde Münchenstein für mindestens so hoch wie den Gewinn für die Stadt Basel. Nach ihnen wäre die Gemeinde kaum in der Lage, die aufwendige Aufgabe der «Stiftung im Grünen» zu erfüllen; es wird auch die Ansicht geäussert, dass ohne die CMS Brüglingen womöglich schon lange keinen Landwirtschaftsbetrieb mehr hätte. Der als Schaugärtnerei aufgezogene Topfpflanzenbetrieb müsse als sinnvolle Einheit mit dem Botanischen Garten und dem Kräutergarten betrachtet werden. Er bereichere das Gebiet von Brüglingen, da er eine öffentliche Leistung erbringe. Im Gemeinderat herrscht die Auffassung, man könne die Gärtnereianlage als öffentlich zugänglichen Park betrachten, der «für die Öffentlichkeit interessanter als ein eingezäunter Landwirtschaftsbetrieb» sei.[218] Dabei wird realistischerweise vorausgesehen, dass Kulturland in der unmittelbaren Nähe eines Erholungsgebiets eingezäunt werden muss, um das eigentlich selbstverständliche Nichtbetreten der Kulturen zu bewirken.

Die langsame Realisierung des «Neuen Brüglingen»

Die Umzonung und Erhaltung des Seengebiets und das Gärtnereiverbot für das restliche Landwirtschaftsgebiet werden von der Gemeindeversammlung deutlich, die Sonderbestimmungen für die Ansiedlung der Schaugärtnerei relativ knapp gutgeheissen. Ein Referendum gegen den letztgenannten Beschluss führt im Mai 1981 zu einer Gemeinde-Volksabstimmung, die den zustimmenden Beschluss aber bestätigt.[219] Die CMS schliesst 1981 mit der Einwohnergemeinde Basel einen Baurechts- und Mietvertrag über 2,3 ha Land und das südliche ehemalige Ökonomie- und Remisengebäude (die sog. Stehlin-Scheune) von Unter-Brüglingen ab, wo die Schaugärtnerei eingerichtet werden soll. Am 10. Oktober 1982 gewährt der Grosse Rat einen Baukredit. Am 4. April 1983 weist das Verwaltungsgericht des Kantons Basel-Landschaft eine Beschwerde gegen den Teilzonenplan von 1981 ab, und am 9. November 1983 kann der nun mehr als ein Jahr zurückliegende Grossratbeschluss in Kraft treten. Die Verzögerung der Realisierungsschritte erweist sich als eines der Hauptcharakteristiken für die Verwaltungsarbeit der Nachnutzung der Ebene.

1984 kommen in Brüglingen die «neuen» Funktionen zum Tragen. Am 27. Januar übernimmt die Stadtgärtnerei die ihr zugewiesenen Gebäude. Vom 3. Juni bis zum 30. September findet im Park der Herrschaftsvilla, im Areal des Botanischen Gartens und in verschiedenen Gebäuden von Unter- und Vorder-Brüglingen die Ausstellung «Skulptur im 20. Jahrhundert» statt. Wie ihre Vorgängerausstellung von 1980 im Wenkenhof in Riehen, schafft sie eine Verbindung von Landschaft und Skulptur, für die sich die kleinräumige Parklandschaft des Brüglinger Terrassenhangs in ausgezeichneter Weise eignet. Aus dem Anspruch der Einwohnergemeinde am Ertrag der CMS wird für diese Ausstellung eine Defizitgarantie geleistet. Die Gründung des Vereins «Kultur in Brüglingen» umreisst die gegenwärtige städtische «Mission» der CMS auf ihrem Stammgut vor den Toren der Stadt; daneben nimmt sie in veränderter Form weiterhin ihre landwirtschaftliche Aufgabe in Unter-Brüglingen wahr.

Der Aufbau des biologischen Landwirtschaftsbetriebs in Unter-Brüglingen

Von Anfang an spricht sich die CMS dagegen aus, nach der «Grün 80» Unter-Brüglingen als «Nostalgiebauernhof» zu bewirtschaften, die dortige Landwirtschaft also gewissermassen versatzstückweise zu betreiben. Schon Mitte 1980 wird erwogen, einen biologischen Landwirtschaftsbetrieb aufzubauen. Dieser sollte zum Sammeln von Betriebserfahrung zuerst von der Gutsverwaltung der CMS geführt und später eventuell verpachtet werden.[220]

Ein im Dezember 1980 erstelltes Gutachten der Forschungsanstalt für biologischen Landbau in Oberwil (Stiftung Bernhardsberg der CMS) beurteilt die Voraussetzungen für einen Betrieb, der auf Spezialkulturen aufbaut und nicht notwendigerweise Tiere hält, als günstig, rechnet aber mit einer Rekultivierungszeit von mindestens eineinhalb Jahren. Die CMS ist der Auffassung, dass ein solcher Betrieb durch die Schonung des

Grundwassers und den geringen Anteil von mechanisierter Arbeit im Einklang mit dem Charakter der Ebene als Erholungsgebiet stehe. Die kostenaufwendige Einrichtung eines Bewässerungsnetzes spreche zudem für Intensivkulturen anstelle des relativ extensiven Getreidebaus.

Da die Führung des biologischen Obst- und Gemüsebaubetriebs 1981 nicht von einem Mitglied der bisherigen Pächterfamilie Rediger übernommen wird, nimmt die Gutsverwaltung der CMS den Aufbau des neuen Betriebs zusammen mit den Forschungsanstalten für biologischen Landbau und für Obstbau selbst an die Hand. Nach der Entfernung der Ausstellungsmobilien gelten die ersten Bemühungen der Rekultivierung des stark veränderten Bodens. Durch Tiefgrubbern und durch Düngung mit Stallmist aus der Mutterkuhhaltung der Löwenburg werden die Grundlagen für einen ausgeglichenen Nährstoffhaushalt des Bodens gelegt. Die vorbereiteten Schläge liegen nach dem Pflügen und der Ansaat von gründüngenden Kulturen vorerst brach. Der neue Betriebsleiter, der Anfang 1982 seine Arbeit in Brüglingen aufnimmt, ist das ganze Jahr mit der Pflege des wiedergewonnenen Kulturlands beschäftigt. Im Winter 1982–83 werden die Obst- und Beerenanlagen im Schlag östlich der Grossen Allee gepflanzt.

Die Vorbereitungsarbeiten und die Kultivierung machen die Uneinheitlichkeit von Bodenprofil und Bodenqualität in der ehemaligen Überschwemmungsebene deutlich. Bei den ertragsmindernden Bodenbestandteilen kann nur schwer unterschieden werden zwischen den Kiesansammlungen, die auf die Zeit vor der Urbarisierung der Ebene zurückgehen, von Aufschüttungen der letzten 160 Jahre und den Auswirkungen der Erdbewegungen für die «Grün 80». Luftaufnahmen der letzten 20 Jahre zeigen in den frisch gepflügten Ackerflächen östlich des Grossen Teichs dunkle Bänderungen, die mit den Wasserläufen im Birsplan von Schäfer und Zeyer 1798 in Verbindung gebracht werden können.[221] Die freie Stammhöhe der 1889 gepflanzten Birnbaumreihe, welche die Grosse Allee begleitet, wurde durch Auffüllung des ehemals abfallenden Wegbords zur Zeit des Sportplatzbaus vermindert, ebenso wie der grosse Birnbaum in der ehemaligen Heimweide durch Aufschüttungen im Bereich des Mühleteichs heute «eingesunken» erscheint.

1984 ist das erste reguläre Betriebsjahr des biologischen Gemüse- und Obstbaubetriebs der Gutsverwaltung der CMS. Von insgesamt 6,6 ha Betriebsfläche sind ca. 5,5 ha landwirtschaftliche Nutzfläche. Die zu Beginn noch unüblich grosse Ökonomieraum-Kapazität wird durch den Einbau der Anlagen der Stadtgärtnerei 1985 reduziert. Trotz der intensiven Vorbereitungen zeigt der bearbeitete Boden aber noch eine gewisse Nährstoffarmut, die durch Kompostwirtschaft ausgeglichen werden muss.

Der Kleinbetrieb fügt sich durch seine Anbauweise gut in die Erholungslandschaft ein. Seine schonende Landbestellung stützt sich hauptsächlich auf die in bedeutendem Umfang eingesetzte Handarbeit. Da in einem Lohnarbeitsbetrieb wie diesem die Produktionskosten sehr hoch sind, muss das neue Brüglingen von der CMS von Anfang an als nicht rentabler Betrieb betrachtet werden. Der Fehlbetrag kann mit dem Charakter des Hofs als Versuchsbetrieb oder mit der Landpflege im öffentlichen Interesse begründet werden.

Für die ersten grossen Rekultivierungsarbeiten sind Ausrüstung und Fachwissen der Gutsbetriebe erforderlich. Je mehr sich der spezialisierte Betrieb einspielt, desto mehr wachsen neue räumliche Wirtschaftsbeziehungen. Die Nähe des Botanischen Gartens regt zur Zusammenarbeit an, was eine gute Ausnützung des Maschinenparks ermöglicht. Ähnliche Beziehungen bestehen zu einem biologischen Landwirtschaftsbetrieb in Münchenstein, zum Klosterfiechtengut und zur Gärtnerei des Basler Jugendheims.

Die Marktlage ist nach den Erfahrungen der ersten Jahre ausgezeichnet. Die eine Hälfte der Produkte wird an zwei Marktständen in Neumünchenstein und auf dem Hof selbst verkauft; die Käuferschaft setzt sich dabei etwa hälftig aus Münchensteiner Quartierbewohnern und aus Städtern zusammen. Die andere Hälfte der Produkte wird im Abonnementsverkauf abgesetzt, in dem mit einem Anteil von über zwei Dritteln städtische Kundschaft überwiegt.

Der Wandel der landschaftlichen Ausstattung und die «Verzäunung» der Birsebene

St. Jakob und die Ebene sind schon vor der Eröffnung der Tramlinie nach St. Jakob im August 1916 das Ziel von Spaziergängern aus der Stadt. 1901–02 lässt die CMS den Brüglinger Park und die Gärten der Pächter von St. Jakob und des Singerhofs wegen des häufigen Betretens durch Unbefugte einfrieden, 1914 auch Land des Waldhofs auf der Seite der Bruderholztram-Baustelle; wir erwähnten oben bereits die Einzäunung des Pflanzlands 1917. Im Jahr 1923 billigt die CMS dem Pächter von Vorder-Brüglingen bei der Neufestsetzung des Pachtzinses eine Entschädigung für das Sauberhalten des von vielen Spaziergängern benützten Wegs zu.[222]

Eine für das Landschaftsbild bedeutende Veränderung der Baumpflanzung findet Ende des letzten Jahrhunderts statt. 1889 lässt die Stiftungsverwaltung die lückenhaft gewordene alte Pappelreihe der Grossen Allee durch eine Obstbaumreihe ersetzen. Es werden Mostbirnbäume gewählt, da ihre Früchte relativ ungeniessbar und damit an der vielbegangenen Allee weniger diebstahlgefährdet sind. Diese in Teilen noch heute erhaltene Obstbaumallee erfordert aber in warmen Sommern einen erhöhten Bewässerungsaufwand und befriedigt nicht wie erwartet. Immer wieder erscheint in der Korrespondenz der CMS aus dieser Zeit das Problem des Feld- und Obstfrevels. Die Verwaltung beschwert sich über die angebliche Unaufmerksamkeit der Feldaufseher der Gemeinde und weist ihren Aufseher in der Neuen Welt an, des Obstdiebstahls verdächtigte Schulkinder im Auge zu behalten...[223]

Die Zahl der Besucher des Gebiets von Brüglingen ist heute auch ohne Berücksichtigung der Benützer der Sportplätze sehr hoch. Die «Stiftung im Grünen» schätzt, dass das Gelände um den Seegarten jährlich von rund einer Million Leuten besucht wird. Das entspricht immerhin etwa der Zahl der den Flughafen Basel-Mulhouse benützenden Flugpassagiere oder schätzungsweise dem Dreifachen der durchschnittlichen Trambenützerzahl an einem Werktag.[224] Die Brüglinger Ebene ist städtischer Lebensraum geworden.

Für einen Landwirtschaftsbetrieb an dieser Lage zeitigt die Raumbeanspruchung Folgen, die nicht mehr wie vor fast hundert Jahren mit dem Ausweichen auf Mostobstbäume abgewendet werden können. Der Brüglinger Betrieb nimmt Rücksicht auf die grosse Beliebtheit der Ebene als Erholungsgebiet, indem er vielfältige Kulturen und eine arbeitsintensive Landbestellung mit einem Minimum an Lärm und Gift pflegt. Die Gemüsefelder und Obstanlagen sind aber weit diebstahlanfälliger als die bisherigen Getreidefelder oder das Wiesland. Zudem können die Pflanzen nicht dem Risiko des Vandalismus ausgesetzt werden, der der «Stiftung im Grünen» im Bereich des Seegartens hohe Instandstellungskosten verursacht. Die CMS muss das Kulturland des biologischen Landwirtschaftsbetriebs einzäunen.

Als 1982 die Einzäunung des Kulturlands mit grossmaschigem Drahtgeflecht vorgesehen wird, reicht ein Münchensteiner Aktionskomitee dagegen eine Beschwerde ein. Im April 1983 beschliesst die zuständige Baurekurskommission Nichteintreten und lässt die Errichtung der Zäune zu.[225] In der Zeit der provisorischen Einzäunung werden einige Kulturen von Dieben heimgesucht und wird zur Pflanzung bereitgestelltes Pflanzenmaterial entwendet; allerdings kommt auch trotz des festen Zauns ganz vereinzelt vandalische Beschädigungen der Anlagen vor; und wie in den Eingaben des Münchensteiner Komitees 1980 scheinen eine «landschaftskonservative» Haltung und ein bestimmtes Bild von überkommener Landwirtschaft die Abwehr gegen die Verzäunung der Ebene zu aktivieren. Wie in der besprochenen Umzonungsdebatte wird die Landschaft dabei offenbar sektoriell erlebt: Seit ihrem Bestehen prägen die Sportanlagen das Bild der Ebene als das einer Metallzaunlandschaft und sind sprechender Ausdruck für die sportliche Intensiverholung.

Entlang dem Zaun um das Kulturland auf der Seite der Grossen Allee steht die Birnbaumreihe von 1889, deren Standfläche inklusive Wegrand bei einer Gesamttiefe von 4,4 m rund 14 a Land beansprucht. Zwischen dem Zaun um das hofnahe Land und dem Weg entlang dem Mühleteich ist ein zwischen 0,9 m und 1,8 m breiter, rund 2,5 a umfassender Randstreifen übriggelassen, auf dem eine durchbrochene Baum- und Buschhecke heranwächst, die auf den am Teich unmittelbar anschliessenden Bestand hoher Bäume Rücksicht nimmt. Von den rund 2 ha des hofnahen Schlags werden nur drei Fünftel mit Offenlandkulturen genutzt; ein Viertel ist Wiesland als Unterkultur von Obstbäumen, und ein Sechstel bildet den Grasstreifen, der als Zufahrtsraum, Abstellfläche und Pufferzone das Kulturland einfasst.

Kapitel 6
Der Brüglinger Grundbesitz am Bruderholzfuss und auf dem Bruderholz

6.1 Die öffentliche Nutzung des landwirtschaftlichen Stadtvorlands auf Dreispitz und Ruchfeld

1. Die Standortsuche für die Bahnlagerplätze

Das ehemalige Dreispitzgut

Im Bereich von *Wolfrain* und *Ruchfeld* erwirbt Christoph Merian ab 1837 Land. 1840 kauft er von Carl La Roche das 10,8 ha grosse *Dreispitzgut*, dessen Kaufpreis er zu rund einem Drittel mit der Abtretung der seit 1838 in seinem Besitz stehenden Stadtliegenschaft *Zum Hertenstein* an den Verkäufer deckt. Der *Dreispitz*, dessen Name die von der Gabelung der Münchensteiner und Reinacher Strasse gebildete Grundstücksform beschreibt, wird 1813 in einem Kaufvertrag als ca. 5,5 ha grosser *Beyfang* (Einschlag) mit Wohnhaus, Ziehbrunnen, Doppelstall, Remise und Gipsmühle bezeichnet; dazu gehören noch ca. 9,5 ha Land in der näheren Umgebung und ca. 2,2 ha Wald, Land und Gipsgrube im Muttenzer Bann.[225]

Es muss offen bleiben, ob der Vermittler des Verkaufs an Christoph Merian, den Wanner aufgrund einer ausgestellten Pension als seinen Pächter erwähnt, zu jener Zeit das Dreispitzgut noch als gesonderten Betrieb bewirtschaftet. Als der Dreispitz von der CMS 1890 zum ersten Mal erwähnt wird, ist lediglich von einer Scheune in schlechtem Zustand die Rede, die zur Zeit des Abbruchs im Juli 1900 von den Pächtern in St. Jakob und Brüglingen als Lagerraum benützt wird. Die Gebäude geben 1890 Anlass zu einem Schreiben des Polizeigerichtspräsidenten, sie seien ein «Schlupfwinkel von Vaganten und Vagantinnen», worauf die CMS das Areal einfrieden lässt.[226]

Das Ringen um die Bahnlagerplätze seit 1893

Schon 1893 wird in dem von den Bahngeleisen durchzogenen Stadtgebiet zwischen Muttenzerfeld und St. Johann ein geeigneter Standort für einen Güterbahnhof gesucht. Ein Gutachten und Bauprojekt des deutschen Bahnbauexperten Gleim von 1894 befriedigt nicht. Der Regierungsrat handelt mit der SCB eine Vereinbarung über den Ausbau der Bahnhofanlagen für den Güterverkehr aus, der aber der Grosse Rat am 11. Februar 1895 seine Zustimmung verweigert. Die Bahnhoffrage ist danach lange Jahre der Gegenstand fruchtloser Verhandlungen zwischen Regierung und SCB. Eine Grossratskommission macht 1897 Vorschläge für die Errichtung von Lagerplätzen und Industriegeleisen auf der Gundeldinger Seite des Bahnhofs; die SCB legt 1898 das Projekt einer Süderweiterung des Güterbahnhofs auf dem Wolf vor, womit sie sich gegen den städtischen Vorschlag für eine Erweiterung auf der Seite der St. Jakobsstrasse stellt. Die Regierung wehrt sich gegen diesen ihres Erachtens technisch und räumlich unbefriedigenden Ausbauvorschlag. Die SCB schlägt Ende 1898 vor, eine Süderweiterung unter Inanspruchnahme des anstossenden Landes der CMS zu prüfen, da in diesem Gebiet stabile, nicht von späteren Verlegungen bedrohte Lagerplätze geschaffen werden könnten.[227]

Die SCB reicht dem Bund im Dezember 1898 ihr definitives Projekt ein, und der Regierungsrat folgt drei Tage darauf mit einem Schreiben, in dem er für ein erweitertes Projekt eintritt und dem eine Skizze für die Lagerplatzanlage auf dem Dreispitz beiliegt. Aus den Akten der CMS ist nicht ersichtlich, ob zu diesem Zeitpunkt bereits mit ihr Rücksprache genommen wurde – oder ob die Regierung ihre Plazierungsvorschläge im Vertrauen auf die Verpflichtung der CMS macht, zu «Nutz und Frommen der Stadt» zu wirken und somit einzulenken.
Die Beanspruchung von Land der CMS erfolgt beim Dreispitz um die Jahreswende 1898–99 von zwei Seiten her: die SCB kündet die Expropriation von 13,6 ha (definitiv 11,2 ha) Land für die Erweiterung des Wolfbahnhofs an, während die Regierung mit ihr um die Realisierung von Lagerplätzen auf dem Dreispitz ringt.[228]

Die Realisierung der Lagerplätze nach 1899

Der Bundesrat verpflichtet Anfang 1899 die SCB zu Verhandlungen «ohne Verzug» über die Güterbahnhoffrage und bestimmt, dass die Genehmigung des vorliegenden Bauprojekts bis dahin hängig bleibe. Die im März aufgenommenen Verhandlungen sind äusserst zäh, da die SCB erklärt, sie fühle sich nicht verpflichtet, Rohmateriallagerplätze anzulegen und zu betreiben. Sie reicht pro forma das Projekt für eine solche Anlage auf dem Dreispitz ein, lehnt aber weiterhin jeden eigenen Aufwand dafür ab. Im Dezember 1899 findet im Stadthaus unter bundesrätlichem Vorsitz eine Verhandlung über die offenen Fragen bezüglich Personen- und Güterbahnhof statt. In ihrem Verlauf kommt eine Einigung zwischen Regierung und SCB über die Erschliessung des Dreispitzareals und die Betriebsweise der geplanten Lagerplätze zustande. In der Folge werden Verhandlungen mit der CMS über die Landabtretung aufgenommen.[229]

Da sich die CMS im laufenden Expropriationsverfahren für die Erweiterung des Wolfbahnhofs als harte Landabtreterin erweist, wird von Anfang an ausdrücklich auf eine Expropriation des Dreispitzareals verzichtet. Man will damit den Zeitverlust durch ein ähnlich langes Verfahren wie das seit dem Dezember 1898 laufende (im Januar 1901 beendete) und die zu erwartenden hohen Expropriationsentschädigungen vermeiden, die das knapp budgetierte Projekt zum Scheitern bringen würde. Als das Finanzdepartement im Januar 1900 die CMS anfragt, wird ausdrücklich von einer pachtweisen Überlassung des Areals gesprochen. Damit solle dem Staat ein hoher

Kapitalaufwand erspart werden, könne der Landbestand der CMS und die Möglichkeit zur späteren Nutzniessung der CMS von einer Wertsteigerung des Land erhalten werden.[230]

Die SCB verpflichtet sich, einen einmaligen Beitrag von Fr. 100'000.– an die Erstellung der Verbindungsgeleise zum Wolfbahnhof zu leisten und eine ermässigte Taxe für die von ihr zu den Lagerplätzen geführten Güterwagen zu erheben. Die CMS verlangt die Vergütung der Gebäude des Dreispitzhofs und einen Pachtzins von Fr. –.80/m² p.a. Sie erklärt sich aber nach einem Vermittlungsantrag des Regierungsrats mit einer Reduktion auf Fr. –.50/m² einverstanden, unter der Bedingung, dass ihr Einblick in die Lagerplatzabrechnung gegeben werde: «Auf dem ganzen Unternehmen soll der Staat kein Geschäft machen, sondern ein allfälliger Einnahmenüberschuss der Christoph Merian'schen Stiftung ausser dem Pachtzins zu gute kommen.»[231]

Die Verwirklichung der Lagerplätze wird durch die drängende Eingabe eines Weingrosshändlers an den Regierungsrat beschleunigt: Seine auf der Gundeldinger Seite des Bahnhofs gelegene gewerbliche Liegenschaft wird von der SCB expropriiert, was ihn bereits veranlasst hat, bei der CMS erfolglos als Interessent für einen Landkauf vorzusprechen. Der Regierungsrat beauftragt die Delegierten für die Bahnhoffrage, die Angelegenheit zu prüfen; diese befürworten in ihrem Bericht vom Januar 1900 eine Erschliessung des Dreispitzareals für gewerbliche Zwecke. Sie argumentieren gewerbepolitisch wenn sie sagen, die günstige bahnnahe Plazierung könne mithelfen zu verhindern, dass Handelsfirmen den Kanton aus Platznot und wegen Erschliessungsmängeln in eine der basellandschaftlichen Nachbargemeinden verlassen müssten. Der Regierungsrat stellt sich auf den Standpunkt der Delegierten und veranlasst die Aufnahme von Pachtzinsverhandlungen mit der CMS.[232]

Am 6. Juni 1900 kommen die Verträge der Regierung mit der SCB, am 13. Juni mit der CMS zustande, welche die Erstellung des Verbindungsgeleises und die Landverpachtung betreffen. Die CMS verpachtet dem Staat mit einem Recht auf Unterverpachtung 7,1 ha Land auf dem Dreispitz. Der Pachtzins von Fr. –50/m² wird ausdrücklich als Entgegenkommen der CMS «zum Zwecke der Erleichterung der Durchführung des beabsichtigten Unternehmens im Interesse des Handelsstandes» anerkannt und aus diesem Grunde ausdrücklich als Vergleichsgrundlage für die Landbewertung bei allfälligen zukünftigen Expropriationen in diesem Gebiet ausgeschlossen. Mit dem Gesetz vom 10. Januar 1901 wird die Verwaltung der Öffentlichen Materiallagerplätze als selbständige Abteilung des Finanzdepartements gebildet.[233]

2. Die Ausweitung der Lagerplätze

Vertragliche Regelungen und politische Geräusche

Das kleine Territorium des Kantons Basel-Stadt und die wirtschaftliche Entwicklung um die Jahrhundertwende üben faktischen und psychologischen Druck auf die Bemühungen um die Aktivierung von Landreserven aus. Diese Situation bildet den Anlass für das Gutachten von 1896 über die Zulässigkeit von freihändigen Landverkäufen durch die CMS und fördert auch die relativ günstige Stellung der CMS in der Frage der Nutzung des Dreispitzareals, das im öffentlichen Interesse vom landwirtschaftlichen Ertragswert zu einem gewerblichen Verkehrswert gelangt. Der monopolartige Vorteil der CMS dürfte etwas zu ihrem gespannten Verhältnis zur öffentlichen Hand beitragen.

In verschiedenen Nachträgen zum Pachtvertrag wächst das von den Lagerplätzen beanspruchte Land bis 1910 auf 9,3 ha an. Als die Staatsverwaltung Mitte 1910 mit der CMS Kontakt aufnimmt, um die Pachtverhältnisse neu zu regeln, ersucht sie sie, den Pachtzins von Fr. –.50/m² weiter auf Fr. –.30/m² zu senken. Sie begründet dies mit der Konkurrenz durch den Güterbahnhof St. Johann und den Badischen Bahnhof.[234] Die CMS glaubt die Pachtzinsreduktion nicht gewähren zu können, macht aber auf Zureden von Regierungsrat Paul Speiser im 1911 zustandekommenden Pachtvertrag finanzielle Zugeständnisse.

Die Brückenstellung der CMS als die Kantonsgrenze überlagernde Grundbesitzerin lässt sie in der Dreispitzfrage während der Pachtzinsverhandlungen von 1911 ins Feuer der Kritik geraten. Fast gleichzeitig kommt es Anfang Mai zu Interpellationen im Bürgerrat und im Grossen Rat und zu Äusserungen des Regierungsrats in dieser Sache. (Ähnliche Einwände werden wieder 1952 im Zusammenhang mit dem Verkauf von Weidenhofland gemacht.) Der Regierungsrat kritisiert, die Bürgergemeinde und ihre Institutionen unterstützten die öffentlichen Angelegenheiten nicht genügend; dabei ist von einer «fiskalisch und kurzsichtig» betriebenen Bodenpolitik die Rede, die eine Verlagerung der Werte und Steuern mehrenden wirtschaftlichen Aktivitäten in den Nachbarkanton begünstige, was eine direkte Anspielung auf die CMS darstellt. Das Erweiterungsland für die Öffentlichen Materiallagerplätze werde von der CMS zu teuer abgegeben. Auf diese Weise fördere sie die Industrieansiedlung auf ihrem Land im Nachbarkanton.

In einer Interpellation im Grossen Rat wird der Regierungsrat um Auskunft über seine Verhandlungen mit der CMS über die Erweiterung der Anlagen auf dem Dreispitz gebeten. In seiner Antwort äussert dieser die Ansicht, «dass der grosse Grundbesitz der Christoph Merian'schen Stiftung allzusehr nach kapitalistischen Gesichtspunkten verwaltet wird, was gewiss nicht im Sinne des Stifters lag ...». Er befürchtet, dass die CMS ihr Land zum Schaden des Gewerbes zum Besitz der toten Hand werden lasse. Der Bürgerrat wehrt sich für die CMS, deren Pachtzinsforderungen im rechnerischen Vergleich mit den in der unmittelbaren Nachbarschaft bezahlten Bodenpreisen nicht als zu hoch bezeichnet werden dürften. Im übrigen habe die CMS im Vorjahr eine an einem günstigen Landkauf interessierte Firma gerade wegen der Pachtzinsverhandlungen mit dem Staat abweisen müssen. Die Firma ziehe aber ohnehin nach Münchenstein oder Muttenz, da sie der «Strenge der hiesigen bau- und feuerpolizeilichen Vorschriften» nicht genügen könne.[235]

Vertragserneuerungen und Erschliessungsplanung

Ende 1913 wird auf Seiten der Lagerplatzverwaltung die Frage laut, was mit den 5,8 ha Lagerplätzen nördlich der Dornacherstrasse – dem eigentlichen ehemaligen Dreispitz – nach dem Ablauf der Pachtdauer Anfang 1921 geschehen werde. Es scheint zu diesem Zeitpunkt offenbar nicht ausgeschlossen, dass die CMS diesen Abschnitt dann zur Überbauung freigeben könnte. Die dortigen Stationsanlagen der Geleiseerschliessung müssten in diesem Fall kostspielig ersetzt werden. Die CMS äussert sich im folgenden Jahr denn auch nicht besonders geneigt, den Vertrag über 1921 hinaus zu verlängern, da sie mit einer schlechten Verzinsung rechnet; die Staatsverwaltung ihrerseits macht geltend, dass besonders in der gegenwärtigen Kriegszeit eine Verlegung der Anlagen für den Staatshaushalt nicht tragbar sei. Das Verhältnis zwischen CMS und Lagerplatzverwaltung verschlechtert sich in den Jahren darauf offensichtlich, als ein Erschliessungsprojekt der letzteren und ein von der CMS dazu angefordertes Gutachten aufeinanderschlagen. Die CMS ist mit ihrem Gutachter dagegen, dass der Ausbau der Lagerplätze sich aus steuerhoheitlichen Gründen auf das Land im Bann Basel beschränken müsse; die rationelle Gestaltung der Anlagen und die günstige Erschliessung des noch verfügbaren Kulturlands erforderten eine Überschreitung der Kantonsgrenze. 1916 beauftragt das Finanzdepartement das Baudepartement, ein Erweiterungsprojekt auszuarbeiten. Ein bereinigtes Projekt mit dem Ziel der Vergrösserung auf 90 ha Umfang wird 1922, ein Jahr nach der Neuregelung des Pachtverhältnisses, von den Regierungen der beiden Kantone gutgeheissen und ruft sogleich Gegnerschaft in der Gemeinde Münchenstein auf den Plan. Die schwierige Wirtschaftslage der Folgezeit lässt aber die Nachfrage nach Lagerplätzen so zurückgehen, dass dieses Projekt nur teilweise zur Ausführung kommt.[236]

Mit dem Vertrag von 1921 wird eine Neuregelung sämtlicher Pachtverhältnisse vorgenommen, die der CMS nun erlaubt, der Bodenwertsteigerung entsprechend höhere Pachtzinsen festzusetzen. Diese sind Fr. –.90/m² p.a. im innersten Abschnitt auf Basler Boden bis Fr. –.30/m² p.a. im äusseren Abschnitt auf Münchensteiner Boden. Für die noch landwirtschaftlich genutzten Flächen beträgt der Pachtzins Fr. –.02/m² p.a. Die Dreispitzverwaltung übernimmt dabei die nun in ihrem Areal stehende Scheune des Waldhofs für Fr. 40'030.–; die CMS beschliesst, diese durch einen um Fr. 10'000.– teureren Neubau zu ersetzen. Schon im Vorjahr mussten mit dem Waldhofpächter sichere Übergänge über die Dreispitzgeleise hinter der Scheune bestimmt werden.[237]

Die Plazierung des Zollfreilagers

Ende 1920 sammeln sich in der Basler Handelskammer Interessenten für ein Zollfreilager. Am 20. Februar 1920 wird die «Basler Freilagergesellschaft» gegründet. Als Standorte werden Areale geprüft, die nahe bei den Rheinhäfen und den Güterbahnhöfen liegen. Die Art des zollfrei zu lagernden Guts und die infrastrukturellen Vorleistungen auf dem Dreispitz lassen diesen Standort als den günstigsten erscheinen. Die Freilagergesellschaft beginnt Anfang August 1922 als Unterpächterin des Kantons auf 2,9 ha Land im Münchensteiner Abschnitt des Dreispittzareals mit dem Bau der Lagerhäuser. Schon bald wird erwogen, das baulich geschlossene Freilager zur besseren finanziellen Situierung in einem Baurechtsverhältnis anzulegen. Mit Vertrag vom Mai 1923 erwirbt die Einwohnergemeinde Basel von der CMS ein sechzigjähriges Baurecht über 5,2 ha Land, das sie der Freilagergesellschaft weiterveräussert. Damit tritt die CMS ein Nutzungsrecht an eine Körperschaft ab, in der sie selbst vertreten ist: Die Freilagergesellschaft besteht seit August 1922 als Genossenschaft mit Sitz in Münchenstein, an deren Kapital die beiden Halbkantone, verschiedene Banken und die CMS eine Beteiligung von zusammen einem Viertel haben; sie wird 1940 in eine Aktiengesellschaft umgewandelt.[238]

Nutzungskonflikte auf dem Land im Nachbarkanton

Der neue Pachtvertrag, die grossen Erweiterungspläne und die Errichtung des Freilagers schaffen bei den Bewohnern des benachbarten Münchensteiner Fichtenwaldquartiers Beunruhigung über die weitere Expansion der Lagerplätze. In drei Gemeindeversammlungen 1921 und 1923 werden Beschlüsse für ein Bauverbot auf Parzelle 2273 der CMS gefasst. Dieses bezweckt, die Erweiterung der Lagerplätze über die Bruderholzstrasse hinaus zu verhindern und nur die wohnbauliche Nutzung zuzulassen. Der Regierungsrat von Baselland spricht sich im Interesse des Freilagers für eine Überschienung der Bruderholzstrasse aus, «sofern die Interessen der Bewohner der Wohnkolonie nach Möglichkeit gewahrt bleiben» und hilft, von der Gemeinde Münchenstein die Genehmigung für die Anlegung dieses Geleises zu erwirken.[239]

Die Ausweitung des Lagerplatzareals auf Münchensteiner Boden stösst in den 1940er Jahren wieder auf Hindernisse. 1944 belegen Lagerhausbauten das Dreispitzareal bis an die Bruderholzstrasse. 1943 und 1945 werden die für die Erweiterung notwendigen Geleiseübergänge über diese Strasse vom Gemeinderat bewilligt. Als der Geleisebau

1947 an die Strasse vorstösst, verweigert der Gemeinderat die Baubewilligung, und macht sie vom Bauzonenplan, der erst in Arbeit ist, abhängig. Die Einzonung des Ruchfelds wird als vorgezogenes Geschäft behandelt und eine Einweisung in die Industriezone im Oktober 1948 von der Gemeindeversammlung abgelehnt.

Nach ergebnislosen Einigungsverhandlungen verhängt der Gemeinderat im April 1949 eine einjährige Bausperre über die Parzelle der CMS, von der nur das im Bau befindliche Gebäude der ARFA ausgenommen wird. Ende Mai wird diese Sperre durch einen regierungsrätlichen Beschluss und durch die Genehmigung des Bauvorhabens von Bundesseite gebrochen – die Gemeinde verfügt aber Mitte August wieder die Arbeitseinstellung. Da in der erfolgten Planauflage Formfehler festgestellt werden, muss diese nun vorschriftsgemäss wiederholt werden. Sämtliche involvierten Körperschaften erheben bei dieser Gelegenheit Einspruch gegen den Zonenplan: die CMS als Grundbesitzerin, das Baudepartement Basel-Stadt und das Stadtplanungsamt als Rekurrenten namens des Regionalzonenplans, die Basler Freilager AG, die Dreispitzverwaltung und die ARFA als potentiell geschädigte Nutzer des Areals sowie die Basler Handelskammer als Vertreterin der Handelsinteressen insgesamt. Die CMS macht in ihrem Einspruch vom August 1949 geltend, dass sie durch die Felderregulierung von 1920 «mit grossen Kosten» ihren Grundbesitz auf dem Ruchfeld habe arrondieren können, um ihn als Reserve für spätere Erweiterungen der Öffentlichen Materiallagerplätze zu benützen. Sie beklagt, dass die vorliegende Zonenplanvariante weitgehend und einseitig wie schon 1923 die Interessen der Bewohner des benachbarten Wohnquartiers schütze. Im Laufe der mehrere Jahre dauernden Verhandlungen weist der Gemeinderat Ende 1951 einen Vorschlag der CMS zurück, durch einen Waldstreifen auf ihrem Land eine Abschirmung des Wohnquartiers gegen die erweiterten Lagerplätze hin zu schaffen.[240]

Die Einigung kommt im Laufe des Jahres 1952 zustande, indem die umstrittene Parzelle der CMS in zwei Parzellen aufgeteilt wird, deren kleinere von 6,9 ha gegen die Reinacherstrasse für die Erweiterung der Lagerplätze bestimmt ist, während die grössere von 13,1 ha mit einem dem Gemeinderatsbeschluss unterstellten Erweiterungsverbot als Servitut belastet wird. Die Gemeindeversammlung heisst am 10. Oktober 1952 die Zonenplanänderung gut.

Die Neuordnung des Nutzungsverhältnisses und die Bedeutung der Lagerplätze für den Ertrag der CMS

In den 1930er und 1940er Jahren erfahren die Lagerplätze auf dem Dreispitz eine Stagnation. Nachdem schon das riesige Erweiterungsprojekt von 1922 nicht in der vorgesehenen Weise ausgeführt werden kann, finden zwischen 1931 und 1938 überhaupt keine Erweiterungen statt. Das Finanzdepartement ersucht die CMS aus diesem Grund, die für 1940 vorgesehene Pachtzinserhöhung hinauszuschieben und muss 1945 kriegsbedingt nochmals um Entgegenkommen bitten.[241]

1943 und 1945 ereignen sich auf dem Dreispitzareal Grossbrände, die strengere Bauvorschriften ratsam erscheinen lassen. Die Lagergebäude werden bis dahin als Fahrnisbauten nach baselstädtischem Hochbaugesetz betrachtet und die feuerpolizeilichen Vorschriften sind kasuistisch. 1950 stimmt der Grosse Rat einer neuen Bauverordnung für das Dreispitzareal zu, die klare Verhältnisse an den Immobilien schafft. Mit der Neudefinierung des Status der Lagergebäude wird auch ihr Verhältnis zum Standortgrundstück revidiert und die Errichtung einer Baurechtsparzelle zugunsten der Stadt vorgeschlagen. Es herrscht die Auffassung, dass die Einwohnergemeinde einen so hohen Aufwand für Erschliessung und den Unterhalt des Areal leiste, dass ein dauerhafteres und selbständigeres Rechtsverhältnis als der Pachtvertrag die richtige Nutzung der nunmehr 45,6 ha Betriebsfläche fördern würde. Die Verhandlungen über die Umwandlung des Pacht- in ein Baurechtsverhältnis führen 1954 zum Abschluss von Baurechtsverträgen.[242]

Die der CMS aus dem Dreispitzareal zufliessenden Baurechtszinsen erfahren vor allem 1971 eine deutliche Anpassung an die Geldentwertung. Ende 1978 nimmt die CMS Verhandlungen mit der Einwohnergemeinde über die Neufestsetzung der Baurechtszinsen für den Zeitraum von 1981 bis 2000 auf. Als keine Einigung zustandekommt, wird der Entscheid von den beiden Parteien einem Schiedsgericht übertragen, von dem er im Juni 1983 gefällt wird. Mit einem Anteil von 24,5% (Mittel 1981–1984) am Gesamtertrag der CMS sind die Baurechtszinsen des Dreispitzareals für die Stiftungsrechnung von Bedeutung. Die 1984 vollzogene sechzigprozentige Zinserhöhung erlaubt der CMS, sich einen dem Geld- und Landwert entsprechenden Ertrag aus den 1985 44,6 ha (inklusive Zollfreilager) intensiv genutzten Lands zu sichern.[243]

Der organisierte Rückzug der landwirtschaftlichen Nutzung

Ende 1952 bespricht die Stiftungsverwaltung mit dem Brüglinger Pächter die sukzessive Abgabe des zur Lagerplatzerweiterung bestimmten Lands. Die Verwaltung der Öffentlichen Materiallagerplätze bezahlt der CMS für die landwirtschaftlich genutzten Teile des Erweiterungslands einen landwirtschaftlichen Pachtzins. Die Weiterverpachtung an den Brüglinger Pächter erfolgt auf den im unmittelbaren Erweiterungsbereich liegenden Flächen kostenlos, aber auch ohne Kündigungsfrist (Gebrauchsleihe); für die weiteren Flächen werden detaillierte Abmachungen über die Kulturen und deren Entschädigung im Abtretungsfall geschlossen. Der für die Vorbereitung des Geleisebaus ausgehobene Humus wird zum Teil nach Brüglingen transportiert und im Park aufgetragen. Im ersten Quartal 1955 werden von den 6,9 ha der Erweiterungsparzelle 72% landwirtschaftlich genutzt, im zweiten Quartal noch 55%.[244]

6.2 Die Ausbreitung auf das Vordere Bruderholz und zum Unteren Gruth

Der Grundbesitz der CMS auf dem Bruderholz kann in zwei Teile gegliedert werden, die von der heutigen Giornicostrasse voneinander geschieden werden:
das *stadtnahe Bruderholz* mit dem weitgehend überbauten CMS-Land, das durch den Kauf des Waisenhausguts in den Besitz von Christoph Merian gelangte;
das *landwirtschaftliche Bruderholz* (Klosterfiechten, Predigerhof) das in vier Gemeinden und zwei Kantonen liegt und trotz grosser Veränderungen bis heute landwirtschaftlich genutzt wird.

1. Das stadtnahe Bruderholz

Erschliessung und Überbauung

Im Mai 1904 beschliesst der Grosse Rat die Festsetzung von Vorschriften für die Überbauung des Bruderholzplateaus. Damit kann sich die Stadt vom Gundeldingerfeld, wo sich die Bebauung um die Jahrhundertwende zu schliessen beginnt, in südlicher Richtung weiter ausdehnen. In einem Vertrag mit der Einwohnergemeinde Basel vom Februar 1913 legt die «Landgesellschaft Bruderholz» die Grundlagen für den Bau einer Tramlinie auf das Bruderholz. Die von der Reinacherstrasse durch das Jakobsbergerwäldchen hinaufführende Linie wird am 1. Juli 1915 eröffnet.[246]

Noch 1910 lehnt die CMS die Ausarbeitung eines von Grundbesitzern des nordöstlichen Bruderholzes angeregten Überbauungsplans ab. Die Stiftungsverwaltung ist der Auffassung, dass bis zur wirtschaftlichen Baureife dieses Landes noch einige Zeit verstreichen werde. Die Kommission lehnt zu diesem Zeitpunkt auch einen Landtausch ab, der die Fällung von Bäumen und den Aushieb eines Waldrands nach sich ziehen würde: das Gehölz diene «als Schutz und Zierde des dortigen Bergabhangs» und habe damit eine öffentliche Bedeutung.[247]

Erstmals 1911 befasst sich die Stiftungskommission mit der Frage der Erschliessungsstrassen am Bruderholz. Landabtretungen betreffen die CMS aber erst durch das Strassenbahnprojekt, dem die Kommission 1912 zustimmt. Die «Interessenzone» für die Tramerschliessung wird mit 107,57 ha angegeben, darunter 5,6 ha Land der CMS. Von diesem Land hat die CMS rund 0,93 ha, hauptsächlich im *Unteren Jakobsbergerhölzlein* und beim *Hechtliacker* 1915 zu Fr. 3.60/m^2 abzutreten. Einziger Anhaltspunkt für die Verteilung des verpachteten Lands der CMS auf dem nordöstlichen Bruderholz ist eine Notiz von 1916 über die Zuteilung des Hechtliackers an den Pächter des Pachthofs St. Jakob, zu dem er als Bestandteil des Waisenhausguts ursprünglich gehörte.[248]

1913 eröffnet die CMS ein Konto «Parzellierung des Bruderholzplateaus», in dem die Ausgaben für die Erschliessung verbucht werden. Zu dieser Zeit interessiert sich die Eisenbahner-Baugenossenschaft für 0,97 ha Land auf dem Hechtliacker, da die SBB das Stiftungsland am Walkeweg beanspruchen, über das die Genossenschaft mit der CMS 1912 einen Kaufvertrag aushandelte. Das Kaufpreisangebot, das sie Anfang 1913 der CMS macht, wird von dieser als ungenügend bezeichnet, und auch 1914, als die Baugenossenschaft Schwierigkeiten hat, genügend Interessenten zu finden, zeigt sich die CMS nicht zu Konzessionen bereit. In Anbetracht des Kriegsausbruchs verzichtet die CMS Ende 1914 auf den weiteren Strassenbau am Bruderholz und sistiert die Eisenbahner-Baugenossenschaft 1916 die Verhandlungen. Wegen der nach dem Krieg gestiegenen Strassenerstellungskosten kommt das CMS-Land auf dem Bruderholz für die Interessentin nicht mehr in Frage.[249]

Das «fehlende Stück» Jakobsbergerhof

Fast drei Fünftel (58 %) der 1894 vom Bürgerspital Privaten und der CMS für das Sanatoriumsprojekt abgekauften 8,25 ha Land stammen von der Firma Dreyfus Söhne, welcher damals *Jakobsbergerhof* und *Krummenacker* gehören (siehe Kap. 2.3). Das zu dieser Zeit ca. 43 ha grosse Gut soll sie «jahrelang» zu etwa dem Preis, der für das Sanatoriumsland bezahlt wurde, angeboten haben. Die CMS scheint sich damals nicht um den Kauf dieses von ihrem Grundbesitz ganz umschlossenen Guts zu bemühen, das um die Jahrhundertwende die Hand wechselt. Die Stiftungsverwaltung korrespondiert mit dem in Zürich wohnhaften Anbieter des Jakobsbergerhofs Ende 1904; ihren Äusserungen lässt sich entnehmen, dass sie an einem Kauf nicht ganz uninteressiert wäre. In ihren Augen ist das noch 19 ha grosse Gut zu klein, um einen selbständigen Landwirtschaftbetrieb darstellen zu können, und ist seine Lage sowohl für die landwirtschaftliche als auch für die wohnbauliche Nutzung ungünstig. Die CMS wirft dem Anbieter vor, er wolle das Gut spekulativ verkaufen, und erinnert ihn daran, dass es ganz von ihrem Land umschlossen sei; sie sei aber nicht geneigt, Land für seine Erschliessung abzutreten und ihm so Hand zu einer Wertsteigerung zu bieten.[250]

Der Güterbestand der CMS ist zu dieser Zeit in «Bewegung», und die Verwaltung prüft in den Jahren nach 1916 die Möglichkeiten zu Ersatz- und Arrondierungskäufen (siehe Kap. 7.2 und 8.3). Dabei versucht sie offenbar auch, die Situation des Jakobsbergerhofs ihrer Landkauftätigkeit auf dem Ruchfeld dienstbar zu machen. Als sie Ende 1916 von Verkaufsverhandlungen über 1,3 ha Land dieses Guts auf dem Ruchfeld erfährt, erinnert sie den Besitzer desselben an eine mündliche Abmachung, nach der sie ihm den Tausch seines dortigen Lands gegen Stiftungsland zur Erschliessung des Hofs ermöglichen würde. Etwas später lässt sie die Bereitschaft zu einem privaten Landtausch mit dem Hinweis auf die öffentliche Baulandumlegung auf dem Bruderholz fallen. Sie offeriert dem Besitzer des Jakobsbergerhofs einen Kaufpreis für die Landstreifen auf dem Ruchfeld und weist ihn darauf hin, dass diese im Ausdehnungsbereich der Materiallagerplätze lägen und eventuell expropriiert werden könnten. 1920 bietet sie Hand zur Ziehung einer Elektrizitätszuleitung über ihr Land zum Hof. Anfang 1927 wird ihr der Jakobsbergerhof von einem Liegenschaftsvermittler angeboten. Die CMS tritt nicht darauf ein, da die bauliche Nutzung noch unbestimmt sei, während bereits ein Baulandpreis verlangt werde.[251]

1942 wird wieder Korrespondenz über den Jakobsbergerhof geführt, der nun mit einem Umfang von 11,97 ha angeboten wird. Wie schon zuvor bezweifelt die CMS die Eignung des Landes für eine Wohnbebauung. Die Kommission ist zwar bereit, einen etwas höheren Landpreis zu bieten, da es sich um «die einzige Möglichkeit, im Stadtgebiet noch Land zu kaufen» handle; sie stellt aber fest, dass dieser Kauf, auch wenn er zu einem realistischen Preis erfolgen könnte, «einen spekulativen Einschlag» habe. Den verlangten Preis von Fr. 16.50/m² bezeichnet sie als übersetzt. Das Gut wird im Laufe des Jahrs 1943 von der «Landgenossenschaft Jakobsberg» für Fr. 13.60/m² erworben. Diese stellt die Erschliessungsfrage neu und interessiert sich im folgenden Jahr für den Kauf von rund 0,7 ha CMS Land bei der geplanten Giornicostrasse, der zustandekommt.[252]

Mit dem Bau der Giornicostrasse Ende 1949, der baulichen Auffüllung im Gebiet des ehemaligen Jakobsbergerhofs und der Aufgabe des Waldhofs 1951 sind für die CMS die Fragen des landwirtschaftlichen Grundbesitzes klar in den Bereich südlich der Giornicostrasse hinausgerückt. Das Stiftungsland auf dem Sesselacker und beim ehemaligen Projektstandort des Sanatoriums im Spitzacker wird 1970 bzw. 1976 überbaut.[253]

2. Das landwirtschaftliche Bruderholz

Landangebote auf der Bruderholzhöhe

Nach der Einstellung der Projektierungsarbeiten für einen Zentralfriedhof auf der *Langen Heid* Ende 1909 und der deutlichen Absage der basellandschaftlichen Behörden Mitte 1910 geht es der CMS darum, ihren dortigen Grundbesitz für die spätere Erweiterung der Öffentlichen Materiallagerplätze zu schliessen. In den folgenden Jahren werden der CMS immer wieder Güter und Land in der Gemeinde Reinach angeboten, für die sie aber wegen fehlenden Landbedarfs oder wegen der durch den Baulandcharakter der Güter zu hohen Preise kein Interesse zeigt.

1916 werden der CMS von einer in Reinach ansässigen Vermittlerin erstmals der Anfang dieses Jahrhunderts gegründete Hof auf dem Bruderholz – nach dem Predigerholz *Predigerhof*, nach dem damaligen Besitzer auch «Weissenbergscher Hof» genannt – und der westlich von diesem gelegene *Schweighausersche Hof* – auch als «Reinacherhof hinter Klosterfiechten» erwähnt – angeboten. Letzterer wurde ihr bereits 1908 offeriert. Aus verschiedenen Gründen ist die CMS nicht am Kauf der beiden Höfe interessiert und leitet das Angebot an die Verwaltung des benachbarten städtischen Gutes Klosterfiechten weiter, das verschiedentlich Pachtland suchte. Es kann vermutet werden, dass auf diesem Weg der Regierungsrat zur Auffassung gelangt, es sei sinnvoll, für die Stadt Boden auf dem basellandschaftlichen Bruderholz zu «sichern»; da der Staat diesen aber nicht selbst erwerben sollte, wird der Ball in der Kauffrage an die CMS zurückgespielt, deren Kommission im Herbst 1916 dem Regierungsrat über die diesbezüglichen Kommissionberatungen berichtet. Die CMS ist der Meinung, die beiden Güter lägen zu weit von Brüglingen entfernt, um diesem angegliedert werden zu können. Bei der Vereinigung der beiden Höfe zu einem

Abbildung 21
Der Predigerhof zur Zeit des Kaufs durch die Christoph Merian Stiftung (1938).
Feldflur des Reinacher und Münchensteiner Bruderholzes um 1958, vor der Güterzusammenlegung.
(Vereinfachende Umzeichnung nach Plan Derendinger, Pratteln, 16.6.1958; StA BL Mel. Amt 60/500.)

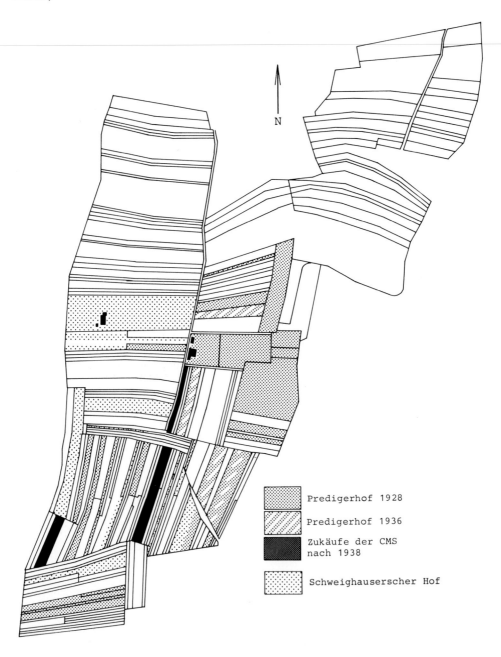

einzigen grösseren Hof müsse dagegen mit hohen Baukosten für Ökonomiegebäude gerechnet werden.
Nachdem der Predigerhof Anfang 1916 für Fr. 85'000.– angeboten worden ist, folgt Ende 1916 durch einen anderen Liegenschaftsvermittler ein Angebot für Fr. 120'000.–, das die CMS selbstverständlich ablehnt. 1931 und 1936 wird der Hof der CMS wieder von Vermittlern angeboten, und 1935 bietet ihn der damalige Besitzer der CMS erfolglos an.[254]

Der Kauf des Predigerhoflands

Im Zusammenhang mit dem 1937 beratenen Verkauf des Restareals des Singerhofs an den Nordwestschweizerischen Milchverband hält die CMS Umschau nach Ersatzgütern, die aus dem Verkaufserlös erworben werden könnten. In dieser Zeit tritt sie in Verhandlungen über den Predigerhof ein. Anfang 1938 erwirbt die CMS die 10,87 ha Predigerhofland zu Fr. 1.25/m². 10,32 ha im Bann Reinach sind auf 29 Bewirtschaftungsparzellen und 78 (!) Grundbuchparzellen verteilt, 0,8 ha im Bann Münchenstein auf 2 Parzellen. Das Land ist nach dem Kataster genau hälftig Acker- und Wiesland. Die CMS erhält ein Vorkaufsrecht auf die Gebäude des Hofs, die zusammen mit einem kleinen Umschwung im Besitz des Verkäufers, Arnold Spaar-Feigenwinter, bleiben. Wie beim Sternenhof steht bei den beiden Bruderholzhöfen einer relativ geschlossenen Hofparzelle ein ausserordentlich zersplitterter Kulturlandbesitz gegenüber[255] (siehe Abb. 21).

Das Predigerhofland wird dem Brüglinger Landkonto zugewiesen und dem Verkäufer verpachtet. Der Kauf hat deutlich Vorsorgecharakter und ist, wie die der Kommission und dem Bürgerrat gegebene Begründung zeigt, das Ergebnis einer Suche nach stadtnahem, aber nicht in Baugebiet liegendem Kulturland. Der Kauf wird von der Kommission als finanziell ungünstig bewertet, aber mit einer möglichen Wertsteigerung des Landes gerechtfertigt. Zudem wird erwartet, dass die verstreut gelegenen Parzellen durch weitere Zukäufe und eine Güterzusammenlegung zu einem geschlossenen Landkomplex geformt werden können; dieser würde der CMS die Möglichkeit eröffnen, im Kanton Basel-Stadt überbautes Pflanzland zu ersetzen. Noch im gleichen Jahr erwirbt die CMS fünf an Predigerhofland anstossende Parzellen von 2,1 ha Umfang zu im Mittel Fr. 1.35/m².[256]

Die Neuordnung des Bruderholzlands

1941–42 werden 22 ha Bruderholzland in den Bännen Bottmingen und Reinach drainiert, wovon 0,9 ha Predigerhofland der CMS sind. Im August 1955 wird mit 68% der Eigentümerstimmen und 64% des in das Umlegungsverfahren einbezogenen Landes die Ausführung der Feldregulierung Bruderholz beschlossen. Sie kann 1966 abgeschlossen werden und bringt nicht nur eine Verringerung der Parzellenzahl auf zwei Fünftel des alten Bestands, sondern auch eine völlig neue Erschliessungssituation durch den Bau von 11,6 Kilometern Wegen. Der Umlegungsperimeter hat eine Fläche von 301,6 ha und liegt zu rund der Hälfte auf Bottminger, zu einem Drittel auf Reinacher und zum Rest auf Münchensteiner Gemeindegebiet.[257]

Ein Fünftel des Umlegungsgebiets steht im Besitz von Öffentlichen Händen einschliesslich CMS, d.h. von nur einem Vierzigstel der beteiligten Grundbesitzer. Mit 7% bzw. 6,7% der Gesamtfläche sind CMS und Bürgergemeinde Reinach die am stärksten in das Verfahren einbezogenen Grundbesitzer. Die 22,24 ha Stiftungsland werden bei der Neuzuteilung Ende 1962 infolge Bonitätsdifferenzen und Wegabtretungen um 1,8 ha vermindert. Die Nutzung des umgelegten Landes ist folgendermassen aufgeteilt:

Tabelle 10

	Alt %	Neu %
Pächter von		
Predigerhof	57,4	57,7
Sternenhof	20,8	19,3
Unter-Brüglingen	19,8	6,0
Vorder-Brüglingen	2,0	–
Stadtgärtnerei (Familiengärten)	–	17,0
	100 = 21,4 ha	100 = 20,1 ha

Indirekt ermöglicht die Felderregulierung die Bildung eines neuen Schwerpunkts nichtlandwirtschaftlicher Kulturlandnutzung: Aus Anlass der Neuverpachtung erhält die Stadtgärtnerei 3,4 ha Land für die Einrichtung von Kleingärten. Das auf baselstädtischem Boden angrenzende Pflanzland geht 1978 im Rahmen des Landtausch- und Landkauf-Geschäfts für die baselstädtische Baumschule in den Besitz der Einwohnergemeinde Basel über (siehe Kap. 7.2., Abb. 26). Die CMS kauft 1977 auf dem Bruderholz drei Kulturlandparzellen von zusammen 3,43 Hektaren zu Fr. 18.–/m².[258]

Das Bruderholzhofprojekt: Ansätze zur Agrarkolonisation in Stadtnähe

Aus Anlass der Güterzusammenlegung und der Aufgabe der Pachtstelle Vorder-Brüglingen schlägt die Gutsverwaltung der CMS die Durchführung einer Studie für die allfällige Errichtung eines neuen Bruderholzhofs vor. Unter veränderten Rahmenbedingungen wird damit wieder eine Lösung für die Verknappung landwirtschaftlicher Reserven in Stadtnähe gesucht, die rund 60 Jahre früher zur Errichtung des Waldhofs für die bessere Bewirtschaftung der peripheren Nutzflächen des Brüglinger Guts geführt hatten. 1934 stellt die CMS wieder fest, dass die Brüglinger Pachthöfe weite Wege zum Kulturland haben, die eine äussere Grenze für sinnvolle Kulturlandkäufe vorzeichnen. Dank der in der Folgezeit fortschreitenden Motorisierung der Landwirtschaft werden die Bruderholzäcker für die Brüglinger Pächter etwas leichter erreichbar, so dass das Wegfallen des Waldhofs als Landwirtschaftsbetrieb 1952 nicht zur Errichtung eines neuen Hofs Anlass gibt. Die Zunahme des Verkehrs auf den Strassen zwischen Brüglingen und den Bruderholzäckern legt aber den Gedanken nahe, die beiden Bereiche betrieblich zu trennen. Das Brüglinger Gut sollte nach dem Vorschlag der Gutsverwaltung sukzessive auf rund 40 ha verkleinert werden. Die 50,4 ha Bruderholzland der CMS in den Bännen Basel-Stadt, Bottmingen, Münchenstein und Reinach würden sodann die Errichtung eines Ökonomiegebäudes bei Klosterfiechten oder die Wiederbenützung der Waldhofgebäude erlauben. Der neue, rein ackerbaulich geführte Bruderholzbetrieb hätte eine Mindestgrösse von 33 ha (67% des CMS-Bruderholzlands); ihm könnten mit der Zeit auch das Land des Predigerhofs (17%) und des Sternenhofs (6,7%) eingegliedert werden. 4,3 ha Restland wären als Ersatz für die Familiengärten beim Jakobsbergerholz vorzusehen.[259]

Beim Bruderholzhof-Projekt müssen vorteilhafterweise keine bestehenden Hofgebäude und Pächter berücksichtigt werden, sondern es kann ein allfälliges neues Gebäude optimal in die vorhandene Landmasse gestellt werden. Dieses Projekt nimmt im Gegensatz zur 1916 gestellten Kauf- und Ausbaufrage der beiden Bruderholzhöfe wenigstens auf dem Papier Gestalt an, wenn es auch nicht über das Stadium der Berechnungen und Besprechungen hinauskommt. Der Kauf des Vorderen Schlatthofs 1960 und die Zusammenlegung der beiden Schlatthöfe, ihr Ausbau in Eigenregie und die Koordination mit der Löwenburg nehmen die organisatorischen Kräfte der CMS zu sehr in Anspruch. Der Projektstandort des neuen Bruderholzhofs ist zudem von verschiedenen offenen Planungsfragen belastet. 1962 steht die CMS in Verhandlungen mit dem Baudepartement Basel-Stadt über die Freihaltung des Hundsrucks für die Errichtung des Bruderholzhofs, unter der Annahme einer weitgehenden Überbauung des Klosterfiechtengebiets. Noch 1968 wird mit einer Bauplanung gerechnet, so dass die CMS die Eignung des Predigerhoflands als Privatschul- oder Altersheim-Standort prüft. Auch das Projekt des Kantons Basel-Landschaft für die Querverbindungsstrasse Münchenstein-Bottmingen würde die Nutzfläche eines neuen Hofs nicht unerheblich berühren.[260]

3. Die Auseinandersetzung mit dem Kanton Basel-Landschaft und der Kauf des Unteren Gruths

Missstimmung im Nachbarkanton

Ende Februar 1938 erhalten CMS und Bürgerrat ein Schreiben der Direktion des Innern des Kantons Basel-Landschaft, in dem der Landkauf auf dem Bruderholz ausdrücklich als «vom staats- und volkswirtschaftlichen Gesichtspunkt gesehen schädlich» bezeichnet wird. Es wird ausgeführt, dass der Übergang von Landwirtschaftsland in die tote Hand städtischer Institutionen zu einer Verknappung der Landreserven für die Landwirte und damit zu einer für den Selbstbewirtschafter ruinösen Verteuerung der noch handelbaren Grundstücke führe. Das Aufkaufen von Boden durch kapitalistische Unternehmungen führe «automatisch» zu einer «Verproletarisierung der landwirtschaftlichen Bevölkerung». Die Direktion des Innern macht deutlich, dass sie solchen Landkäufen in Zukunft alle rechtlich zulässigen Barrieren entgegensetzen werde.[261]

In der nachfolgenden Zeit werden mehrere Schreiben zwischen dem Bürgerrat und dem Regierungsrat von Basel-Stadt und der Regierung von Basel-Landschaft gewechselt. Die Behörde des Landkantons muss auf die Beanstandung der Ausdrücke «Grossunternehmung», «kapitalistische Unternehmung» und «tote Hand» antworten, die sie auf die CMS gemünzt hat. Unter Auslassung des polemischen Beiwerks hält sie in ihrer Antwort alle drei weiterhin für die CMS und ihr Verhältnis zum landwirtschaftlichen Grundbesitz für zutreffend. Sie spricht dabei das Wertgefälle von der städtischen zur agrarischen Nutzung an, das sich als agglomerationsbildende Kraft über die Kantonsgrenzen legt und am Ende des 19. Jahrhunderts die nun bestehende Ersatzkaufdynamik der CMS in Gang kommen liess. Sie kritisiert, dass die CMS Gewinne aus teurem Bauland in der Stadt in billiges Landwirtschaftsland der ländlichen Vororte investiere und so den Ausverkauf des Nachbarkantons betreibe. Zum Vorwurf des Grossgrundbesitzes handelt sich die CMS den Vorwurf ein, landwirtschaftliche Grossbetriebe zu führen, was die Zahl der landwirtschaftlichen Arbeitskräfte vermindere und die Existenz des selbständigen Bauernstands gefährde.[262]

Der Regierungsrat von Basel-Stadt zeigt sich in seiner Replik überrascht vom Ton des Schreibens und glaubt, es würden die Vorteile, die der Grundbesitz der CMS dem Landkanton bringt, verschwiegen. Er verwahrt sich gegen die Vorwürfe der «Spekulation», des «Bauernlegens» und der «toten Hand». Gerade die «in einem weiteren Sinne als eine sehr lebendige Hand» erscheinende CMS bringe Kanton und Gemeinden nicht ungeliebte Steuereinnahmen aus den gut unterhaltenen Gütern und stelle Industrie- und Gewerbeareale (Rothaus-Schweizerhalle, Dreispitz-Ruchfeld) zur Nutzung zur Verfügung.[263]

Es fällt auf, dass wie 1885 die Furcht, wichtige Landreserven könnten einer toten oder zumindest wirtschaftlich nicht aktiven Hand verfallen, im Gebiet mit besonderen Entwicklungsaussichten genährt wird: Waren es vor der Jahrhundertwende das Ostplateau der Stadt und die Brüglinger Ebene, so sind es jetzt die Gemeinden mit verstärkter wirtschaftlicher Entwicklung.

1938 und Anfang 1939 rekurriert die CMS gegen die Katasterschätzungen ihres Landes in den Gemeinden des Kantons Basel-Landschaft. Dabei macht sie hauptsächlich die landwirtschaftliche Nutzung des Landes geltend und bezeichnet die ungleiche steuerliche Behandlung von selbstbewirtschaftenden und nicht selbstbewirtschaftenden Eigentümern als verfassungswidrig. Die Steuerlast infolge zu hoher Einschätzung des Landes verkleinere im übrigen die Erträge aus der landwirtschaftlichen Landnutzung übermässig oder führe sogar zu Fehlbeträgen – die CMS nennt für ihren Birsfelder Gutsbesitz 15 % des Pachtzinsertrags -, was nicht im Interesse der Sicherung der Landwirtschaft für die Landesversorgung sein könne. Im Falle eines Gebiets, in dem die wohnbauliche Nutzung nicht ausgeschlossen ist – z.B. Im Freuler in Muttenz –, lasse die schlechte Wohnbaukonjunktur eine ertragreichere Nutzung «auf längere Zeit» nicht absehen.[264]

Die Zurückbindung der CMS auf der Grundlage von Bundesmassnahmen

Ein gespanntes Verhältnis zu den basellandschaftlichen Behörden bleibt in der Folge in Fragen von Land- und Hofkäufen durch die CMS bestehen. 1940 erlässt der Bundesrat die «Massnahmen gegen Bodenspekulation und Überschuldung der Landwirtschaft sowie zum Schutze der Pächter» (BMB), die eine verbindliche Genehmigung von Handänderungen landwirtschaftlicher Heimwesen durch die zuständige Behörde festlegen. Die Genehmigung ist obligatorisch zu verweigern, wenn ein Hof über dem landwirtschaftlichen Ertragswert gehandelt wird, wodurch der Tatbestand der spekulativen Absicht als gegeben betrachtet wird; sie kann fakultativ verweigert werden, wenn durch einen Verkauf Nachteile für die betriebliche Einheit des Anwesens entstehen, der Erwerber Nichtlandwirt ist oder bereits genügend Land besitzt. 1945 lehnt die Landwirtschaftsdirektion des Kantons Aargau unter Berufung auf dieses Notrecht die Genehmigung für den geplanten Kauf eines Landguts bei Rheinfelden durch die CMS ab.[264] Was sich beim Kauf des Predigerhoflandes 1938 noch als Beschimpfung äussern muss, kann nun auf Bundesrecht abgestützt werden und erlaubt den basellandschaftlichen Behörden, ein Exempel zu statuieren. In diesen Zusammenhang gehören die Bemühungen der CMS um den Kauf der beiden «Banga-Güter», des *Schlosshofs* in Pfeffingen und des *Unteren Gruths* in Münchenstein.

Der Streit um den Schlosshof in Pfeffingen

Als die CMS im April 1945 der Direktion des Innern von Baselland ihre Absicht anmeldet, das Gut von Wwe. Banga in Pfeffingen, den *Schlosshof,* erwerben zu wollen,

---

Abbildung 22 ▶
Die Landwirtschaftsgüter der Christoph Merian Stiftung im Birstal um 1951.
Bereits 1938 kauft die CMS das verstreute Land des Predigerhofs auf dem Bruderholz (Mitte W), 1951 den Hof Unteres Gruth oberhalb Münchenstein (Mitte E). Das zuvor verstreute Land des Sternenhofs in Reinach ist nach der Zusammenlegung arrondiert. Bei St. Jakob wird auch das Birswäldchen im Bereich des Gartenbads verkauft.
(Grundkarte reproduziert mit Bewilligung der Eidg. Landestopographie vom 27.6. 1986.)

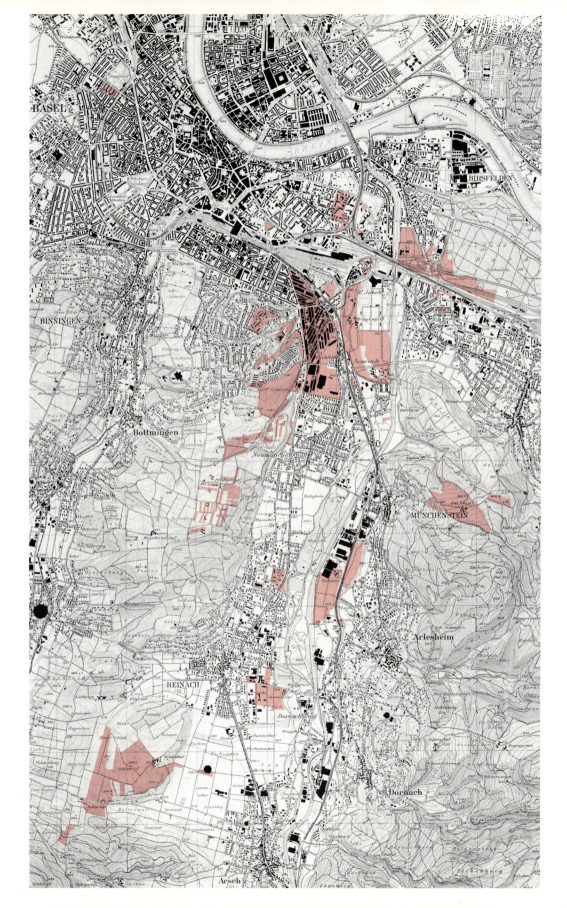

äussert diese ihre Bereitschaft zu einer Kaufgenehmigung – unter der Bedingung, dass die CMS einen anderen ihrer Höfe verkaufe. Mit dieser bedingten Abweisung ist es der CMS nicht möglich, eine Einsprache gegen den Entscheid einzureichen. Im Mai 1945 wird bei einer Besprechung mit dem Stiftungsverwalter eine Regelung skizziert, nach der die CMS nicht Baulandgewinne in Landwirtschaftsgütern anlegen und dadurch vom Gefälle zwischen Verkehrs- und Ertragswert profitieren soll. Die Ersatzlandbeschaffung hat flächengleich in Gebieten zu erfolgen, in welchen ein Bruch zwischen Ertrags- und Verkehrswert eingetreten ist; diese werden von den basellandschaftlichen Behörden mit dem Birstal zwischen Reinach und Basel, dem Bruderholz und dem Allschwiler- und Muttenzerfeld umschrieben.[266]

1946 werden die Verhandlungen für die CMS wegen des Auftretens der Firma Geigy AG als Interessentin für das Gut schwieriger, da die basellandschaftlichen Behörden ihre Zustimmung zu einem Kauf durch die CMS nun davon abhängig machen, dass die Chemiefirma von ihren Kaufabsichten zurücktrete. Nach Unterredungen der regierungsrätlichen Delegationen der beiden Kantone wird der CMS eine Genehmigung für den Kauf des *Arxhofs* in Niederdorf in Aussicht gestellt, aber eine Bevorzugung der Basler Firma im Fall des Schlosshofs deutlich gemacht. Die CMS interessiert sich nicht für den Arxhof – auch nicht acht Jahre später, was kein Zufall ist; sie bemüht sich erfolglos, das Interesse der Geigy AG durch das Angebot zu dämpfen, dass sie im Fall des Hoferwerbs ihr das Gut verpachten würde.

In der Beurteilung der Rechtslage durch das Justizdepartement Basel-Stadt wird festgehalten, dass den basellandschaftlichen Behörden formell keine Willkür bei der Bevorzugung der Firma vorgeworfen werden könne: diese sei zwar wie die CMS eine juristische Person und Nichtlandwirtin, so dass ein Kauf durch sie wie durch die CMS zur Verknappung des verfügbaren landwirtschaftlichen Bodens beitrage, was die Bundesmassnahmen (BMB) verhindern wollen. Sofern Geigy aber nicht auf einen Wiederverkauf spekuliere, wiege ihre Absicht, auf dem Schlosshof eine landwirtschaftliche Versuchsanstalt für die in Schweizerhalle entwickelten Pflanzenschutzprodukte einzurichten, für den Genehmigungsentscheid schwerer als das Suchen der CMS nach einem Gut als Kapitalanlage und Landreservenbildung.[267]

Im November 1946 wird die CMS in einer Rede von Regierungsrat Gschwind vor dem Landrat in ähnlicher Weise wie zur Zeit des Predigerhofkaufs scharf angegriffen, was im Dezember zu einer Interpellation und einem Anzug im Bürgerrat führt. Der Kommissionspräsident der CMS weist in seiner Antwort auf die Interpellation die Anschuldigungen aus Liestal, die CMS betreibe den «Ausverkauf und die Expropriation» des Landkantons, in aller Form zurück.

Im Dezember 1946 bietet das Spitalpflegamt der CMS ein 2,56 ha grosses Grundstück an der Burgfelderstrasse an, das diese im Februar 1947 zu kaufen beschliesst; später tritt sie es im Baurecht der Wohngenossenschaft Kannenfeld ab, die darauf Wohnhäuser errichtet.[268] Dieses Landgeschäft und die Tatsache, dass die CMS 1947 selbst mit dem Bau von Wohnhäusern an der Reinacherstrasse beginnt, weisen auf den Erfolg

---

Abbildung 23 ▶
Die Landwirtschaftsgüter der Christoph Merian Stiftung im Birstal um 1966.
Die Landfläche auf dem Muttenzerfeld wird durch den Ausbau des Rangierbahnhofs und den Bau der Autobahn stark vermindert und führt unter anderem zum Kauf des Vorderen Schlatthofs, wodurch das Schlattgut eindrücklich arrondiert wird. Durch die Güterzusammenlegung ist das verstreute Predigerhofland in wenige Parzellen zusammengefasst worden.
(Grundkarte reproduziert mit Bewilligung der Eidg. Landestopographie vom 27.6. 1986.)

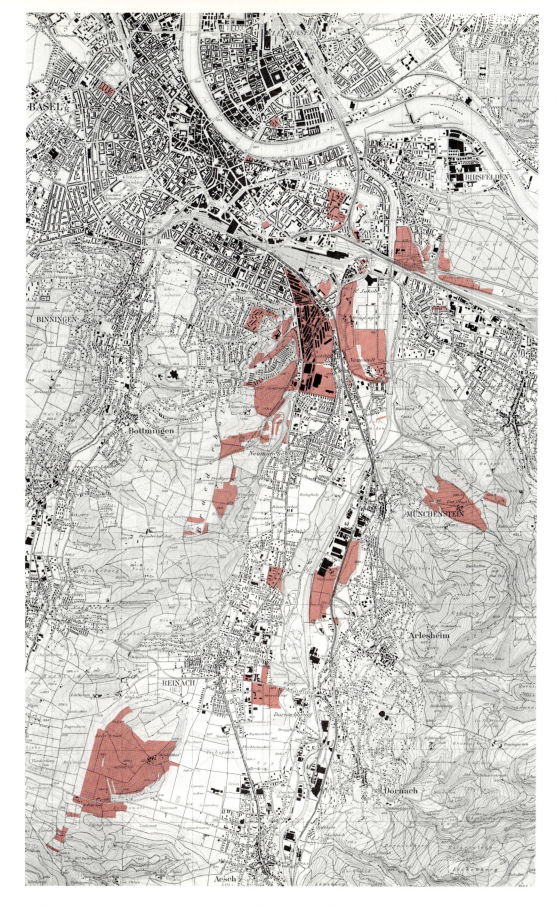

der basellandschaftlichen Invektiven hin, die CMS zu jenem aktiven und erfolgreichen Engagement im städtischen Bereich zu bewegen, das sie in der Zeit eines relativ unbeeinflussten Landgütermarkts nicht als ihre Aufgabe betrachtete.

1947 kann die CMS erwirken, dass sie den Verkauf von 3,7 ha Land bei der Lachmatt, an welchem der Kanton Basel-Landschaft zur Förderung der Industrieansiedlung und Energieversorgung interessiert ist, mit 5,13 ha Kulturland beim Schürhof in Aesch kompensieren kann. 1951 erhält sie nach langen Auseinandersetzungen und mit der Verpflichtung zur Abtretung von 3,55 ha Lachmattland für die Gemeinschaftsschiess- anlage die Genehmigung zum Kauf des Hofs *Unteres Gruth* in Münchenstein. Auf diese Weise gelangt die CMS in den Besitz eines räumlich und sozial bemerkenswert geschlossenen und stabilen Guts in grosser Nähe zu Brüglingen, in das keine Bauland- erwartungen verflochten sind. Mit der Ermöglichung dieses Kaufes fällt die Entschei- dung gegen die Güter *Angenstein* und *Oberaesch* in Duggingen und vor allem *Holden- weid* in Hölstein, deren Kauf die CMS trotz geringer Begeisterung auf Ersuchen des Regierungsrats von Basel-Stadt einigermassen ernsthaft geprüft hat.

Die Gruthhöfe und ihre Bewirtschafter

Die Existenz einer Rodungsinsel im Gebiet der beiden Gruthhöfe oberhalb von Münchenstein steht nach Annaheim bereits für das 14. Jahrhundert fest. Zu einer grundbesitzlichen Zusammenfassung der neuen Flur und der Gründung einer Hof- stelle kam es aber anscheinend erst im 15. Jahrhundert, als das Land in städtisch- herrschaftlichen Besitz kam. Im 16. Jahrhundert erhielt es den Umfang, den es heute noch aufweist. 1712 wurden Hof und Herrschaftshaus des *Oberen Gruths* errichtet, und 1822 wurden die beiden noch auf dem Gürtlerschen Gutsplan von 1787 zusammen dargestellten Hofstellen besitzmässig getrennt. Zwischen 1767 und 1802 wurde das Gruth im Doblerschen Familienbesitz weitergegeben und erfuhr offenbar eine erfolg- reiche Steigerung seiner Ertragskraft.[269] Es fällt auf, dass sich von der Mitte des 19. Jahrhunderts an die Intervalle der Handänderungen des *Unteren Gruths* stark verkürzen.

1884 zieht der Urgrossvater des heutigen Bewirtschafters von Maisprach als Pächter auf das heruntergekommene Gut. 1887 kann er es zu einem für die Betriebsführung nachteilig hohen Preis erwerben. Sein Sohn, der den Hof 1919 übernimmt, erwägt angesichts der konjunkturbedingt hohen Güterpreise ein erstes Mal den Verkauf, um sich der hohen Verschuldung entledigen zu können. Als sein Sohn 1939 das Gut in Erbengemeinschaft mit Mutter und Schwester übernimmt, wird wieder ein Verkauf erwogen und 1940 unter anderem der CMS ein Angebot gemacht. Diese betrachtet aber den geforderten Preis angesichts des schlechten Bauzustands des Hofs für zu hoch.[270]

Der Kauf des Unteren Gruths durch die CMS als «Landhandel» mit dem Kanton Basel-Landschaft

Im April 1950 bietet die Familie Banga das Untere Gruth der CMS erneut an. Diese erwartet, dass der hohe Aufwand für die Instandstellung der stark erneuerungsbedürf- tigen Bausubstanz des Hofs das Auftreten eines anderen landwirtschaftlichen Käufers unwahrscheinlich sein lasse, was eine Kaufgenehmigung durch Liestal fördern könnte, und begrüsst Verhandlungen. Im Juli 1950 empfiehlt die Güterdelegation den Kauf «dieses vor den Toren der Stadt gelegenen einzig schönen Gutes, das sich die Stiftung unbedingt sichern sollte» und regt an, ein Gutachten über seinen Ertragswert einzuholen. Im Oktober kommt eine Vereinbarung mit dem Anbieter über die Bedingungen eines allfälligen Kaufs durch die CMS zustande. Die basellandschaftlichen Behörden zeigen im November an, dass sie eine Genehmigung für den Kauf zwar nicht ausschliessen, dass sie aber glauben, der verschuldete Hofbesitzer könne auf einem anderen Weg als durch den Verkauf des Guts saniert werden.[271]

Anfang 1951 löst sich die gleichzeitig mit dem Kaufgeschäft Unteres Gruth behandelte Frage eines treuhänderischen Kaufs der *Holdenweid* für die Einwohnergemeinde Basel dank einem Grossratsbeschluss, dem zufolge der Staat letztere für eine Aussenstation der Psychiatrischen Universitätsklinik selbst erwerben soll. Gleichzeitig ist die Familie Banga entschlossen, ihren Hof nur der CMS zu verkaufen und keinesfalls dem Kanton, dessen Kommission für die Verlegung der Kantonalen Landwirtschaftlichen Schule nun auch das Untere Gruth als Standort prüft. Die Eingabe der CMS vom Januar 1951 um Genehmigung des Kaufs wird von der Direktion des Innern im März unter Berufung auf die BMB abgelehnt. Die CMS äussert in ihrem Rekursschreiben die Auffassung, dass sie der beste Garant dafür sei, dass dieser Hof der Spekulation entzogen werde, da der hohe Kaufpreis jedem Selbstbewirtschafter die Übernahme verunmöglichen würde; sie erachte die von den BMB eingeräumte Möglichkeit, im Falle drohender Zwangsverwertung den besseren Verkauf zu genehmigen, hier für anwendbar. Der basellandschaftliche Entscheid wird von der Kommission als um so unverständlicher und als willkürlich gegen die CMS gerichtet empfunden, als in der Zwischenzeit die regierungsrätliche Kommission für die neue Landwirtschaftschule die Eignung des Unteren Gruths als Schulstandort verneint hat und das Gut *Ebenrain* in Sissach vorschlägt.

Nach einer Interpellation im Weitern Bürgerrat, die ein festeres Auftreten der baselstädtischen Regierung der basellandschaftlichen Willkür gegenüber verlangt, kommt es wie schon 1946 zu Spannungen zwischen den Kantonen; in der Landratssitzung vom 7. Mai 1951 und in den Zeitungen wird die CMS zum Teil sehr heftig angegriffen und als Bodenspekulantin und Grosskapitalistin gebrandmarkt. Anfang Juni 1951 findet eine Unterredung zwischen den Regierungsräten beider Basel statt, in der vereinbart wird, dass inskünftig eine regierungsrätliche Dreierdelegation Vorabklärungen zu Landkäufen baselstädtischer Institutionen im Nachbarkanton treffen soll.[272]

Es scheint, dass, nachdem die Prinzipien gerittelt sind, die konkreten kommunalen Bedürfnisse die Kauffrage entscheiden. Mit der gegenseitigen Bereitschaft zu den Landgeschäften auf Lachmatt und Unterem Gruth wird die Erstellung der Gemeinschaftsschiessanlage ermöglicht (siehe Kap. 7.1.2), kann eine Bauernfamilie entschuldet und ein sehr renovationsbedürftiger Hof instandgestellt werden; zudem kann die CMS ihren Landbedarf mit sehr stadtnahem landwirtschaftlichem Grundbesitz decken. Einzig auf den Wunsch der Gemeinde Muttenz nach dem Kauf des von ihrem Bürgerwald umschlossenen *Rütiackers*, der schon im 18. Jahrhundert zum Unteren Gruth gehört hat, tritt die CMS nicht ein. Der im Dezember 1950 abgeschlossene Kaufvertrag wird vom Bürgerrat im Oktober 1951 zusammen mit einem Kredit von 2,1 Mio. Franken genehmigt. Damit kann die CMS das 32,08 ha grosse Untere Gruth antreten; 26,37 ha liegen im Bann Münchenstein, 5,71 ha im Bann Muttenz. 1953 wird der CMS auch das *Obere Gruth* angeboten; sie interessiert sich für einen Kauf, der ihr erlauben würde, die alte räumliche Einheit der Gruthhöfe wiederherzustellen, unterliegt aber in der Konkurrenz mit einem anderen, privaten Interessenten.[273]

Im Rahmen der 1955 abgeschlossenen Hofrenovation wird das seit 1930 nicht mehr bewohnte Herrschaftshaus unter Abbruch der oberen Stockwerke wieder bewohnbar gemacht. 1969 wird das alte Pächterwohnhaus instandgestellt, und 1976–77 erfahren die Ökonomiegebäude eine umfangreiche Modernisierung. Im Zusammenhang mit dem Kanalisationsbau erwägt die CMS 1962 die Auffüllung des in den sog. *Teufelsgraben* entwässernden Grabens unterhalb des Hofs, wodurch ungeteilte Ackerschläge geschaffen werden könnten. Das Vorhaben wird von Naturschutzkreisen abgelehnt, und die CMS gibt das Projekt auf, als sie keinen Unternehmer finden kann, der bereit wäre, die Kanalisation des Bachs gegen die Erlaubnis zur Benützung des Tälchens als rekultivierbare Deponie zu erstellen. 1976 muss im untersten Abschnitt des Grabens eine Auffüllung für die Anlage des neuen Wegs zum *Asphof* der Einwohnergemeinde Basel gemacht werden.[274]

Die Anerkennung der Kompensationspraxis

Wir stellten dar, wie die restriktive basellandschaftliche Genehmigungspraxis bei Land- und Güterkäufen und die Tatsache, dass die CMS im Kanton Basel-Landschaft im Gegensatz zum Kanton Basel-Stadt steuerpflichtig ist, sie zur Aufnahme ihrer städtischen Wohnbautätigkeit führt. Mit dem neuen Steuergesetz des Kantons Basel-Landschaft von 1953 wird für die CMS das Gefälle zwischen ihrem Grundbesitz in der Stadt und auf der Landschaft grösser: Katasterwerte ab Fr. 50'000.– werden neu mit einer Grundsteuer belegt. 1952 wird im Bürgerrat im Anzug H. Martin gefragt, wie stark die Ertragssituation der Landgüter der CMS unter der zukünftigen steuerlichen Mehrbelastung leiden werde und ob Anlass zu einer Änderung der Anlagepolitik bestehe.

CMS, Bürgerspital, Bürgergemeinde und Finanzdepartement Basel-Stadt (für Einwohnergemeinde und Kanton) fechten 1957 die basellandschaftliche Steuerrechnung 1953–1955 an und gelangen nach ihrer Abweisung 1958 und 1960 mit staatsrechtlichen Beschwerden vor das Bundesgericht. Die Kantonsregierungen einigen sich 1962 auf eine Gegenrechtsvereinbarung, nach der die beiden Kantone die Güter ausserkantonaler Öffentlicher Hände geringer oder gar nicht steuerlich belasten. Dies gilt rückwirkend für die noch nicht rechtsgültigen Steuereinschätzungen; 1963 erhält die CMS Steuernachforderungen für die Jahre 1953–1961 von Fr. 238'800.–. Nach über 10 Jahren kann der Bürgerrat dem Anzugsteller von 1952 antworten, dass die Pachtbetriebe der CMS ohnehin defizitär sind, wenn auch die hinzukommenden Grundsteuern immerhin über die Hälfte des durchschnittlichen Fehlbetrags aus Verwaltungs- und Unterhaltsaufwand betragen.[275]

Der basellandschaftliche Grundbesitz der CMS nimmt per Saldo von
       387,1 Hektaren 1951 auf 362,0 Hektaren 1959 ab.
Der Kauf des Vorderen Schlatthofs 1960 vermag die Flächenbilanz nicht auf den Stand von 1951 auszugleichen. Das Anwachsen des Reservefonds von
       8,4 Mio. Franken 1951 auf 11,45 Mio. Franken 1959
zeigt, dass die Liquidation von Grundbesitz bedeutender ist als die Landverlagerungen. Mit den über die Kantonsgrenze greifenden wirtschaftlichen Entwicklungen und der zunehmenden planerischen Verständigung findet auch die Kompensationsregelung für Landverkäufe im öffentlichen Interesse eine Lösung, die wesentlich entspannter als die Machtproben um Lachmattland und Unteres Gruth erscheint. Auf der Grundlage von Art. 21 des Bundesgesetzes über die Erhaltung des bäuerlichen Grundbesitzes vom 12. Juni 1951 besteht zwischen der CMS und den basellandschaftlichen Behörden ein «gentlemen's agreement», auf dem auch die später zu einem qualitativ bedeutenden Land-Realersatz führenden Verständigungen aufbauen. Dabei ist aber festzuhalten, dass nach dem Vorderen Schlatthof 1960 und der Schenkung Bernhardsberg in Oberwil die CMS im Kanton Basel-Landschaft keine Güter mehr antritt. Seit 1960 ist der sogenannte «Ersatzkaufanspruch» der CMS (siehe Tab. 11) Bestandteil des jährlichen Berichts über den Güterbestand. Er signalisiert den Verständigungskurs, der im Interesse beider Kantone um so erfreulicher ist, als damit der Unmut der Landschaft, in Merians Testament 1858 leer ausgegangen zu sein, einigermassen überwunden ist.

Tabelle 11
Der «Ersatzkaufanspruch» der Christoph Merian Stiftung im Kanton Basel-Landschaft seit 1960 nach der Anrechnungspraxis auf der Grundlage von Art. 21 des Bundesgesetzes über die Erhaltung des bäuerlichen Grundbesitzes vom 12.6.1951. Flächen in Quadratmetern

Jahr	Fläche	Bemerkung
1960	−4 73 51 m²	Kauf Schlatthof
1961	−4 73 51 m²	
1962	6 41 49[1] m²	Abtretungen an N2
1963	6 41 51 m²	
1965[2]	15 59 79 m²	Minderfläche Güterzusammenlegung Bruderholz, Verkäufe Münchenstein/Reinach
1966	16 16 68 m²	
1967	16 75 95 m²	
1968	16 54 51 m²	
1969	16 79 59 m²	
1970	17 65 23 m²	Minderfläche Baulandumlegung Kägen Reinach
1971	18 89 13 m²	Abtretungen Baulandumlegung Kägen Reinach und N2 Muttenz
1972	23 69 44 m²	Verkauf Erholungsgebiet Hardacker Muttenz
1973	20 68 37 m²	Schenkung Bernhardsberg Oberwil
1974	21 06 86 m²	
1975	21 08 80 m²	
1976	26 57 91 m²	Abtretung an Querverbindungsstrasse Münchenstein
1977	16 98 31 m²	Realersatz-Zuteilung Reinach
1978	5 61 58 m²	Landkäufe und -tausch Reinach/Aesch/Ettingen
1979	5 38 58 m²	
1980	5 84 32 m²	
1981	17 91 29 m²	Verkauf und Tausch Weidenhof Arlesheim
1982	17 93 86 m²	
1983	18 61 15 m²	
1984	18 63 00 m²	
1985	18 73 88 m²	

[1] Berechnet auf der Grundlage aller 1962 abgeschlossenen anrechenbaren Landgeschäfte. Nach den 1962 selbst schon rechtskräftigen Mutationen beträgt der Ersatzkaufanspruch ./. 12 312 m².
[2] Für 1964 wurde kein Anspruch berechnet. Er würde auf ca. 9,5 ha lauten.
Quellen: Korrespondenzen 1960ff., Jahresberichte 1965ff.

Kapitel 7
Die Gutskäufe im Verstädterungsraum von Hochrheintal und Birstal

7.1 Die ersten Landkäufe der CMS ausserhalb des Komplexes Brüglingen–St. Jakob: Rothaus und Lachmatt

1905 und 1906 erwirbt die CMS die Landgüter Lachmatt und Rothaus. Unter Berücksichtigung der geschichtlichen Einheit der beiden Güter als Rothausgut beginnen wir unsere Beschreibung mit dem letzteren.

1. Der Kauf der beiden Güter und der Verkauf des Rothausguts

Das Rote Haus: ein altes Gut an einem bedeutenden Durchgangsweg

Zusammen mit Brüglingen ist das Rote Haus (Rothus) das älteste stadtnahe Gut, in dessen Besitz die CMS gelangt. Wie das Brüglinger Land wird das Rothausland von städtischen Nutzern beansprucht; dabei kommt es rascher als auf dem Muttenzerfeld und der Hagnau zur völligen grundbesitzlichen und räumlichen Auflösung des alten Guts. Auch Iglingen, Schlatthof und Löwenburg weisen eine ins Mittelalter zurückreichende Geschichte auf. Das Rote Haus aber setzt sich in räumlicher Hinsicht von diesen agrarischen Kolonisationszentren als «Verkehrsgut» ab: Sein vom Rhein über die Lachmatten in den Wald der Lahalden reichender Grundbesitz nahm von jeher wie ein Riegel die für den linksrheinischen Verkehr von und nach Basel bedeutsame Ebene in Anspruch. «Rote Häuser» finden sich auch an anderen Verkehrswegen.[276]

Durch eine Schenkung wurde das Rote Haus gegen das Ende des 14. Jahrhunderts zu einer Klosterfiliale der Paulinermönche, von welchen es in den 1420er Jahren ausgebaut wurde. 1470 ging die Rothausvogtei an die Stadt Basel über, und vier Jahre nach dem Brand von 1508 wurde das Gut zum Siechenhaus St. Jakob geschlagen, das von den Augustinermönchen geführt wurde und gerade in diesen Jahren päpstliche Privilegien erhielt. Die wiederhergestellten Klosterbauten des Roten Hauses wurden den Schauenburger Beginen zur Benützung überlassen; als die Reformation ihrem Wirken ein Ende setzte, gelangte das Gut 1525 in Basler Privatbesitz und wechselte in der Folgezeit mehrmals die Hand. Als neunter privater Besitzer ist ab 1782 der Gastwirt Emanuel Merian-Iselin überliefert, der die Verkehrslage des Guts ausnützen will und unter Missachtung des Beherbergungs- und Bewirtschaftungsverbots wirtet, bis er eine Busse auferlegt erhält. 1817 kann er, Ratsherr geworden, für einen seiner Söhne eine Bewilligung zum Bierbrauen und zum Führen einer Tavernenwirtschaft erwirken; während weniger Jahre betreibt er damit die erste Bierbrauerei auf dem Gebiet des heutigen Kantons Basel-Landschaft. Das Rothausgut einschliesslich die dazu gezählten Güter *Lachmatt* und *Au* übernimmt 1826 ein weiterer Sohn, Remigius Merian-Respinger, dem es nicht mehr gelingt, sich gegen die vereinten Wirte der weiteren Umgebung durchzusetzen und die Wirtekonzession seines Bruders zu erhalten.[277]

Eine neue Entwicklung bahnt sich im Gebiet des Roten Hauses in der Zeit an, zu der Christoph Merian das Brüglinger Gut nachhaltig vergrössert. Freiherr von Glenck erwirbt von Remigius Merian Land und 1834 vom Kanton Basel-Landschaft eine Konzession für Salzbohrungen im Kantonsgebiet. 1836 findet er ein Salzlager und gründet eine Saline. Merian, der ihm gleichziehen will, scheitert in der Folge am kantonalen Bergwerksregal. Glenck nennt seine Saline in Anlehnung an seinen Herkunftsort Schwäbisch Hall (*hal* (griech.) = Salz) *Schweizerhalle*, ein Name, der 1838 offiziell wird und *Rothaus* als Oberbegriff für die Siedlungsgruppe zwischen Muttenz und Pratteln verdrängt.[278] Salinen entstehen auch auf dem Wyhlenfeld auf der gegenüberliegenden Seite des Rheins, wo sich der Flurname *Rothausacker* erhalten hat. 1850 wird das bei der Saline Schweizerhall entstandene Gasthaus zu einem Kurhaus mit Solbädern ausgebaut, dessen Parkanlage an das Rothausgut anstösst. Es kann sich aber später nicht mehr gegen die Rheinfelder Konkurrenz durchsetzen. 1857 verkauft Remigius Merian seine Güter bei Schweizerhalle. Das an den Holzhändler Christoph Knutty verkaufte 73,4 ha grosse Rothausgut fällt ihm durch eine Zwangsversteigerung 1862 wieder zu. Das Lachmattgut erwirbt Niklaus Portmann von Escholzmatt. 1863 und 1871 – als die Saline den Anschluss an das Bahnnetz erhält – kauft der Bandfabrikant Daniel Meyer-Merian Rothaus und Lachmatt. Nach seinem Tod werden 1894 die beiden Güter auf seine beiden Söhne aufgeteilt, aus deren Hand die CMS sie später erwirbt.[277]

Die Ausgangslage für den Kauf von Lachmatt und Rothaus durch die CMS

In den Jahren 1901 und 1904 beträgt das Wertverhältnis von Grundbesitz zu Kapitalanlagen im Anlagevermögen der CMS 15,3:84,7 und stellt den geringsten Wertanteil des Grundbesitzes am Gesamtvermögen in der Geschichte der CMS dar. Expropriationen der SBB vermindern 1904 den stadtbaslerischen Grundbesitz der CMS, was durch Landkäufe auf dem Muttenzerfeld wertmässig nicht kompensiert werden kann. 1905 künden die Bahnen weitere Expropriationen an; im ersten Nachtrag zum Pachtvertrag über das Dreispitzareal werden über 4 ha bisheriges Kulturland für die Materiallagerplätze reserviert. Im Laufe des Jahres 1905 beginnt die Diskussion um den Zentralfriedhofstandort Lange Heid, dessen grosser Flächenbedarf sich auf den Besitzstand der CMS auswirken würde. Dies alles lässt einen möglichen zukünftigen Kulturlandverlust und damit eine Beeinträchtigung der Brüglinger Pachtbetriebe absehen. Die CMS interessiert sich daher für einen «Ausgleichskauf», der ihr sowohl eine Landwert- als auch eine Pachtstellenreserve bringt.

Erste Verhandlungen über Landgüter

Im Juni 1905 wird der CMS der zu dieser Zeit rund 85 ha grosse *Neuhof* in Reinach angetragen. Sie ist an einem Kauf offenbar durchaus interessiert, da sie mit Verweis auf Verhandlungen über dieses Gut für einen Kauf des gleichzeitig offerierten Guts *Obere Klus* in Pfeffingen kein Interesse bekundet. Da ihr die Arrondierung des Neuhoflands und der Zustand der Gebäude als nicht optimal erscheinen, lässt sie ein Gutachten erstellen. In diesem wird die Notwendigkeit zahlreicher Verbesserungen an Land und Gebäuden bestätigt und auf die zur Zeit herrschende Schwierigkeit hingewiesen, erschwingliche landwirtschaftliche Arbeitskräfte zu finden: Gerade bei diesem grossen, mit seinem Land bis in den Bann der Gemeinde Therwil reichenden Gut wäre eine rationelle Arbeitsorganisation besonders wichtig. Im Oktober 1905 entscheidet sich die Stiftungskommission gegen den Kauf des Neuhofs, da sie den Aufwand für die erforderlichen Arrondierungskäufe, Meliorationen und Renovationen für zu hoch hält. Mit diesem Entscheid zieht die CMS die Aufmerksamkeit vorerst aus dem Birseck ab. Auf ein neuerliches Angebot des Neuhofs Anfang 1909 tritt sie nicht ein. 1930 erwirbt die Einwohnergemeinde Basel den Neuhof als Landreserve für Strafanstalts- und Sanatoriumsbauten.[279]

Der Kauf des Lachmattguts

Gleichzeitig mit der Ablehnung des Kaufs des Neuhofs wird die Güterdelegation beauftragt, in Verhandlungen über den der CMS angebotenen *Lachmatthof* zu treten. Die Stiftungskommission wird Ende Oktober 1905 informiert, dass der durch seinen Bruder auf Rothaus vertretene Verkäufer, Theodor Meyer-Delhay in Paris, nicht um die Höhe des Kaufpreises mit sich verhandeln lasse. Daher wird beantragt, das Gut für die verlangten Fr. 130'000.– mit Antritt auf Anfang 1906 zu erwerben; Mitte November kommt der Kauf in dieser Form zustande. Die CMS begründet den Kauf der Lachmatt vor dem Bürgerrat mit der Notwendigkeit, das Güterkonto wieder dem «ursprünglichen bilanzmässigen Verhältnis zum Gesamtvermögen» anzunähern und in diesem Sinne auch Vorsorge für künftige Landverluste zu schaffen.[280]

Der Kauf des Rothausguts

Der Kauf der Lachmattfraktion des Rothausguts durch die CMS führt dazu, dass ihr auch das Stammgut zum Kauf angeboten wird. Im Oktober 1906 kommen die Verhandlungen zum Abschluss, und am 1. November wird mit Adalbert Meyer-Seiler der Kaufvertrag abgeschlossen, nach dem die CMS das Gut Anfang 1907 antritt. Der Preis von Fr. 325'000.– beträgt das Zweieinhalbfache des für das Lachmattgut bezahlten, was im besonders hohen Anteil der Gebäudewerte am Gesamtwert des Guts begründet ist (Rothaus 45%, Lachmatt 27%). Der Verkäufer mietet das Herrschaftshaus bis Ende 1913. Das zum Rothaus gehörende Auenland wird trotz des höheren Ackerlandanteils um rund ein Viertel geringer bewertet als das tiefgründigere Lachmattland. Wenn die CMS schreibt, «das Gut bildet nicht allein eine günstige Abrundung des Stiftungsbesitzes, sondern des städtischen Grundbesitzes überhaupt», so nimmt sie Bezug auf den angrenzenden bürgerlichen Hardwald.[281]

Der Umfang der erworbenen Güter

Der Lachmatthof liegt auf Pratteler Gemeindegebiet, seine 29,47 ha Land befinden sich aber zu 45% im Bann Muttenz[282] (siehe Abb. 25).

Tabelle 12

Flächennutzung 1905/1907	Lachmatt (Prozent der Gesamtfläche)	Rothaus
Matten	68,7	38,6
Acker	16,5	34,5
Reben	0,2	1,0
Garten, Hausplatz, Wege; Weiher (Lm)	0,8	2,0
Wald	13,8	23,9
	100,0 = 29,47 ha	100,0 = 73,32 ha

Quellen: Kaufverträge 1905[280] und 1907[281].

Im März 1906 schliesst die CMS einen ersten Kaufvertrag über zwei zusammen 0,34 ha grosse Parzellen auf der Muttenzer Seite der Lachmatt ab. Die beiden Anstösserparzellen bilden den Anfang zu total 11,39 Land, das sie zur Arrondierung des Guts bis zu den Felderregulierungen von 1923 (Pratteln) und 1930 (Muttenz) kauft.[283]

Der Verkauf und die Auflösung des Rothausguts

Schon 1895 erwirbt die Chemiefirma J.R. Geigy AG das 19 ha grosse, ehemals zum Rothausgut gehörende *August* für Fr. 50'000.–. Anfang 1910 steht sie mit der CMS in Verhandlungen, die sich mit dem Gedanken einer Arrondierung des bürgerlichen Hardwaldbesitzes für dieses Gut interessiert. Die CMS macht aufgrund der Handänderung von 1895 als oberstes Angebot Fr. 80'000.– und kann schliesslich die wesentlich höhere, nicht am landwirtschaftlichen Ertragswert des Guts orientierte Preisforderung der Anbieterin nicht akzeptieren. Sie betrachtet das zuletzt in diesem Jahr vom Rhein überschwemmte Gut auch in landwirtschaftlicher Hinsicht als nur beschränkt nutzbar.[284]

Die Nutzungsinteressen der CMS am Rothausgut sind 1911 ganz auf die Landwirtschaft ausgerichtet: Die Kommission spricht sich anfänglich gegen den Wunsch der Solbadbesitzerin Brauerei Kardinal und den bürgerrätlichen Vorschlag für einen öffentlich zugänglichen Weg durch den Hardwald entlang dem Rhein aus. Sie will nicht, dass das Kulturland zerschnitten wird, und befürchtet, die schon bisher durch Fussgänger und Reiter verursachten Kulturschäden würden durch den Wegbau gefördert. Die Güterdelegation empfiehlt nach Beratungen mit den anstossenden Grundbesitzern, den Fussweg vom August her auszubauen, aber gleichzeitig das Wiesland einzäunen zu lassen.[284]

1916 und Anfang 1917, als Basler Chemieunternehmen die Gründung der Säurefabrik Schweizerhalle als Gemeinschaftsunternehmen für die Selbstversorgung mit Zwischenprodukten vornehmen, meldet die Chemische Fabrik Schweizerhall Interesse am tauschweisen Kauf von 1 ha Rothausland gegen Lachmattland an; im August 1917 bietet die J.R. Geigy AG das August zum Tausch gegen Rothausland an. Die CMS fordert nun ein landwirtschaftliches Gutachten an, in dem die starke Düngerbedürftigkeit des Quarzsandbodens des Augusts dem tiefgründigeren Boden des Rothausguts gegenübergestellt wird und ein Tauschverhältnis für das Land (ohne Gebäude) von Rothaus und August von 1:1,35 festgehalten wird. Die Stiftungskommission lehnt im Oktober 1917 die Abtretung von Rothausland sowohl durch Tausch wie durch Verkauf ab: Das überschwemmungsgefährdete August würde durch den Höherstau des Rheins nach dem Bau des projektierten Birsfelder Stauwerks an Wert verlieren; ein Verkauf des Rothausguts komme aber wegen der testamentarischen Stiftungsbestimmungen nicht in Frage.

Im November 1917 gelangt Geigy AG mit neuen Vorschlägen an die CMS und treten schliesslich auch die Chemische Fabrik vormals Sandoz (ab 1939 Sandoz AG) und wieder die Säurefabrik Schweizerhall AG als Landinteressenten auf. Da die von ihnen angebotenen Landpreise mit Fr. 4.–/m² identisch sind und die nachgefragten Landstücke sich nicht überschneiden, handelt es sich um eine vermutlich bereits mit der CMS koordinierte Landnachfrage. Zwei Tage nach der letzten Anfrage stimmt die Kommission dem Landverkauf an die drei Firmen zu. Schon weitere drei Tage später liegen die Kaufvertragsentwürfe vor: Zum genannten Einheitskaufpreis gehen am 17. Dezember 1917 11,8 ha Rothausland an die J.R. Geigy AG, 12,3 ha an die Sandoz AG und 9,5 ha an die Säurefabrik Schweizerhall AG. Damit wird die im Besitz der CMS stehende Fläche des Guts von 72,3 ha auf 38,4 ha verkleinert[286] (siehe Abb. 24).

Im Zusammenhang mit der Reorganisation der Brüglinger Pachthöfe hält die Kommission Ende 1917 fest: «Am besten sind die abgerundeten Güter Rothaus und Lachmatt daran; durch die Landverkäufe wird nun auch der Betrieb des ersteren kompliziert.» Da aber das verkaufte Land den Firmen als Reserve dient, ändert sich für die landwirtschaftliche Nutzung des Guts vorerst wenig. Der Nettoerlös aus dem Rothausland von 1,2 Mio. Franken ist mit den Expropriationsentschädigungen von 1900 und 1907 der höchste bisher dem Reservekonto der CMS zufliessende Nettoertrag aus Landabtretungen.[287]

Das Interesse der Firmen am Restareal bleibt bestehen: Anfang 1919 lehnt die CMS die Erteilung eines Vorkaufsrechts an die Säurefabrik ab. Als Sandoz Ende 1919 mit einem Preisangebot auftritt, nimmt die CMS Verhandlungen auf. Nach der Gutheissung in einer Referendumsabstimmung im Bürgerrat tritt sie am 7. August 1920 die verbliebenen 38,4 ha Rothausland für Fr. 1.30/m² (das Doppelte des Buchwerts) ab; davon sind 17,8 ha Wald, dessen Nutzniessung die CMS auf fünf Jahre behält, und 1,1 ha Hausplatz und Garten. Mit dem Gutsrest gehen auch das Fischereirecht im Rhein auf der Länge des Guts sowie das Nutzungsrecht von zwei Dritteln des von den Lachmattquellen zugeleiteten Wassers an die Sandoz AG über. Die Firma übernimmt die Verträge der CMS mit dem Rothauspächter und -gärtner.[288] Die basellandschaftliche Landwirtschaftsdirektion bewilligt den Verkauf mit Blick auf die durch die Kraftwerk- und Hafenpläne des Kantons am Rheinlauf zwischen Birsfelden und Augst geförderte industrielle Landnutzung und hält fest, «dass der Zweck der obenerwähnten [bundes- und regierungsrätlichen] Erlasse nicht darin erblickt werden kann, die Landwirtschaft gegenüber einer eventuell notwendig werdenden Ausdehnung der Industrie einseitig zu schützen».[289]

Abbildung 24
Das Rothausgut der Christoph Merian Stiftung mit den Landverkaufs-Abschnitten von 1917 und 1920.
Die obere Begrenzung des Kartenausschnittes bildet der Rhein, die untere die Niederterrassenkante mit dem Ausläufer des Hardwalds.

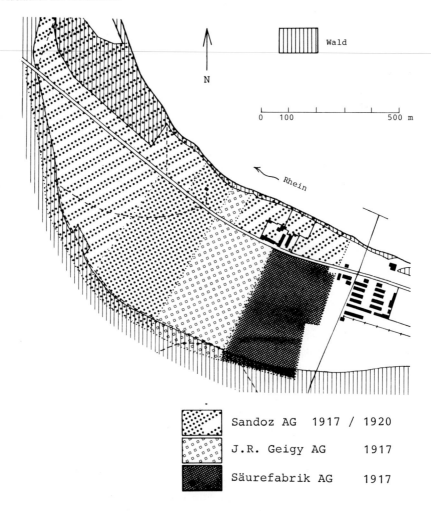

Es dürfte gerade die Planung einer industriellen Zukunft des Rothausguts sein, die die CMS unter dem grossen Nachfragedruck ein erstes Mal verkaufswillig macht. Nach dem Kauf des Weidenhofs und des Iglingerguts sowie der Reorganisaton der Brüglinger Pachthöfe hat die CMS wenig Ambitionen, ein Industrieland-Gut weiterhin landwirtschaftlich zu betreiben. Um von der zukünftigen Entwicklung möglichst wenig belastet zu werden, zieht sie sich vom Rothaus völlig zurück, da «dieser Gutsrest sich nur zum kleinen Teile zu Bauzwecken eignete und auch die Gebäude, vor allem die Villa, in einem reparaturbedürftigen Zustande sich befanden».[290]

1920 besitzt die Sandoz AG das Rote Haus mit 50,7 ha Land. Unter dem von ihr übernommenen Pächter der CMS wird das Gut von dessen beiden Söhnen bewirtschaftet; nach seinem Tod 1938 übernimmt ein Sohn die Pacht. In der zweiten Hälfte

Das Gebiet des ehemaligen Rothausguts bei Schweizerhalle.
Blick von Osten über die Fabrikationsanlagen der chemischen Industrie zwischen dem Rangierbahnhof Muttenz und dem Rhein. Links im Bild ist die «Überschiebung» der Geleiseanlagen über die Autobahn N2 an der Stelle der früheren natürlichen Niederterrassenkante zu erkennen. Die einst geschlossen von Birsfelden (am Horizont) bis nach Pratteln reichende Hard ist von den Verkehrsanlagen in Waldinseln aufgelöst worden.
(Aufnahme vom 5.9. 1986, J. Winkler.)

der 1930er Jahre und verstärkt nach dem Zweiten Weltkrieg beginnen die Chemiewerke mit der Planung und Realisierung der Auslagerung einzelner Betriebszweige aus der Stadt. Durch den Bau des Auhafens, die Ausweitung des Rangierbahnhofs Muttenz und den Bau der Autobahn N2 wird der Grundbesitz der beim Rothaus angesiedelten Unternehmen geschmälert. 1971 wird der Landwirtschaftsbetrieb mit dem altershalben Rückzug des Rothauspächters aufgegeben.[291]

Die gemeinsame Wasserversorgung von Rothaus und Lachmatt als letzter Anzeiger der ehemaligen Gutseinheit

Die gemeinsame Wasserversorgung der beiden Güter dokumentiert noch im 20. Jahrhundert ihre frühere Zusammengehörigkeit. Im Zusammenhang mit der Regelung der Wässerung der Prattler Wiesen wird am Ende des 18. Jahrhunderts eine Feldscheune auf dem Land des Rothausbesitzers erwähnt. Ihr Ausbau zum Lachmatthof, in Siegfrieds Katasterplan von Muttenz 1830 *Rosenhof* genannt, dürfte unter ihm oder seinem Sohn (s.o.) im ersten Viertel des 19. Jahrhunderts erfolgt sein.[292] Es ist nicht auszuschliessen, dass das Hochgreifen des Grundbesitzes in das Waldtälchen der

Lahalden gerade auf die Sicherung des Wassers für das Rote Haus zurückgeht (s.a. Anm. 282). Der Lachmattkomplex ist genetisch am ehesten dem Sternenhof in Reinach vergleichbar, wenn auch seine siedlungsferne Lage ihn eigenständiger erscheinen lässt.

Nach den Instandstellungarbeiten an den Hofgebäuden 1906 und 1907 muss die CMS die Wasserversorgung des Lachmatthofs erneuern. 1908 lässt sie das Reservoir der Quellfassungen, die die Wasserversorgung von Lachmatt und Rothaus sicherstellen, neu bauen, 1913 wird die schadhafte alte Tonröhren-Wasserleitung zum Rothaus durch eine gusseiserne Leitung von grösserem Durchmesser ersetzt.[293]

1918 versuchen die Landeigentümer, die Rechtsverhältnisse der seit rund 400 Jahren in irgend einer Form bestehenden Wasserleitung zum Rothaus zu klären. Anlass dürften die Projekte für den Rangierbahnhof Muttenz sein, der über ihr entsteht. Wegen des niedrigen Drucks der Leitung wird erwogen, die Lachmatt an das Prattler Versorgungsnetz anzuschliessen. Nach dem Kaufvertrag mit der Sandoz AG von 1920 wird der Anspruch auf das oberhalb der Lachmatt gefasste Quellwasser im Verhältnis 1:2 auf Lachmatt und Rothaus aufgeteilt. Zu Beginn der 1940er Jahre, besonders im Trockenjahr 1943, klagt der Rothauspächter wiederholt über die geringe Wasserleistung der Leitung. Angesichts des teuren Anschlusses an das Versorgungsnetz einer der beiden Gemeinden bietet die Sandoz der CMS den Rückkauf des Wasserrechts an. Die Wasserfrage ist wesentlich dafür verantwortlich, dass zwischen den Pächtern von Lachmatt und Rothaus stets ein etwas gespanntes Verhältnis besteht. Beide haben einen grossen Viehbestand, der viel Tränkwasser benötigt, und beide müssen in Trockenzeiten die Kulturen auf den Kiesböden bewässern: Der Lachmattpächter hat aber den Vorteil, die Leitung zum Roten Haus unterbrechen zu können, bis sein Bedarf gedeckt ist.

2. Die Beanspruchung des Lachmattguts durch Verkehr, Industrie und Öffentliche Werke

Die Überlandbahn durchzieht das Lachmattgut

Mit der Verpachtung von 0,45 ha Land an das Finanzdepartement Basel-Stadt für die Kantonalen Strassenbahnen und mit dem Verkauf von 0,1 ha Land auf dem Ruchfeld an die Birseckbahn wird die CMS erstmals von der Basler Trambahnentwicklung berührt. Schon Ende der 1890er Jahre entsteht die Idee für den Bau einer elektrischen Strassenbahn Basel–Liestal, für die 1903 ein Initiativ-Komitee gegründet wird.

1906 wird die Linienführung über St. Jakob und das Schänzli in einem Anzug im Grossen Rat Basel-Stadt vorgeschlagen, während in Baselland weiter um mehrere Linienführungsvarianten gerungen wird: Neben dem Vorschlag der Führung über Birsfelden besteht der von der Birseckbahn vorgeschlagene Anschluss über die Neue Welt. Ende 1907 wird die CMS angefragt, ob sie die Bemühungen um die Erlangung der Trambahn-Konzession für eine Linie Basel-Augst-Rheinfelden unterstützen würde, da diese eine Aufwertung ihres Rothausguts bringen könnte. Ein entsprechendes Konzessionsgesuch wird 1908 eingereicht; trotz der Möglichkeit eines Anschlusses an die Linie Basel-Liestal bezweifelt aber der Kanton Basel-Landschaft den Bedarf für eine rheinseitige Tramlinie und spricht sich gegen eine Konzessionserteilung aus. Der Regierungsrat reicht statt dessen dem Bundesrat das Konzessionsgesuch für eine elektrische Strassenbahn St. Jakob-Liestal ein; die Konzession wird von der Bundesversammlung im April 1914 erteilt. Wegen des Kriegsausbruchs werden die weiteren

Bemühungen auf die Teilstrecke Basel-Muttenz beschränkt. Sie steht nun stellvertretend für die Idee eines kantonalen Kleinbahnnetzes, das über Liestal hinaus ins obere Baselbiet führen soll.[294]

Im August 1916 wird die Tramlinie Basel–St. Jakob eröffnet. Von nun an ist von einer eigentlichen Überlandbahn mit eigenem Trassee statt einer Tramlinie die Rede. Im Februar 1920 konstituiert sich die «Basellandschaftliche Überlandbahn», die diese Linie betreiben soll. Im Januar 1921 wird die Strecke bis Muttenz, im Oktober 1922 die Strecke bis Pratteln eröffnet. Über die weitere Linienführung bis Liestal kommt es Ende der 1920er Jahre zu Kontroversen, und im Juli 1937 werden die Weiterführungsprojekte von der Aktionärsversammlung begraben.[295]

Im Oktober 1921 wird die Landexpropriation für die Überlandbahn im Amtsblatt angekündigt. Die CMS hat nach den Entscheiden der Eidgenössischen Schätzungskommission 1922 insgesamt 0,57 ha Land zu Fr. 1.68/m^2 an das Trassee abzutreten; sie kauft als Ersatz dafür im Bann Muttenz drei Parzellen von insgesamt 0,78 ha zu Fr. 1.53/m^2. Seit 1902 tritt sie damit 2,0 ha Land an die Tramgeleiseanlagen der Birseckbahn, der Trambahn Basel-Aesch, der Überlandbahn und des Bruderholztrams ab; darüber hinaus gehen 1,1 ha Land beim Wolfgottesacker an das Tramdepot der kantonalen Strassenbahnen.

Die CMS ist Ende 1921 der Auffassung, die projektierte Haltestelle Lachmatt der Überlandbahn komme zu nahe an die Gebäude des Hofs zu liegen und müsse an die Landstrasse verlegt werden. Der Sonntagsverkehr, so befürchtet sie, könne für das Gut nachteilig sein. An einer Landbesitzerversammlung wird das Wegfallen der Haltestelle beschlossen. Kurz darauf spricht sich der Pächter doch für die Haltestelle aus; die CMS geht erst im September 1922 befürwortend darauf ein.[296]

Die Landumlegungen

Im Vergleich der Landverteilung von Lachmatt und Rothaus weist die Lachmatt um die Jahrhundertwende die stärkere Zerstückelung des Grundbesitzes auf. Einzig die Hofparzellen mit 9,2 ha und 3,6 ha sind geschlossener Grundbesitz; wie Abbildung 25 zeigt, liegt das Muttenzer Lachmattland in einer Ackerstreifen- (Niederterrassenebene) und Wiesenblock-Flur (Goletenhang) und wird bis zur Landzusammenlegung durch die Arrondierungskäufe der CMS etwas stärker gruppiert. Die Lachmatt wird – im Gegensatz zum arrondierten Rothaus – in die Felderregulierungen des Landes pratteler- und muttenzerseits einbezogen.

Zwischen 1907 und 1920 erwirbt oder tauscht die CMS im Bann Pratteln 2,59 ha Land zu im Mittel Fr. –.37/m^2 zur Erweiterung des Lachmattguts; 1922, kurz vor der Ausführung der Felderregulierung Pratteln (1923–24), erwirbt sie noch 0,49 ha. Im September 1920 beschliesst die Eigentümerversammlung die Durchführung der Felderregulierung Pratteln, in die 175,8 ha Land einbezogen werden; im Rahmen der Drainage Hexmatt-Zweien werden gleichzeitig 6 ha Land entwässert. Die CMS ist mit 14,4 ha Land, von dem sie rund ein Fünftel ihren Arrondierungskäufen verdankt, an dieser Zusammenlegung beteiligt. Sie erhält ihr Land zu zwei Parzellen zusammengelegt wieder zugeteilt, welchen später dank der Pratteler Industriezone eine ungleich grössere Bedeutung zukommt als dem ausgedehnten Land auf der Muttenzer Seite.[297]

1924 erweitert die CMS das Muttenzer Land der Lachmatt um 4,35 ha zu Fr. –.89/m^2. Anfang 1929 wird von einer Eigentümerversammlung die Durchführung der Felderregulierung Muttenz V (1930–1934) beschlossen, in die 260 ha Land einbezogen werden. 20 Parzellen Stiftungsland von insgesamt 21,88 ha werden zu 5 Parzellen von

Der Lachmatthof in der Mitte der 1930er Jahre.
Im Hintergrund ist der Wartenberg zu sehen. Die Hofgebäude sind heute von Industrie- und Verkehrsbauten eng eingefasst, ihrer früheren freien Lage beraubt und zur Unauffälligkeit reduziert.
(Aufnahme von ca. 1925/36; HA CMS.)

21,74 ha zusammengefasst. Im Zusammenhang mit der Regulierung werden 50 ha Land drainiert. Die CMS benützt die Gelegenheit, die prattelerseits gelegenen 4 ha Lachmattland zu drainieren. Dort befindet sich der *Lachmattweiher*, wegen des Pappelbestands auch *Pappeleweier* genannt, der mit dem Bau der Stromübertragungsanlagen 1968 völlig trockengelegt wird und einen Ersatz in der Weiheranlage beim Talhof findet. Im Zusammenhang mit dieser Regulierung wird auch südlich der Überlandbahn ein neuer Feldweg angelegt.[298]

Industrie, Energieversorger und Öffentliche Werke beanspruchen Lachmattland

Die Industrieansiedlung

1933 legt die Gemeinde Pratteln Pläne für die Erschliessung des Gebiets *Oggimatt-Hardacker* für die industrielle Nutzung vor. Diese sehen vor, dass die Gemeinde Anschlussgeleise an die Bahnhofanlage erstellt und diese Leistung den Grundbesitzern im Erschliessungsperimeter von ca. 12 ha als Servitut grundbuchlich belastet. Das

---

Abbildung 25 ▶
Das Lachmattgut in der Feldflur des Muttenzer Landumlegungsgebiets 1929.
Ausdehnung des Guts zur Zeit des Kaufs durch die CMS 1905 und vor der Felderregulierung (1929).
(Vereinfachende Umzeichnung nach Plan Regulierung Muttenz V, Alter Besitzstand 1:2000, o.D.)

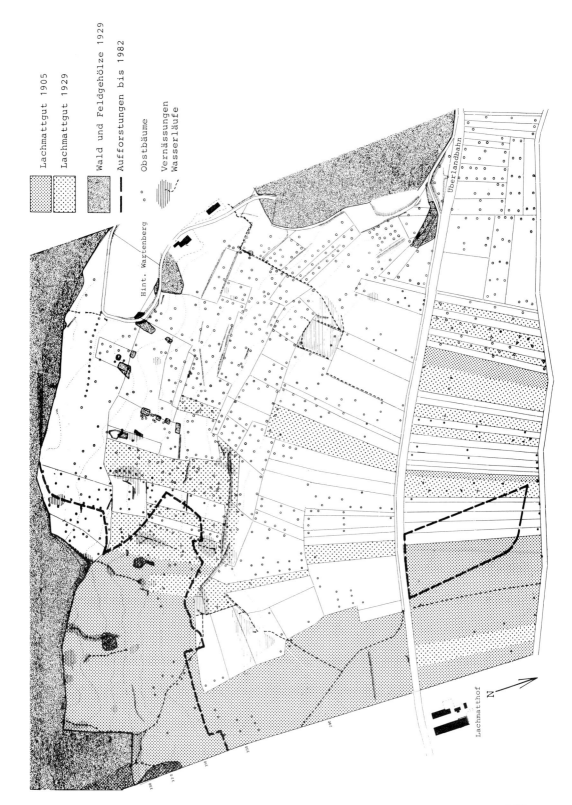

Sonderreglement hält ausserdem fest, dass im Verkaufsfall 10% des Verkauferlöses als Beitragsleistung an die Erschliessung abzutreten ist. 2,34 ha oder rund ein Fünftel des 8 Jahre zuvor zusammengelegten Lachmattlands der CMS fallen in diesen Erschliessungsperimeter. Die Güterdelegation antwortet der Gemeinde Pratteln, dass sie mit der vorgeschlagenen Regelung nicht einverstanden sei, da das Land der CMS schon zum gegenwärtigen Zeitpunkt auf drei Seiten an Strassen stosse und daher industriell verwendet werden könne. Der Gemeinderat bittet aber die CMS an einer Besprechung dringend um ihre Zustimmung, da ihre Haltung Signalwirkung für die Einstellung der anderen beteiligten Grundbesitzer habe. Die Kommission stimmt der Erschliessung zu, damit nicht der CMS das eventuelle Scheitern des Unternehmens zur Last gelegt werde, stellt aber die Bedingung, dass anstelle des Servituts ihre Verpflichtungen vertraglich geregelt werden. Im September 1933 kommt ein Vertrag zustande, der die betroffene Parzelle der CMS einer Sonderregelung unterstellt, welche die vorgesehenen Beitragsleistungen festlegt. Anfang 1934 tritt die CMS 0,1 ha Land an die Gemeinde Pratteln für die projektierte Oggimattstrasse und an die benachbarten Draht- und Gummiwerke ab.[299]

1945 verkauft die CMS 3,26 ha Land an die Schindler Waggon AG Lausen, die dort eine Fabrikationsstätte errichtet. Im Februar 1947 gelangen die Waggonwerke wieder an die CMS, sie möchte ihnen «dringendst benötigte» ca. 1,3 ha Land verkaufen, da ihr anstossendes, 4 ha grosses Fabrikgelände seit Mitte 1945 zu drei Vierteln überbaut und auf der Nordseite des Grundstücks eine Nutzungsbeschränkung durch den Bau von Hochspannungsleitungen zu erwarten sei. Im Mai 1947 kommt es zum Verkauf von 2,29 ha. Dieses Landgeschäft gerät zusammen mit jenem von ATEL und Elektra Baselland in die Spannungen zwischen CMS und basellandschaftlichen Behörden und wird von der CMS mit dem Vorbehalt der Genehmigung von Landkäufen in Aesch durch letztere abgeschlossen. 1966 erwirbt Schindler AG nochmals 2,88 ha einschliesslich des Hofs, der für die CMS ohne tragende landwirtschaftliche Nutzfläche keine Bedeutung mehr hat. 1966 und 1967 erwirbt Firestone AG 7,16 ha Lachmattland, womit der Pratteler Grundbesitz der CMS praktisch auf 1,2 ha Wald reduziert wird.[300]

Die Elektrizitäts-Übertragungsanlagen

Die Belieferung der in Pratteln angesiedelten Industrie mit Energie führt auch zur Landbeanspruchung durch Energieversorgungseinrichtungen. 1935 schliesst die CMS mit dem Elektrizitätswerk Olten-Aarburg einen Grunddienstbarkeitsvertrag über vier Gittermaste einer 50 KW-Abzweigungsleitung zum Industrieareal ab. 1946 gelangen ATEL und Elektra Baselland wieder an die CMS, da sie eine Erweiterung der überlasteten Zulieferanlagen der Region Basel planen, bevor wirkliche Engpässe auftreten. Für die höhere Übertragungsspannung der Leitung Gösgen–Pratteln–Bottmingen ist der Bau eines neuen Energieabgabepunkts in Pratteln vorgesehen. Dieser soll als elektrische Freiluftanlage realisiert werden und benötigt 1,4 ha Fläche; als bester Standort wird die Lachmatt betrachtet.[301]

Zu dieser Zeit steht die CMS in Auseinandersetzungen mit den basellandschaftlichen Behörden um den Kauf des Schlossgutes Pfeffingen. Im Oktober wird ihr zugesichert, dass der Kanton sie in der Ersatzlandbeschaffung unterstützen werde. Als die Direktion des Innern Anfang 1947 der CMS den Kauf von nur 2 ha der 5,1 ha Kulturland, das die CMS beim Schürhof zu kaufen wünscht, genehmigen will, reicht diese ein Wiedererwägungsgesuch ein. Sie macht geltend, dass das Land beim Schürhof für diesen weitaus günstiger zu bewirtschaften sei als für die ferner gelegenen Dorfbetriebe, was auch einen höheren Ertragswert und Kaufpreis rechtfertige. Die Stiftungskommission macht daraufhin die Genehmigung dieses Landkaufs zur Voraussetzung ihrer Zustimmung zu den Verkäufen von Lachmattland. Im Februar 1947 stimmt die Direktion des Innern dem von der CMS beabsichtigten Kauf von Kulturland in Aesch zu, unter der Voraussetzung, dass die Stiftung den Verkauf der insgesamt 3,6 ha Land an Schindler AG, Elektra Baselland und ATEL zustandekommen lässt; sie hält aber ausdrücklich fest, dass «formalrechtlich die Lage nach wie vor die [sei], dass die Chr. Merian'sche Stiftung nach wie vor kein legitimes Recht zum Erwerb landwirtschaftlich genutzter Grundstücke besitzt.» Im Mai 1947 erteilt sie die Genehmigung zum Verkauf an Elektra Baselland und Schindler und hält fest, dass der Pachtbetrieb auf der Lachmatt durch diesen Landverkauf in tragbarer Weise eingeschränkt werde. 1967 und 1973 erwirbt die ATEL weitere 1,36 ha Land bei der Lachmatt.[302]

Die Gemeinschaftsschiessanlage der Gemeinden Birsfelden, Muttenz und Pratteln

Ende 1942 gelangt die Gemeinde Pratteln an die CMS mit der Frage, ob sie bereit wäre, Land des Lachmattguts für eine gemeinsam mit Muttenz und Birsfelden betriebene Schiessanlage abzugeben. Der alte Prattler Schiessstand *Geisswald* ist baufällig und liegt auf potentiellem Bauland. Auch die Schiessanlage *Fröscheneck* in Muttenz wird zunehmend von der Wohnbebauung eingeholt. Die CMS erwägt eine Abtretung von Land im Baurecht, befürchtet aber eine Wertverminderung des verbleibenden Lachmattlands im Falle einer baulichen Entwicklung. Im Januar 1943 lehnt die Kommission daher eine Abtretung grundsätzlich ab. Im April 1945 äussert die Gemeinde ein Interesse am Kauf des ganzen Lachmattguts, was die CMS aber wieder ablehnt, da sie vor allem das in die Industriezone reichende Land selbst verwerten möchte.

Im September 1948 teilt die Gemeinde Muttenz mit, dass sich die interessierten Gemeinden über ein Schiessplatzprojekt geeinigt hätten und ein Interesse an der Lösung der Standortfrage bestehe. Anfang 1949 verneint die Kommission die Frage, ob es zweckmässig wäre, das Lachmattgut nun zu verkaufen und durch geeignetes Land zu ersetzen; die Schiessanlage enge den Landwirtschaftsbetrieb nicht in solchem Mass ein, dass er die Existenzfähigkeit verliere. In den folgenden Monaten werden verschiedene Projektvarianten für den Schiessplatz geprüft, da die Starkstromleitungen der ATEL und die neu zu schaffenden Zufahrten und Abstellmöglichkeiten berücksichtigt werden müssen.[303]

In einer Besprechung vom Juli 1951 mit den basellandschaftlichen Behörden kommt der Vorschlag zustande, den umstrittenen Kauf des Unteren Gruths in Münchenstein durch die CMS mit dem Verkauf der 3,55 ha Lachmattland zu verbinden. Die Fronten sind damit ähnlich gelagert wie bei dem durch die Vorenthaltungsdrohung der CMS von 1947 zustandegekommenen Kauf von Schürhofland. Die Stiftungskommission empfindet die Verkoppelung der beiden Geschäfte als unfair, stimmt aber grundsätzlich zu, da keine andere Lösung möglich ist.

Im August 1951 liegt ein Vorvertrag mit der Einwohnergemeinde Muttenz über den Verkauf des Schiessanlagen-Areals vor. Im Ratschlag an den Bürgerrat begründet die CMS ihren Entscheid für den Verkauf damit, dass der Lachmatthof «auf die Länge nicht zu halten» sein werde. Ausserdem wolle sie vermeiden, dass es zu einer Expropriation für die öffentliches Interesse beanspruchende Schiessanlage komme, wodurch das Gruth-Geschäft gefährdet würde. Der Bürgerrat genehmigt am 18. Dezember 1951 den Verkauf, fordert aber eine Sicherheit in Form eines Rückkaufsrechts für den Fall, dass die Anlage nicht errichtet oder wieder aufgegeben werden sollte. Die Abtretung des Landes erfolgt 1953.[304]

Die Lachmatt zwischen Industrie und Freiraum

Das Pratteler Lachmattland wird schon vom Zonenplan von 1953 in die Industriezone eingewiesen, ebenso 1961 das unmittelbar an die Gemeindegrenze anstossende Muttenzer Lachmattland. Die Schiessanlage bildet eine Zone für Öffentliche Werke; sie wird von einem planerischen Waldgürtel abgeschirmt, an den die bis zum Wartenberg reichende Landschaftsschutzzone mit landwirtschaftlicher Nutzung anschliesst.[305] Auf der Grundvoraussetzung dieser Nutzungsplanung wird das Lachmattgut in den 1960er und 1970er Jahren bedeutend verkleinert.

1966 und 1967 nimmt der Grundbesitz der CMS auf der Lachmatt durch den Verkauf von 7,79 ha Land in Pratteln und 2,71 ha Land in Muttenz an die oben genannten Firmen bedeutend ab. Der Sohn des ersten Lachmattpächters der CMS, der das Gut seit 1925 zusammen mit seinen beiden unverheirateten Brüdern bewirtschaftet, pachtet die Hofgebäude nach ihrem Verkauf von der Schindler AG und das restliche Land von der CMS. Nach seinem Tod 1973 übernimmt sein Sohn die Pacht; er wohnt im Dorf und betreibt eine Nebenerwerbslandwirtschaft, die einen Kompromiss zwischen den noch bestehenden baulichen Kapazitäten des Hofs und den schwindenden Landreserven darstellt.

7.2 Die Gutskäufe im Verstädterungsraum Birstal: Weidenhof und Sternenhof

1. Der Weidenhof in der Arlesheimer Birsaue

Der Weidenhof als junger Arlesheimer Einzelhof

Wie Brüglingen liegt der Weidenhof, den die CMS rund neun Monate vor dem Iglingerhof erwirbt, in der Überschwemmungsebene der Birs. Der Fluss wird in diesem Abschnitt erst um die Mitte des 19. Jahrhunderts eingedämmt; das weidenbestockte Land, das der Flur ihren Namen gibt, wird nur allmählich intensiver genutzt und verliert seinen Charakter als «Aussengebiet» der Gemeinde, als Kadaverdeponie und Aufenthaltsort von Vaganten. Die hydrologischen Eigenschaften des durch die Zurückdrängung der Birs gewonnenen Landes sind ungünstig. Der Weidenhof liegt auf einer von den ehemaligen Birsläufen geformten Auenterrasse, deren schwach tonige bis sandige Kalkböden auf der Kiesunterlage zu raschem Austrocknen neigen. In Trockenjahren ist der Weidenhof eines der von Dürreschäden am stärksten betroffenen Güter der CMS; schon zwei Jahre nach dem Kauf gewährt sie dem Pächter eine Pachtzinsreduktion mit Rücksicht auf die geringe Ertragskraft des Landes.[306]

Bei den *Oberen Weiden* findet der vom Dorf herkommende *Altenbach* durch einen Einschnitt in die Niederterrasse und über einen flachen Schwemmkegel seinen Weg in die Birsaue. In den Akten des Weidenhofs wird er meist *Bachtelenbach* genannt. Auf der Niederterrasse dient sein Wasser noch lange zur Speisung eines nach Norden ziehenden künstlichen Grabens, des *Neubachs*, der die Wässermatten auf *Geren* und *Neumättli* bedient.[307] Ein unterhalb Dornachbrugg abgezweigter, durch die *Weidenmatten* führender Kanal, der *Mühlenteich*, speist um 1830 die Bruckmühle auf dem nachmaligen Schappe-Fabrikareal und die Wässergräben in den *Weidenmatten*. Er nimmt weiter nördlich den *Bachtelenbach* auf, der in seinem Einmündungsbereich sporadisch Überschwemmungen verursacht.[308]

Der Gemeindeplan von Arlesheim von 1828 zeigt die Flussaue aufgeteilt in das weidenbestockte Land der Auensohle und die Wässermatten der Auenterrasse, durchquert vom Fussweg Münchenstein-Dornach. Gegen Dornach hin stehen die beiden Gebäude der Bruckmühle, bei der 1826 Joh. Jak. Richter-Linder mit der Einrichtung einer Schappespinnerei beginnt. Er tauscht diese nach kurzer Zeit gegen eine städtische Gewerbeliegenschaft von J.G. Alioth, des Gründers der ersten Florettspinnerei der Schweiz (1824) in Basel, der die Schappefabrik beim Wiederaufbau nach einem Brand 1829 vergrössert. Erste Gebäude eines Hofs in den *Weiden* müssen 1828 unter Aliothscher Regie entstanden sein. Nach der Verbauung der Birs in ihrem heutigen Lauf Mitte der 1860er Jahre erfolgt 1868 der Ausbau des Weidenhofs, dessen Bewirtschaftung sich vermutlich auf den umfangreichen Arlesheimer Grundbesitz der Fabrikantenfamilie abstützen kann; diese kann 1870 auch die *Reinacher Weiden* (Reinacherheide) von der durch die Birskorrektion finanziell überforderten Gemeinde Reinach kaufen und eröffnet auf diese Weise die Perspektive eines «Birsauen-Industriekomplexes». Die architektonische Gestalt der Weidenhofgebäude zeigt eine Anlehnung an die Fabrikarchitektur der Epoche. An der Grenze zu Münchenstein errichtet die Elektrizitätsgesellschaft Alioth & Cie. 1892 eine neue Produktionsanlage; die Firma fusioniert 1913 mit der Brown Boveri & Cie. AG.[309]

Der Weidenhof, wie Brüglingen in der Birsaue entstanden, verdankt im Gegensatz zu letzterem seine Existenz einer mit der Industrialisierung verbundenen Aktivierung des Grundbesitzes. Der Brüglinger Grundbesitz wird von Merian nach landwirtschaftlichen Gesichtspunkten inwertgesetzt; industrielles Gewerbe kann sich dort nur beschränkt ansiedeln und wird stets niedergehalten. In den Arlesheimer Weiden findet keine den Brüglinger Weiden vergleichbare Bodenmelioration statt, was die besondere Interessenlage der jeweiligen Grundbesitzer zum Ausdruck bringt. Wie der Sternenhof auf der gegenüberliegenden Seite der Birs, ist auch der Weidenhof ein Ausbauhof aus der Zeit nach der Aufhebung des Flurzwangs; die Geschichte beider Höfe ist im Zeichen der Verstädterung des Birsecks eine sehr ähnliche.

Der Kauf des Weidenhofs durch die CMS

Seit dem Dezember 1917, als sich das Interesse dreier Firmen am Land des Rothausguts in einem Kaufvertragsentwurf niederschlägt, ist die Verwaltung der CMS Hofangeboten gegenüber aufmerksamer (siehe Kap. 9.1.). Die Güterdelegation berichtet zu dieser Zeit über die Probleme der Stiftungsgüter, deren Kulturland «durch die fortwährende Inanspruchnahme für öffentliche Zwecke» eine übermässig starke Zerstückelung erfahre und grosse betriebswirtschaftliche Nachteile erleide.[310] In die Zeit dieses Vorspiels zu der im April 1918 beschlossenen Reorganisation der Brüglinger Pachthöfe fällt offenbar die Vermittlung des Weidenhofs, über deren Verlauf keine schriftlichen Quellen bestehen. Mitte Februar 1918 beantragt die Güterdelegation bereits den Kauf des Weidenhofs.

Bei einem Ertragswert von höchstens Fr. 120'000.– möchte die CMS Fr. 215'000.– anbieten, um dem von den Verkäufern geltend gemachten Verkehrswert als potentielles Industrieland Rechnung zu tragen. Damit wird die aktuelle Situation des Weidenhofs zwischen den Industriekomplexen von Brown Boveri bei der Münchensteiner Grenze und der Schappespinnerei in der Nähe der Dornacher Grenze berücksichtigt. Als preistreibend wird daneben aber auch die im Stadtgebiet herrschende «übergrosse Nachfrage» nach Pflanzland empfunden, die eine grossflächige Beanspruchung von Stiftungsland zur Folge hat. Der Verwaltungsbericht 1918 bezeichnet, den landwirtschaftlichen Aspekt dieses Gutskaufs stärker gewichtend, mit vorsichtiger Formulierung den Kaufpreis als angemessen, «da das Gut vollständig arrondiert ist und sich auch zu anderen als nur landwirtschaftlichen Zwecken eignen dürfte».[311]

Mit Vorvertrag vom 28. Februar 1918 kann die CMS das 33,83 ha grosse Gut von Achilles Alioth-Ronus und zwölf Konsorten für Fr. 215'000.– erwerben und am

15. Mai 1918 antreten. Wie Tabelle 8 zeigt, muss dieser Gutskauf im Vergleich mit den anderen Gutskäufen der CMS als einer der günstigeren im stadtnahen Gebiet angesehen werden.

Das Weidenhofland als Abwasser- und Grundwassersammler von Arlesheim

Wie oben erwähnt, ist das Weidenhofland sowohl austrocknungs- als auch partiell überschwemmungsgefährdet. Als Wasserstaubereich in der Flusssohle unterliegt es den Ansprüchen der Grundwassernutzung, die mit den Erfordernissen der landwirtschaftlichen Düngerwirtschaft und der Vorflutung der Dorfabwässer in Konkurrenz tritt.

Nach der Übernahme des Weidenhofs durch die CMS wird die von den Vorbesitzern abgeschlossene, im Grundbuch eingetragene Vereinbarung mit der benachbarten Schappeindustrie bestätigt, wonach der Weidenhof von dort in Trockenzeiten Wässerwasser beziehen kann. Der alte Wasserkanal besteht teilweise noch in den 1950er Jahren. Die aufgefüllten und humusierten Kanalstrecken werden bis in diese Zeit von Nussbaumreihen im Kulturland angezeigt; diese Zeugen ihres ehemaligen Verlaufs fallen in den 1960er Jahren dem stärker mechanisierten Ackerbau zum Opfer.

Schon kurze Zeit nach dem Kauf des Weidenhofs muss die CMS bauliche Verbesserungen vornehmen: Im trockenen Sommer 1922 erweist sich die bestehende Wasserversorgung als völlig ungenügend. Die Leitungen und die Brunnstube werden durch einen neuen Anschluss an das in Hofnähe stehende Pumpwerk der Gemeinde Arlesheim ersetzt. 1939 verkauft die CMS der Gemeinde 0,2 ha Land zur Errichtung eines zweiten Pumpwerks und zur Ausscheidung einer dazugehörigen kleinen Schutzzone.[312]

In der Zeit des Mehranbaus während des Zweiten Weltkriegs treten die ersten Nutzungskonflikte im Boden-Wasser – Bereich auf. 1922 baut die CMS eine neue, der Kulturlandfläche entsprechende Jauchegrube; diese wird 1938 durch eine vergrösserte Grube in Verbindung mit einer Jaucheverschlauchungs- und Feldberegnungsanlage ersetzt. Die auf diese Weise ermöglichte Intensivierung der Bodendüngung und die Benützung der Arlesheimer Kloake, des Bachtelenbachs, zur Bewässerung beeinträchtigen aber das Grundwasser.[313]

Der Gemeinderat von Arlesheim fordert die CMS nach einer Wasseruntersuchung durch den Kantonschemiker im Oktober 1942 auf, dem Weidenhofpächter das Ausbringen von Jauche und das Aufstauen des Bachs zur Bewässerung zu untersagen; die CMS muss letzterem in diesen Jahren wiederholt Beanstandungen der Gemeinde mitteilen. Diese unbefriedigende Situation führt Anfang 1945 dazu, dass der Kantonale Wasserwirtschaftsexperte beigezogen wird und die von der CMS schon 1922 angeregte und von der Gemeinde 1943 wieder aufgegriffene Lösung des Wasserproblems prüft: Dabei würde der Bachtelenbach statt in den Kanal direkt in die Birs entwässern.[314]

Das Düngeproblem und, mindestens gleichgewichtig, das Problem der Bewässerung mit dem schwer belasteten Wasser des Bachtelenbachs[315], beschäftigen Gemeinde und CMS bis in die 1950er Jahre. Begreiflicherweise will die CMS nicht das einzige einigermassen tiefgründige Land des Weidenhofs, das zwischen Bahnlinie und Bachtelengraben liegt, für den Schutz des Grundwassers praktisch brachlegen. Ein Expertengutachten von 1950 stellt schliesslich fest, dass angesichts des lockeren, unregelmässigen Aufbaus des Bodens das Verbot für Bewässerung und organische Düngung dem Humusaufbau sehr abträglich war. Nach mehreren Trockenjahren – 1943, 1946 und 1947 – sollen Versteppungserscheinungen aufgetreten und die noch vorhandenen Kirschbäume abgestorben sein. Das Gutachten betrachtet für die Sanierung der Grundwasserverhältnisse in der Schutzzone eine Verbesserung der Humusschicht durch den Auftrag von Feinerde und geeignete Kulturmassnahmen als vordringlich. Die CMS sichert dem 1952 zuziehenden neuen Pächter angesichts der schlechten Bodenqualität und der auferlegten Einschränkungen in der Verwendung von Stalldünger eine Entschädigung für den Fall zu, dass er überdurchschnittlich viel Handelsdünger zukaufen müsste; dieser macht 1955 von dieser Zusage Gebrauch.[316]

Das Wasser- und Abwasserproblem kann im Zusammenhang mit der Errichtung der Abwasserreinigungsanlage (ARA) Birs I in Reinach gelöst werden. Die schon 1959 projektierten Kanalisationsleitungen für die Abwässer des mittleren Dorfteils können im Laufe des Jahres 1962 gebaut werden. In einem Durchleitungsvertrag mit dem Kanton Basel-Landschaft gewährt die CMS, von Verfassung und Baugesetz verpflichtet, ein Durchleitungsrecht. Die ARA Birs I wird 1964 fertiggestellt und in Betrieb genommen. Der gleichzeitig mit der Arlesheimer Zonenplanrevision 1980 verabschiedete Zonenplan Landschaft teilt zwischen den Gewerbezonen der Unteren und der Oberen Weiden freigebliebenes Land beim Bachtelengraben (12,9 ha) einer Spezialzone für Intensiverholung zu, die die Errichtung von Sportanlagen zulässt. Von diesem Gebiet liegen 11,3 ha im Perimeter einer Grundwasserschutzzone, die auch 0,8 ha Land der benachbarten Landschaftsschutz- und Schonzonen sowie der birsseits gelegenen Naturschutzzone umfasst.[317]

Industrieansiedlung und Entwicklung der Zonenplanung

Mit der beim Kauf des Weidenhofs vorausgesehenen Ansiedlung von Industrie ist die Ausarbeitung des Zonenplans der Gemeinde Arlesheim eng verflochten. Es vergehen über dreissig Jahre, bis erstmals Weidenhofland an ein Unternehmen verkauft wird; und erst in den 1970er Jahren werden die Arlesheimer Landreserven der CMS in grossem Stil beansprucht.

Im Herbst 1951 bekundet die Papierfabrik Stoecklin, deren Fabrikationsstätten sich im St. Alban-Tal in Basel befinden, ihr Interesse am Kauf von mehreren Hektaren Land beim Weidenhof. Die Stiftungskommission äussert Mitte November ihr grundsätzliches Einverständnis zu Verhandlungen. Die CMS ist der Auffassung, dass es sich bei dem von diesem Kaufgeschäft betroffenen Areal um das schlechteste Kulturland des Weidenhofs handle, dessen Aufgabe die Existenz des Weidenhofs als betriebliche Einheit nicht gefährde. Im Ratschlag an den Bürgerrat wird festgehalten, dass der Pächter, der im April 1952 das Gut bezieht, sich angesichts der schlechten Bodenqualität auf Weidewirtschaft ausrichten werde. Die nach dem Arlesheimer Zonenplan vom Dezember 1951 80 m tiefe Industriezone, die die Parzelle 1104 der CMS überlagert, kann durch eine Einsprache der CMS vom Januar 1952 auf die für die Fabrikationsanlagen der Käuferin notwendige Tiefe von 100 m erweitert werden.[318] Mit diesem Verkauf scheidet die CMS aber ganz aus dieser Zone aus; das Weidenhofgut liegt nun ausschliesslich im «Übrigen Gemeindegebiet», in dem einzig die landwirtschaftliche Landnutzung zulässig ist.

Die Papierfabrik erwirbt im Juni 1952 insgesamt 5,5 ha Land zu Fr. 4.–/m^2 (25% Fl.) und Fr. 5.–/m^2 (75% Fl.), einschliesslich der Nebenkosten, die die Verlegung einer Bewässerungs- Bodenleitung beinhalten, für Fr. 235'696.–. 1954 verkauft die CMS der Firma weitere 0,27 ha Land zu Fr. 5.–/m^2 für die Erstellung eines Geleiseanschlusses.[319]

151

Der erste Landverkauf an die Papierfabrik ist, wie aus der Verhandlung des Weitern Bürgerrats vom 18. März 1952 hervorgeht, nicht unumstritten. Besonders von sozialdemokratischer Seite wird die – vom Rat nicht aufgenommene – Ansicht geäussert, dass damit eine bürgerliche Institution die Kantons- und Steuerflucht eines Unternehmens fördere. Nicht umstritten, aber durch die Verbindung mit einer Auflage politisiert wird der Landverkauf durch einen Antrag von E. Bolza, dem aufmerksamen Beobachter der öffentlichen Landpolitik: Da die Ansiedlung der Papierfabrik dem Kanton Basel-Landschaft einen gewerblichen Substanzgewinn bringe, sollten dessen Behörden dazu angehalten werden, der CMS eine vorsorgliche Genehmigung zu einem flächengleichen Kulturlandersatz zu gewähren. Der Antrag erscheint damit als unausgesprochene Kritik an der als stiftungsfeindlich empfundenen Genehmigungspraxis der basellandschaftlichen Administration. Erst im September des vorangegangenen Jahres hat das Ringen um den Kauf des Unteren Gruths durch die CMS seinen Abschluss gefunden.

Der Rat ermächtigt die CMS zum Abschluss des Kaufvertrags unter den beantragten Bedingungen. Der Regierungsrat des Kantons Basel-Landschaft entspricht dem Begehren der CMS vom Februar 1952 auf Genehmigung des Landverkaufs und äussert seine Zustimmung zur Genehmigung von Kompensationsgeschäften – letzteres allerdings nicht, ohne die CMS unter Berufung auf die 1945 gefundene Regelung auf die Agglomerations-Wachstumsgebiete zurückzubinden, in welchen der landwirtschaftliche Boden für den Privatlandwirt ohnehin unerschwinglich wäre[320] (s.a. Kap. 6.2.3).

Das Weidenhofland wird durch Erschliessungsplanung «in Reserve» gestellt

Nachdem die Fragen der Erschliessungsplanung vorerst als sehr dringlich behandelt worden sind, wird mit dem auf Ende März 1958 angekündigten Pächterwechsel Planungszeit und Planungsspielraum gewonnen.

Hans Schnyder, der den Weidenhof seit 1952 bewirtschaftet, kündigt den Pachtvertrag auf 1958, weil er nicht in der Lage ist, den Hof ertragbringend zu führen. Schon Ende 1955 wird das «Problem» Weidenhof von der Güterdelegation besprochen; als Lösung wird eine Erschliessungsplanung, d.h. die Abkehr von der Nutzung des Landes durch einen Landwirtschaftsbetrieb, erwogen. Die CMS ist daran interessiert, das ertragsmässig minderwertige Weidenhofland einer gewerblich-industriellen Nutzung zuzuführen, und lässt 1956 mit dem Einverständnis der Gemeinde Arlesheim vom Stadtplanbüro Basel einen ersten Erschliessungsvorschlag ausarbeiten. Von den zahlreichen Interessenten für Gewerbeland gedrängt, verlangt sie 1957 Klarheit über den Projektierungsstand der Ortsverbindungsstrasse Dornach-Münchenstein, die eine Umfahrung von Arlesheim bringen soll und deren Trasseeführung die künftigen Möglichkeiten der Landnutzung in den Weiden stark beeinflussen würde.[321]

Die CMS kommt von der Absicht, den Hof nicht mehr zu verpachten ab, als sich Franz Leuthardt-Vögtli um die Pacht bewirbt. Er bewirtschaftet bis dahin den elterlichen Hof im Dorf Arlesheim und ist über die Kündigungsabsichten Schnyders rechtzeitig im Bild. Da er mit rund 25 ha Eigenland und Pachtland in Arlesheim, Dornach und Aesch eine von den schwachen Landreserven des Weidenhofs unabhängige Kulturlandbasis hat, entscheidet sich die Stiftungsverwaltung für den Abschluss eines provisorischen Pachtvertrags.[322]

1960 beauftragt die Gemeinde Arlesheim ein Architekturbüro mit der Vorplanung für das Gebiet Weiden, da die Schappe Arlesheim Projekte für betriebseigenen

Wohnbau und die Aluminiumwerke Münchenstein solche für Werkerweiterungen bearbeiten. Die CMS bemüht sich bei dieser Gelegenheit um die Einzonung des verbleibenden Weidenhoflands in die Gewerbe- und Industriezone, während die Gemeinde Arlesheim den Grossteil des Landes einer Wohnzone zuweisen möchte. Nur das Land zwischen Bahnlinie und Niederterrasse käme noch für die gewerbliche Nutzung in Frage; da es sich aber hier um das beste Kulturland des Weidenhofs handelt, möchte die CMS vorläufig von einer Erschliessung desselben absehen. Die offene Planungs- und damit gewissermassen «Reserve»-Situation des Weidenhoflands veranlasst die Stiftungskommission 1967 zum Beschluss, auf dem Weidenhof vorläufig keine baulichen Investitionen mehr vorzunehmen.[323]

Die archivalisch dokumentierten Anfragen nach Gewerbeland zeigen deutlich eine starke lokale und zentralörtliche Landnachfrage: Genau die Hälfte der interessierten Firmen sind in Arlesheim oder Münchenstein ansässig; beim Grossteil der übrigen handelt es sich um gewerbliche Aussiedler, d.h. Basler Firmen, die flächenbeanspruchende Erweiterungsbauten planen.

Die einzigen Bodenverkäufe dieser Zeit betreffen Land für öffentliche Aufgaben; so verkauft die CMS 1962 der Gemeinde Arlesheim zwei isoliert liegende Parzellen von zusammen 0,43 ha, auf welchen ein Wasenplatz-Servitut lastet. Diese sind dazu bestimmt, von der Gemeinde ohne Gewinn an die Kantonale Zeughausverwaltung weiterverkauft zu werden. 1967 schliesst die CMS mit der Gemeinde einen Baurechtsvertrag für die Grundwasserpumpstation ab und unterzeichnet einen Vertrag über die Ausscheidung einer Grundwasserschutzzone.[324]

Das Weidenhofland im Brennpunkt der Nutzungswünsche öffentlicher Landbeansprucher

Anfang 1970 erwägt die CMS den Kauf des 14,7 ha grossen *Birsmattenhofs* in Therwil, dessen Land zur Einrichtung einer Baumschule der Stadtgärtnerei Basel und weiterer Familiengärten dienen könnte. Diese Pläne stehen in einem direkten Zusammenhang mit dem von Grossen Rat im Februar 1969 beschlossenen Abtausch von Land der Einwohnergemeinde und des Bürgerspitals beim *Bachgraben* in Allschwil, der der Landarrondierung, der Anlage von Sportplätzen, einer Baulandumlegung und Umzonung dienen soll. Für die dortigen, ein 4,2 ha grosses Areal belegenden Baumschulen der Stadtgärtnerei muss daher ein Ersatzstandort gefunden werden. 1971 findet im besagten Gebiet bereits eine Teilüberbauung statt.[325]

Die CMS übernimmt das Land des Birsmattenhofs im Baurecht und die Gebäude in Miete. Der Baurechtszins ist mit dem Blick auf eine späteren Überführung in einen Kauf hoch bemessen. Die CMS ist dem scheidenden Pächter des Hofsbesitzers Werner Stamm beim Kauf und Bezug eines Hofs im Kanton Freiburg behilflich. Im September 1970 erhebt die Gemeinde Therwil Einsprache gegen die Anlage von Familiengärten auf dem Hof; zudem wird das für die Anlage der Baumschulen geeignete Gelände von den Linien eines Strassenprojekts durchschnitten. Die Nutzungsfrage muss neu aufgerollt werden.[326]

Im Frühjahr 1972 führt die CMS Besprechungen mit der Regionalplanungsstelle beider Basel, zu der sie über die Funktion ihres Direktors als des Delegierten der Regionalplanungskommission engen Kontakt hat. Auf der Suche nach zusätzlichen, gemeinsamen Tramdepots der öffentlichen Verkehrsbetriebe in beiden Kantonen wird der Standort des Weidenhof als einer der günstigsten im tramerschlossenen Agglomerationsgebiet geprüft. Die CMS erklärt sich bereit, auf Vertragsabschlüsse mit privaten Landinteressenten bis Ende 1972 zu verzichten, um ihr Land im Bedarfsfall für

Der Weidenhof in der Arlesheimer Birsaue.
Blick von Norden über die bewaldete Arlesheimer Niederterrassenstufe gegen Birs und Birstalautobahn. Das Jurabahntrassee und die Zufahrtsstrasse zum Autobahnzubringer T18 trennen das Areal der Baumschule der Basler Stadtgärtnerei (unten links) von der übrigen Flussaue ab. Zur Rechten der Hofgebäude sind die Gebäude der Papierfabrik, im Vordergrund das Paketverteilzentrum der PTT zu sehen. Im Hintergrund liegt das von Überbauung freigehaltene, zum Teil mit Sportplätzen belegete Grundwasserschutzgebiet.
(Aufnahme vom 5.9. 1986, J. Winkler.)

Betriebseinrichtungen des öffentlichen Verkehrs zur Verfügung stellen zu können. Die Stiftungskommission hat im Februar 1972 über die Koordination der verschiedenen Wünsche öffentlicher Institutionen zur Nutzung des Weidenhoflands zu beraten:
- Die PTT wünschen eine provisorische Zufahrtsstrasse zur Baustelle ihres regionalen Paketverteilungszentrums zu erstellen;
- Der Kanton Basel-Landschaft wünscht eine Autobahnzufahrt und einen Werkhof zu erstellen;
- Mit der Regionalplanungsstelle sind Pläne zur Einrichtung grösserer Rollmaterialdepots für die öffentlichen Verkehrsbetriebe im Gespräch;
- Die Gemeinde Arlesheim möchte Sportplätze bauen.

Die Kommission stellt fest, «dass es kaum möglich sein wird, sich diesen Gesuchen auf die Dauer zu widersetzen, wodurch aber die Existenz des Weidenhofs gefährdet ist». Da nun der Birsmattenhof nicht in der ursprünglich vorgesehenen Weise genutzt werden kann, wird erwogen, dem Sohn des Weidenhofpächters die Möglichkeit zu bieten, auf diesen umzusiedeln; man nimmt deshalb eine Abklärung über die Eignung des dort zur Verfügung stehenden Kulturlands vor. In diesem Sinne wird im Mai 1972 eine neue Prioritätenliste für die Nutzung des Weidenhoflands aufgestellt: An erster Stelle steht die zu einer Verlegung gezwungene Baumschule der Stadtgärtnerei, an zweiter Stelle die Familiengärten und an dritter Stelle Sportanlagen und andere Naherholungseinrichtungen.[327]

Im September 1972 erteilt die CMS einem Planungsbüro den Auftrag, einen generellen Nutzungsplan auszuarbeiten; dieser wird Ende 1972 zur Diskussion gestellt. Dabei wird eine Überprüfung des Familiengarten-Standorts beschlossen, da die Eignung des Weidenhoflands bezweifelt und auch die Nutzung von Land in der Gewerbezone mit Familiengärten ausgeschlossen wird; zudem wird eine Plazierung in grösserer Stadtnähe, auf Land bei Klosterfiechten, als günstiger angesehen. Im April 1973 sind sich CMS und Einwohnergemeinde Basel grundsätzlich darüber einig, dass die Baumschule in die *Unteren Weiden* verlegt werden solle.[328]

In den Grossratsdebatten über das Landabtretungsgeschäft, das einen Baurechtsvertrag zugunsten der Einwohnergemeinde vorsieht, wird gleichzeitig mit dem gewählten Standort und Vertrag auch der Sinn einer von der Stadtgärtnerei in eigener Regie betriebenen Baumschule bestritten. Wie bei der Kreditsperre von 1972 für den Ausbau des Botanischen Gartens in Brüglingen spielen auch jetzt Rücksichten auf den prekären Finanzhaushalt des Stadtkantons mit. Private Baumschulbesitzer fühlen sich in der Formulierung des Ratschlags an den Grossen Rat übergangen: Sie beanstanden, dass die Regierung mit der CMS schon vor der Grossratsverhandlung Übereinkünfte getroffen habe, und bezweifelt, dass der Betrieb einer Baumschule durch die Stadtgärtnerei billiger sei als der Zukauf von Pflanzen aus dem privaten Handel. Wenn hier ein «staatliches Konkurrenzunternehmen» aufgezogen werde, empfange der private Handel auch gar keinen Anreiz, die benötigten Pflanzen heranzuziehen. Die Grossratskommission, die das Geschäft in Fühlungnahme mit der CMS weiter behandelt, schlägt eine Abwicklung vor, die zumindest die finanziellen Bedenken in Bezug auf die zu erwartenden Baurechtszinsen für das Weidenhofland zerstreuen könnte.[329]

Anstelle eines Baurechtsvertrags über das Weidenhofland soll ein Landabtausch vorgenommen werden, und anstelle eines Baurechtsvertrags über Stiftungsland bei Klosterfiechten soll die Einwohnergemeinde Basel dieses käuflich erwerben. 1974, als ein solcher Tausch erstmals erwogen wird, ist die Rede von Staatsland im St. Alban-Tal, das die CMS im Baurecht besitzt. Nun aber gibt der Tausch der CMS Gelegenheit, das seit 1968 zugepachtete Kulturland der Einwohnergemeinde Basel beim Erlenhof in ihren Besitz zu überführen und so ihre Stellung als landwirtschaftliche Grundbesitzerin im Schlatthofgebiet auszubauen. Bei Klosterfiechten verkauft die CMS Land von geringerem landwirtschaftlichem Ertragswert, das zudem von der neuen Querverbindungsstrasse durchschnitten wird. Dabei liegt es nahe, den nutzungsmässigen Anschluss an die bereits bestehenden Familiengärten im Klosterfiechtengebiet zu suchen. Der Grosse Rat stimmt dieser Lösung im Juni 1975 zu.[330]

In die Nutzungsentflechtung, die mit diesem finanzpolitischen Landhandel zustandekommt, sind gesamthaft 31,1 ha qualitativ und wertmässig sehr unterschiedliches Land einbezogen. Nach dem Tauschvertrag zwischen der CMS und der Einwohnergemeinde Basel vom 23. Februar 1978 werden die 9,04 ha von der Stadtgärtnerei beanspruchtes Areal beim Weidenhof mit der 2,2fachen Fläche Kulturland (19,62 ha) beim Erlenhof und einer Entschädigung von Fr. 500'000.– abgegolten (siehe Kap. 8.3). Gleichzeitig verkauft die CMS der Einwohnergemeinde zur Arrondierung im Gebiet Klosterfiechten 2,43 ha Land, wovon 2,21 ha im Basler Bann, zu Fr. 5.–/m^2. Durch das Tausch- und Kaufgeschäft wird die Gesamtfläche des im Besitz der CMS stehenden Weidenhoflands von 27,91 ha (1978) auf 18,86 ha (1979) verkleinert; erstmals 1979 weist die CMS dort 1,91 ha Liegenschaftsgrundstücke aus[331] (siehe Abb. 26).

Verschiedene Planfestsetzungen für Strassenführungen und Grundwasserschutzzonen erlauben es nicht, die Verträge über die definitiven Flächenmasse des Weidenhoflands gleich nach dem Grossratsbeschluss vom Juni 1975 auszufertigen. In einem provisorischen Pacht- und Mietvertrag mit der Stadtgärtnerei kann die Baumschule, für die

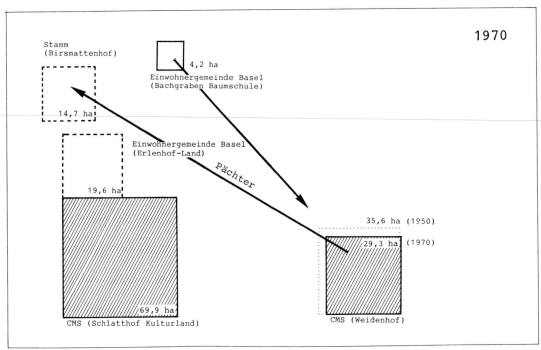
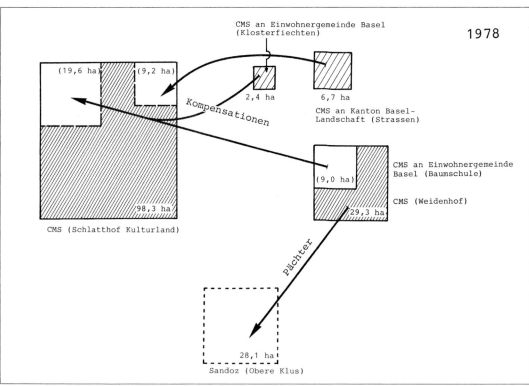

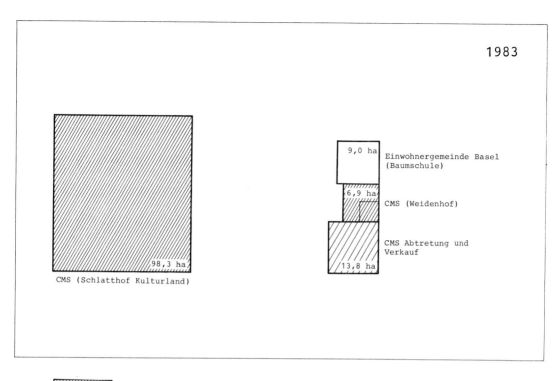

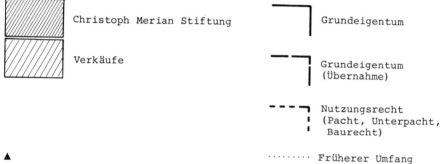

◄ ▲
Abbildung 26
Schematische Wiedergabe der Verminderung des Weidenhoflands und der Ausweitung der Landgrundlage des Schlattgutes als Folge sukzessiver Pächteraussiedlungen, Landtauschgeschäfte und Landverkäufe 1970, 1978 und 1983.

seit 1975 Vorarbeiten beim Weidenhof im Gange sind, Anfang 1977 eingerichtet werden.[332] Das an die Einwohnergemeinde übertragene Land ist im Zonenplan Landschaft der Gemeinde Arlesheim von 1980 mit einer Landschaftsschutzzone belegt, deren Bestimmungen über Fahrnisbauten den funktionalen Bedürfnissen der angelegten Baumschule entsprechen.

Der der Landschaftsschutzzone zugewiesene Niederterrassenhang, das mit der Spezialzone für Intensiverholung belegte Auenland, das bewaldete, eine Naturschutzzone bildende Birsufer und das Baumschulareal umrahmen das Industrieareal, das die Grenze von Münchenstein zu Arlesheim überlagert. 1978 vereinbart die Gemeinde Arlesheim mit der CMS ein Kaufrecht über 1,15 ha Land für Strassen, Wege und eine

Bahnunterführung; 1980 stimmt die Gemeindeversammlung der Ausübung dieses Kaufrechts für ein Areal von 0,74 ha zu. Im gleichen Jahr tauscht die CMS mit der Gemeinde 13,08 ha Land in der Erholungszone wertgleich gegen 1,84 ha Land in der Gewerbezone südlich davon.[333] Damit kann die Gemeinde ihre Verfügungsgewalt über den in der Zonenplanung vorgezeichneten Ausgleichsraum zum Baugebiet stärken. Dieser untersteht nun der Regie der öffentlichen Hände als Grundbesitzer oder öffentlich-rechtlichen Nutzungsbeschränkungen. Der 1968 gebaute Stetswasserkanal des Bachtelenbachs im Bereich der neuen Sportanlagen wird mit öffentlichen Mitteln wieder geöffnet und das Wasser in der Nachbildung eines natürlichen Wasserlaufs zur Birs geführt.

Beschleunigte Landumlegung

Der Gemeinderat von Arlesheim beschliesst Mitte März 1966 die Durchführung einer Baulandumlegung im Gebiet Weiden, um einigen Baubegehren, dem Talstrassenprojekt und den Wünschen des Gas- und Wasserwerks Basel nach einer Bereinigung der Nutzungsverhältnisse zu entsprechen. Die CMS ist mit dem Perimeter des Umlegungsgebiets nicht einverstanden, denn sie hält die Anwänder- und Strassenerstellungsbeiträge von Fr. 4.–/m^2 für den Anteil von 5,06 ha an der grossen Weidenhofparzelle für unvereinbar mit deren landwirtschaftlichen Erträgen. In ihrer Einsprache vom April 1966 nennt sie die Umlegung in diesem Bereich «sinnwidrig» und bezeichnet die beanstandete Ausweitung des Perimeters als unzulässig, ohne die Baulandumlegung grundsätzlich abzulehnen. Die Gemeinde äussert in ihrer Stellungnahme, dass das öffentliche Interesse das Einzelinteresse der CMS an einem Nichteinbezug ihres Landes in die Bauzone überwiege.[334]

Der Gasverbund Mittelland, dessen Erdgas-Druckleitung Frankreich-Schweiz diese Parzelle durchqueren soll, ist aber an einer raschen Neuordnung des Landes interessiert und möchte selbst die Erschliessungsbeiträge vorschiessen; dies findet in einer vertraglichen Vereinbarung seinen Niederschlag, die eine zinslose Rückerstattung durch die CMS im Augenblick der gewerblichen Verwertung des Landes festlegt. Unter diesen Voraussetzungen zieht die CMS ihre Einsprache zurück. 1969 liegt ein ergänztes Umlegungsprojekt vor, das auch die Zustimmung des Weidenhofpächters findet. Von den 4,72 ha einbezogenem Land stehen der CMS im umgelegten Bestand 4,32 ha erschlossenes Land zu. Im März 1969 stimmt die Kommission dem Umlegungsplan zu, dessen letzte Ausführungsphase Ende 1973 mit dem Grundbucheintrag abgeschlossen wird.[335]

Mit dem Landverkauf vom September 1973 an die Schweizerische Eidgenossenschaft wird erstmals die Rückerstattung von Erschliessungskosten an den Gasverbund Mittelland fällig. Die PTT planen 1972 die Errichtung des Zentralen Paketzustellungsamts Birseck, das ihr stark angewachsenes Dienstleistungsvolumen in diesem Agglomerationsgebiet bewältigen helfen soll. Die Stiftungskommission stimmt Verhandlungen und später einem Kaufvertrag mit den PTT über Weidenhofland zu; dieser wird im Februar 1974 abgeschlossen und lässt 1,01 ha Land für Fr. 230.–/m^2 in den Besitz der Eidgenossenschaft übergehen.[336]

Nutzungsablösung und Aussiedlung des Weidenhofbewirtschafters

Als der Landbedarf, für den der Birsmattenhof gesichert worden ist, auf Klosterfiechten und Weidenhof gedeckt werden kann, löst die CMS den Baurechts-, Miet- und Kaufrechtsvertrag mit dem Besitzer des ersteren auf Ende September 1976 wieder auf.[337] Das Pachtverhältnis mit Franz Leuthardt jun. wird vom Hofeigentümer übernommen; der Pächter verlässt den Hof 1979 nach Übersee.

Der Pächter des Weidenhofs, Franz Leuthardt sen., stellt schon 1972 aus gesundheitlichen Gründen von der Milchvieh- auf Mastviehhaltung um und bietet von da an Hand zur allmählichen Reduktion des Landwirtschaftsbetriebs. In diesem Jahr wird die Landbestellung durch die Aushub- und Humusdeponie der PTT behindert. Nach der Übersiedlung seines Sohnes Anfang April 1973 auf den Birsmattenhof werden mit Blick auf die veränderten Nutzungsansprüche der Stadtgärtnerei an den Gebäuden nur noch die dringendsten Reparaturen vorgenommen. Dies steht in einem Gegensatz zur optimistischen Schau einer landwirtschaftlichen Zukunft des Hofs, die erst 1970 mit dem Kreditantrag für den Bau eines Wagenschopfs Zeichen für die Ausgestaltung des Betriebs im Sinne der mechanisierten Landbewirtschaftung setzt.[338]

1974 bildet das Pachtgut Weidenhof mit 18,5 ha Land zwei Drittel des gesamten Grundbesitzes der CMS in Arlesheim. Nach der Vereinbarung über den Landtausch mit der Einwohnergemeinde und mit dem Beginn der Vorarbeiten für die Baumschulanlage verringert es sich 1975 auf 9,5 ha, um im folgenden Jahr, als auf die Ausführbarkeit des Tauschgeschäfts gewartet wird, wieder auf 16 ha anzuwachsen. Nach der Pachtaufgabe von Franz Leuthardt sen. Ende März 1978 übernehmen die Pächter von Unter-Brüglingen 10,8 ha Land und die Gebäude bis Ende März 1981 – die Zeit der «Grün 80» – in Pacht. Die rund 6,2 ha restliches Hofland behält der alte Weidenhofpächter bis 1979 selbst in Pacht. Sein Eigenland wird von seinen Söhnen bewirtschaftet, die durch Vermittlung der CMS auf anderen Pachthöfen unterkommen können.

1977 verhandelt die CMS mit der Sandoz AG und deren Pächter des *Klushofs* über die Übernahme des 28,1 ha grossen Hofteils *Obere Klus* in Unterpacht, um den Pächtern von Unter-Brüglingen, die von der «Grün 80» betroffen werden, einen Ersatzbetrieb zuhalten zu können. Diese möchten aber, um die Milchviehhaltung beibehalten zu können, nicht auf die dafür weniger geeignete Obere Klus ziehen. Der bisher am *Margarethenhof* interessierte jüngere Sohn des Weidenhofpächters, Urs Leuthardt-Martin, entscheidet sich daher für die Obere Klus. Er betreibt dort hauptsächlich Mutterkuhhaltung mit eigener Aufzucht; die stadtnahe Lage erlaubt ihm, die Tiere günstig selbst zu vermarkten. 1980 erhält er von der CMS den 3 ha grossen Schlatthof-Ackerschlag «Schürhof 3» als Ausgleich für das von den Brüglinger Pächtern vorübergehend benutzte Weidenhofland. Daneben pachtet er 3,25 ha zukünftiges Gewerbeland in den *Oberen Weiden*, das aber von den Brüdern Rediger in einer informellen Unterpacht genutzt wird. 1985 bewirtschaftet er inklusive 5 ha Eigenland im Gebiet von Schlatt- und Schürhof genau 50 ha Land. Da ein Teil des Pachtlands in erschlossenem Baugebiet liegt, muss er mit Landverlust rechnen, unter anderem von 1,6 ha Gewerbeland der CMS und 1 ha Land der PTT im Bereich der beim Weidenhof entstehenden Sportanlagen.

2. Der Sternenhof auf der Reinacher Niederterrasse

Der Sternenhof als junger Reinacher Einzelhof

1,7 Kilometer südwestlich des *Weidenhofs*, auf der gegenüberliegenden Seite der Birs, liegt der *Sternenhof*, dessen Land wie das Weidenhofland von der ins Birseck ausstrahlenden Stadtentwicklung eingeholt wird. Der Sternenhof ist jünger als der Weidenhof und scheint sich nur allmählich zu einer richtigen Hofstelle entwickelt zu haben. Die Kolonisierung der Niederterrassenstufe im Dorfsiedlungsgebiet geht unter anderen Voraussetzungen vor sich als jene der dorffernen Flussaue.

Die Besiedlung der dörflichen Feldflur

Durch die Aufhebung des Flurzwangs um 1820 und insbesondere des allgemeinen Weidgangs 1841 auf dem Gebiet der Gemeinde Reinach kommt es zu einer Privatisierung der Landnutzung und zur Gründung der Reinacher Neuhöfe (Neuhof, Reinacher- oder Kunzenhof, Bottmingerhof) um die Jahrhundertmitte. In dieser Zeit dürfte auch ein erstes Gebäude des heutigen Sternenhofs im äusseren Bereich der Mittleren Zelg an der Strasse nach Dornachbrugg entstehen. 1881 wechselt der rund 7,9 ha grosse Landkomplex an der Bruggstrasse die Hand. Der neue Besitzer lässt eine Scheune zur Lagerung von Dürrfutter bauen; diese wird von der Besitzerin des Sternenhofs nach 1892 mit einer Wohnung und einem kleinen Viehstall ergänzt. Anders als der Weidenhof, dessen Kulturland abseits aller dörflichen Flurordnungen von Anfang an völlig arrondiert ist, liegt der Sternenhof in einer von dorfrechtlichen Nutzungsstrukturen geprägten Flur: Ausser der grossen, an die Oberkante der Niederterrasse anstossenden Hofparzelle zeigen die Pläne aus der Zeit des Hofkaufs durch die CMS eine in westöstlicher Richtung orientierte Streifenparzellierung. Durch den fortgesetzten Kauf solcher Grundstücke schaffen die verschiedenen Hofbesitzer grössere Parzellenblöcke.[339] Die Gemeindegrenze mit Aesch ist, wie an der natur- und kulturräumlich entsprechenden Stelle auf dem Ruchfeld zwischen Basel und Münchenstein, schematisch quer durch den alten Parzellierungsverband gezogen; dies weist darauf hin, dass es sich um eine Kompromisslösung handelt, mit der – vermutlich anlässlich der Erstvermessungen von 1828 und 1831 – die Grenzunsicherheit auf dem Aescherfeld zwischen Schlatthof und Birsbrücke beseitigt worden ist.

Der Kauf des Sternenhofs durch die CMS

Im März 1910 wechselt der Sternenhof wieder die Hand, um im Oktober des gleichen Jahres um ein Viertel teurer an Samuel Nussbaumer weiterverkauft zu werden. Dieser ist, obschon er vom Gut Les Fontaines in Mont-Tramelan auf den Sternenhof kommt, mit dem «Pächternetz» der Merianschen Güter (siehe Kap. 9.2) bereits eng verbunden, da seine Mutter eine Schwester und seine Ehefrau eine Grossnichte des zweiten Rothauspächters der CMS ist und verschiedene Familienmitglieder der elterlichen Generation Höfe in der unmittelbaren Umgebung von Basel bewirtschaften (Habermatten, Hirzbrunnen). Seit 1916 hat er auch rund 5 ha Kulturland der CMS in Pacht. In der landwirtschaftlich schwierigen Zeit der 1920er Jahre zieht er den Wechsel in den Pächterstand der Verschuldung durch den sich aufdrängenden Ausbau des kleinen Wohnhauses vor und bietet im August 1924 – nach der mündlichen Überlieferung auf Anregung des Onkels seiner Frau, Heinrich Rediger in Brüglingen – den Sternenhof der CMS zum Kauf an. Diese interessiert sich, nachdem sie gerade den ihr zum zweiten Mal angebotenen Neuhof besichtigt und einen Kauf abgelehnt hat, für den Sternenhof.[340]

Die Stiftungskommision entschliesst sich im November 1924 für den Kauf des Sternenhofs als vorsorglichen Ersatz für die erwarteten Landabtretungen an die SBB; 1925 und 1927 werden die SBB rund 12 ha Land und den Pachthof St. Jakob enteignen. Nach «längeren Unterhandlungen», in deren Verlauf die Stiftungsverwaltung Ungeduld erkennen lässt, wird ein Kaufpreis von Fr. 150'000.– für das 13,41 ha grosse Gut vereinbart. Die CMS bezahlt für das Sternenhofland zwar den zweithöchsten von ihr bisher für eine Landwirtschaftsgut ausgelegten nominalen Landpreis; dieser stellt sich aber indexbereinigt nicht sehr ungünstig dar (siehe Tab. 8). Sie schliesst mit dem Verkäufer einen sechsjährigen Pachtvertrag mit einem relativ hohen Pachtzins von 2% des Buchwerts des Hofs ab; die Höhe des Pachtzinses soll den relativ teuren Kauf vor dem Bürgerrat vertreten helfen. Zudem ist die CMS offenbar daran interessiert, dieses Gut wie den Weidenhof einstweilen als Reserve ohne lästige Pächterwechsel (wie der im Mai dieses Jahres auf Iglingen erfolgte) verwalten zu können. Die Pacht geht 1947 auf den Sohn des Verkäufers über, der den Hof bis Ende 1984 bewirtschaftet.

In der Begründung des Kaufs wird nicht die landwirtschaftliche Ertragskraft, sondern die Lage des Sternenhofs hervorgehoben: «In der Diskussion [der Stiftungskommission] wird die Erwerbung des Sternenhofs, dessen Land grösstenteils in zukunftsreicher Gegend, zwischen zwei baulich sich stets ausdehnenden Ortschaften liegt, als ein für die Stiftung vorteilhaftes Geschäft bezeichnet.» Zudem wird die Nähe der Tramstation Dornachbrugg als günstige Voraussetzung für die Aufsicht über das Gut vermerkt.[341]

Schon während des Ersten Weltkriegs erwirbt die CMS als ersten Grundbesitz im Bann Reinach zwei zusammen 5,24 ha grosse Parzellen beim Landhof, die im Zusammenhang mit dem Sternenhofkauf eine Rolle spielen dürften; leider geben weder die Protokolle der Stiftungskommission noch der Verwaltungsbericht Auskunft über die Gründe für diesen Landkauf. Von Bedeutung ist besonders das 4,29 ha grosse arrondierte Grundstück «Auf der Wacht», das die CMS 1916 aus dem Grundbesitz eines ihr verschiedentlich angebotenen Reinacher Landwirtschaftsbetriebs erwirbt.[342] Sie verpachtet das zum Landkonto des Brüglinger Guts geschlagene Land wegen der grossen Bewirtschaftungsdistanz zu den Brüglinger Pachthöfen dem Sternenhoflandwirt.

Als diese Landkäufe bewirken, dass der CMS der *Reinacherhof* und der *Landhof* angeboten werden, lehnt sie Verhandlungen mit der Begründung ab, das Land dieser Güter habe Baulandcharakter und komme für sie deshalb nicht in Frage. Auf den unmittelbar an ihre neuen Reinacher Grundstücke angrenzenden Fluren und bis zur Münchensteiner Grenze setzt in der Zeit nach dem Ersten Weltkrieg in der Tat die lockere Bebauung des Surbaumquartiers ein. Beim Kauf von Weidenhof und Sternenhof wird aber deutlich, dass die CMS nicht abgeneigt ist, potentielles Bauland zu besitzen. 1932, als sie den Kauf des 50 ha grossen Reichensteiner Waldkomplexes in Arlesheim aus der Konkursmasse eines Basler Unternehmens ablehnt, beruft sie sich darauf, dass nicht Waldkäufe im Sinne des Stifters seien, sondern Kulturlandkäufe: «Es kann dann auch mit einer späteren Wertsteigerung gerechnet werden.» Die Hinwendung zum Versuch, die bereits am Stadtrand erlebten und nun auch in den stadtnahen Gemeinden festgestellten Bodenwertsteigerungen der CMS zukommen zu lassen, findet auch in der zu Beginn der 1930er Jahre begonnenen Baulandumlegung «Im Freuler» in Muttenz ihren Ausdruck. Noch 1945 weist die CMS einen an ihrem Land auf *Hinterkirch* beim Sternenhof interessierten Gewerbebetrieb ab. Die Kommission möchte nicht nur das dem Pachthof nahegelegene Kulturland erhalten; sie erwartet eine Wertsteigerung des Landes, die durch jetzt realisierte Verkaufspreise und durch die Umgebungsentwertung infolge Errichtung einer Fabrikationsanlage gedämpft würde.[343]

Der Einfluss des Sternenhofkaufs auf die Vermögensrechnung der CMS

Der Kauf des Sternenhofs führt zu keinem ähnlich bedeutenden Zuwachs des Anteils der Landgüter am Gesamtvermögen der CMS, wie ihn beispielsweise der Kauf des Hagnauguts in Verbindung mit einem leichten Rückgang des übrigen Vermögens bewirkt. Von 1914 bis 1936 schwankt der Vermögensanteil der Güter zwischen 20% und 22%; der Zuschlag des Buchwerts des Sternenhofs verhindert nur gerade, dass dieser Anteil bei der gleichzeitigen Zunahme des Anlagekapitals durch den Zufluss von Expropriationsentschädigungen und Zinsen aus denselben sofort unter 21% sinkt. Wie der Weidenhof tritt der Sternenhof erst 40 Jahre später und unter anderen Rubriken in der Stiftungsrechnung kraftvoll in Erscheinung: bei der Aktivierung als Bau- und Baurechtsparzellen.

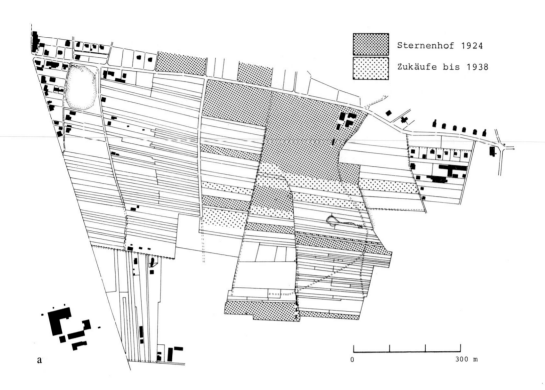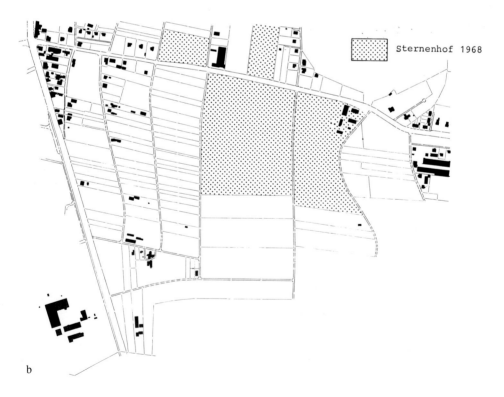

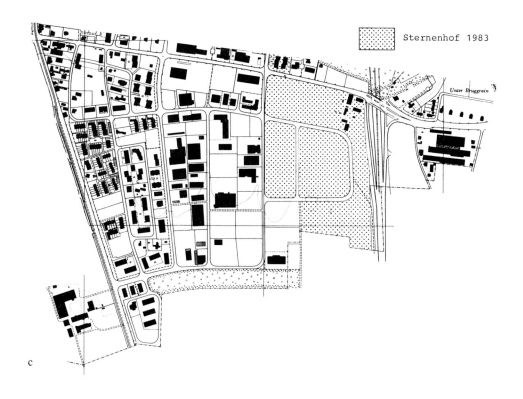

c

Abbildung 27
Der Wandel der Parzellarstruktur im Gebiet von Sternenhof-Kägen: das Raumbild veränderter Rahmenbedingungen für die Landnutzung.

Abb. 27a: Die Flur Kägen um 1938, kurz vor der Felderregulierung Reinach III. Die CMS hat zu dem von ihr 1925 angetretenen Sternenhof zur Arrondierung Land hinzuerworben und den Hof durch den Bau von Maschinenremisen baulich erweitert.

Abb. 27b: Die Flur Kägen 1968, kurz vor der Baulandumlegung. Durch die 1945 abgeschlossene Felderregulierung ist ein vereinfachtes, an der landwirtschaftlichen Nutzung orientiertes Parzellenmuster geschaffen worden, in das vom Dorf Reinach her bereits die Bautätigkeit eingreift. Seit der Umlegung erfolgt die Erschliessung des Landes anstatt durch Wegrechte über Privatgrundstücken durch gemeindeeigene Wege.
Die Gemeindegrenze Reinach-Aesch ist im Bereich des Kägenwalds, der durch die Rodungen der Kriegszeit verkleinert worden ist, dem neuen Parzellenmuster angepasst und geknickt worden, so dass sie nicht mehr die Grundstücke durchquert.
Der Sternenhof wird in den Nachkriegsjahren um einen Schweinestall und zwei Hühnerställe erweitert; das 1961 abgebrannte Ökonomiegebäude wird durch ein grösseres ersetzt.

Abb. 27c: Das Kägengebiet 1983, nach der Baulandumlegung von 1968–1971. Die nochmalige Arrondierung des Sternenhoflandes erfolgt nicht mehr nach Prinzipien der landwirtschaftlichen, sondern der baulichen Landnutzung. Mit der Neuordnung des Grundbesitzes kann die Bautätigkeit vom Dorf Reinach her sich entfalten. Die Autobahn T18 schneidet das Sternenhofland an der ehemaligen Niederterrassenkante an, ihr Anschluss an der Bruggstrasse streift den Sternenhof mit Minimalabstand und kündet sein Verschwinden an.

Die Felderregulierungen und die grossen Sternenhofparzellen

Mit dem Kauf des Sternenhofs übernimmt die CMS die Verpflichtungen als Landeigentümerin gegenüber den Felderregulierungsgenossenschaften der Zusammenlegungen Reinach II (1924–1926, nördlich der Bruggstrasse) und Reinach III (1938–1945, südlich der Bruggstrasse). Einerseits kann sie in beiden Zusammenlegungsverfahren eine Sonderbehandlung ihrer für das Zusammenlegungsgebiet atypisch grossen Grundstücke erreichen; andererseits kann sie durch die sukzessiven Landkäufe in der Umgebung des Hofs bis 1938 eine Reserve von 3,94 ha Kulturland bilden, die durch die Felderregulierung zum vergrösserten und arrondierten Hofumschwung beiträgt.

Von der Felderregulierung Reinach II, die ein 223 ha grosses Umlegungsgebiet betrifft, erhält die CMS im Juni 1927 5,3 ha mit Regulierungskosten von Fr. 257.–/ha neu zugeteilt. Sie erhebt im April 1928 Einsprache gegen die Kostenverteilung und verlangt die Beitragsentlastung ihres Landes «Auf der Wacht», dessen 4,04 ha grosse Parzelle mit Abstand die grösste des Umlegungsgebiets darstellt. Der Regierungsrat des Kantons Basel-Landschaft anerkennt in seiner Beratung über die Einsprache die Sonderstellung dieses Landes, da die Parzelle, abgesehen vom Wegbau und einer Grenzanpassung gegen das Tramtrassee hin, unverändert blieb. Schon in der Schlussversammlung der Regulierungsgenossenschaft wird aber die von der CMS beantragte Entlastung in Frage gestellt; auch der Regierungsrat macht deutlich, dass die neben dem Grundstück bestehende Kanalisation als Vorteil für eine spätere Überbauung bewertet werden müsse, und gewährt schliesslich, im Einvernehmen mit der CMS, die Beitragsreduktion nicht im vollen Umfang. Durch die Felderregulierung Reinach II wird auch das unmittelbar nördlich der Bruggstrasse gelegene Sternenhofland zu drei zusammen 3,29 ha grossen Grundstücken zusammengelegt[344] (siehe Abb. 27).

Im Mai 1936 wird die Durchführung der Felderregulierung Reinach III beschlossen, in deren 125 ha grossem Umlegungsgebiet der Sternenhof selbst liegt. Die auf 18 Parzellen aufgeteilten 13,82 ha Sternenhofland werden 1943 zu zwei Parzellen von zusammen 12,43 ha zusammengelegt. Die Durchschnittsbewertung des Landes steigt infolge Erschliessungs- und Zusammenlegungsvorteil von Fr. –.48/m^2 im alten Bestand auf Fr. –.54/m^2 im neuen Bestand. Aus dem gleichen Grund wie 1928 erhebt die CMS 1946 Einsprache gegen die Kostenverteilung; sie betrachtet die schon vor der Umlegung 6,9 ha grosse und arrondierte Hofparzelle als «eigentlich nicht in die Felderregulierung fallend» und erreicht eine geringfügige Entlastung.[345]

Die Zonenplanung der Gemeinde Reinach und die Charakteristiken der Bauzonenausscheidung im Bereich von Sternenhof und Weidenhof

Wie wir feststellten, ist der Kauf des Sternenhofs wie auch des Weidenhofs mit Erwartungen der CMS verbunden, dass die Bodenwerte in diesen Gebieten zunehmen würden. Die bauliche Entwicklung in der landwirtschaftlich genutzten Flur wird für einige Zeit vom Investitionsaufwand für die Erstellung von Zu- und Ableitungen sowie die Erschliessung der Bauliegenschaft und damit von der Privatinitiative bestimmt; übergeordnete Ziele der Siedlungsentwicklung werden erst diskutiert, und die Entwicklungsrichtung ist weder im Wohnbau noch im Gewerbebau klar. Mit den in den 1950er Jahren geschaffenen Zonenplänen der Birseckgemeinden werden die Nutzungsaussichten für die einzelnen Grundstücke erstmals ausformuliert und die beiden Güter in den Entmischungsprozess der divergierenden Nutzungen einbezogen. Neben der Entwicklung der Zoneneinteilung des Sternenhofgebiets weisen wir hier auf jene des Weidenhofgebiets hin.

Der Zonenplan von 1951

Im November 1951 stimmt die Gemeindeversammlung von Reinach dem ersten Bauzonenplan zu, der 1956 Rechtskraft erlangt.[346]

Damit kommt der Sternenhof mit einem Drittel der Hofparzellenfläche in eine rund 100 m tiefe, der Bruggstrasse folgende Zone für zweigeschossige Wohnbauten zu liegen.
Die Grundstücke nördlich der Bruggstrasse liegen in der Industrie-, Gewerbe- und Wohnbau-Gewerbe-Mischzone, die unter Berücksichtigung des in den 1940er Jahren an der Hauptstrasse entstandenen Fabrikbetriebs zwischen den Dorfkern und den Niederterrassenrand gelegt wird.
Die Parzelle «Hinterkirch» darf nun ganz mit Gewerbebauten belegt werden; die beiden Parzellen am Herrenweg liegen überwiegend in der Mischzone für Wohn- und Gewerbebauten, werden aber von Strassenlinien durchschnitten.
In einer grosszügigen und vom revidierten Zonenplan nicht mehr aufgenommenen Weise wird die Bruggstrasse auf ihrer nördlichen Seite von einem 25 m tiefen Grünzonenstreifen begleitet. Die grosse Parzelle «Auf der Wacht» liegt ganz in der Zone für zweigeschossige Wohnbauten.

Die Nutzungsplanung für das Areal von Sternenhof und Weidenhof zeigt deutliche Unterschiede, die auf ihre unterschiedliche siedlungsräumliche Lage zurückgehen. Darüber hinaus unterscheiden sich die Reinacher und die Arlesheimer Weiden markant: In den vom Weidenhof kolonisierten und vom Trassee der Jurabahn durchzogenen Arlesheimer Weiden wird von der Zonenplanung die ausgangs des 19. Jahrhunderts angebahnte industrielle und landwirtschaftliche Nutzung festgeschrieben. Die Reinacher Weiden (Reinacherheide) dagegen sind noch teilweise bewaldet und nur sehr extensiv genutzt; trotz des dortigen Grundbesitzes der Arlesheimer Schappeindustrie bleibt der naturnahe Zustand der westlichen Birsaue von der landwirtschaftlichen oder industriellen Nutzbarmachung unberührt und rechtfertigt die Ausscheidung von Grünzone und Schutzgebiet. Es ist vorstellbar, dass eine «Schappe-Birsbrücke» auf der Höhe des Weidenhofs landwirtschaftliche Nutzung und unternehmerische Initiative auch in die Reinacherheide gebracht hätte.

Der Zonenplan von 1966

1964 beauftragt die Gemeinde Reinach ein Architekturbüro mit der Ausarbeitung eines revidierten Zonenplans, der bisheriges Generelles Kanalisationsgebiet in rechtsgültige Bauzonen umwandeln und eine Gewerbezone im Sternenhofgebiet schaffen soll. Der neue Zonenplan wird 1966 von der Gemeinde gutgeheissen und ersetzt 1967 den alten.[347] Mit der 1968 wirksam werdenden Zonenordnung für das Gebiet Kägen wird das bisherige Landwirtschaftsgebiet beim Sternenhof bis an die Aescher Grenze zu Gewerbebaugebiet. Die Flächen der Zonen für Öffentliche Werke nehmen zu, unter anderem um das Areal des Gemeindewerkhofs an der Bruggstrasse und das Grundstück für das Reinacher Jugendhaus gegenüber dem Sternenhof. Die Parzelle «Auf der Wacht» wird in einen der neu geschaffenen Teilzonenpläne für Wohnbauten nach Quartierplanvorschriften eingewiesen und kann nach einer Baulandumlegung zu Beginn der 1970er Jahre überbaut werden.

Entsprechend der Einweisung des Sternenhofgebiets in die Gewerbezone wird mit dem Wegfallen des Weidenhofs als Hauptnutzer der Landreserve in den Arlesheimer Weiden das Gewerbequartier an der südlichen Arlesheimer Peripherie erweitert. Den schon bestehenden Schutz- und Schonzonen in den – heute von der Schnellstrasse T18 durchschnittenen – Reinacher Weiden entsprechen seitdem auch Grün- und andere Spezialzonen in den Arlesheimer Weiden; ihre Entstehung ist, wie wir oben darstellten, spezifisch auf die Realisierung öffentlicher Einrichtungen auf dem geschlossenen Grundbesitz zurückzuführen.

Die Planung der Gewerbezone Kägen schafft neue Rahmenbedingungen für die Nutzung des Landes

Im Rahmen der Zonenplanrevision der 1960er Jahre trägt man sich in der Gemeinde Reinach mit dem Gedanken, eine Gewerbezone im Bereich von Sternenhof-Kägen zu schaffen. Im November 1964 findet eine Besprechung der CMS mit der Gemeindeverwaltung Reinach statt, in der die Standpunkte der Grundeigentümerin und der Gemeinde erörtert werden. Die CMS hält fest, dass die Pacht des Sternenhofs im Rahmen ihrer Gepflogenheiten dem Pächter auf die volle Zeit seiner Berufsausübung zugesprochen sei. Die CMS glaube den Bedürfnissen der Gemeinde Reinach nach baulicher Ausdehnung mit ihrer Zustimmung zum Einbezug ihres Landes «Auf der Wacht» in einen Teilzonenplan genügend zu entsprechen; sie müsse es aber der Gemeinde überlassen, die Zweckmässigkeit einer Einweisung des Sternenhofareals in eine Zone für Gewerbebauten zu beurteilen. Da ihr dortiges Land weitgehend arrondiert ist, erklärt sie sich mit einer Baulandumlegung nicht einverstanden. Sie wendet sich damit vor allem gegen die Abtretung von Strassenarealen zu einem Zeitpunkt, zu dem die künftigen Nutzungsbedürfnisse noch nicht abgeschätzt werden können, und würde eine Gesamtplanung der sie qualitativ nicht befriedigenden Erschliessungsplanung vorziehen. Diese Auffassung entspringt nicht zuletzt der Erfahrung mit dem Land «Im Freuler» in Muttenz, wo ein Teil der 1930 ausgeschiedenen Strassenparzellen infolge veränderter Ansprüche neu geordnet werden musste. Der Sternenhofpächter, der selbst gemeindepolitisch aktiv ist, wird über die schriftliche Stellungnahme der CMS vom Februar 1965 unterrichtet und äussert sein Einverständnis zur der Haltung der CMS.

Im November 1966 reicht die CMS ihre Einsprache gegen die Teilplanung «Kägen» ein. Sie wehrt sich damit gegen den Einbezug ihres Landes und gegen die ihrer Ansicht nach raumplanerisch nicht genügend überprüfte Notwendigkeit einer Gewerbezone. Sie erachtet das Ermessen der Gemeinde bezüglich ihres Willens, die landwirtschaftliche Nutzung des Landes weiterzuführen als überschritten. Die Gemeindeversammlung weist im März 1967 die Einsprache zurück. Da die bisher zu starke Zunahme der Einwohnerzahl den Haushalt der Gemeinde belastet, zieht die Gemeinde die Schaffung der Gewerbezone einer weiteren Wohnbauzone vor. Der einzige Widerstand, der in den Gremien der Gemeinde laut wird, zielt auf die mit der Einzonung der CMS gegebene Möglichkeit, «Millionen» aus diesem Land erwirtschaften zu können.[348]

Nach einer Einigungsverhandlung stimmt die Stiftungskommission im Juni 1967 dem Rückzug der Einsprache zu, unter der Bedingung, dass die Gemeinde der CMS eine zehnjährige Freiheit von der Pflicht zur Erstellung der Erschliessungsstrassen und deren Kostenfolgen zusichert. Sie behält sich das Recht vor, den Landwirtschaftsbetrieb Sternenhof im Falle zu grosser finanzieller Belastungen mit Umlegungskosten aufzugeben. Der Pächter wird darüber informiert, dass Umzonung und Autobahnprojekt die Pachtdauergarantie gefährden.[349] Im Juli 1968 wird in einer Versammlung der von der Baulandumlegung Kägen betroffenen Grundeigentümer die Umlegung von 45,4 ha Land beschlossen, im Oktober wird die Umlegungsgenossenschaft konstituiert. Das später als eines der umfangreichsten Baulandumlegungen im Kanton Basel-Landschaft bezeichnete Verfahren wird im Zeitraum von vier Jahren geplant und ausgeführt. Im Dezember 1969 liegt die Neuvermessung vor, und 1973 kommt die Umlegung zum Abschluss.[350]

Die Besitzverteilung im Umlegungsgebiet ist deutlich von den durch die CMS angeführten «Öffentlichen Grossgrundbesitzern» geprägt. Die ohne das Areal der Erschliessungsstrassen 40,08 ha Fläche verteilen sich folgendermassen auf die 68 Landeigentümer des Neuen Bestands:

Tabelle 13

	ha Fläche pro Eigentümer	% Gesamtfläche	% Besitzer
CMS	*11,2*	27,9	
Einwohnergemeinde Reinach	*3,8*	9,6	
Einwohnergemeinde Basel	*2,4*	6,0	
Private Firma	*2,1*	5,2	48,7	5,9
12 Eigentümer	*1,6* bis *0,5*	25,9	17,.6
52 Eigentümer	*0,4* bis *0,05*	25,4	76,5
68 Grundeigentümer	netto *40 ha*	100,0	100,0

Hinter den Öffentlichen Händen, der CMS und den juristischen Personen stellen private Grundeigentümer eine Minderheit:
46% der Gesamtfläche steht im Besitz öffentlicher Hände und der CMS,
18% gehören juristischen Personen des privaten Rechts und
36% gehören natürlichen Personen und Erbengemeinschaften.

Nur zwei Fünftel des umgelegten Lands sind Eigentum von in Reinach selbst oder den Nachbargemeinden ansässigen Eigentümern;
52% gehören Eigentümern in Basel,
8% Eigentümern in der übrigen Schweiz, vor allem der weiteren Stadtregion.
Diese Verteilung illustriert unter anderem die «Stadtwanderung» der Eigentumstitel auf ursprünglich landwirtschaftlichen Liegenschaften, die unter der Zusammenwirkung von Erbteilung und Entagrarisierung zerstreut werden. Gleichzeitig ist aber die soziale Streuung des Grundbesitzes rückläufig.

1969 verhandelt die CMS mit dem Kanton Basel-Landschaft und der Gemeinde Reinach über die zukünftigen Abtretungen an die Autobahn T18 und über verschiedene Erschliessungsvarianten für das Baugebiet. Als sie die wesentlichen für ihre Zustimmung zur Umlegung gemachten Bedingungen nicht erfüllt sieht, erhebt sie im Februar 1969 Einsprache gegen die aufgelegte Neuzuteilung. In Berücksichtigung der Einwände bezüglich der Qualität von ihr zugeteiltem Land und die Ziehung der Grundstücksgrenze entlang dem zukünftigen Autobahntrassee erhält sie schliesslich 11,21 ha neu zugeteilt. Im Oktober 1970 kann der neue Besitzstand angetreten werden.[351]

Im Rahmen der Baulandumlegung Kägen wird eine Korrektur der Gemeindegrenze Aesch-Reinach vorgenommen. Die Gemeinde Aesch wirft für die Grundwasserschutzzone ihres Pumpwerks Kägen Landwirtschaftsland in die Umlegung ein. Um Flächenverluste an hoch bewertetem Bauland zu vermeiden, wird die Gemeindegrenze zusammen mit dem Baugebietsperimeter so verschoben, dass die Schutzzone in den Aescher Bann zu liegen kommt.
Durch die Umlegung kommt auch der zuvor der Gemeinde Reinach gehörende Tennisplatz ausserhalb des Sternenhofs auf Land der CMS zu liegen. Die CMS verlangt daher seine Entfernung, eine Inkonvenienzentschädigung für den Pächter und die Rekultivierung des Bodens, damit eine arrondierte Nutzfläche entsteht. Sie beharrt auf diese Weise auf ihrem von Anfang an eingenommenen Standpunkt zugunsten der landwirtschaftlichen Nutzung, auch wenn sie auf diese Weise in den Verdacht der Baulandhortung kommt.

Die Projekte für die Einkaufszentren auf dem Dreispitz und auf dem Sternenhofareal

Das Projekt für das Shopping Center Dreispitz

1961 prüft die CMS verschiedene Projekte für die Überbauung ihres Landes auf der *Langen Heid* in Münchenstein. Die mit der Ausarbeitung einer Studie beauftragten Architekten schlagen im Zusammenhang mit einem Hochbahnprojekt für die Gemeinden links der Birs die Errichtung eines Einkaufszentrums vor. In den folgenden Jahren werden die Grundlagen erarbeitet und die ökonomischen und demographischen Rahmenbedingungen geprüft. In einem Gutachten wird der Standort Lange Heid als «relativ gut» bewertet, obwohl die räumlichen Erweiterungsmöglichkeiten beschränkt sind.[352]

Die Gemeinde Münchenstein ist aus Gründen des Steuerertrags an einer gewerblichen Nutzung des Areals interessiert und möchte das fragliche Areal der Gewerbezone zuweisen; zudem beabsichtigt sie, ihren eigenen, zu teuer erworbenen Grundbesitz im Gebiet Stöckacker-Gartenstadt selbst mit einem Einkaufszentrum zu nutzen. Der CMS kommt das Umzonungsangebot nicht ungelegen, da eine Einigung im Firmenkonsortium für das «Shopping Center Dreispitz» schwierig ist und die Migros-Genossenschaft Basel ein Interesse an einer gewerblichen Nutzung des Stiftungslands in der Langen Heid zeigt. 1969 verzichtet die CMS auf die Weiterbehandlung des Projekts.[353]

Das Einkaufszentrums-Projekt Sternenhof

Wird zu Beginn der 1960er Jahre der Standort Reinach für ein Einkaufszentrum als zu entlegen betrachtet, so fällt zu Beginn der 1970er Jahre die ganze Aufmerksamkeit auf das Sternenhofland. Mitte 1978 gelangt ein am Sternenhofareal interessierter Basler Architekt an die CMS, die ihn in der Folge ermächtigt, eine generelle Studie für das von ihm angeregte Projekt eines Einkaufszentrums vorzulegen. Im Juli dieses Jahres richtet er zusammen mit der Transplan AG in Zürich, einer Tochterfirma zweier schweizerischer Grossbanken, an neunzehn potentiell interessierte Firmen ein Schreiben mit der Auflistung der Lagevorteile des Sternenhofs. Die Gemeinde Reinach verhält sich dem Projekt gegenüber nicht grundsätzlich ablehnend.

Im Laufe des Jahres 1970 liegen positive Stellungnahmen von Gemeinde und Kanton vor, und die Stiftungsverwaltung sichert dem Pächter zu, dass für die Realisierung eines Einkaufszentrums nur eine Lösung in Frage komme, die seine wirtschaftliche Existenz nicht gefährde. Die Kommission gestattet den Bauinteressenten, die Planung ohne Verpflichtungen für die CMS voranzutreiben. Im November legt sie die Bedingungen für die eventuelle Landabgabe fest; unter den Bedingungen, die erfüllt werden müssen, figuriert die Sicherung der wirtschaftlichen Existenz des Sternenhofpächters. Anfang 1971 erörtert die Güterdelegation die Möglichkeiten für eine Umsiedlung des Pächters im Falle der Realisierung des Einkaufszentrums; sie hält die Notwendigkeit einer Hofaufgabe innerhalb der kommenden sechs bis acht Jahre für wahrscheinlich, da die Baulandumlegung und der Bau der Erschliessungsstrassen die Bewirtschaftung bereits derart erschwert hätten, dass ein konsequenter Fruchtfolgeplan nicht mehr eingehalten werden könne. Als der Pächter 1975 bauliche Änderungen für Betriebsumstellungen beantragt, spricht sich auch die Stiftungskommission angesichts der begrenzten Dauer der landwirtschaftlichen Nutzung dagegen aus.[354]

Der Sternenhof auf der Reinacher Niederterrasse.
Ansicht von Norden, mit Blick gegen Aesch (r.) und Dornach (l.). Zur linken, hart an den Hofgebäuden vorbeiziehend, der Autobahnzubringer T18, im Mittelgrund das in Überbauung begriffenen Gewerbegebiet Kägen.
(Aufnahme vom 10.6. 1983, J. Winkler.)

Im Frühjahr 1971 wird angenommen, dass das Einkaufszentrum nicht vor der Eröffnung der Autobahn T18 und damit nicht vor 1978 eröffnet werden könne. Die CMS bietet der Transplan AG einen Optionsvertrag über das Sternenhofareal an; mit einer Verzinsung von 5% des Landwerts kann sich diese das Land bis zum Zeitpunkt der Projekt- und Realisierungsreife reserviert halten. Es wird angestrebt, die anfallenden Zinsbeträge für die Existenzsicherung des Pächters und auf diese Weise für einen problemlosen Übergang von der landwirtschaftlichen zur baulichen Landnutzung zurückzustellen. Ende 1972 wird der Optionsvertrag als Baurechtsvertrag mit einer Laufzeit von vier Jahren, nach zweimaliger Verlängerung bis Ende September 1980 laufend, abgeschlossen.[355]

Der Einwohnerrat von Reinach beschliesst 1973, eine Ergänzung zu den Zonenvorschriften Kägen zu erlassen, nach welcher die Errichtung von Einkaufszentren nicht zulässig ist, beziehungsweise nur mit einer Zonenänderung verwirklicht werden darf. Damit gibt sich die Gemeinde die Möglichkeit, eine Ansammlung ähnlicher Projekte wie das Sternenhofzentrum kontrollieren zu können. Auf kantonaler Ebene sind zur gleichen Zeit ähnliche Bestrebungen im Gang: fast gleichzeitig wie das Sternenhof-Einkaufszentrum wird ein grosses Einkaufszentrum auf *Hülften* in der Gemeinde Frenkendorf geplant. Nach einer bewegten Diskussion über Notwendigkeit und Tragbarkeit solcher Grosseinrichtungen verabschiedet der Landrat im September 1973 zwei Postulate, die sich gegen die Zulassung von Einkaufszentren wenden; er beschliesst ihre Unterstellung unter die regulären Planungsverfahren, was faktisch eine Bausperre bis zum Vorliegen des «Regionalplans Siedlung» bedeutet. 1974 lehnen Frenkendörfer Gemeinderat und Stimmberechtigte das in ihrer Gemeinde geplante Zentrum ab.

1975 beschliesst der Landrat die obligatorische Unterstellung grösserer Verkaufseinrichtungen (mit mehr als 1000 m^2 Nettoladenfläche) unter Quartierplanverfahren und die Zulässigkeit von nicht mehr als 8000 m^2 Netto-Verkaufsfläche pro Einheit. Das Bundesgericht weist 1976 eine Beschwerde gegen diesen Beschluss ab: Im Bundesgerichtsentscheid wird das raumplanerische Moment über die nach bundesgerichtlicher Ansicht nur am Rande berührten Fragen von Eigentumsgarantie und Handels- und Gewerbefreiheit gestellt, insbesondere, da es sich um eine zeitlich beschränkte Massnahme handle, welche die Zeit bis zum Inkrafttreten des definitiven «Regionalplans Siedlung» überbrücken soll.

Die Transplan AG interessiert sich dafür, Direktausfahrten aus dem Einkaufszentrum auf die T18 zu erstellen. Im Juni 1974 antwortet ihr die Baudirektion Basel-Landschaft, dass Sonderbedürfnisse dieser Art nicht erfüllt werden können, da die T18 nach Nationalstrassennormen gebaut werde. Die Kantonsbehörden lassen dabei durchblicken, dass sie die Notwendigkeit eines Zentrums der geplanten Grösse bezweifeln und das Projekt für die T18 nicht mit Anschlussplanungen an ein «derart ungewisses Bauvorhaben» belasten wollen.[356]

Im Laufe des Jahres 1976 treten Schwierigkeiten auf, da die Transplan AG ihre Abteilung für die Planung von Einkaufszentren auflöst und vier der sechs interessierten Firmen unter dem Eindruck des «Hülften-Dekrets» und der Ungewissheit bis zum Vorliegen des Bundesgerichtsentscheids aus dem Konsortium austreten. Die Migros-Genossenschaft Basel, eine der beiden verbliebenen Interessenten, erklärt auf das Frühjahr 1977 ebenfalls ihren Austritt aus dem Konsortium; sie ist nach dem Vorliegen der bundesgerichtlichen Legitimation des restriktiven Landratsbeschlusses der Auffassung, dass nun der konstituierende gemeinsame Zweck des Konsortiums – die Schaffung von über 20'000 m^2 Verkaufsfläche – wegfalle. Sie hat zudem ein Interesse an einem eigenen Einkaufszentrum auf der gegenüberliegenden Seite der Birs und betreibt in unmittelbarer Nähe bereits eine Do-it-yourself - Filiale, deren Errichtung im Zusammenhang mit dem Sternenhofprojekt steht.

Die Migros erwirbt 1979 für das von ihr geplante Regional-Einkaufszentrum mit rund 13'000 m^2 Verkaufsfläche Land und Gebäude der alten Schappefabrik in Arlesheim. Die Gemeinde reagiert auf diese Entwicklung Anfang 1978 mit der Erteilung des Auftrags zu einem Gutachten des Instituts für Orts-, Regional- und Landesplanung (ORL) der ETH Zürich , das ihr ermöglichen soll, «allfällige Vorhaben auf dem Schappeareal besser beurteilen zu können». Nach heftigen Diskussionen nimmt die Arlesheimer Gemeindeversammlung im April 1980 Ergänzungsbestimmungen zum Zonenplan nach Reinacher Vorbild an, die die Zulassung eines Einkaufszentrums ausschliessen. Der Regionalplan Siedlung von 1983 stärkt der ablehnenden Gemeinde den Rücken, und das Bundesgericht weist im Dezember 1984 die Beschwerden der Migros ab.[357]

Die Aufgabe des Landwirtschaftsbetriebs

Wie der Weidenhof, wenn auch nicht so ausgeprägt wie dieser, ist der Sternenhof ein Landwirtschaftsbetrieb mit nicht besonders ertragskräftiger Kulturlandgrundlage. Der Kies im Untergrund der Niederterrasse lässt in Trockenzeiten rasch Ertragsausfälle entstehen. Nach Ablauf der im Kaufvertrag mit der CMS festgelegten sechsjährigen Pachtzeit mit einem fixen, vom relativ hohen Kaufpreis abhängigen Pachtzins werden dem Pächter deshalb 1931, 1939 und 1947 verschiedene Zinsermässigungen gewährt. Der Umfang des Sternenhof-Pachtlands der CMS ist laut Pachtvertrag im Jahr 1957 mit 25,74 ha am grössten; durch die Zupacht des im Besitz der Einwohnergemeinde Basel stehenden benachbarten Sonnenhofs (1946–1950) weist der Landwirtschaftsbetrieb vorübergehend rund 36 ha Nutzfläche auf.

Die Ausdehnung der Wohnquartiere an der Bruggstrasse veranlasst 1947 Anstösser, die befürchten, ihre Grundstücke könnten durch Lärm- und Geruchsimmissionen des Sternenhofs Wertverminderungen erfahren, zu Einsprachen gegen den geplanten Bau des Schweinestalls. Ende der 1960er Jahre, als die bauliche Auffüllung des Reinacher Plateaus sich beschleunigt, beginnt sich das Flächenverhältnis des hofnahen zu dem auf dem Bruderholz liegenden Kulturland zugunsten des letzteren zu verschieben (Hof:Bruderholz 1969 81:19, 1978 75:25). Diese Situation ist in der gleichen Zeit auch für die Brüglinger Pachthöfe und für alle auf Reserven an tiefgründigerem Bruderholzland angewiesenen Landwirtschaftsbetriebe im Bauentwicklungsgebiet der Reinacher Achse charakteristisch; sie stellt eine ungünstige Voraussetzung für den Betriebsaufwand dar. Erschwerend tritt im Fall des Sternenhofs der Rückgang der landwirtschaftlichen Nutzfläche auf 14,03 ha bis zum Jahr 1978 hinzu. Wegen ungenügender Erträge gibt der Sternenhofpächter in den 1960er Jahren die Milchproduktion auf und stellt auf Jungviehmast um. 1967 errichtet die CMS einen Schweinemaststall, der ihm eine innere Aufstockung als Kompensation für das im Gebiet der Mischeli-Überbauung wegfallende Kulturland erlaubt. Der Sternenhof weist Ende der 1970er Jahre nach Beurteilung des damaligen Gutsverwalters der CMS einen überdurchschnittlichen Arbeitskräftebesatz und eine – für Betriebe in Landschwundgebieten nicht untypische – Übermechanisierung auf. Als nicht unbedeutender, aber finanziell nicht ausgeschöpfter Betriebszweig wird die Pensionshaltung von vier Sportpferden betrieben.[358]

Im August 1975 erlangt das Allgemeine Bauprojekt «Strassen im Birstal» Rechtskraft. Nach dessen Bau- und Strassenlinien sollen das Wohnhaus des Sternenhofs ganz und zwei Ökonomiegebäude mindestens teilweise der T18 und ihrem Anschlusswerk Reinach zum Opfer fallen. Die Stiftungsverwaltung äussert daher wiederholt die Überzeugung, dass unabhängig vom Verlauf der Projektierung des Einkaufszentrums der Sternenhof in absehbarer Zeit aufgegeben werden müsse. Diese Auffassung steht auch in ihrer Begründung der vorsorglichen Kündigung des Pachtvertrags auf Ende des ersten Quartals 1977, die im Gefolge der Ermässigung der Optionsentschädigung für die Transplan AG ausgesprochen wird und hauptsächlich die Verfügbarhaltung des Areals zum Zweck hat. Der Pächter wehrt sich dagegen, da ihm die Zusicherung der Weiterführung der Pacht «bis zum Pensionsalter» gegeben worden sei.[359]

Anfang 1977 behandelt die Güterdelegation der CMS die Frage der Unterbringung des Sternenhofpächters, da mit Bestimmtheit die Aufgabe des Hofs in den kommenden sechs bis acht Jahren erwartet wird. Die CMS ist Ende 1978 nur zu einer Verlängerung des Optionsvertrags mit der Transplan bereit, wenn sich die beiden interessierten Firmen verpflichten, die finanziellen Folgen der Entschädigung des Sternenhofpächters zu tragen, falls die Realisierung des Einkaufszentrums vor dem Ablauf der gesetzlichen Mindestpachtdauer stattfindet. 1977 muss das Pachtverhältnis dank einer Ausnahmebewilligung der Landwirtschaftsdirektion nur um 1½ Jahre verlängert werden; als Ende 1978 eine weitere reguläre Pachtverlängerung bis Ende 1981 abgeschlossen werden soll, möchte der Pächter gleichzeitig die Zusicherung der Weiterverpachtung über diesen Termin hinaus und die Möglichkeit der späteren Pachtübertragung auf seinen Sohn erwirken. Dazu ist die CMS aber nicht bereit.[360]

Im Dezember 1980 befasst sich die Stiftungsverwaltung mit Blick auf die Kündigung des Pachtvertrags auf Ende 1981 mit der Frage der Regelung des Übergangs zur Überbauung des Sternenhofareals. Sie bietet dem Pächter Unterstützung in der Suche nach einem geeigneten Ersatzhof für seinen Sohn an. Es kommt aber zu einem Gesuch des Pächters beim Bezirksgericht um gerichtliche Aufhebung der ausgesprochenen Pachtkündigung und Zusicherung der Hofbewirtschaftung auf Lebenszeit. Die CMS strebt im damit entstandenen Rechtsstreit einen Vergleich an, der Ende Oktober 1981 zustandekommt. Sie gewährt dem Pächter eine Pachterstreckung von Ende 1981 um die maximale gesetzlich mögliche Frist bis Ende 1984 sowie eine substantielle Abfindung aus den ersten Baurechtszinsen aus Sternenhofland, die einen freiwilligen Beitrag der CMS an seine Altersvorsorge darstellen. 1984 scheitert eine Umzonungsinitiative des Pächterssohns an einem Formfehler.[361]

Kapitel 8
Die Gutskäufe im Agrarraum des Juras und des Birsecks

8.1 Das erste Gut im Agrarraum: Iglingen

Zur frühen Geschichte von Iglingen

Wie beim Namen *Brüglingen* weist die Endung von *Iglingen* auf die Entstehung der Hofsiedlung zur Zeit der alemannischen Landnahme zurück. Brüglingen, Rothaus und Iglingen sind denn auch die Höfe der CMS mit der am weitesten zurückreichenden Siedlungsgeschichte.

Erstmals 1255 wird «villa Igelingen» schriftlich erwähnt, als das Stift Olsberg die Iglinger Güter vom Colmarer Dominikanerinnenkloster erwirbt. Durch Landkauf und -tausch vergrössert das Stift im Laufe des 13. Jahrhunderts seinen Iglinger Grundbesitz. In der Mitte des 14. Jahrhunderts ist Iglingen mit den Attributen «in villa et banno» überliefert, was auf eine gewisse Selbständigkeit der Hofsiedlung hinweist.

Annaheim und Boner[362] stellen die Frage, einerseits, weshalb Iglingen nicht das Schicksal anderer alter Siedlungsansätze geteilt hat und verschwunden ist, andererseits, weshalb es sich nicht zu einer Dorfsiedlung weiterentwickeln konnte. Wir fassen ihre Erörterungen zusammen: Die in der späten Landnahmezeit zustandegekommene überdurchschnittliche Siedlungsdichte im Gebiet von Olsberg, Magden und Wintersingen wird durch einen im Frühmittelalter einsetzenden Selektionsprozess aufgelokkert. Ein Beispiel bietet die Wüstung *Teschlikon*, die nur rund einen Kilometer von Iglingen entfernt im heutigen Magdener Gemeindegebiet liegt und heute durch den Flurnamen *Deschlike* angezeigt wird; in der Mitte des 15. Jahrhunderts wurde das Iglinger Klostergut mit dort gelegenem Grundbesitz beschenkt. Auch Iglingen war in seinem Bestand nicht ungefährdet, überlebte aber dank den Besitzrechten und den Bewirtschaftungsinteressen des Stifts Olsberg. Nachdem das Bruderhaus in Iglingen um 1435 «nahezu abgegangen» war, kam die Weisung des Stifts zu seiner weiteren Aufrechterhaltung; der Iglinger Verweser erwarb in der Folge auch wieder Land hinzu. 1465 wurde das Bruderhaus in ein Schwesternhaus (Beginenhaus) umgewandelt, und Iglingen erlebte wegen der Reliquien in der St. Nikolauskapelle einen Zustrom von Ablasspilgern. Nachdem die Schwestern Iglingen schon in der Reformationszeit verlassen hatten, wurde es 1579 ganz dem Stift Olsberg einverleibt und als Meierhof geführt.

Teilung, Wiedervereinigung und Ausbau

In der Mitte des 18. Jahrhunderts dürfte der alte, ehemals ummauerte Iglinger Westhof durch den Osthof ergänzt worden sein. Gegen das Ende des 18. Jahrhunderts kam es auch zu Hofgründungen auf der *Wintersingeregg* oberhalb Iglingen. Die beiden Iglingerhöfe wurden 1790 vom Stift an die Brüder Reimann aus Oberdorf verkauft. 1819 wird der Osthof weiterverkauft und kann nach dem Tod des Besitzers 1821 von Joh. Dietschi aus Rheinfelden erworben werden; 1828 vereinigt er durch den Kauf des westlichen Hofs das Gut wieder in einer Hand, arrondiert das Land und baut die Höfe um die Jahrhundertmitte aus. Nach dem von Geometer Bodenehr 1859 aufgenommenen Iglinger Plan weist das Gut gegenüber 1918 einen um 4,8 ha kleineren Umfang auf; während aber das Land des alten Westhofs (25,32 ha) unverändert bleibt, erfährt jenes des Osthofs (36,09 ha) in der zweiten Hälfte des 19. Jahrhunderts eine Ergänzung durch verschiedene Landkäufe (siehe Abb. 28). 1909 geht Iglingen an den bernischen Güterspekulanten Gottlieb Scheuner über, der es 1917 dem Basler Besitzer verkauft, von dem es die CMS nach kurzer Zeit erwirbt.[363]

Die Besonderheit der Grenzlage von Iglingen

Wie zwischen Brüglingen und dem Bruderholz sowie zwischen dem Schlatthof und der Dornacher Brücke findet die für den dortigen Grundbesitz bedeutsame politische Grenzziehung erst im 19. Jahrhundert statt. «Zum Bilde Iglingens, welchem nicht die Kraft gegeben war, den von der Natur abgesteckten Lebensraum zu behaupten, gehört auch die Aufgliederung desselben durch zahlreiche politische Aufteilungsgrenzen.»[364] In der Tat ist im Raum von Iglingen das Verhältnis der lokalen zur hoheitlichen Grenzziehung seit dem Mittelalter ein besonderes: Die Nutzungsbänne der Siedlungen wurden von der Grenze des Sisgaus zum Frickgau, später der vorderösterreichisch-baslerischen Landesgrenze, in wechselnder Lage durchquert. Die lokalen, auf die agrarische Entstehungsgeschichte der Siedlungen bezogenen politischen Funktionen decken sich daher im 19. Jahrhundert oft nicht mit den hohen, landesherrlichen bzw. kantonalen, politischen Zuständigkeitsbereichen; mit der flächenhaften Territorialisierung ergibt es sich, dass zahlreiche basellandschaftliche Gemeinden mit ihrem Gemeindebann die Kantonsgrenze zum Aargau überlagern.

1809 wird der Verlauf der Kantonsgrenze neu festgelegt; die beiden Iglingerhöfe liegen zu diesem Zeitpunkt im Wintersinger Bann (siehe Abb. 28). Weil damit die Zuständigkeiten in den übermarkenden Gemeindegebieten nicht geklärt werden, muss in der zweiten Hälfte des 19. Jahrhunderts eine Entflechtung auf Kantonsebene erhandelt werden. Mit dem Grenzvertrag zwischen Aargau und Baselland von 1892 werden rund 292 ha aargauisches Gemeindegebiet der basellandschaftlichen Gemeinden (*sic*) dem Kanton Basel-Landschaft zugeschlagen, während Iglingen unter Berufung auf seine alte Zugehörigkeit zum Stift Olsberg zum Kanton Aargau und damit zur Gemeinde Magden kommt.[365]

Der Kauf des Iglinger Guts durch die CMS

Die von uns bereits dargelegten Gründe für den Kauf des Weidenhofs durch die CMS gelten auch für den Kauf des Iglingerhofs: die Notwendigkeit, das verkaufte Rothaus-Land zu ersetzen, die erschwerten Betriebsbedingungen für die Brüglinger Pachthöfe, die städtische Nachfrage nach Pflanzland und die Aussicht auf weitere Landexpropriationen durch die Bahnen. Nach dem Kauf des Weidenhofs im Februar 1918 beginnt die CMS mit der Reorganisation der Brüglinger Güter. Da der am weitesten stadtwärts gelegene, seit 1913 durch das Areal des neuen Zeughauses beeinträchtigte *Singerhof* aufgegeben werden soll, hält die CMS Umschau nach einem Ersatzgut für dessen Pächter. Als der Kauf des dafür vorgesehenen *Schürhofs* in Aesch Ende Juni 1918 scheitert, muss sich die CMS weiter nach einem käuflichen Gut umsehen, über das sie zur Lösung ihrer Brüglinger Pächterfrage «frei verfügen» kann. Aus diesem Grund lehnt sie im Juli und im November des gleichen Jahrs die ihr angebotenen beiden Schlatthöfe ab, da deren Verkäufer selbst als Pächter auf ihren Gütern bleiben wollen.[366]

Iglingen wird der CMS von seinem Besitzer Otto Künzli-Mohler offeriert, der es, offenbar etwas glücklos, selbst zu bewirtschaften versucht hat. Schon Mitte 1918 prüft die CMS die Kauffrage Iglingen. Im Juli und August 1918 erhält sie verschiedene Gutachten über das Gut, unter anderem ein von den Brüglinger Pächtern zusammen mit dem Stiftungsverwalter erstelltes. Der verlangte Preis wird von einem zugezogenen Experten als hoch bezeichnet, die Beurteilung des Guts erscheint etwas zwiespältig. Einstimmig wird es als vom dortigen Pächter «unter Missachtung aller landwirtschaftlichen Fortschritte» heruntergewirtschaftet bezeichnet, aber mit einem Pferd verglichen, «das mager auf den Markt kommt, aber gesund, recht gebaut und in guten Jahren ist».[367]

Besonders erwähnt wird die grosse Zahl der Obstbäume; der ganze Bestand wurde als Ersatz der nach einem Frost im Winter 1879–80 ausgemerzten Bäume gepflanzt.[384] Die Besitzer der vom Iglinger Gut eingeschlossenen Önsberger Rebparzellen können nur dank einem Winterwegrecht zu ihrem Land gelangen. Im stiftungseigenen Gutachten wird erwogen, das Gut aufzuteilen und parzellenweise zu verkaufen oder zu verpachten, was eine bessere Rendite erlauben würde. Der dafür erforderliche Aufwand für neue Feldwege, die Distanz zu den Dörfern Magden und Wintersingen und deren kleinlandwirtschaftliche Betriebsverhältnisse lassen aber den Erfolg eines solchen Vorgehens zweifelhaft erscheinen.

Anfang September 1918 bezeichnet die Stiftungsverwaltung der Kommission gegenüber einen Beschluss in der Kauffrage als dringlich, da sich weitere ernsthafte Interessenten für das Gut gefunden hätten. Es ist anzunehmen, dass die Kommission den Beschluss für den Kauf von Iglingen in erster Linie unter dem Zwang der Notwendigkeit, die Brüglinger Pachtstellenfrage zu lösen, fasst; wir vermuten, dass die entfernte Lage und die Renovationsbedürftigkeit das Gut trotz des im Vergleich zu den bisherigen Gutskäufen günstigen Landpreises nicht so interessant machen, wie es im Verwaltungsbericht geschildert wird – es sei denn, die CMS suche gerade ein Gut, das deutlich ausserhalb der Reichweite städtischer Landansprüche liegt und dessen arrondierte und baulich repräsentative Gestalt ihrer Vorstellung von einer mustergültigen Landwirtschaft entspricht.

Abbildung 28 ▶
Das Iglinger Gut in der Mitte des 19. Jahrhunderts und zur Zeit des Kaufs durch die Christoph Merian Stiftung.
Der Umfang des Iglinger Guts 1859 und 1918. Die Ausdehnung des westlichen Guts (oben) bleibt in diesem Zeitraum praktisch unverändert, während das östliche Gut arrondiert wird. Die vom Iglinger Grundbesitz eingeschlossenen Rebparzellen am Önsberg werden sukzessive durch Kauf dem Gut einverleibt.
Die Gemeindegrenze Magden-Wintersingen, zugleich Kantonsgrenze Aargau-Baselland, wird 1892 neu gezogen (B) so dass Iglingen die Gemeinde- und Kantonszugehörigkeit wechselt. Die Grenzziehung von der Höhe des Küller (oben) auf die Wintersingeregg ist schematisch und folgt weder topographischen Linien noch Grundstücksgrenzen.
(Plangrundlagen: Hofgüter von Iglingen, aufgenommen im März 1859 von A. Bodenehr, 1:2000, im HA CMS; Beilage zu BR Rg 304, 24.9. 1918, nach Situationsplan 1:5000.)

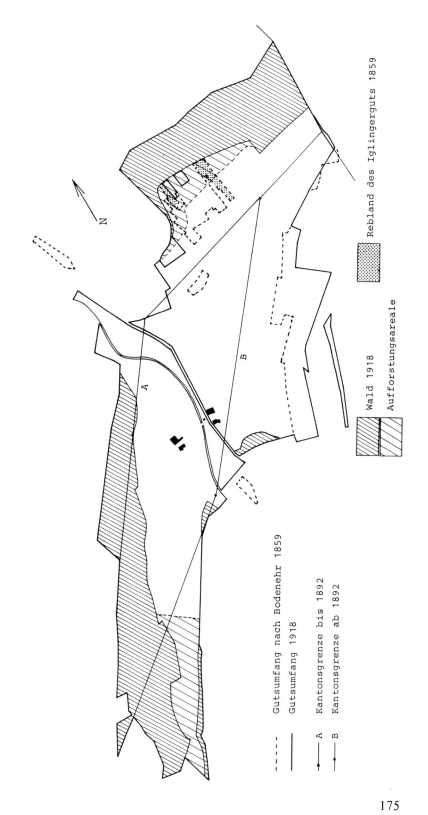

Im Ratschlag an den Bürgerrat kann die CMS den Kauf von Iglingen mit der dadurch ermöglichten zusätzlichen Abgabe von Pflanzland als Dienst an der öffentlichen Wohlfahrt darstellen. Im Dezember 1918 wird in Rheinfelden der Kaufvertrag über das 66,76 ha grosse Iglinger Gut unterzeichnet. Von seiner Gesamtfläche liegen 67% im Bann Magden, 31% im Bann Wintersingen und 2% (nur Wald) im Bann Maisprach. Rund 16 ha Gutsfläche sind Wald und stellen den dritten grossen Waldbestand im Besitz der CMS dar.[368]

1919 beantragt die CMS für «nötigste Instandstellungen» auf den Pachthöfen Iglingen, St. Jakob und Vorder-Brüglingen einen Kredit. Der Bürgerrat weist die Vorlage zurück und verlangt im Interesse der Arbeitsbeschaffung, dass alle notwendigen Arbeiten an den Gütern ausgeführt werden. Er genehmigt einen achtmal höheren Kredit für Arbeiten, die noch im gleichen Jahr ausgeführt werden.[369]

Wie sich später zeigt, erlauben es die abseitige Lage und die naturräumlichen Voraussetzungen von Iglingen dem Landwirtschaftsbetrieb nicht, die Prosperität zu erreichen, auf die das Verkaufsgutachten die Stiftungskommission hoffen liess. Nach Miescher kauft die CMS das Gut unter dem Eindruck der guten landwirtschaftlichen Konjunktur der letzten Kriegsjahre zu teuer: Die Entfernung von der Stadt, die fehlenden «Entwicklungsmöglichkeiten», der schlechte Zustand der Gebäudesubstanz, die problematische Wasserversorgung und die schlechte Verzinsung von Kaufpreis und Investitionen werden von ihm als Nachteile aufgelistet. Im Protokoll der Stiftungskommission steht im Zusammenhang mit der dem Iglinger Pächter 1930 gewährten Pachtzinsreduktion, dass «wieder einmal konstatiert wurde, dass der Kauf des Iglingergutes ein unrentables Geschäft sei». Als sich allerdings Anfang 1938 ein Kaufinteressent aus Gelterkinden meldet, zeigt sich die CMS zu einem Verkauf nicht geneigt.[370]

Die Iglinger Pächter

Nach dem Erwerb von Iglingen durch die CMS bewirtschaftet der Verkäufer das Gut noch bis Anfang April 1919; dann ziehen die beiden Pächter des Pachtguts Vorder-Brüglingen dorthin um, und der Pächter des aufzugebenden Singerhofs disloziert nach Vorder-Brüglingen.

Die Kündigung des Iglinger Pachtverhältnisses mit den Brüdern Bärtschi erfolgt 1924 «aus verschiedenen Umständen». Nach einem Besuch der Güterdelegation im Dezember 1922 wird Johann Bärtschi unter Androhung der Pachtkündigung auf den nächsten zulässigen Termin darauf hingewiesen, dass er in Befolgung der Pachtbedingungen mehr zum ordentlichen Unterhalt der Gebäude und zur Ordnung auf dem Hof zu schauen habe. Das Klima zwischen Verwaltung und Pächter scheint sich in der Folge nicht mehr wesentlich zu bessern. Anfang 1923 muss die CMS gegenüber einem Pachtinteressenten in Lostorf das Bevorstehen einer Neuverpachtung von Iglingen als Gerücht dementieren; im März 1924 spricht sie die Kündigung auf Ende März 1925 aus.[371]

Ende April 1924 lässt die CMS die Neuverpachtung im «Schweizer Bauer» ausschreiben und erhält 29 Bewerbungen um die Pacht. Sechs Interessenten sind in der Region Basel ansässig; unter ihnen befindet sich der Pächter des Hirzbrunnenguts, der in familiärer Verbindung zu den Pächtern der CMS auf Brüglingen und Rothaus steht. Drei Bewerber melden sich aus dem Berner Jura, darunter der Pächter des Hofs Hinterschloss bei Löwenburg, der heute im Besitz der CMS steht. Neun Bewerber melden sich aus der Westschweiz, vor allem dem Kanton Bern und elf Bewerber aus der Zentral- und Ostschweiz. Die Wahl fällt auf Hermann Schumacher in Wünnewil FR, der zu dieser Zeit gezwungen ist, vom elterlichen Hof zugunsten seiner jüngeren Geschwister wegzuziehen.

Schwierige infrastrukturelle Leistungen: Wasserversorgung und Landentwässerung

Die Wasserversorgung

Kurz nach dem Kauf des Guts muss die CMS sich mit den Problemen befassen, die die Wasserversorgung der beiden Höfe stellt. Die Trinkwasserversorgung ist in Trockenperioden ungenügend, da der Hofbrunnen bis zu mehreren Monaten austrocknen kann. Die Trockenheit des Sommers 1919, die viele Quellen und Oberflächengewässer im Jura versiegen oder stark zurückgehen lässt, gibt sogleich ein Probe. Im Sommer 1920 werden an verschiedenen Orten im Iglinger Gut Wassergrabungen durchgeführt, die aber lediglich bestätigen, dass die geologischen Verhältnisse des Standorts für Quellen ungünstig sind. Die Gesteinsschichten des Iglinger Tals fallen gegen Norden, weshalb das Sickerwasser der Südhänge auf undurchlässigen Schichten unterirdisch nach Norden abfliesst und Iglingen nicht zugute kommt. Dagegen führt das in den nordexponierten Hängen austretende Wasser zu zahlreichen Vernässungen; diese Situation wird im Hofnamen *Kreuzbrunnen* und im Flurnamen *Schlatt* (s.a. Kap. 8.2.) deutlich.[372]

Man vermutet das Vorhandensein genügender, aber schwer erschliessbarer Wasserreserven in 30 m Tiefe. Die im November 1921 dem Iglinger Brunnen entnommenen Wasserproben werden vom Kantonschemiker Basel-Stadt als stark verunreinigt und selbst für Wasser aus dem Jura sehr hart bezeichnet. In einem Ende 1921 vorliegenden Gutachten wird der CMS empfohlen, im Talboden eine Wasserfassung zu errichten, da die Wasserqualität der Talhänge nicht bedeutend besser sei; der höhere Bauaufwand und die Bewirtschaftungseinschränkungen in der Umgebung der Fassungen liessen von einer Anlage an den Hängen abraten.[373]

Im Dezember 1922 behandelt der Bürgerrat den Ratschlag über den Kredit für die zu diesem Zeitpunkt bereits teilweise gebaute neue Wasserversorgung von Iglingen. Seit Ende September 1922 liefern die am Önsberg gefassten Quellen konstant 8–10 l/min. In den folgenden Jahren müssen Wasserproben aus der neuen Brunnstube und aus dem Hofbrunnen als verunreinigt beurteilt werden. Das neue Reservoir dient auch zur Vergrösserung der Löschwasserreserve; als 1934 Bachuferausbesserungen notwendig werden, da sich der Wintersingerbach im Laufe von 10 Jahren einen Meter eingetieft hat, wird ein kleines Stauwehr gebaut, das diese Reserven vergrössern hilft.[374]

Das 1965 diskutierte Versuchsstallprojekt der Klingentalmühle Basel lässt die Erfüllung höherer Ansprüche an die Wasserversorgung notwendig erscheinen. Es wird klar festgehalten, dass die auf der Fassung der Önsbergerquellen aufgebaute Wasserversorgung bezüglich Wassermenge und Druckverhältnissen den nun gestellten Anforderungen nicht gewachsen ist. Die hygienische Situation wird als «nicht unbedenklich» angesehen und eine Wasserentkeimung als vermutlich notwendig bezeichnet. Da die Gemeinde Magden das als qualitativ bestes beurteilte Wasser der Magdenerquellen am Talausgang nicht abtreten will, wird die 1922 aus technischen Gründen nicht gewagte Wassergewinnung aus der Talsohle nun angestrebt. Durch eine Tiefbohrung sollen Wasserreserven erschlossen werden, die es erlauben würden, auch Trockenperioden zu überbrücken. Im August 1966 wird mit einer Felsbohrung bis in das Untere Dolomit in 27 m Tiefe begonnen, die eine nutzbare Wassermenge von 50 l/min zu fördern erlaubt, und damit die Iglinger Wasserversorgung nachhaltig verbessert. Die Baudirektion des Kantons Aargau bewilligt die Bohrung mit dem Vorbehalt, dass es sich um einen Eingriff in ein öffentliches Gewässersystem handeln könnte.[375]

*Der Osthof des Guts Iglingen in der Mitte der 1930er Jahre und 1984 (gegenüberliegende Seite).
In der Iglinger Flur und bei den Kreuzbrunnenhöfen unterhalb der Wintersingeregg ist die Verminderung
des Feldost-Baumbestands deutlich sichtbar.*
(Aufnahme von ca. 1935/36; HA CMS.)

Die Wasserentsorgung: Entwässerung des Kulturlands

Als vom März bis November 1940 Arbeiter der kirchlichen Arbeitslosenhilfe Basel den Walderschliessungsweg *Bruderhalde* am Önsberg bauen, ergibt sich ein Mehraufwand unter anderem durch den Bau von Sickerdolen an den Stellen, wo die neuen Wege stark wasserführendes Kulturland im Opalinuston durchschneiden. Auch auf *Schlatt*, auf der gegenüberliegenden Seite, sind Drainagen im Bereich der Vernässungszone erforderlich. Schon 1935 werden eingefallene «Steinagden» (*agden* dialektal aus lat. *aquae ductus*), d.h. alte, aus Steinen gefügte Wasserableitungen, durch Tonröhrendrainagen ersetzt. Im April 1941 wird der von der Basler Genossenschaft für Arbeitsbeschaffung geleitete Drainagenbau am Önsberghang abgeschlossen. Dadurch werden 3,9 ha Kulturland auf der Wintersinger Seite und 8,4 ha auf der Magdener Seite des Guts verbessert, so dass der Iglinger Pächter schon in dieser Vegetationsperiode 6 ha für den Mehranbau benützen kann. Das Bodenwasser ist auch in den Gebäuden allgegenwärtig, wo feuchte Räume und mit Bergwasser vollaufende Keller trockengelegt werden müssen.[376]

Der Osthof des Guts Iglingen 1984.
(Aufnahme vom 26.3. 1984, J. Winkler.)

Verkaufsabsichten und die Suche nach anderen Nutzungsmöglichkeiten

Im Zusammenhang mit der Planung von kostspieligen Sanierungsarbeiten an den Gebäuden des Iglingerhofs 1962 erwägt die Güterdelegation, das etwas ungeliebte Gut der öffentlichen Hand zum Kauf anzubieten. Sie stellt fest, dass es in einem Gebiet liegt, in dem die CMS keinen Anlass hat, sich bodenpolitisch zu betätigen. Die Kantone Aargau und Basel-Landschaft und die angegangenen Chemiefirmen zeigen aber, zum Teil nach eingehender Besichtigung des Guts, kein Interesse an einem Kauf. Als kein Interessent gefunden werden kann, wird Anfang 1964 beschlossen, die überfälligen Instandstellungsarbeiten sofort an die Hand zu nehmen.[377]

Mitte 1963 gelangt ein ehemaliger Mitinitiant der Wohngenossenschaftsbewegung der 1920er Jahre an den Vorsteher des Geographischen Instituts der Universität Basel, Prof. Dr. Hans Annaheim. Er hat durch Dritte erfahren, dass die CMS versucht, Iglingen zu verkaufen. Annaheim, der 1961 Iglingen und seine nicht erfolgte Entwicklung zur Dorfsiedlung behandelt hatte, leitete im März 1963 eine Exkursion in dieses

Gebiet und veröffentlichte im Juni 1963 zwei Zeitungsartikel zu Wohnbaufragen. Dabei zeichnete er das Bild einer entwicklungsfreudigen Agglomeration: «Der die ganze Raum- und Sozialstruktur ergreifende Wachstumsprozess ist jedoch nicht aufzuhalten; er sollte im Gegenteil sinnvoll gefördert werden, damit sich die wertvollen Kräfte organisch zu entfalten vermögen.»[378] Diese geographische Publizistik regt den Anfrager zum Vorschlag einer Wohnsiedlung in Iglingen an.

Annaheim nimmt die Anregung zu einer Grundlagenstudie über die Eignung von Iglingen für die wohnbauliche Nutzung positiv auf und lässt an seinem Institut ein Gutachten über dessen klimatische Eignung ausarbeiten. Der Anfrager wendet sich daraufhin mit seinem Vorschlag an die CMS. Diese bittet die Baudirektion des Kantons Aargau um eine grundsätzliche Darstellung ihrer Haltung einem solchen Wohnbauprojekt gegenüber und wird an die Gemeinde Magden verwiesen, in deren Kompetenz Beschlüsse über Änderungen des kommunalen Zonenplans fallen, der zu diesem Zeitpunkt Gegenstand der kantonalen Vorprüfung ist.

Der im Einvernehmen mit der Stiftungsverwaltung planungsführende Architekt legt dieser Ende 1963 ein Gutachten über die «Umwandlung des Hofgutes Iglingen in eine Wohnsiedlung» vor. Er denkt zunächst an eine für mindestens 5000 Bewohner konzipierte Siedlung, muss aber, in Anbetracht der beschränkten Flächenreserven und der topographischen Hindernisse, die Zahl von 2250 Bewohnern als Planungsziel wählen. Dabei strebt er die Schaffung einer Siedlung mit einer vollständigen eigenen Infrastruktur an; als Hauptaufgabe wird der Aufbau einer genügend leistungsfähigen Wasserversorgung gesehen, für die die lokalen Ressourcen bei weitem nicht genügen.

Im Laufe der weiteren Abklärungen mit den aargauischen Behörden Anfang 1964 wendet sich der Kantonsstatistiker scharf gegen das Vorhaben, das er als «reines Spekulationsprojekt der Christoph Merian'schen Stiftung» bezeichnet, zu dem Hand zu bieten die kantonalen Stellen nicht verpflichtet seien. Planer und Stiftungsverwaltung bedauern den Tonfall; die CMS glaubt zwar nicht, dass sich das Projekt wirklich werde realisieren lassen, ist aber der Auffassung, dass die Planung einer idealen, humanen Siedlung exemplarisch zu Ende geführt werden sollte. Die etwas polemischen Äusserungen im zweiten Planungsgutachten vom September 1964 geben Einblick in das zeitgenössische Verständnis vom rationalen Fortschritt: «Grosszügige und neuartige Ideen müssen in unserem Land erdauert werden, weil sie die vorherrschende Denkungsart aus den alten Geleisen heben müssen. Neue Ideen stören die Ordnung und den Schlaf, erfordern Mitdenken, machen zusätzliche Arbeit und zwingen schliesslich, die Verantwortung des Entscheids zu tragen.»

Die Neuberechnung geht nun von einer Bewohnerzahl von 3000 Personen aus, die möglich erscheint, wenn der für die öffentlichen Einrichtungen angenommene Flächenanteil gegenüber der letzten Berechnung halbiert wird. Die Gemeinde Magden bittet im November 1964 um Orientierung über die Projekte der CMS für Iglingen, um diese bei der Planung ihrer Kläranlage berücksichtigen zu können. In ihrer Antwort bezeichnet die CMS die Zeit als «nicht genügend reif» für ihr Projekt, weshalb die Planungsarbeiten bis auf weiteres zurückgestellt würden. Die Stiftungskommission behandelt das Wohnbauprojekt Iglingen nicht. Sie stimmt im August 1964 einem Voranschlag für die Sanierung des Personalhauses zu. Es ist allerdings aus den Kommissionverhandlungen von 1967 über die Aufforstung in Iglingen ersichtlich, dass immer noch Überlegungen zur Überbauung gemacht werden.[379]

1965 korrespondiert die CMS mit der Klingentalmühle AG Basel über die allfällige Realisierung eines im Baurecht betriebenen Versuchsstalls auf Iglingen. Die beigezogene Gutsverwaltung äussert wegen des schon bisher hohen Jaucheanfalls Bedenken über die Landschaftsverträglichkeit eines solchen Versuchsstalls; auch müsse die problematische Trinkwassersituation verbessert werden.[380]

Die Neustrukturierung des Landwirtschaftsbetriebs

Ende 1961 untersucht die Gutsverwaltung der CMS in einem Gutachten die Verhältnisse des Landwirtschaftsbetriebs Iglingen und macht Vorschläge zur Behebung der aufgetretenen Schwierigkeiten. Die rund 45 ha landwirtschaftliche Nutzfläche (LN) des Guts werden zu diesem Zeitpunkt zu zwei Dritteln als Dauergrünland genutzt. Mit 28 Kühen und einem Stier (44,3 GVE) weist der Betrieb eine geringe Ausnützung der Hauptfutterfläche auf, worin die Hauptursache für die schlechte Rentabilität gesehen wird. Eine Erhöhung des Viehbestands wird daher als wichtigste Verbesserungsmassnahme empfohlen.
Die Buchhaltungsergebnisse lassen auch die Notwendigkeit von Erneuerungen am Gut erkennen, da die Roh- und Reinerträge unter den unter normalen Voraussetzungen erreichbaren Beträgen liegen. Der Vorschlag der Gutsverwaltung für die Intensivierung vor allem der Viehhaltung enthält die Ausweitung der Hauptfutterfläche von 77% auf 83% der LN bei einem etwa gleichbleibenden Verhältnis von Grünland zu Ackerland.[381]

Im Rahmen der Abklärungen für die Sanierung von Iglingen schlägt die Gutsverwaltung im Winter 1964–65 nach nochmaliger Besichtigung eine deutliche Verminderung der landwirtschaftlichen Nutzfläche vor, da der Betriebsumfang im Verhältnis zum erforderlichen Pächterkapital als zu gross angesehen wird. Durch die nun vorgeschlagene Aufforstung von rund 10 ha Dauergrünland, hauptsächlich Weiden, würde die Nutzfläche des Betriebs verkleinert, ohne dass der Anteil der Fruchtfolgeflächen (Rotationsgrünland und Ackerland) verändert würde. Die CMS klärt 1967 ab, ob die Aufforstung der Grenzertragsflächen auf eine Weise erfolgen könnte, die nicht zur Schaffung von forstgesetzlich festgeschriebenem Wald führt. Sie beschliesst, eine gemischte Pappel- und Weihnachtsbaumkultur anzulegen.[382]

Die Grundbesitzstruktur in einem ausgewählten Talabschnitt

Das «Iglinger Tal», nach den natürlichen Grenzen der umgebenden Höhenzüge und dem Brunnwasser unterhalb Wintersingen abgegrenzt, liegt zu drei Fünfteln in der Gemeinde Wintersingen. Wir betrachten in diesem Talabschnitt die aktuelle Struktur des Grundbesitzes und das Verhältnis des Iglinger Komplexes zu seiner unmittelbaren Nachbarschaft. Im Zusammenhang mit der Güterzusammenlegung Wintersingen erstellte Vermessungsunterlagen und Strukturdaten bieten Gelegenheit zu einer detaillierteren Darstellung.[383] Die Abgrenzung des untersuchten Talabschnitts erfolgt pragmatisch mit einem Kompromiss der Orientierung an Relieflinien, Erschliessungssträngen und Parzellengrenzen (siehe Abb. 29).

Das betrachtete Areal umfasst 166,1 ha (inkl. Wege). Es stellt 24% der Gesamtfläche des Wintersinger Banns dar, die nach dem Vermessungsstand Anfang 1982 695,2 ha beträgt. Die verschiedenen Areale haben an der Fläche des betrachteten Talabschnitts und an der Gesamtfläche der Gemeinde Wintersingen folgende Anteile:

Abbildung 29a
Die Grundbesitzer im Talraum von Iglingen (Wintersingen) nach ihrer Erwerbstätigkeit.

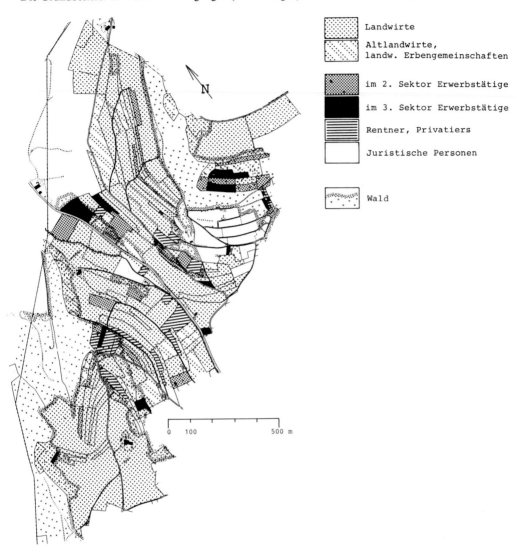

Tabelle 14
Flächenanteile in Prozent

	Feld	Reben	Wald	Unprod. (Wege)	Dorf-siedlung	Total
«Iglinger Tal»	64,8	0,9	33,0	1,3	—	100% = 166,1 ha
Gemeinde Wintersingen	63,8	0,7	31,0	2,0	2,5	100% = 695,2 ha

Sieht man vom Flächenanteil der Dorfsiedlung ab, so lassen sich die Arealverhältnisse des Iglinger Talabschnitts mit jenen des ganzen Gemeindebanns gut vergleichen.

Abbildung 29b
Die Grundbesitzer im Talraum von Iglingen (Wintersingen) nach dem Umfang ihres Grundbesitzes in der Gemeinde Wintersingen.

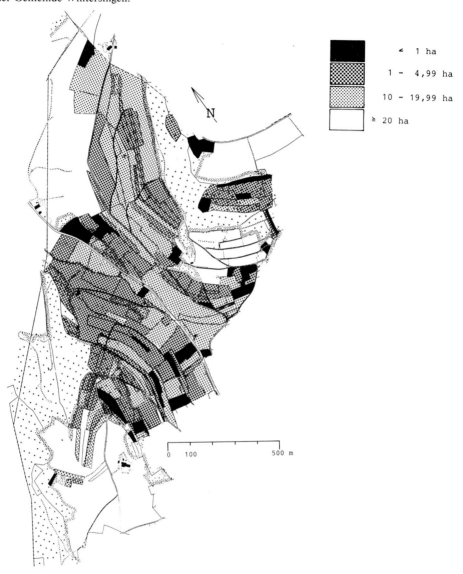

Die betrachteten 166,1 ha Grundbesitz gehören zu drei Vierteln Besitzern, die in Wintersingen selbst ansässig sind. Die Hälfte der Grundbesitzfläche der auswärtigen Besitzer entfällt auf die CMS, ein weiteres Viertel auf die Besitzer der Nachbarhöfe von Iglingen im Maispracher Bann. Andere Grundbesitzer mit Wohn- oder Verwaltungssitzen ausserhalb der Gemeinde – darunter der Kanton Basel-Landschaft und der Bund – besitzen zusammen ein Zwanzigstel der untersuchten Fläche. Die starke Vertretung der «zuhausegebliebenen» Grundeigentumstitel lässt eine starke landwirtschaftliche Bindung des Grundbesitzes vermuten.

Tabelle 15

Grundbesitzer mit Wohn-/Verwaltungssitz in	Anteile an der untersuchten **Grundbesitzfläche** in Prozent
Wintersingen	75,3
Basellandschaftlichen Nachbargemeinden	8,6
Aargauischen Nachbargemeinden	0,5
Basel-Stadt	12,8
BL–Agglomerationsgemeinden	1,5
Übrige Schweiz (SO, NW, BE)	1,3
	100% = 166,1 ha

Die Verteilung der dominierenden Areale auf die Grundbesitzer bestätigt die Vermutung der landwirtschaftlichen Prägung und zeigt das charakteristische Bild «Bauernland – Gemeindewald»: 73% des Kulturlands stehen im Besitz von zumindest teilweise landwirtschaftlich Erwerbstätigen (inkl. landwirtschaftliche Rentner und Erbengemeinschaften), 65% der Waldungen sind in Gemeindebesitz. Diese Verteilung wird in Abbildung 29a augenfällig: Die Talhänge mit Wiesland und Privatwald werden oben vom Gemeindewald abgeschlossen; darüber folgt der Grundbesitz der Plateauhöfe. Der Iglinger Komplex setzt sich deutlich von seiner Nachbarschaft ab.

Die Nutzungsverhältnisse am Kulturland entsprechen weitestgehend dem Grundbesitzmuster. Iglingen stellt die grösste und offensichtlich mit der Verpachtungssituation der Privatflur nicht vergleichbare Pachtfläche. Bezüglich Umfang des in Wintersingen liegenden Grundbesitzes gehört die CMS dank Iglingen zur Klasse der grössten Grundbesitzer (siehe Abb. 29b). Auf den Plateaus, an den grossen Gemeindebesitz anstossend, weisen die grossen Einzelhöfe *Sohr* und *Breitfeld* ähnliche Verhältnisse auf. Im «Iglinger Tal» dominieren aber Besitzer mit einem für landwirtschaftliche Mittelbetriebe charakteristischen Grundbesitzumfang: Bei Pachtlandanteilen von recht genau einem Drittel der Betriebsfläche führen Besitzer
    mit 1–10 ha Eigenland Betriebe von 4–16 ha Betriebsfläche;
    solche mit 10–20 ha Eigenland Betriebe von 15–30 ha Betriebsfläche.
Diese Betriebe von zwischen 4 und 30 ha Betriebsfläche bewirtschaften 1980 64% der LN aller Wintersinger Landwirtschaftsbetriebe. Sie stellen genau zwei Drittel aller Wintersinger Landwirtschaftsbetriebe mit ≥ 1 ha LN dar und bestimmen Eigentums-, Besitz- und Bewirtschaftungsstruktur.

Der Einbezug von Iglingen in Strukturverbesserungsverfahren

Wie der Vergleich des Iglinger Guts mit den Wintersinger Anstössern zeigt, sind die Voraussetzungen für eine rationale Gestaltung der Nutzflächen ausserordentlich verschieden. In Bezug auf die Landnutzung tritt dieser Unterschied am augenfälligsten durch die Grenze der Feldobstbestände oberhalb Iglingen in Erscheinung.[384] Im stark parzellierten Magdener und Wintersinger Privatgrundbesitz besteht im Gegensatz zu Iglingen ein grosser Arrondierungs- und Erschliessungsbedarf. Das atypische Iglingen wird mit öffentlichen Strukturverbesserungsverfahren in allen drei Gemeinden, auf die sich sein Grundbesitz erstreckt, konfrontiert.

Anfang Dezember 1972 gelangt ein Regulierungsprojekt in der Gemeinde Magden zur Abstimmung. Der Einbezug von Iglingen würde die CMS trotz minimaler Verbesserungen für das bereits arrondierte und erschlossene Gut finanziell belasten; aus

Solidarität mit den Landwirten der Gemeinde spricht sich die Kommission aber dafür aus, dass die CMS dem Projekt zustimmt. Dieses wird am 8. Dezember mit 64% der Stimmen und 54% der Fläche der beteiligten Grundeigentümer aus Kostengründen abgelehnt. 1980 liegt ein abgeändertes Projekt vor, in dem für Iglingen richtigerweise «besondere Verhältnisse» anerkannt werden. Neben dem Solidaritätsgrundsatz ist für den zustimmenden Beteiligungsentscheid der CMS nun auch die Notwendigkeit der Drainage des Kulturlands im Bereich der Kantonsgrenze von Bedeutung. Das Zusammenlegungsverfahren bringt den von der CMS eingeworfenen 28,5 ha Iglinger Grundbesitz eine Minderzuteilung von 1,4 ha infolge Abtretung an Erschliessungsanlagen.[385]

1976 wird auch in Wintersingen eine Felderregulierungs-Genossenschaft gegründet. Die CMS verhandelt 1979 mit deren Vollzugskommission über die Möglichkeit der Ausklammerung und damit der finanziellen Entlastung ihres Guts von jenen Zusammenlegungsarbeiten, die diesem keine Verbesserung bringen können. Die CMS muss 1980, als die Gründung der «Bodenverbesserungs-Genossenschaft Magden» im zweiten Anlauf zustandekommt, ihre Interessen als grenzüberlagernde Grundbesitzerin wahrnehmen und bemüht sich sofort um die Koordination der beiden Verfahren, vor allem bezüglich des äusserst notwendigen Drainagenneubaus und der Weganlagen. In diesem Zusammenhang wendet sie sich Anfang 1985 gegen einen zusätzlichen Verbindungsweg Magden-Wintersingen auf der westlichen Seite des Wintersingerbachs. Ein solcher würde die beim Osthof bereits bestehende Zerschneidung des Betriebszentrums durch die Kantonsstrasse wiederholen und sich für die Bewirtschaftungseinheit des Guts nachteilig auswirken.

Bereits 1938 muss die CMS Land an die Verbreiterung der Aargauer Kantonsstrasse abtreten und als Folge davon bauliche Veränderungen am Wohnhaus vornehmen. 1963 wird die Strasse auch auf dem Gebiet des Kantons Basel-Landschaft verbreitert und gestattet dem Verkehr, mit grosser Geschwindigkeit bis zum «Flaschenhals» Iglingen zu fahren. 1962 und 1965 sieht sich die CMS gezwungen, den sich verschärfenden Gefahren für Verkehr und Landwirtschaftsbetrieb mit der Aufstellung von Warntafeln zu begegnen und später die an der Strasse stehende Wagenremise abzubrechen und durch einen Neubau an einem weniger verkehrsexponierten Standort zu ersetzen.[386]

8.2 Die Grossgüter Schlatthof-Schürhof und Löwenburg

1. Der Schlatthof

Der Schlatthof als alte Siedlungs- und Wirtschaftseinheit

Der Schlatthof wird erstmals im 15. Jahrhundert im Zusammenhang mit der Vergabung der Einkünfte aus einem an sein Gebiet anstossenden Rebberg eines städtischen Eigentümers an das Waisenhaus in St. Jakob erwähnt. Aus Verkaufsakten von 1615 geht hervor, dass der Meierhof Schlatt ursprünglich ein österreichisches Lehen war, das zu diesem Zeitpunkt in den Besitz adliger Ministerialen des Bischofs von Basel überging. Im 17. und im 18. Jahrhundert lösten sich mehrere adlige oder herrschaftliche Besitzer ab, bis der Hof 1738 für fast ein Jahrhundert in den Besitz der Familie des Landvogts von Pfeffingen kam. Der Stand der Besitzer, die überlieferten Steuerprivilegien und die nachbarrechtlichen Streitigkeiten lassen den Schlatthof als ein von dorfrechtlichen Einschränkungen freies Gut erscheinen. Der Stadtherr, der das Gut in der Mitte des 19. Jahrhunderts erwirbt, bahnt eine soziale Annäherung an das Dorf Aesch an; diese Beziehung festigt sich nach 1870 mit dem Kauf des Schlatthofs durch die Elsässer Familie Hell.[387]

Mit seinem Wohnhaus bildet der Schlatthof schon früh den Kern einer landwirtschaftlichen Siedlung. Im Jahr 1748 muss der Hof nach einem durch Blitzschlag verursachten Brand völlig neu wiederaufgebaut werden. 1775 wird die Schlatthofsiedlung durch eine bis zur Französischen Revolution benützte Kapelle erweitert. Im 19. Jahrhundert wird der Schlatthof durch den Hellschen Gutskauf mit dem vermutlich aus einer Feldscheune entstandenen *Schürhof* in einer Hand vereinigt. Mit dem Bau des *Vorderen Schlatthofs* erfährt die bäuerliche Siedlung eine Erweiterung, und es können die drei Betriebszentren mit genügend zugehörigem Land auf die drei Söhne des Besitzers aufgeteilt werden. Der Schürhof und der *Hintere (Alte) Schlatthof* kommen schon um die Jahrhundertwende bzw. 1910 in den Besitz anderer Familien. Mit dem Erwerb dieser beiden Höfe im Jahr 1930 durch die CMS beginnt die Wiederherstellung der grundbesitzlichen Einheit, die die drei Höfe als «Hellsches Gut» darstellten. Die Entschlossenheit der Erben des Vorderen Schlatthofs, ihren Hof nicht der CMS zu verkaufen, lässt die Vereinigung der beiden Schlatthöfe aber erst 1960 möglich werden.[388]

Die Veränderung von Parzellierung und Landnutzung im Schlatthofgebiet

Der Vergleich der Parzellierungsverhältnisse im Bereich der ehemaligen *Ried(ern)matten* Ende des letzten Jahrhunderts mit der Situation von heute macht deutlich, auf welcher Grundlage der grosse Landschaftswandel in der Umgebung des Schlatthofs stattfinden konnte. Abbildung 30 zeigt die Parzellierung nach einer Zusammensetzung der Katasterblätter von Aesch aus der ersten Hälfte des 19. Jahrhunderts.[389] In den in der Tiefenlinie liegenden Riedmatten sammelt sich Hangwasser von drei Seiten zum Ettingerbach, der nach Reinach hin entwässert. Um das Land trotz der Staunässe nutzen zu können, wird das Wasser in offenen Gräben abgeführt, die teilweise im rechten Winkel um die Parzellen des Rieds herumgeführt werden. Die spitzwinklig zulaufenden Parzellen im *Burenfeld* sind möglicherweise das Ergebnis der Anpassung der Landeinteilung an ein natürliches Rinnsal. 1910 wird im Ostteil des Gemeindebanns Ettingen eine Felderregulierung mit einem Umlegungsperimeter von 130 ha durchgeführt. 1910–1912 fallen in Aesch 112 ha Land südlich der Verbindungsstrasse Aesch-Ettingen in einen Regulierungsperimeter. Bei dieser Gelegenheit (und nochmals 1928) wird die Gemeindegrenze mit Ettingen in der Tiefenlinie nördlich der Riedmatten geradegezogen und gelangt das meiste bisher auf der Aescher Seite der Gemeindegrenze gelegene Land von Ettinger Grundbesitzern zu Ettingen. Zwischen dem Erschliessungsweg entlang der Gemeindegrenze (*Grenzweg*) und dem Land von Schlatt- und Schürhof werden Einzelparzellen nach einem ähnlich rechtwinkligen Schema wie im übrigen Umlegungsgebiet aufgereiht.[390]

1935–1944 werden 402 ha Land im ganzen Gemeindebann Aesch neu verteilt, 1946–1948 wird eine Regulierung der Klusreben nachgezogen. In der Zeit des Zweiten Weltkriegs erfordert ausserdem der Mehranbau eine Intensivierung der Landnutzung und damit vermehrte Drainagen von nassem Land. So werden 1941 und 1942 5,5 ha Land des nun im Besitz der CMS stehenden *Schlatt-* und *Schürhofs* mit einem Aufwand von Fr. 3025.–/ha entwässert; 1939 und 1940–1942 werden insgesamt 10,9 ha Land des Landheims *Erlenhof* in den Gemeinden Aesch, Ettingen und Therwil für Fr. 2566.–/ha, und 1939–1942 12,9 ha Land von Schlatt- und Lettenacker in der Gemeinde Reinach für Fr. 4448.–/ha drainiert. Mit einem ähnlich hohen Aufwand wird 1942 beim *Neuhof* in Reinach ein 1,08 ha grosses Areal des ehemaligen Grenzwalds zwischen Aesch und Reinach gerodet und landwirtschaftlich nutzbar gemacht.[391]

Abbildung 30 ▶
Schürhof, Riedernmatten und Schlattfeld in der Mitte des 19. Jahrhunderts und heute.
Die Veränderung der Parzellarstruktur und der Gemeindegrenze Aesch-Ettingen als Anzeiger des Wandels der Landnutzung.
(Kartengrundlagen siehe *Anm. 389*.)

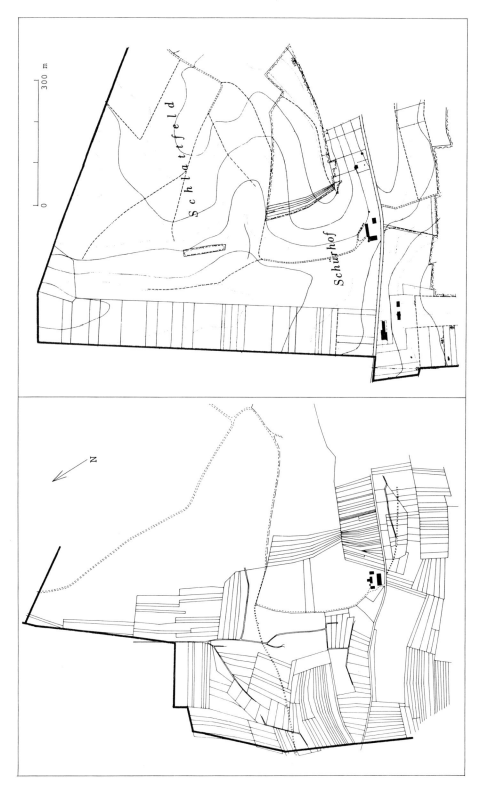

Die Eindeckung aller Oberflächengewässer bis auf die Höhe des Erlenhofs und die Drainierung der Feuchtstandorte lassen das Schlatthofgebiet im Laufe der letzten rund 80 Jahre von einem «grünen» zu einem «braunen», von einem von der Grünlandnutzung zu einem vom Ackerbau geprägten Agrargebiet werden: Damit hat sich diese Landschaft ihres Namens *Schlatt* entfremdet, der nach der Flurnamenforschung vom mittelhochdeutschen *slâte* für *Schilf, Sumpf* herkommen dürfte und auf einen ursprünglichen Feuchtstandort mit eher extensiver Nutzung hinweist.[392]

Die Betriebsgrösse des Schlatthofs im regionalen Vergleich

1975 ist der Schlatthof einer der 14 Landwirtschaftsbetriebe im statistisch definierten Agglomerationsgebiet, die der höchsten in der Schweizerischen Landwirtschaftsstatistik gebräuchlichen Flächengrössenklasse zugerechnet werden. Sie weisen 50 ha und mehr landwirtschaftliche Nutzfläche (LN) auf. Betriebe dieser Grössenklasse stellen in der ganzen Nordwestschweiz im Jahr 1965 1,2%, im Jahr 1980 schon 3% aller Landwirtschaftsbetriebe mit ⩾1 ha LN dar. Diese Grossbetriebe finden sich zu drei Fünfteln in den Bezirken Delémont und Porrentruy des Kantons Jura, sind also für die stadtnahen Bezirke der Region nicht typisch.

Die nachfolgende Aufstellung zeigt die Flächenverhältnisse der im Bezirk Arlesheim liegenden Betriebe mit ⩾50 ha LN im Jahr 1975. Bis 1980 haben zwei weitere Betriebe die Fünfzighektargrenze überschritten. Der Schlatthof zeichnet sich als grösster Landbewirtschafter aus. Ein Viertel der LN der aufgeführten Betriebe wird von Höfen mit «nur» zwischen 50 und 60 ha LN bewirtschaftet, darunter vom Hof Unter-Brüglingen vor der Grün 80.

Tabelle 16

			ha LN	%
1.	*Aesch*	Schlatthof	117	19
2.	*Aesch*	Klushof	100	16
3.	*Pfeffingen*	Schlosshof	83	14
4.	*Oberwil*	Neuhof	78	13
5.	*Reinach*	Neuhof	70	12
6.	*Münchenstein*	Unter-Brüglingen	57	9
7.	*Oberwil*	Hänslireben	55	9
8.	*Oberwil*	Dorfbetrieb	51	8
			611	100

Definition und Charakteristik des agrarischen Grossbetriebs im Raum Basel

Als einzige der aufgezählten Betriebe weisen 1975 der Schlatthof und der *Klushof* die von Schröder[393] für seine Grossbetriebsdefinition gewählten 100 Hektaren und mehr Kulturland auf. Von den 117 ha der gesamten Betriebsfläche des Schlatthofs standen zum Zeitpunkt der Zählung 75 ha (64%) im Besitz der CMS; einen Teil des damaligen Pachtlands kann die CMS 1978 erwerben, so dass 1984 von den 120 ha Betriebsfläche 105 ha (88%) Eigenland sind. Als Grundbesitzkomplex umfassen Schlatt- und Schürhof 1975 zusammen 98 ha, 1984 schon 128 ha Land.

Der Schlatthof ist ein Grossbetrieb ausserhalb des Dorfs und darf im regionalen Vergleich nach Umfang, Besitzverhältnissen und Funktion als eine «Singularität in der Kulturlandschaft» im Sinne von Schröder gelten. Wie der *Klushof* und der *Schlosshof* stellt er eine alte, auf den mittelalterlichen Ausbau von Siedlung und Landwirtschaft zurückgehende Einheit dar. Seine Ausdehnung und äussere Gestalt sind, stärker als bei den beiden anderen Gütern, eng mit seinem Standort, dem Hügelland zwischen Aesch und Ettingen, verbunden. Völlig anders verhält es sich mit den *Neuhöfen* von Reinach und Oberwil, die erst im 19. Jahrhundert in Anlehnung an die Dorfsiedlung auf deren Fluren entstanden sind. Ihr Arrondierungsgrad ist ihrer Entstehung entsprechend wesentlich geringer als jener der alten Gutskomplexe.[394]

2. Die Löwenburg

Die Löwenburg als alte Siedlungs- und Wirtschaftseinheit

Der baugeschichtliche Befund der Ruine Löwenburg erlaubt, ihre Entstehung mindestens in das 11. Jahrhundert zu datieren. Ein erstes Mal urkundlich erwähnt wird sie 1271, als die Lehenshoheit von den Grafen von Pfirt an den Bischof von Basel überging. Im 15. Jahrhundert gelangte sie in den Besitz der Münch von Münchenstein, zugenannt von Löwenberg. Mit dem Niedergang dieser Familie zu Beginn des 16. Jahrhunderts wechselten ihre Besitzungen die Hand; Münchenstein und Muttenz wurden 1515 von der Stadt Basel erworben, die Löwenburg ging 1526 an das Zisterzienserkloster Lützel.

Von 1580 bis 1597, als der als aktiver Bauherr auftretende Abt Beatus Papa auf dem Bauplatz zu Tode stürzte, wurde der alte Sennhof der Löwenburg durch Neubauten ersetzt. 1590–92 entstand die Löwenburger Kapelle; die Wehranlagen zeigen die Selbständigkeitsbestrebungen des Klosters an und gaben zu Streit mit dem bischöflichen Landesherrn Anlass. Sie wurden nicht vollendet und beschränken sich heute auf einen Torturm und ein Stück Wehrmauer.[395]

Die Löwenburg wurde durch den Ausbau zu einem zisterziensischen Freihof, nicht zu einer eigentlichen Klosterfiliale (Propstei). Da sie aber seit 1579 im Hilfskreis der Eidgenossenschaft lag, wurde sie, vor allem während des Dreissigjährigen Kriegs, zu einer Zufluchtsstätte der Konventualen von Lützel, deren jenseits der Lützel gelegenes Kloster keine eidgenössische Hilfe erwarten konnte. Mit Ausnahme der Flussläufe waren die aus der Feudalzeit überlieferten Grenzverhältnisse unsicher. Die Lützel wird 1648 zu einer trennenden Linie, als die Siedlung Lützel zu Frankreich geschlagen wird.

Die Situation der Löwenburg im 17. Jahrhundert charakterisiert Maurer mit der Aussage, dass «kolonisatorischer Geist vom Hauptgebäude aus seine Zeichen in die Landschaft» schreibe. In die Zeit des Löwenburger Hofneubaus fällt die Intensivierung der Rodungstätigkeit und der Hofgründungen auf Löwenburger Territorium. Um 1690 wurden die Hofstelle *Hinterschloss* im Süden des Freihofs und eine wasserständige Hofstelle im Lützelgrund, bei der es sich um *Neumühle* oder *St. Peter* handeln muss, angelegt; Hinterschloss und Neumühle gehören nach einem Unterbruch heute wieder zum Gutskomplex Löwenburg. Im Westen wurde bereits 1622 die mittelalterliche Hofsiedlung *Baderschwiler* mit einer Mühle versehen; 1716 wurde der Hof *Steinboden* gegründet. Vier Hofgründungen fanden um die Wende zum 18. Jahrhundert auch nördlich der Lützel am Glaserberg statt (Schartz, Hans-Kopf, Neuneich, Gross Kohlberg), von welchen drei wieder wüstfielen.[396]

Die nachklösterliche Löwenburg und ihre Besitzer

Mit der Aufhebung des Klosters Lützel 1792 als Folge der Französischen Revolution und der Grenzziehung von 1815 entlang dem Lauf der Lützel wurde das gesamte nördliche Territorium dauerhaft vom Löwenburger Gut abgetrennt. Auch die Höfe Baderschwilermühle und Steinboden wurde durch Verkauf privatisiert; sie gehören heute einem Rüstungsunternehmen. Der Hof Löwenburg selbst gelangte 1796 durch

Versteigerung an den Delsberger Jean-Amédée Watt; seine Grösse und Geschlossenheit liessen ihn daraus ein Mustergut machen. Nach seinem Tod 1834 erlebte es mehrere Besitzerwechsel.

Oskar Moser, der Vater des Verkäufers der Löwenburg an die CMS, bewirtschaftet noch während des Zweiten Weltkriegs ein in seinem Eigentum stehendes Gut bei Karlsbad (Tschechoslowakei). Als dieses von der nationalsozialistischen Obrigkeit für ihr Siedlungswerk beschlagnahmt wird, kehrt er in die Schweiz zurück. Sein Sohn, Dr. René Moser-Schönfeld, kann 1942 im April den Hof Löwenburg und im Mai den damals von diesem getrennten Hof Hinterschloss von den Brüdern Ernst und Gustav Moser erwerben.[397]

Bis 1945 bewirtschaftet Oskar Moser das Gut, dann zieht Dr. René Moser selbst mit seiner Familie auf die Löwenburg, um die Bewirtschaftung zu leiten. Nach Kriegsende wachsen die Schwierigkeiten, Arbeitskräfte für das abgelegene Gut zu finden. Dr. Moser lässt sieben Wohnungen ausbauen, um nach Möglichkeit verheiratete Angestellte unterbringen zu können. Der bisher auf Dauergrünland basierende Milchwirtschaftsbetrieb der Vorbesitzer wird durch das Aufbrechen von ca. 20 ha Ackerland zu einem Rindviehhaltungsbetrieb mit Ackerbau[398]. Der grosse Kapitalbedarf für die baulichen und betrieblichen Einrichtungen führen Dr. Moser dazu, das Gut zu verkaufen.

8.3 Die Vereinigung der Schlatthöfe, der Kauf der Löwenburg und die Schaffung der Gutsbetriebe

1. Die CMS als Gutskäuferin und als Treuhänderin von baselstädtischem Landbesitz

Verhandlungen der CMS über Höfe im Birseck

1899 gewährt die CMS Peter Hell-Portmann vom Schlatthof eine Erhöhung der bei ihr aufgenommenen Hypothek. Auf die gleichzeitige Offerte eines Liegenschaftsvermittlers für den Kauf des Schlatthofs der Brüder Hell tritt sie nicht ein: Im Mai 1900 hält sie fest, dass sie vor dem Abschluss der noch immer im Gang befindlichen Expropriationsverfahren der SBB grundsätzlich keine Landwirtschaftsgüter kaufen werde, obwohl ihr solche fortwährend angeboten würden; wenn das Angebot weiterhin so gross bleibe, dürften aber die meist übersetzten Preisforderungen zusammenfallen, was im Stadtgebiet bereits eintrete.[399]

Auf das Gesuch der Besitzerin des benachbarten *Neuhofs*, der Firma Pfaff & Co., um die Gewährung eines Hypothekardarlehens tritt die CMS Anfang 1901 nicht ein, ebenso wie sie sich vier Jahre später gegen einen Kauf des Neuhofs, der *Oberen Klus* und des *Schürhofs* ausspricht. 1909 und wieder 1924 wird ihr der Neuhof von anderer Seite angeboten; die CMS bleibt aber bei ihrem Entscheid von 1906, um so mehr als das beste Landwirtschaftsland auf der Etzmatt aus dem Gutszusammenhang herausgelöst und getrennt verkauft worden sein soll. Auch auf das Wiederangebot der Oberen Klus in diesem Jahr tritt sie nicht ein und für die 1913 offerierte *Untere Klus* zeigt sie kein Interesse, weil sie sich gerade mit dem Kauf des Hagnauhofs stark belastet hat.[400]

Seit dem November 1916 interessiert sich die CMS für den Schürhof, möglicherweise von ersten Erwägungen zur Reorganisation der Brüglinger Güter oder von einer regierungsrätlichen Anregung wie jener zu einem vorsorglichen Kauf des Predigerhofs bewogen. Anfang 1918, als der Verkauf von Land des Rothausguts und die Aufhebung des Singerhofs feststehen, verhandelt sie mit dem Besitzer des Schürhofs, Hermann Nussbaumer-Portmann. Der Verkäufer tritt aber «wegen Streitigkeiten mit der Familie» Ende Juni sehr kurzfristig vom Vertrag zurück und lässt sich auch von einem höheren Angebot und der Zusicherung der CMS, einen seiner Söhne als Pächter anzunehmen, nicht umstimmen. Die Kommission lässt daraufhin die Verhandlungen fallen, und das Kaufgeschäft fällt im Bürgerrat aus den Traktanden. Die CMS verzichtet auf juristische Schritte, da ein Prozess Verzögerungen brächte, die die Reorganisation ihrer Güter nur behindern würden. Im gleichen Jahr werden der CMS von Liegenschaftsvermittlern wieder die beiden Schlatthöfe angetragen. Während sie den Preis für den Hinteren Schlatthof als viel zu hoch bezeichnen muss, ist sie am Vorderen Schlatthof, dem sog. *Hellhof*, nicht uninteressiert, aber, wie im Fall des Schürhofs, nicht geneigt, den Sohn des Verkäufers als Pächter auf dem Gut zu lassen: «Wir kaufen grundsätzlich nur Güter, über die wir sofort frei verfügen können.» Dieser Grundsatz wird allerdings schon beim Kauf des Weidenhofs in Arlesheim im gleichen Jahr und des Sternenhofs in Reinach 1924 durchbrochen, was für den späteren Kauf von Schlatt- und Schürhof von Bedeutung ist.[401]

Die CMS als Partnerin der öffentlichen Hand bei der Suche nach Landgütern

Bevor die CMS zu Beginn der 1930er Jahre im Gebiet des Schlatthofs Fuss fasst, trägt sie zur Überführung des *Erlenhofs* in den Besitz einer baselstädtischen Institution bei.

Im August 1925 besichtigt die Güterdelegation, vermutlich auf Anregung des Finanzdepartementes Basel-Stadt, das Gut *Les Joux* bei Tramelan. Über dessen zur Zeit des Ersten Weltkriegs renommierte Pferdezucht bestehen Beziehungen zu Basler Kreisen. Im Laufe des Jahres 1926 teilt die CMS den Besitzern von Les Joux mit, dass das Gut den Zwecken des Auftraggebers ihrer Besichtigung wegen der zu grossen Entfernung von der Stadt und der klimatischen Verhältnisse nicht dienen könne und auch die CMS selbst kein Interesse an einem Kauf habe.

Auch ein weiteres, 1927 von einem Notar in Porrentruy vermitteltes Gut im Jura kann der Anforderung, einen anstaltsmässig betriebenen Gemüsebau zu ermöglichen, nicht entsprechen. Im gleichen Jahr stellt die CMS ihr Gut Iglingen als Standort für ein «Landwirtschaftliches Arbeiterheim» zur Diskussion. Nach einer Besichtigung wird aber diese Idee verworfen, und im Juli 1927 kann die CMS den Regierungsrat darauf aufmerksam machen, dass der Erlenhof bei Reinach zu kaufen ist.[402]

Der zu diesem Zeitpunkt 28,8 ha grosse Erlenhof ist erst um 1866 entstanden. Der letzte private Besitzer hat das Anwesen um 1910 baulich erweitert. Zum Zeitpunkt des Verkaufsangebots weist es ein grosses landwirtschaftliches Ökonomiegebäude und ein kleines gesondertes Mehrzweckgebäude auf. Das Gut wird der CMS für Fr. 270'000.– angeboten; sie zeigt sich aber wegen dieses hohen Preises nicht an einem Kauf interessiert.[403]

Heinrich Kestenholz, der Gründer der «Basler Webstube» (heute «Verein für Jugendfürsorge Basel»), regt im November 1928 an, den Erlenhof für die Einrichtung eines Erziehungsheims zu erwerben. Nach der vom Schätzungsamt des Schweizerischen Bauernverbands ausgeführten Neueinschätzung des Guts reduziert der Verkäufer seine anfängliche Preisforderung. Am 1. Mai 1929 kann der Kaufvertrag abgeschlos-

Der Schlatthof.
Blick von Norden auf die an ihren Steilrändern bewaldete Schlatthofkuppe mit dem Betriebszentrum des Schlatthofs. Eindrücklich zeigt sich die Grenze des mit sehr grossen Ackerschlägen genutzten Schlattguts zur kleinparzellierten Privatflur auf Rüttenen (im Vordergrund) am alten Feldobstbaumbestand.
(Aufnahme vom 5.9. 1986, J. Winkler.)

sen werden. Der Kauf wird im Juli durch ein unverzinsliches staatliches Darlehen unterstützt; in der Rechnung des Vereins figuriert das Gut mit rund Fr. 260'000.–.[404]

Der Erlenhof erfährt in seiner Funktion als Landheim einen bedeutenden Ausbau. Er entwickelt sich vom Einzelgehöft zu einem eigentlichen Siedlungskern im Landwirtschaftsgebiet der Gemeinden Reinach und Therwil, der in neuerer Zeit eine eigene Zonenplanung benötigt. Er umfasst 29,53 ha Land, wovon 8,12 ha in Reinach und 21,41 ha in Therwil. An das Erlenhofland schliesst Land im Besitz der Einwohnergemeinde Basel-Stadt an, das diese im Laufe der Zeit erwirbt und in den 1960er Jahren auf einen Umfang von 20,85 ha bringt. Davon liegen
   41% im Bann Ettingen,
   33% im Bann Therwil,
   23% im Bann Aesch und
   3% im Bann Reinach.[405]

Diese Verzahnung von Grundbesitz städtischer Institutionen im Schlatthofgebiet wird in den 1960er Jahren für den dortigen Gutsbetrieb der CMS bedeutsam. Der Gutskauf, bei dem die CMS behilflich ist, kommt ihr ein halbes Jahrhundert später zugute.

Der Kauf des Hinteren Schlatthofs und des Schürhofs 1930

1910 erwirbt Fritz Flückiger-Gygax, der zuvor ein kleines Gut in Niedergösgen bewirtschaftete, den Hinteren Schlatthof. In der Krisenzeit der 1920er Jahre ist er in Sorge um das Fortkommen seiner zehnköpfigen Familie. Er nimmt die Anregung des Sternenhofpächters Samuel Nussbaumer auf, es ihm gleichzutun, und bietet das Gut der CMS zum Kauf an, mit dem Wunsch, es als Pächter weiterhin bewirtschaften zu können. Vielleicht wäre er zwei Jahre früher mit seinem Angebot bei der CMS auf wenig Interesse gestossen; nur zögernd fasst diese im Schlatthofgebiet Fuss.

Im März und April 1929 führt die CMS Besprechungen mit den Besitzern des Hinteren Schlatthofs und des Schürhofs über den Kauf der beiden Güter. Treibende Kraft hinter ihren Bemühungen ist der Regierungsrat Basel-Stadt, der auf einen vorsorglichen Ersatzkauf der CMS für ihr Land bei St. Jakob dringt, das sie nach dem Willen der Regierung für die Errichtung von Sportanlagen verkaufen soll. Einer Anfrage des Finanzdepartementes folgend, gelangt die CMS Anfang Juni 1929 auch an die Besitzerin des Vorderen Schlatthofs und deren Sohn mit der Frage, ob Verkaufsverhandlungen über ihren Teil des Schlattguts denkbar seien. Dabei äussert sie ausdrücklich ihre Bereitschaft, die Hofverkäufer und deren direkte Nachkommen als ihre Pächter zu akzeptieren.[406]

Über die Frage des für die CMS zwingenden Ersatzes des Landes bei St. Jakob hinaus schwingen grosse Eigeninteressen des Staats an den Gütern im Schlatthofgebiet mit. In Besprechungen mit der Stiftungsverwaltung wird von einem treuhänderischen Landerwerb der CMS für den Staat gesprochen. Die Stiftungskommission erfährt am 11. Juni 1929, dass «die Basler Regierung sich diese drei Höfe für verschiedene Zwecke, wie Verlegung der Strafanstalt, Errichtung einer Verwahrungsanstalt, Tuberkulosenfürsorge sichern möchte». Schon 1927 suchen die Basler Behörden nach einem Ausweg aus der im Lohnhof herrschenden Raumnot. Etwa gleichzeitig mit der Suche nach geeigneten Landgütern werden auch die Möglichkeiten zum Kauf von als Bauplätze geeigneten Stadtliegenschaften – unter anderem des Hauses zum Kirschgarten – abgeklärt.[407]

Der Regierungsrat argumentiert der CMS gegenüber, dass das Land in ihrem Eigentum in Reserve gehalten werden könne, ohne dass ein fiskalischer oder parlamentarischer Verwertungsdruck entstehe; eine solche Zusammenarbeit der CMS mit der öffentlichen Hand, wird betont, sei im Sinne des Stifters. Mit leisem Widerwillen ordnet sich die Stiftungskommission im Juni 1929 dieser Anrufung des Stiftungszwecks unter: Sie hält fest, dass der Erwerb der Schlattgüter, obwohl «es sich doch hier um drei der schönsten landwirtschaftlichen Anwesen in der Nähe Basels, wenn nicht von ganz Baselland überhaupt» handle, für die CMS kein lohnendes Geschäft sei. Es wird erwogen, ob die CMS den Regierungsrat nicht um die schriftliche Zusicherung eines späteren Rückkaufs bitten soll; da eine solche aber einen Grossratsbeschluss erforderte, der das Kaufgeschäft publik machen und in der Stadt wie auf der Landschaft Unruhe schaffen würde, wird dieser Gedanke fallengelassen.[408]

Angesichts des Widerwillens der CMS, sich wegen fiskalischer Bedenken auf diese Gutskäufe überhaupt einzulassen, muss aus heutiger Warte zweifelhaft erscheinen, ob die CMS ohne den staatlichen Druck jene Grundbesitzdynamik entwickelt hätte, die die Grundlage ihres heutigen landwirtschaftlichen unternehmerischen Profils bildet.

Noch am Tag der Kommissionssitzung unterbreitet die CMS den Verkäufern ihre Offerte. Im September beschliesst die Stiftungskommission, den Hinteren Schlatthof und den Schürhof zu erwerben und mit den Söhnen der Verkäufer Pachtverträge abzuschliessen, obwohl der Kauf des dritten Hofs, des Vorderen Schlatthofs, nicht zustandekommt. Im Dezember 1929 werden die Kaufverträge abgeschlossen, die den Eigentumsantritt der CMS auf den 1. April 1930 vorsehen. Für den 40,63 ha grossen *Hinteren Schlatthof* beträgt der Kaufpreis Fr. 250'000.–, für den 27,2 ha grossen *Schürhof* Fr. 157'000.– . Rund 6 ha des zugekauften Areals sind Wald. Beide Güter haben ausgeprägt landwirtschaftlichen Charakter; dies äussert sich in den verglichen mit dem Sternenhofkauf niedrigeren Einheitspreisen für das Kulturland[409] (vgl. Tab. 8). Die beiden Söhne der Verkäufer von Schlatthof und Schürhof übernehmen die Höfe in Pacht.

Der Kauf der beiden Güter ist in dem im September 1929 eingereichten Budgetvorschlag der CMS für 1930 – absichtlich, wie es heisst – noch nicht berücksichtigt[410]; entweder erscheint der Stiftungsverwaltung das Geschäft noch nicht als sicher genug, oder der Handel soll vorerst weder in bürgerlichen noch staatlichen Gremien publik werden, was eventuell auf einen Wunsch der zum Kauf drängenden Staatsverwaltung zurückgeht. Wie 1913 beim Kauf des Hagnauguts, mit dem die CMS gewissermassen «sitzengelassen» wird, bedient sich der Staat Basel 1929–1930 über die ihm zustehenden Erträge der CMS hinaus kräftig mit deren Land; dem Anspruch des «öffentlichen Interesses» an ihrem Land bei St. Jakob hat die CMS nichts entgegenzusetzen, ebenso wie sie allem Anschein nach ihre Rolle als «Reservenhüterin» des Staats übernimmt, wenn auch nicht ohne Widerwillen.

Der Kauf der Löwenburg 1956

1954 wird der Stiftungsverwaltung bekannt, dass das Gut Löwenburg unter Umständen zu kaufen ist. Die Stiftungsverwaltung nimmt mit dessen Eigentümer und Bewirtschafter Verhandlungen auf. Kurz vor Abschluss der Verhandlungen wird der Agronom und Betriebsberater Hans Nebiker in Sissach beigezogen, der mit dem Gutsbesitzer bekannt ist. Im Juni 1955 besichtigt die Güterdelegation die Löwenburg und den der CMS gleichzeitig zum Kauf angebotenen *Arxhof* bei Bubendorf. Für den letzteren hat die CMS fast zehn Jahre früher – im Streit mit der basellandschaftlichen Regierung um den Kauf des *Schlossguts* in Pfeffingen – eine Kaufgenehmigung in Aussicht gestellt erhalten.[411]

Während einer vorübergehenden Abwesenheit des Stiftungsverwalters nimmt das Finanzdepartement Basel-Stadt die Interessen der CMS in der Kaufverhandlung wahr. Das Interesse des Staats am Erwerb von Land führt beinahe zum Kauf des Guts Löwenburg durch die Einwohnergemeinde Basel. Gegen diese Absicht wird aber aus der Mitte des Regierungsrats selbst die landwirtschaftliche Erfahrung der CMS erfolgreich geltend gemacht. Im August 1955 unterbreitet Hans Nebiker der Stiftungsverwaltung einen Bericht über die Bewirtschaftungsmöglichkeiten. Er betrachtet das Gut als für eine mehrseitige Betriebsform geeignet und hält eine rentable Betriebsgestaltung für möglich; die Entfernung zur Stadt sei nicht als Nachteil zu werten.[412]

Mitte November 1955 behandelt die Güterdelegation die Kauf-Alternative *Löwenburg* und *Arxhof*. Die beiden Güter weisen sehr unterschiedliche Grössen auf: Der Löwenburger Landwirtschaftsbetrieb hat die dreieinhalbfache Grösse des Arxhofs. Der am Baubedarf gemessene Kauf- und Investitionsbedarf der Löwenburg wird mit 3,2 Mio. Franken auf fast das Vierfache desjenigen des Arxhofs geschätzt. Während aber die Löwenburg einen Ertrag von 2–3% abwerfen soll, wird dies beim Arxhof für unwahrscheinlich gehalten: Topographie und bauliche Verhältnisse liessen dort keinen angemessenen landwirtschaftlichen Nutzen erwarten – auf der Löwenburg wäre es

Abbildung 31
Das Gut Löwenburg nach dem Kauf der Neumühle 1966.
Der ausgezogene Strich zeigt die Ausdehnung des Neumühlegutes an.

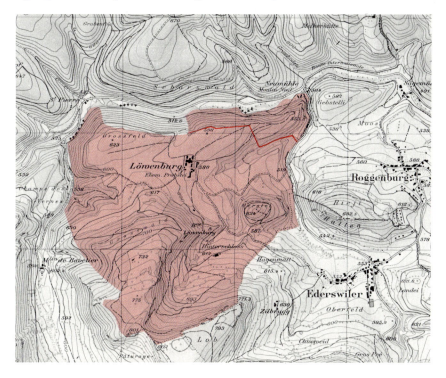

dagegen möglich, die Gebäude im Rahmen der Gesamtrenovation modern und zweckmässig auszubauen und so den Personalbedarf bei extensiver Wirtschaftsweise minimal zu halten.[413]

Die Stiftungskommission beschliesst eine Woche später, auf weitere Verhandlungen über den Arxhof zu verzichten. Neben wirtschaftlichen Erwägungen führen auch nicht verschwiegene politische Bedenken zu diesem Verzichtsentscheid, da man aufgrund der gemachten Erfahrungen erwartet, dass der Kanton Basel-Landschaft entweder gegen diesen Gutskauf oder gegen später wünschbare Arrondierungskäufe opponieren würde. Wie in anderen Beratungen über Verkaufsangebote, wird die Frage aufgeworfen, ob nicht gleichzeitig andere Höfe abgestossen werden sollten und ob man nicht einfach ein grosses rationelles statt mehrerer kleiner unrentabler Landwirtschaftsgüter unterhalten sollte.[414]

Die Löwenburg wird als Ersatz für verschiedene Landabtretungen (in der Hagnau, beim Weidenhof und bei der Lachmatt) betrachtet und für interessant gehalten, obwohl für ihr Land kein Wertzuwachs in Aussicht steht. Die CMS bescheidet sich in diesem Fall mit der Aussicht auf eine reine Realwerterhaltung; in der Kommissionberatung wird auch gefragt, ob die CMS in Zukunft überhaupt noch geeignete Höfe als Landersatz finden könne.

Nach Abklärung der hypothekarischen Regelung mit Hilfe des Finanzdepartements stimmt die Kommission dem Kauf zu. Kurz darauf verzichtet der Regierungsrat ausdrücklich auf den Kauf der Löwenburg durch den Staat. Am 15. Dezember 1955 wird der Kaufvertrag abgeschlossen; der Kaufpreis für die Löwenburg beträgt 2,3 Mio. Franken, wovon 83% auf die Immobilien entfallen. Die CMS vergewissert sich zu Beginn des folgenden Jahres, dass die Landwirtschaftsdirektion des Kantons Bern den Kauf nicht als Verstoss gegen das Bundesgesetz über die Erhaltung des bäuerlichen Grundbesitzes wertet. Sie legt ihre Landersatzpflicht als Kaufsgrund dar und bekräftigt die Absicht, den Hof nicht weiterzuverkaufen, sondern vollumfänglich zu renovieren und als Musterlandwirtschaftsbetrieb zu führen.[415] Bis 1957 bewirtschaftet der Verkäufer das Gut noch als Verwalter der CMS; in dieser Zeit kann die Organisation der Selbstverwaltung der Güter durch die CMS ausgearbeitet werden.

Die Löwenburg fasst wieder im Lützel-Talgrund Fuss: der Kauf der Neumühle

1965 wird der CMS vom Nachlassverwalter von Frau Ida de Bonneville-Meyer das an Löwenburg angrenzende Neumühlegut mit Fischereirecht und Wasserkraft zum Kauf angeboten. Die erwarteten hohen Restaurierungskosten für die Gebäude lassen die CMS trotz des grossen Interesses für das dazugehörige Wald- und Kulturland anfänglich vor einem Kauf zurückschrecken. Die Güterdelegation unterbreitet daher Anfang 1966 neben einem Kaufvorschlag für das ganze Neumühlegut einen solchen ausschliesslich für die 19 ha Land, die der Löwenburg angegliedert werden könnten.[416] Am 18. Juni 1966 wird der Kaufvertrag über das 21,84 ha grosse *Neumühlegut* abgeschlossen. 9,77 ha desselben werden den Gutsbetrieben zugeteilt, 12,07 ha dem Waldbetrieb Löwenburg. Die Gesamtfläche des Guts Löwenburg in der Gemeinde Pleigne wächst durch diesen Landkauf von 281,5 ha auf 303,3 ha an. Die baufälligen Neumühle-Gebäude gegenüber dem Zollhaus müssen mit beträchtlichem Aufwand renoviert werden. Erst 1971 können die Arbeiten an die Hand genommen werden; 1973 wird das Restaurant Neumühle wieder eröffnet.

2. Die Schaffung der Gutsbetriebe und die Gutsarrondierung

Die Bewirtschafterwechsel auf Löwenburg und auf dem Hinteren Schlatthof

Auf Anfang des 2. Quartals 1957 kündigt Dr. René Moser das Vertragsverhältnis mit der CMS, in welchem er den Betrieb Löwenburg verwaltet. Die CMS übernimmt nun die Löwenburg in Selbstverwaltung durch die neugeschaffene Gutsverwaltung, und es stellt sich die Frage, ob dieser weitere Höfe unterstellt werden sollen. Die zur Diskussion gestellte Selbstverwaltung wird als Anknüpfung an die Wirtschaftsweise Christoph Merians in Brüglingen betrachtet – im Fall der Löwenburg wird ihre Einführung aber hauptsächlich von ausserhalb von Pietätsüberlegungen stehenden wirtschaftlichen Rahmenbedingungen nahegelegt: Eine Verpachtung kommt nicht in Frage, weil das für diesen Betrieb erforderliche Pächterkapital eine zu risikobehaftete Grösse haben müsste. Darüber hinaus besteht in der Stiftungsverwaltung der Wunsch, das wirtschaftliche Geschehen auf ihren Gütern stärker beeinflussen zu können, um die Ertragslage zu verbessern. Darauf abzielende Eingriffe sind auf den Pachthöfen wegen der Pächterschutzbestimmungen nicht möglich.

Auf das Frühjahr 1958 kündigt der Pächter des Hinteren Schlatthofs das Pachtverhältnis, womit auch für diesen Betrieb die Frage der Übernahme in die Selbstverwaltung aktuell wird. In einer Kommissionssitzung Anfang 1957 werden zwar Bedenken gegenüber einer solchen Reorganisation laut. Man lässt sich aber davon überzeugen, dass die Pachtzinsen die Unterhaltskosten der Güter nicht mehr zu decken vermögen, während die Selbstbewirtschaftung durch die CMS den vollen Ertrag zu erbringen erlaube und die Vorteile von Betriebskombinationen im Sinne horizontaler oder vertikaler Integration wahrgenommen werden könnten. Zudem ist der Selbstbewirtschafter als agrarpolitische Zielgruppe besser gestellt. In diesem Sinne soll zu einem späteren Zeitpunkt auch abgeklärt werden, inwieweit *Schürhof*, *Sternenhof* und *Vorder-Brüglingen* in die Selbstverwaltung einbezogen werden könnten. Dagegen sind die «gut» verpachteten Höfe – *Unter-Brüglingen*, *Unteres Gruth* und *Weidenhof* – und die aus der landwirtschaftlichen Nutzung ausscheidenden Liegenschaften (*Lachmatt*) von diesen Erwägungen ausgeschlossen, und für *Iglingen* wird der Verkauf erwogen. Die Komission stimmt dem Betrieb des Hinteren Schlatthofs in Selbstverwaltung zu.[417]

Die Beibehaltung des Schürhofs als Pachtbetrieb

Kurze Zeit nach dem Selbstverwaltungsentscheid der CMS bittet Karl Nussbaumer, der langjährige Pächter des Schürhofs, um Übertragung der Schürhofpacht auf seinen Sohn. Er zeigt sich mit der Unterstellung des Schürhofs unter die Gutsverwaltung nicht einverstanden, und die Güterdelegation schlägt vor, das Pachtverhältnis mit ihm vorläufig bis zum Frühjahr 1960 zu verlängern. 1959 wird es bis zum Frühjahr 1962 erstreckt, damit die CMS Zeit für die Beratung der Selbstverwaltungfrage gewinnen und der Schürhofpächter Zeit für die Umschau nach einer anderen Pachtstelle halten kann. Das gebremste Vorgehen verrät einerseits eine gewisse Vorsicht in Bezug auf das Verhältnis zu den Behörden des Kantons Basel-Landschaft; andererseits weist es auf die grosse Beanspruchung der Gutsverwaltung durch den Aufbau der Gutsbetriebe Löwenburg und Schlatthof und die noch offene Landbedarfsfrage für ein städtisches Projekt beim Schürhof hin.[418] Gleichzeitig mit der Reorganisation der nunmehr zusammengelegten Schlatthöfe wird geplant, den Schürhof um etwa ein Drittel der Nutzfläche auf das Mass eines Familienbetriebs zu verkleinern; sein Milchviehbestand soll aus der Aufzucht von Löwenburg aufgebaut werden.

Die letzte baselstädtische Landsuche im Schlatthofgebiet

Im Juni 1959 besichtigt eine regierungsrätliche Delegation von Basel-Stadt zusammen mit der Stiftungsverwaltung den Schürhof und seine Umgebung. Die Einwohnergemeinde Basel erkundigt sich nach der Bereitschaft der CMS, das für ein Bauvorhaben der «Anstalt zur Hoffnung» eventuell erforderliche Land gegen den im Besitz der Einwohnergemeinde stehenden *Asphof* bei Münchenstein zu tauschen. Die Kommission ist grundsätzlich damit einverstanden, einen Teil des Schürhoflands abzutreten, würde aber einen Tausch gegen das *Ehingersche Gut* bei der Neuen Welt vorziehen, da dieses die Brüglinger Besitzungen besser abrunde. Die Güterdelegation hat schon 1958 eine Offerte des Besitzers dieses im wesentlichen aus einem 3,1 ha grossen Park bestehenden Guts entgegengenommen und mit ihm verhandelt; trotz eines vom Verkäufer der CMS als Käuferin gewährten Vorranges verzichtete diese auf den Kauf zugunsten der ebenfalls interessierten Gemeinde Münchenstein. 1961 wird der Kommission mitgeteilt, dass das Finanzdepartement auf eine Verwendung des Schürhofs für die Anstalt verzichte. Damit wird das letzte nichtlandwirtschaftliche städtische Projekt für das Schlatthofgebiet begraben; die Zonenpläne von Reinach und Aesch von 1951/1966 und 1952/1964 sowie der Landschaftsrichtplan würden die Realisierung auch von öffentlichen Bauwerken in einem solchen landschaftlich empfindlichen Gebiet praktisch verunmöglichen.[419]

Der Kauf des Vorderen Schlatthofs

Im März 1960 berät die Kommission über die Offerte des Besitzers des Vorderen Schlatthofs, Oskar Hell-Kamber. Trotz des hohen Kaufpreises hält sie den Kauf dieses Gutsteils für sehr wünschbar; mit ihm kann der Hintere Schlatthof auf eine Grösse von 78,81 ha erweitert und der Waldgrundbesitz am Schlatthölzli auf 7,83 ha abgerundet werden. Im Ratschlag an den Bürgerrat wird ausdrücklich darauf hingewiesen, dass mit diesem Kauf das ganze Plateau der Schlatthöfe in öffentlichen Besitz gelange, wodurch es «auf lange Zeit der Überbauung entzogen werden» könne. Dies müsse angesichts der fortschreitenden Überbauung der Ebene zwischen Aesch und Reinach als ein Dienst an der Allgemeinheit im Sinne des Stifters gelten. Der Kauf wird mit der Notwendigkeit des Ersatzes für umfangreiche Landabtretungen begründet: Von 1955 bis zu diesem Zeitpunkt tritt die CMS insgesamt 21,95 ha Land für öffentliche Werke ab, wovon 95% im Kanton Basel-Landschaft. Gleichzeitig mit dieser Kauffrage tritt die CMS dem Kanton Basel-Landschaft Land für die N2 zu günstigen Preisen ab. Es zeichnet sich ausserdem ein Landbedarf für die Kläranlage in der Hagnau und für andere Werke ab.[420]

Im Juni 1960 kann der Kaufvertrag abgeschlossen werden.[421] Die CMS erwirbt den *Vorderen Schlatthof* für 2,73 Mio. Franken, von welchen 16% auf Immobilien entfallen. Das Gut umfasst 28,1 ha; davon sind 26,13 ha Kulturland (inkl. Hofraum und Wege) und 1,97 ha Wald auf zwei Parzellen. Das Kulturland wird mit Fr. 6.– bis Fr. 15.40/m^2 berechnet, der Wald mit Fr. 3.–/m^2.

Die Arrondierung des Guts durch die Zupacht des Erlenhofs

Auf Ende März 1968 kündigt der Verwalter des Landwirtschaftsbetriebs des Landheims Erlenhof seinen Dienst, den er seit neun Jahren versehen hat. Die «Basler Webstube» (heute «Verein für Jugendfürsorge Basel») muss aus Anlass dieser Kündigung grundsätzliche Überlegungen zur weiteren Führung des Betriebs anstellen; der defizitäre und in seiner Qualität nicht unumstrittene Ackerbau belastet die Betriebsrechnung des Landheims. Zudem wird die Landbewirtschaftung infolge fortschreitender Mechanisierung als Beschäftigung für die Zöglinge des Heims immer weniger geeignet. Die Verwaltung des Erlenhofs tritt daher mit der Frage an die Gutsverwaltung der CMS heran, ob diese ein Interesse habe, Land und Gebäude ihres Landwirtschaftsbetriebs in Pacht zu übernehmen.

Nach einer Besprechung im Januar 1968 verhandelt die Güterdelegation der CMS mit der Basler Webstube und der Einwohnergemeinde Basel über die Übernahme eines Teils des Erlenhofs. Die Gutsverwaltung prüft, ob der Erlenhof als selbständige Einheit bewirtschaftet werden könnte, was einen Investitionsaufwand von rund Fr. 140'000.– erfordern würde; als Alternative wird eine Bewirtschaftung vom Schlatthof aus erwogen, wozu nur zwei Drittel dieses Aufwands benötigt würden. Die Güterdelegation spricht sich für die Variante der Betriebsführung mit eigenem Betriebszentrum aus und empfiehlt der Stiftungskommission, den Erlenhof in Pacht zu übernehmen.[422]

Ende Februar 1968 kann der Pachtvertrag mit der Basler Webstube und der Einwohnergemeinde Basel abgeschlossen werden. Von der gesamten Pachtfläche von 36,5 ha stehen
16,9 ha (46%) im Besitz der Basler Webstube,
19,6 ha (54%) im Besitz der Einwohnergemeinde Basel.
Die Pacht des Erlenhoflands durch die CMS bleibt in den bäuerlichen Kreisen der umgebenden Gemeinden nicht ohne Echo; die Übernahme des ganzen Schlatthofkomplexes wird dort zum Teil ausdrücklich als «verpasste Expansionschance» der lokalen Landwirtschaftsbetriebe empfunden.

Stiftungs- und Gutsverwaltung möchten mit der einzelbetrieblichen Führung eine Vergleichsrechnung mit dem selbstbewirtschafteten Schlatthof durchführen, die die Unterschiede zwischen Pacht und Eigenbewirtschaftung aufzeigen soll; gleichzeitig wird ermittelt, mit wie wenigen Arbeitskräften ein Ackerbau- und Mastviehbetrieb bewirtschaftet werden kann. Die vorausgesehenen Nachteile der gesonderten Betriebsführung erweisen sich allerdings als so bedeutend, dass der Versuch nach drei Jahren abgebrochen und der Erlenhof in den Betrieb des Schlatthofs eingegliedert wird. Die getrennte Bewirtschaftung führt zu technisch-administrativen Reibungen mit dem Betrieb des Schlatthofs. Die Verrechnung der teilweise gemeinsamen Arbeitsleistungen und Einkäufe auf die beiden Betriebe stösst in der praktischen Durchführung auf grosse Schwierigkeiten und erhöht den buchhalterischen Aufwand übermässig. Ende 1978 werden die Ökonomiegebäude des Erlenhofs der Verpächterin zurückgegeben.[423]

Die Verbreiterung der Kulturlandbasis durch Pachtarrondierung und Landtausch

Durch die Zupacht des Erlenhofs greift der Gutsbetrieb Schlatthof über den Rahmen des arrondierten Grossguts, das er seit 1960 darstellt, hinaus und übernimmt das von den städtischen Institutionen zusammengekaufte Land der teilweise stark parzellierten Fluren im Grenzraum der Gemeinden Aesch, Ettingen, Reinach und Therwil in seine Bewirtschaftung. Die 8,7 ha Land auf dem Gebiet der Gemeinde Ettingen sind zu diesem Zeitpunkt grundbuchlich in 24 Parzellenstreifen von im Durchschnitt 0,36 ha Fläche aufgeteilt; nach der 1973 erfolgten Zusammenlegung der aneinander stossenden Parzellen sind es noch 10 Parzellen von im Durchschnitt 0,87 ha Fläche. Die CMS kann ihre Landreserven – sowohl Grundeigentum wie auch Pachtland – in die Waagschale werfen und erfolgreich eine pachtweise Arrondierung durchführen. In der Flur *Hagendorn* (Ettingen) fehlen dem Erlenhof zur Vervollständigung zweier 3 ha bzw. 5 ha grosser Ackerschläge zwischen den bestehenden Güterwegen drei Parzellen von zusammen 1,45 ha Umfang; entlang dem Verbindungsweg von der Ettingerstrasse zum Erlenhof sind 3,4 ha von der Einwohnergemeinde gepachtetes Land auf 5 Parzellen verstreut.

Wie Tabelle 17 und Abbildungen 32a/b zeigen, sind von den 7,95 ha in den Bewirtschaftungstausch einbezogenen Kulturlands 59% im Besitz der Tauschpartner der CMS; für letztere ergibt sich ein Mindermass von 1,51 ha. Dieses ist der Preis für die Arrondierungsgewinne von 19% bis ca. 40% des Umfangs der neuen Schläge sowie für ein Wegrecht, das die direkte Zufahrt vom Schlatthof zum Güterweg an der Gemeindegrenze und damit zum gesamten neuen Pachtland verkürzt. Partner der Gutsverwaltung in diesem Bewirtschaftungstausch sind 4 Ettinger Landwirte (davon ein Altlandwirt) und die Firma Sandoz AG, deren Land vom Klushof bewirtschaftet wird.

Im Zusammenhang mit dieser Pachtarrondierung sei ein Blick auf die landwirtschaftlichen Verhältnisse in der betroffenen Nachbargemeinde erlaubt. Die Parzellenstruktur, welche die in Ettingen zwischen 1899 und 1927 in verschiedenen Losen durchgeführten Felderregulierungen schaffen, wird den in den 1950er Jahren stark veränderten Anforderungen an die Schlaggrössen nicht mehr gerecht. Der Weg zu einer Güterzusammenlegung ist durch die Vielzahl der ins Spiel kommenden nichtlandwirtschaftlichen Grundbesitzer erschwert; infolge der unter dem Druck der vorherrschenden Pachtland-Knappheit oft ängstlichen Zurückhaltung der Landwirte in allen Fragen des Verhältnisses zu ihren Verpächtern wird auch eine Strukturverbesserung durch Pachtarrondierung verunmöglicht.

Abb. 32a
Die Ausgangslage der Grundbesitzverhältnisse 1968.

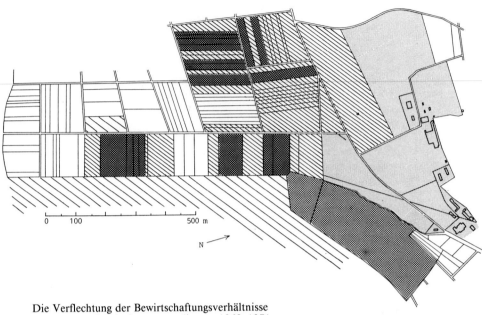

Die Verflechtung der Bewirtschaftungsverhältnisse
nach der Bewirtschaftungsarrondierung 1968–1971.

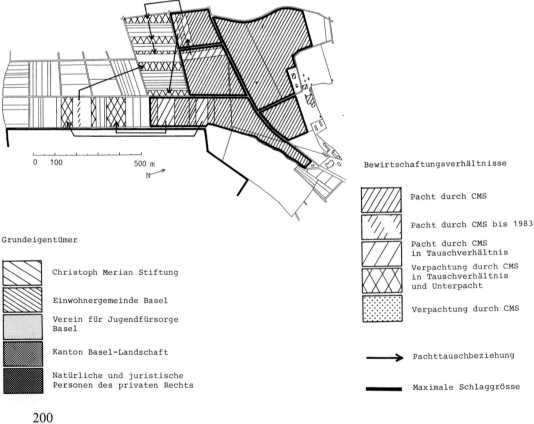

Abb. 32b
Die Arrondierung des Grundbesitzes nach 1978.

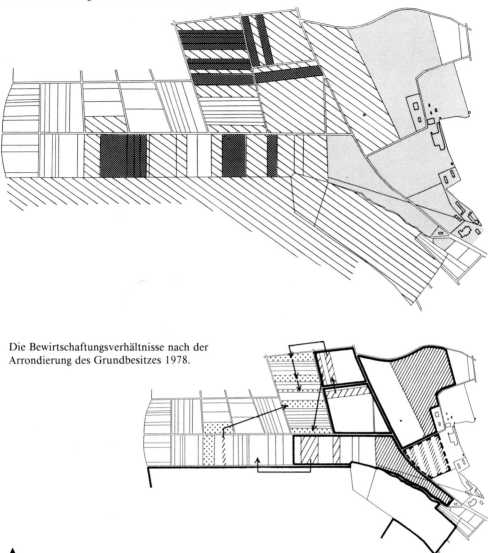

Die Bewirtschaftungsverhältnisse nach der
Arrondierung des Grundbesitzes 1978.

◄ *Abbildung 32*
Die Verschiebung von Grundbesitz und Bewirtschaftungsverhältnissen im Gebiet des Erlenhofs 1968-1978.

Der Anteil des Pachtlands an der gesamten LN der elf Ettinger Landwirtschaftsbetriebe beträgt 1980 61% und steigt als Folge von Betriebsaufgaben weiter an. Für die Dorfbetriebe des Agglomerationsgebiets Unteres Leimental können wir bereits für 1975 einen Pachtlandanteil von 64% ermitteln. Die Ettinger Landwirte besitzen im Gebiet *Flühberg-Schlatt* eine bedeutende Reserve an Ackerland, dessen Bewirtschaftung nicht von ausgedehnten Feldobstkulturen behindert wird. Der Umfang des bäuerlichen Eigenlands zwischen Schlatthof und Dorf wird Anfang 1982 auf rund 25

Tabelle 17
Flächenbilanz der tauschweisen Landarrondierung von Schlatthof-Erlenhof 1973

A–D Ettinger Landwirte
E   Basler Firma

Flächen in Hektaren, (): Anzahl Parzellen.

	Abgabe ha	Erhalt ha	Anstossendes CMS-Land ha	Arrondie-rungseffekt ha	Name des neuen Schlags
A		0,64 (1)	2,25 (2)	2,89	*Kreuzwegacker* (Ettingen)
A		0,39 (1)	4,40 (3)	5,18	*Hagendornacker*
C		0,39 (1)			(Ettingen/Therwil)
B		1,00 (1)	2,80 (4)	4,54	*Schlattacker*
E		0,74 (1)			(Aesch)
D		0,06 (Wegrecht)	–	–	Durchfahrtsmöglichkeit Schlatthof-Erlenhof
A	1,54 (4)				
B	1,30 (2)				
C	0,45 (2)				
D	0,73 (2)				
E	0,71 (1)				
	4,73 (11 P.)	3,22 (5 P.)	9,45 (9 P.)	12,61	
	Saldo Fläche: – 1,51 ha			**Saldo Arrondierung:** + 3,16 ha; Verminderung von 9 Grundbuch- (= Bewirtschaftungs-)Parzellen zu 3 Ackerschlägen; Erschliessungsvorteil in der Riedmatt.	

Der Arrondierungsgewinn (d. h. der Gewinn an ungeteilt bewirtschaftbarer Schlagfläche, ausgedrückt in Prozent der maximalen Schlagfläche vor der Arrondierung) beträgt:
  37% im Kreuzwegacker,
  19% im Hagendornacker,
ca. 40% im Schlattacker, sofern eine separate Pachtparzelle abgezogen wird.

ha geschätzt; die mittlere Grösse der betreffenden Parzellen ist dort leicht überdurchschnittlich.[424] Der «Gewinn» einiger Ettinger Landwirte von insgesamt 1,51 ha Stiftungsland gerade in diesem Gebiet fördert die Bereitschaft zu einem Bewirtschaftungstausch. Für einige bäuerliche Tauschpartner ist der kleine Zuwachs an Nutzfläche auch mit einer Arrondierungsmöglichkeit verbunden.

Die mit der *Pachtarrondierung* erzielte *Bewirtschaftungsarrondierung* wird von den *Eigentumsarrondierungen* von 1977 und 1978 gestützt (siehe Abb. 32a/b). Da die CMS dem Kanton Basel-Landschaft 1976 und 1977 insgesamt 6,69 ha Land für den Bau der Bruderholz-Querverbindungsstrasse und der T18 abtritt, erhält sie von diesem 1977 9,15 ha Kulturland beim Schlatthof zugeteilt. Anfang 1978 übernimmt sie im Tausch gegen Weidenhofland das von ihr bisher gepachtete Kulturland der Einwohnergemeinde Basel (siehe Kap. 7.2, Abb. 26). Für den Landwirtschaftsbetrieb nimmt die Nutzfläche einzig um den vom Kanton übernommenen *Hangacker* (7,14 ha) zu; dem bisherigen Pächter dieses Landes, von dem die CMS gerade den Hofteil *Obere Klus* in Unterpacht übernahm, bietet sie eigenes Land bei *Klosterfiechten* als Ersatz an. Der Schlatthof erweist sich in dieser Bewirtschaftungs- und Eigentumsarrondierung als lokale Schwerkraft. Seine Ausweitung kann dank ausserlandwirtschaftlichen Landansprüchen stattfinden.

Die Landverschiebungen südlich des Schürhofs

Das Stiftungsland beim Schürhof wird vom Ausbau der Ortsverbindungsstrasse und «ausgelagerten» Siedlungsfunktionen beansprucht: So gewährt die CMS der Grastrocknungs AG in Muttenz 1961 ein selbständiges Baurecht über 0,17 ha für eine landwirtschaftliche Trocknungsanlage. Auch für die Gemeinschaftsschiessanlage der Gemeinden Aesch, Ettingen und Pfeffingen müssen 0,62 ha Land zur Verfügung gestellt werden, was die Gemeinde Aesch veranlasst, einen Landtausch anzuregen. Die CMS tritt im Dezember 1962 auf dieses Angebot ein und übernimmt im Juni 1963 eine 0,69 ha grosse Kulturlandparzelle in der *Galgenmatt* (Ettingen), die unmittelbar an die Aescher Gemeindegrenze stösst. Dieses Land hat sie seither dauerhaft an den Pächter des Schürhofs verpachtet und nicht durch Zukäufe oder Zupachten arrondiert. Nach langen Verhandlungen zwischen den beteiligten Gemeinden und einer vorsorglichen Einsprache der CMS im Baubewilligungsverfahren wird im Juli 1967 die Baubewilligung für die Schiessanlage erteilt und der Bau in Angriff genommen. Von 1947 bis 1963 tritt die CMS insgesamt 0,64 ha Land an die Hauptstrasse Aesch-Ettingen ab; die Neuanlage des im Oktober 1966 vollendeten Aescher Teilstücks beansprucht etwa drei Fünftel der Abtretungsfläche. Infolge Streckung der Strasse gewinnt die grosse Schlatthofparzelle 0,24 ha von der südlich derselben gelegenen Schürfeldparzelle.

Eine von der Anstösserin Einwohnergemeinde Basel zuerst der CMS angebotene Parzelle auf der *Hollenmatt* wird an die Sandoz AG verkauft. Diese bietet sie 1967 erneut der CMS für Fr. 42.–/m^2 an; diese hat aber kein Interesse, Kulturland zu einem so hohen Preis zu erwerben. Gleichwohl zeigt sie sich Ende 1968 grundsätzlich bereit, dem Ansuchen der Gemeinde Aesch zu entsprechen und an einem Dreiecks-Landtauschgeschäft teilzunehmen; dabei übernimmt sie 0,44 ha der im Vorjahr zurückgewiesenen Anstösserparzelle von der Sandoz. Die bisherige, von der neuen Strasse angeschnittene Parzelle der CMS wird mit dem tauschweise erworbenen Parzellenteil und einer weiteren Parzelle zu einem 4,53 ha grossen Ackerschlag des Schürhofs vereinigt.[425]

8.4 Die aktualgeographische Situation der Gutsbetriebe: Bodennutzung und Betriebsgestaltung

1. Die Bodennutzung

Die Höhengliederung der Gutsbetriebe

Die Höhengliederung der Landwirtschafts- und Forstareale der Gutsbetriebskomplexe der CMS zeigt eine deutliche Stufung der insgesamt 307 ha landwirtschaftliche Nutzfläche (LN) und 135 ha Wald. *Brüglingen* liegt vollständig auf einer Höhe von 265 mNN, der *Schlatthof* – d.h. das Kulturland des Grundbesitzkomplexes einschliesslich Schürhof und einzeln verpachteten Parzellen – liegt zu 89% zwischen 320 und 360 mNN, *Löwenburg* zu 74% zwischen 540 und 640 mNN.

Die zunehmende Höhenlage zeichnet im Fall der Löwenburg eine klimatisch bedingte Extensivierung der Landbewirtschaftung vor, die ökonomisch nachvollzogen wird. Aufgrund des Reliefs herrschen Westwinde vor; die mittlere jährliche Niederschlagsmenge (1961–1970: 1168 mm) ist dank Höhenlage und Westexposition wesentlich höher als im Raum Basel (um 800 mm) und auch etwas höher als an ähnlich hoch gelegenen Stationen im Jura. Die mittlere Jahrestemperatur von 8,03 °C (1961–1970)

Abbildung 33
Die Höhenverteilung des Grundbesitzes (Kulturland und Wald) der Gutsbetriebe der Christoph Merian Stiftung 1984.

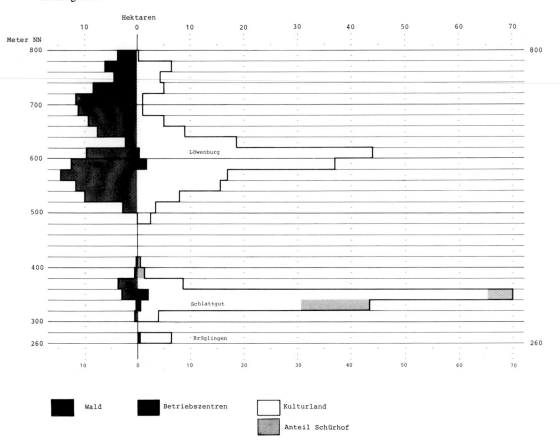

liegt rund 1,4 °C unter derjenigen von Basel, vor allem aber «liegt die Minimaltemperatur von Löwenburg für ihre Höhenlage ungewöhnlich tief».[426] Das Klima der Löwenburg muss im Vergleich mit den beiden anderen Gutsbetrieben also als «rauh» bezeichnet werden.

Die vertikale Ausdehnung des Guts Löwenburg von 297 Höhenmetern – von 504 mNN bei Neumühle bis 801 mNN auf der Buebergkette – weist auf seine bewegte Oberflächengestalt hin. Die Steillagen sind waldbestanden; der Wald nimmt 41,6% der Gesamtfläche ein und bildet die Grundlage des vom landwirtschaftlichen Gutsbetrieb unabhängigen Waldbetriebs. In Abbildung 33 werden die beiden topographisch bedingten Waldgürtel von Löwenburg deutlich.

Charakteristiken der Bodennutzung auf Löwenburg und Schlatthof

Die weiter unten, in Abbildung 37, wiedergegebene Entwicklung der Bodennutzungsverhältnisse der beiden Gutsbetriebe seit 1959 zeigt, wie unterschiedlich dynamisch die Ausweitung des offenen Ackerlands an beiden Standorten erfolgt.

Tabelle 18
Mittlerer Umfang der landwirtschaftlichen Nutzfläche (LN) und des Dauergrünlands (DG) von Löwenburg und Schlatthof 1959–1984.

Löwenburg	⌀ ha LN	⌀ ha DG	% DG	Schlatthof	⌀ ha LN	⌀ ha DG	% DG
1959–1964	158,7	101,7	64,0	[1960	32,8	11,0	29,0]
1965–1969	151,0	90,7	60,0	1961–1967	79,5	10,3	12,9
1970–1974	150,5	89,7	59,6	1968–1973	112,8	8,6	7,7
1975–1979	146,8	86,1	58,7	1974–1977	113,8	11,4	10,0
1980–1984	143,5	81,8	57,0	1978–1984	117,2	9,0	7,7
1970–1984	146,9	85,9	58,5	1970–1984	115,1	9,2	7,9

Quelle: JB Gutsbetriebe 1959–1984.

Die natürlichen Voraussetzungen der *Löwenburg* geben der Grünlandnutzung einen hohen Stellenwert, während auf dem Schlatthof der Ackerbau in einer lockeren betrieblichen Verbindung mit der Viehhaltung dominiert. Der hohe Anteil des Dauergrünlands an der landwirtschaftlichen Nutzfläche (LN) der Löwenburg kann aus standortbedingten Gründen kaum verringert werden. Der Rückgang der Löwenburger LN – trotz des Kulturlandgewinns durch den Zukauf der Neumühle 1967 – von 174,4 ha (1959) auf 143,5 ha (seit 1977) ist vor allem der Ausscheidung von Aufforstungsarealen zuzuschreiben. Der Rückgang des Dauergrünlands um rund ein Drittel der Fläche von 1959 geht zum grösseren Teil auf diese Neubewaldung, zum kleineren Teil auf die ackerbauliche Beanspruchung des Landes zurück; während das extensiv genutzte, normalerweise am ehesten aufforstungsfähige Weideland relativ geringfügig um den heutigen Bestand von 43 ha schwankt, nimmt das Wiesland als Ackerlandreserve auf zwei Fünftel des Bestands von 1959 ab. Die physische und ökonomische Ackerbaugrenze des Standorts Löwenburg wird hinausgeschoben: Im Vergleich des ersten und letzten Fünfjahresmittels in Tabelle 18 beträgt die Ausweitung der Fruchtfolgefläche knapp 5 ha.

Relief und Klima begünstigen beim *Schlatthof* den Ackerbau in einer Weise, dass ein geradezu exzentrisches Bild der Bodennutzungsverhältnisse entsteht. Durch Pacht und Zukauf von Kulturland wächst die LN des Schlatthofs von 39 ha (1960) auf ein Maximum von 125,3 ha (1985). Bedeutende Vergrösserungen erfolgen 1961 nach dem Zukauf des Vorderen Schlatthofs und 1968 bzw. 1978 durch Zupacht und Kauf von Land und Ökonomien des Erlenhofs. Das Dauergrünland wird in den 1960er Jahren auf die heutige Mindestfläche zurückgedrängt und nimmt vornehmlich die feuchten Steillagen am östlichen Gutsrand ein. Da jeder Landerwerb vorwiegend ackerfähiges Land bringt, nimmt der Anteil des Dauergrünlands von 29% (1960) auf einen Durchschnitt von rund 8% (1970–84) der LN ab. Mit dem Wegfall der Milchviehhaltung (1977) wird die einjährige Kunstwiese, deren Fruchtfolgewert als zu gering eingestuft wird, zugunsten des offenen Ackerlands aufgehoben.

Die starke absolute und relative Ausweitung der Ackerbaufläche wird vor allem von der stetigen Ausweitung der Hackfrucht-Anbaufläche getragen: Sie wächst von 7 ha (1960) auf ein Maximum von 51,4 ha (1984) und ihr Anteil an der LN steigt von 1% auf 43,7% an! Einen bedeutenden Anteil an dieser Entwicklung hat der futterbaulich interessante Mais, dessen Anbaufläche seit 1961 verdreifacht wird und 1984 über die Hälfte (54%) der Hackfrucht-Anbaufläche einnimmt.

Abbildung 34
Die Bodennutzung der Gutsbetriebe der Christoph Merian Stiftung im Vergleich mit der Bodennutzung der Landwirtschaftsbetriebe der Standorts- und Nachbargemeinden 1960 und 1980.

1. Roggenburg
2. Ederswiler
3. Löwenburg
4. Pleigne exkl. Löwenburg
5. Reinach
6. Aesch exkl. Schlatthof
7. Schlatthof
8. Ettingen
9. Therwil

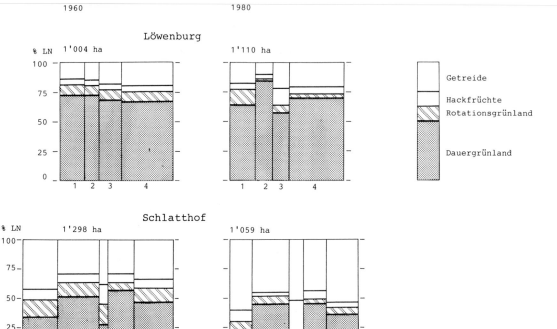

Die Bodennutzung von Löwenburg und Schlatthof im lokalen und nachbarschaftlichen Vergleich

Ein Vergleich der Flächennutzung der beiden Gutsbetriebe mit derjenigen der Landwirtschaftsbetriebe ihrer Standort- und Nachbargemeinden zeigt charakteristische Abweichungen, die sich in den zwanzig Jahren seit 1960 verstärken (siehe Abbildung 34 und Tabelle 19). Das darf nicht zu sehr erstaunen, da es sich um die Gegenüberstellung von Individual- und Mittelwerten handelt. In diesem Vergleich werden auch einzelne Gemeindewerte (Aesch, Pleigne) durch das Abziehen der beiden atypisch grossen Betriebe «bereinigt»; so erweist sich beispielsweise die Bodennutzung der Aescher Landwirtschaftsbetriebe ohne Schlatthof als ähnlich «grünlandextensiv» wie jene der Ettinger Betriebe, deren Nutzungsverhalten von den naturräumlichen Voraussetzungen der nordexponierten Hanglagen am Fuss des Blauens geprägt ist.

Abbildung 34 zeigt als deutlichsten Unterschied in der Bodennutzung der landwirtschaftlichen Regionen von Löwenburg und Schlatthof den verschieden grossen Anteil der gepflügten Fruchtfolgeflächen. Die ackerbauliche Grenzertragslage der Juragemeinden, deren Vegetationsperiode mit ca. 190 Tagen über einen Monat kürzer als

Tabelle 19
1. Die Anteile von Löwenburg und Schlatthof an der landwirtschaftlichen Nutzfläche und den Bodennutzungsarten ihrer Standortgemeinden 1980.

	Löwenburg % Pleigne	**Schlatthof** % Aesch
Gesamte gezählte LN	23,4	31,9
Dauergrünland	21,1	10,3
Ackerland inkl. Rotationsgrünland	23,8	42,8
Hackfrucht-Anbaufläche	45,6	87,1

2. Vergleich der Bodennutzung von Löwenburg und Schlatthof mit der Bodennutzung aller Landwirtschaftsbetriebe ihrer Standort- und Nachbargemeinden 1960 und 1980.

	Löwenburg/*Vergleichstotal*[1]				Schlatthof/*Vergleichstotal*[2]			
	1960 %		1980 %		1960 %		1980 %	
Getreide	18,5	*18,0*	21,5	*18,2*	37,9	*30,9*	52,2	*46,1*
Hackfrüchte	5,1	*4,2*	14,8	*6,0*	18,0	*7,9*	39,7	*9,4*
Rotationsgrünland	9,1	*9,1*	6,7	*6,6*	15,5	*10,5*	–	*4,7*
Dauergrünland, Weiden	67,3	*66,3*	57,0	*67,5*	28,6	*43,0*	8,1	*30,2*
Andere Kulturen	–	*2,4*	–	*0,1*	–	*7,7*	–	*9,6*
Gesamte gezählte LN	100,0	*100,0*	100,0	*100,0*	100,0	*100,0*	100,0	*100,0*

[1] Vergleichstotal inkl. Löwenburg: Gemeinden Pleigne (Betriebsstandort); Ederswiler, Roggenburg.
[2] Vergleichstotal inkl. Schlatthof/Erlenhof: Gemeinden Aesch (Betriebsstandort); Ettingen, Therwil, Reinach.

jene des Birsecks ist, erlaubt auch bei grossen rationalen Anstrengungen nur eine sehr geringe Beweglichkeit in der Suche nach anderen möglichen Ackerkulturen. In beiden Gutsbetrieben ist der Anteil des offenen Rotationsgrünlands 1980 bedeutend höher als im regionalen Durchschnitt. In der Akzentuierung des Ackerbaus gegenüber 1960 kommt indirekt die 1974 (Löwenburg) und 1977 (Schlatthof) erfolgte Aufgabe der Milchproduktion auf den Gutsbetrieben zum Ausdruck.

Die beiden Gutsbetriebe stellen 1980 (vgl. Tab. 19) fast ein Viertel (Löwenburg) bzw. ein Drittel (Schlatthof) der gezählten LN ihrer Standortgemeinden Aesch und Pleigne; ihre Anteile am Dauergrünland ihrer Zählgemeinden sind aufgrund ihrer stärkeren Ackerbauorientierung mit einem Fünftel bzw. einem Zehntel(!) wesentlich geringer, während der Anteil des Ackerlands des Schlatthofs über zwei Fünftel des gesamten Ackerlands aller Aescher Betriebe darstellt. Eindeutig exzentrisch sind beide Betriebe im Hackfruchtbau, von dessen Fläche sie weniger als die Hälfte bzw. fast neun Zehntel(!) stellen.

Die Felderwirtschaft des Schlatthofs

Von 1969 bis 1985 wird das Land des Schlatthofs in drei gesonderten Fruchtfolgen bewirtschaftet, die sich aus der Abfolge des Ackerlandzuwachses ergeben haben:

1. Seit dem Kauf des Vorderen Schlatthofs und der Einrichtung des Gutsbetriebs stellt die Hügelkuppe eine Fruchtfolgeeinheit dar;
2. 1962 übernimmt der Gutsbetrieb 14,3 ha Land des Schürhofs, um dessen Reorganisation zu erleichtern;
3. Ab 1968/69 bewirtschaftet er zusätzlich 36,5 ha Land des Erlenhofs.

Die siebenfeldrige Fruchtfolge von Schlatthof und Erlenhof 1969–1985 baut auf einem Wechsel von Getreide- (G) und Hackfruchtkulturen (H) auf, in die periodisch Untersaaten (US) eingebracht werden. Zu den Hackfrüchten werden hier auch die durch die technologische Entwicklung des Ackerbaus und vor allem die chemische Unkrautbekämpfung zu «unechten» Hackfrüchten gewordenen Kulturen Mais und Raps gezählt. Das vom 1978 aufgegebenen Rotationsgrünland (RG) eingenommene Siebtel der Fruchtfolgefläche wird durch rund 35 ha Gründüngungs-Zwischensaaten ersetzt, wovon ca. 6 ha als Einsaat in den Mais. Die vormals zum Schürhof gehörenden Ackerschläge werden durch eine vierfeldrige Fruchtfolge genutzt (siehe Tab. 20).

Tabelle 20

Fruchtfolge Schlatthof 1962–1977
G	US	1.	Winterweizen
H		2.	Körnermais, Kartoffeln, Bohnen oder Rüben
G	US	3.	Winter-, Sommerweizen
H		4.	Winterroggen
G		5.	Raps
G	US	6.	Sommerweizen
H	(RG)	7.	Kleegras

Fruchtfolge Schlatthof 1978–1985
G	1.	Sommerweizen
H	2.	Körnermais, Kartoffeln, Zuckerrüben
G	3.	Sommer- und Winterweizen
G	4.	Winterroggen
H	5.	Winterraps
G	6.	Winterweizen
H	7.	Körnermais

Fruchtfolge Erlenhof 1969–1985
G	1.	Winterweizen
H	2.	Körnermais
G	3.	Sommerweizen
G	4.	Winterroggen
H	5.	Raps
G	6.	Winterweizen
H	7.	Mais (Silo- oder Körner-)

Fruchtfolge Schürhofäcker 1962–1985
G	1.	Winterweizen
H	2.	Mais, Winterraps
G	3.	Sommerweizen
H	4.	Mais

Im Laufe der siebenjährigen Rotation werden umstandsbedingt auch vereinzelte Änderungen mit fruchtfolgekonformen Kulturen vorgenommen. So werden Ackerbohnen und Kartoffeln 1983 durch Zuckerrüben ersetzt, deren Erträge besser befriedigen.

Die drei Fruchtfolgen werden 1986 unter Zusammenlegung einzelner Schläge zu einer einzigen, wiederum siebenfeldrigen Fruchtfolge mit den Anbauproportionen der alten Schlatthof-Fruchtfolge zusammengefasst. Diese misst nach der Rückgabe von 5,2 ha Pachtland an den Erlenhof und der Verpachtung eines abseits gelegenen Grundstücks 108 Hektaren. Während sich das Verhältnis der Getreide- zur Hackfruchtfläche verändern kann, kann die Winterraps- und Zuckerrüben-Anbauflächen (beide Kulturen werden vom Bund kontingentiert) nicht ausgeweitet werden. Die absolute und relative Zunahme der Maisanbaufläche erlaubt dem Schlatthof, sich seit 1978 auf eine etwa sechzigprozentige Eigenfutterbasis in seiner Schweinemast zu stützen und damit dem agrarpolitischen Postulat der Eigenfutterproduktion zu entsprechen. Die genannten Hackfruchtkulturen nehmen auf Kosten des arbeitsaufwendigen und in einem Lohnbetrieb unrentablen Kartoffelbaus zu; dieser begegnet auf den schlecht strukturierten Böden des Schlatthofs auch gewissen kulturtechnischen Schwierigkeiten. Die eingebrachten überdurchschnittlich hohen Erträge vermögen diese Nachteile nicht aufzuwiegen.

Die Entwicklung der Anbaustruktur des Schlatthofs zeigt deutlich, wie dieser Betrieb von einer «Ackerbaukonjunktur» getragen wird. Diese beruht auf hohen, wenn nicht überhöhten Bundessubventionen und Abnahmegarantien für Getreide, Raps und Zuckerrüben; mit dem Ackerbau wird ein Betriebszweig gefördert, der gegenüber der überbordenden Milchproduktion zu einem Gleichgewicht in der schweizerischen Agrarproduktion und zu einem besseren Selbstversorgungsgrad beitragen soll.

Abbildung 35 zeigt die räumliche Ausprägungen der Fruchtfolgesysteme des Schlatthofs. Auf der Karte kommt die Auswirkung der Rationalisierung in der Feldbestellung deutlich zum Ausdruck; der 1962–85 grösste zusammenhängende Schlag einer Fruchtfolgeeinheit misst 8,95 ha (*Grosser Wegacker* [III]), während es 1986–92 14,77 ha (*Hinterschlatt/Muldenacker* [VII]) sein werden. Solche Schlaggrössen dürften in der Region Einmaligkeitswert haben. Zum Vergleich gibt die Darstellung die 21,5 ha LN des als Familienbetrieb geführten angrenzenden Schürhofs; seine siebenfeldrige Fruchtfolge nutzt 11,65 ha Ackerland. Auf der Löwenburg betreffen die Veränderungen weniger die intensiv genutzten Areale, als vielmehr die Grenzertragsflächen; Abbildung 36 weist das unter der Regie der CMS aufgeforstete Dauergrünland aus.

2. Die Betriebsgestaltung

Die landwirtschaftliche Arbeitswirtschaft als kulturlandschaftlicher Faktor

Die Arbeitsorganisation eines Landwirtschaftsbetriebs bestimmt sein Tätigkeitsvolumen. Über Art und Intensität der Bodennutzung vermittelt sie sich der Agrarlandschaft, zu der sie in einem dynamischen Verhältnis steht: Abhängigkeit und aktive Gestaltung halten einander in einem standortspezifischen Gleichgewicht. Die Gutsbetriebe der CMS sind dank einer genauen Buchführung besonders geeignet, die Abhängigkeit der landschaftswirksamen Vorgänge von technischen, wirtschaftlichen und sozialen Rahmenbedingungen zu beleuchten.

Die Arbeitswirtschaft der Löwenburg und des Schlatthofs zeigt markante Unterschiede (siehe Abbildung 37). Die hohe Zahl der *Handarbeitsstunden* (AKh) des Gutsbetriebs Löwenburg wird bis 1984 auf 26,6% des Höchststands von 1959 reduziert, diejenige des Schlatthofs auf 54,6% des Höchststands von 1972. Gleichzeitig wird die Zahl der *Arbeitskräfte* verringert: sie geht im Betrieb Löwenburg bis 1983 auf 29,6% des Höchststands von 1959, bzw. auf 40% des Stands von 1970, zurück; im Betrieb Schlatthof sinkt sie bis 1982 auf 57,7% des Höchststands von 1967.[427]

Die geleisteten Arbeitsstunden verteilen sich ungleich auf Feld- und Hofarbeiten, wie die Unterscheidung nach *Aussenwirtschaft* und *Innenwirtschaft* andeutet.[428] Während auf der Löwenburg die Umstellung von der Milchvieh- auf die Mutterkuhhaltung zwischen 1973 und 1975 einen beträchtlichen Rückgang des Gesamtarbeitsaufwands bewirkt, bleibt der Anteil der Aussenwirtschaftsarbeiten nahe am langjährigen Mittel (1960–1984) von 25 Prozent. Die Aufgabe der Milchviehhaltung auf dem Schlatthof führt wegen der damit verbundenen relativen Verringerung des innenwirtschaftlichen Arbeitsaufwands zu einem deutlich zunehmenden Anteil der Aussenwirtschaft: ihr Anteil am Gesamtarbeitsaufwand von im Mittel (1960–1975) 34% steigt nach 1976 auf ein Mittel von 47% an.

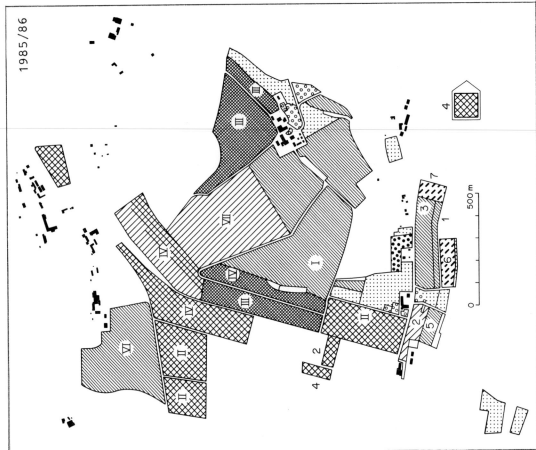

Abbildung 35
Die landwirtschaftliche Nutzfläche von Schlatthof und Schürhof: Fruchtfolge- und Dauernutzungsflächen des Gutsbetriebs Schlatthof/Erlenhof 1979 (*I–VII/1–7*) und des Schürhoflands (*A–D*); ▲ Einheitsfruchtfolge und Dauernutzungsflächen des Gutsbetriebs Schlatthof 1986 (*I–VII*) und des Pachtbetriebs Schürhof 1985 (*1–7*). ▲

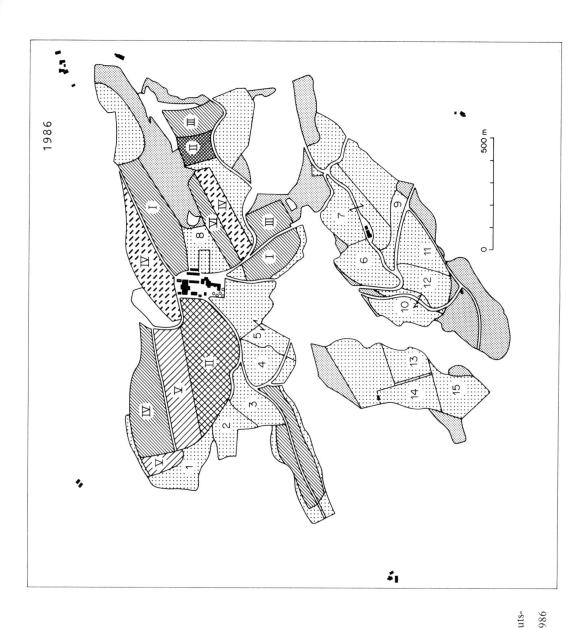

Abbildung 36
Die landwirtschaftliche Nutzfläche des Gutsbetriebs Löwenburg;
Fruchtfolge- und Dauernutzungsflächen 1986
(*I - VI*; Weideschläge *1 - 15*).

Wintergetreide
Sommergetreide
Winterhackfrucht
Sommerhackfrucht
Rotationsgrünland
Dauergrünland
Aufgeforstetes Dauergrünland
Obstintensivkulturen
Rebland

Der *Traktorstunden*aufwand der Löwenburg zeigt keinen ähnlich deutlichen Abbau wie der *Handarbeits*aufwand, er spiegelt aber die Einzelereignisse von Witterung und Betriebsführung. Nach den Bauarbeiten von 1959 kann die Zahl der Maschinenstunden vermindert werden, bis sie 1966 durch Meliorationsarbeiten auf der zugekauften Neumühle und durch das schlechte Landwirtschaftsjahr 1969 wieder ansteigt; die 1974 erfolgte Umstellung auf Mutterkuhhaltung dämpft auch den Maschinenaufwand. Im Traktorstundenaufwand des Schlatthofs äussern sich Land- und Maschinenzukäufe: gegenüber der Löwenburg konsolidiert er sich auf einem rund ein Siebtel höheren Niveau (Mittel 1980–83).

Der *flächenbezogene Arbeitsaufwand* zeigt bei beiden Gutsbetrieben nach den arbeitswirtschaftlichen Umstellungen eine Verbesserung:

Tabelle 21
AKh/J/haLN = (Hand-)Arbeitskraft-Stunde pro Jahr und Hektare landwirtschaftliche Nutzfläche

	Löwenburg		Schlatthof	
1. Gesamter Arbeitsaufwand AKh/J/haLN	*1960*	404	*1961*	379
	Mittel 1976–1984	124	*1980–1983*	135
2. Aussenwirtschafts- *Arbeitsaufwand* AKh/J/haLN	*Mittel 1961–1973*	73	*1961–1967*	130
	Mittel 1974–1984	30	*1968–1983*	86

Der hohe flächenbezogene *Gesamt-Arbeitsaufwand* des Schlatthofs 1959 von 606 AKh/J/haLN kann rasch reduziert werden. Während der absolute Arbeitsaufwand im langjährigen Mittel (1965–1976) 29'000 Stunden beträgt, sinkt der relative Aufwand dank der Zunahme des Kulturlands stark. In beiden Betrieben nimmt der allein auf die Aussenwirtschaft bezogene Flächenaufwand weniger stark ab als bei dem von der viehwirtschaftlichen Umstellung mitgeprägten Gesamtaufwand. Der bedeutendste Produktivitätsgewinn wird auf dem Schlatthof durch die Zupacht des Erlenhofs 1968 erzielt, was auf den Vorteil des Grossbetriebs bezüglich des Grundaufwands hinweist.[429]

Der flächenbezogene *aussenwirtschaftliche Arbeitsaufwand* macht nochmals die Unterschiede zwischen den Gutsbetrieben deutlich: 1983 weist die Löwenburg gegenüber dem Schlatthof rund zwei Fünftel Arbeitsstunden pro Hektar LN auf (32 gegenüber 75 AKh/J/haLN). Darin kommen die ackerbaulich-aussenwirtschaftliche Ausrichtung des Schlatthofs und die viehzüchterisch-innenwirtschaftliche Ausrichtung von Löwenburg zum Ausdruck.

Die beträchtliche Verringerung sowohl des absoluten wie auch des flächenbezogenen Aufwands der Gutsbetriebe geht zurück auf
- den Ausbau der technologischen Kapazität, d.h. die weitgehende Mechanisierung der Hof- und Feldarbeiten und den vermehrten Einsatz von billiger Fremdenergie,
- die rationelle Organisation der Arbeiten, d.h. die Einsparung von menschlicher Arbeitskraft und Lohnkosten, sowie
- die Steigerung des Ertragspotentials durch grösstmögliche Verminderung des «Landschaftswiderstands», d.h. Meliorationsmassnahmen, neue Bearbeitungs- und Düngetechniken.

Abbildung 37 ▶
Die Entwicklung von Flächennutzung und Arbeitswirtschaft der Gutsbetriebe Löwenburg und Schlatthof 1958/59–1984.
AKh/J: jährliche Arbeitskraft-Stunden
AKh/J/haLN: flächenbezogene Arbeitskraftintensität
Th/J: jährliche Traktorstunden

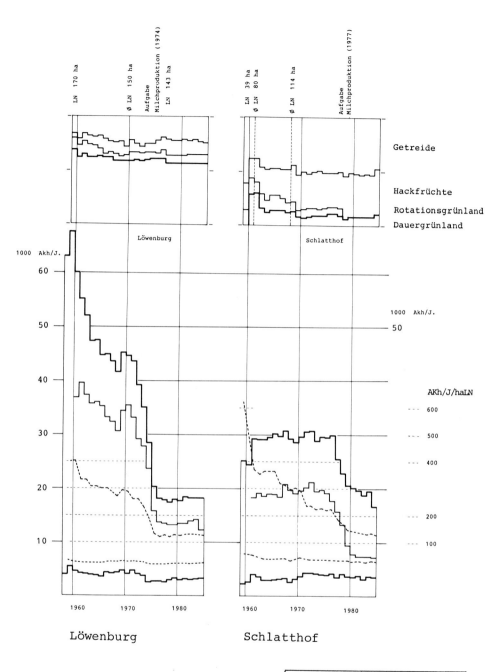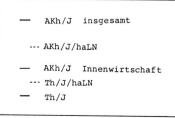

Mit Blick auf die Nutzflächen bedeutet dies, dass
- Grenzertragsflächen ausgegliedert werden, wie dies beispielsweise durch die Aufforstungen auf der Löwenburg erfolgt, oder dass
- zur intensiveren Nutzung geeignetes Dauergrünland aufgebrochen und in Ackerland umgewandelt wird, was beispielsweise mit der Schlagvergrösserung der Ziegeläcker auf der Löwenburg erfolgt, und dass
- die bestehenden Nutzungseinheiten auf ein Optimum vergrössert werden, was beispielsweise mit der Zusammenlegung einzelner Fruchtfolgeeinheiten auf dem Schlatthof geschieht.

Betriebszweige, die sich arbeitswirtschaftlich als relativ «rationalisierungsresistent» erweisen, wie die Milchproduktion, erhalten in der Organisation extensivierter Betriebe wie Löwenburg und Schlatthof eine untergeordnete Bedeutung.

Im folgenden heben wir neben der Veränderung der Arbeitswirtschaft zwei weitere Aspekte von Konsequenzen der angestrebten Betriebsvereinfachung und Spezialisierung hervor: eine *agrarlandschaftliche* – die Liquidation des Feldobstbaus – und eine *agrarsoziologische*- die Frage der Lehr- und Mustergutsfunktion.

Die Liquidation der Feldobstbestände und die Betonung der «leeren» Ackerbaulandschaft

Nach der Übernahme des Hinteren Schlatthofs in die Selbstverwaltung am 1. April 1958 gelten die ersten Bemühungen der Gutsverwaltung der Zusammenfassung der landwirtschaftlichen Nutzfläche zu grösseren, maschinell bearbeitbaren Schlägen. Damit trägt sie der Tatsache Rechnung, dass die in Abhängigkeit von der Bewirtschaftungsweise stark angewachsene optimale Schlaglänge sich vom Ochsenzug (ca. 80 m) auf den Pferdezug (ca. 120 m) bereits vergrössert und in kurzer Zeit auf den Traktorzug (ca. 350 m) etwa verdreifacht hat. Die Neueinteilung wird beschleunigt, nachdem der Vordere Schlatthof gekauft und Land des Schürhofs vom Gutsbetrieb übernommen worden sind.

1960–61 werden die verunkrauteten Felder vor der Zusammenlegung intensiv verbessert. 9,3 ha Schürhofäcker belässt man 1961 als Brache, um sie vierzehntäglich gegen Unkraut zu behandeln. Gleichzeitig wird mit dem Fällen der kranken und ertragslosen Hochstamm-Obstbäume begonnen, die bisher eine grossflächige Bodenbearbeitung verunmöglichten; Reste der alten Feldobstbestände, die bis zur Ertragsreife der neuen, geschlossenen Pflanzungen beibehalten werden, verhindern noch bis 1963 die sofortige ackerbauliche Nutzung von verschiedenem Dauergrünland. Es handelt sich dabei nicht um die Beseitigung einer Feldobstflur, wie sie beispielsweise am Nordfuss des Blauens besteht, sondern um die konsequente weitere Ausgestaltung der bereits nach dem Zweiten Weltkrieg ausgeräumten Ackerbaulandschaft auf der Schlatthofkuppe und im Erlenhoftälchen.

Die Fällaktion führt im Herbst 1961 zu einem Anzug im Weitern Bürgerrat. Es wird die Frage gestellt, «ob nicht im Sinne des Natur- und Heimatschutzes und zur Erreichung eines natürlichen biologischen Ausgleiches» ein Ersatz für die gefällten Feldobstbestände, beispielsweise durch die Pflanzung von Busch- oder Baumhecken, geleistet werden könnte. Die Fragesteller werden orientiert, dass der Arbeitsaufwand in der Obstproduktion zu zunehmend ungünstigeren Ergebnissen führe, dass der fragliche Baumbestand stark überaltert, krank und schadhaft gewesen sei, gleichzeitig aber grosse Flächen Kulturland «praktisch ertragslos» sein liess. Die Gutsverwaltung strebt die Verlagerung des Obstbaus auf Intensivanlagen mit Niederstammkulturen an, die standortlichen und arbeitswirtschaftlichen Kriterien zu genügen vermögen. Die von den Fragestellern angeregte Pflanzung von Grünhecken bringe der ackerbaulichen

Nutzung ähnliche Nachteile wie der Feldobstbau; ökologische Ausgleichsfunktionen könne an ihrer Stelle der benachbarte Wald viel wirksamer erfüllen. Die CMS ist daher der Auffassung, dass die Fällung der bisher 384 Obstbäume durch eine Fällkolonne der Eidgenössischen Alkoholverwaltung nicht als Verschlechterung der Umweltverhältnisse auf dem Schlatthof betrachtet werden dürfe.[430]

Der alte und eben auch zu alte Feldobst-Baumbestand des Schlatthofs, so muss nüchtern festgehalten werden, fällt der *Entmischung* und *Zusammenfassung* der Kulturareale zum Opfer, die mit dem Ziel der arbeitsmässigen Extensivierung sowohl des Acker- wie des Obstbaus vorgenommen wird. 1968 beträgt das Verhältnis der in Anlagen stehenden zu den auf dem Feld stehenden Obstbäumen 79:21 (407:106 Bäume). Davon sind 55% Kirschbäme; weil die Kirschen besonders stark von einer ungünstigen Preisentwicklung und von der sich ausbreitenden «Pfeffingerkrankheit» betroffen werden, rodet man 1983 die rund 1 ha grosse Kirschenanlage südöstlich des Hofs und integriert das Land in die neue Fruchtfolge.

Die Rekonstruktion des Rebbergs

Im Jahr 1984 legt die CMS im *Hollenrain* beim Schürhof einen 1,4 ha grossen, terrassierten Rebberg an. Diese arbeitsintensive Kultur bringt dem Schlatthof eine geringfügige Diversifizierung, und stellt eine maximale Nutzung der steilen Südkante der Schlatthofkuppe dar. Man kann diesen Rebberg als späten «Ersatz» für die verschwundenen Reben von St. Jakob betrachten (siehe Kap. 3.2). Die CMS vollzieht mit seiner Anlage ansatzweise und in moderner Gestalt eine Rekonstruktion des Rebareals am Hollenrain-Hang, das im 19. Jahrhundert eine Ausdehnung von rund 7,3 ha aufwies; eine weitere Hektare befand sich am Osthang über dem *Blauenweg*, unterhalb des Vorderen Schlatthofs. Abbildung 30a zeigt oberhalb des Schürhofs eine schmalstreifige Parzellierung in der Fallinie des Steilhangs, die auf die rebbauliche Nutzungs des Landes hinweist (siehe Anm. 389).

3. Spezialisierung der Produktion und Diversifizierung der Aussenbeziehungen

Spezialisierung und ökonomische Ertragsorientierung

Mit der räumlichen und arbeitswirtschaftlichen Konsolidierung um 1964 gewinnt der Schlatthof eine relativ konstante Angestellten- und Bewohnerschaft. 1965 verzichtet die Gutsverwaltung vorläufig darauf, einen neuen Lehrling aufzunehmen, da der austretende in dem nun erfolgreich aufgebauten *Spezialisten-* und *Ressortbetrieb* Schwierigkeiten hatte. Es zeigt sich, dass die feste Zuteilung aller Arbeiten im Grossbetrieb einem Lehrling nur noch wenig qualifizierte Vor- und Nachbereitungsarbeiten übriglässt, so dass ihm sein Aufenthalt wenig berufliche Anregungen vermittelt. 1967 verhandelt die Güterdelegation der CMS mit dem Pächter des Schürhofs über die Aufnahme von Lehrlingen; sein Familienbetrieb erscheint in der Überblickbarkeit der Betriebszweige und in der Arbeitsverteilung als Lehrbetrieb geeigneter als der Schlatthof.[431]

Das für Grossbetriebe charakteristische Lehrlingsproblem zeigt die Grenzen seiner *Vorbild-* und *Schrittmacherrolle* an; der Betrieb ist im Rahmen der Gesamtlandwirtschaft eher zu einer «Aussenseiterrolle» verurteilt. Obwohl die traditionelle Landwirtschaft der Region sich ebenfalls modernisierte und beträchtliche Betriebsvergrösserungen erfuhr, weisen Schlatthof und Löwenburg bezüglich Betriebsgrösse und Betriebsorganisation «monolithische» Dimensionen auf, durch die Betriebsvergleiche erschwert werden; ihre Grösse und ihre Führung als Lohnarbeitsbetriebe bestimmen ihre wirtschaftliche Organisation, die sich von jener der Familienbetriebe abhebt. Durch Spezialisierung in der Produktion und die Schlagkraft in ihrer Durchsetzung auf der grundbesitzlichen «Insel» setzen sie sich deutlich von den unter vielfach einschränkenden Nachbarschaftsbedingungen arbeitenden Dorf- und Dorfrandbetrieben ab.

Diversifizierung in der ideellen Ertragsorientierung

Bei der ideellen Ertragsorientierung, die namhafte nichtökonomische Aussenbeziehungen beinhaltet, unterscheiden wir eine *landwirtschaftliche* und eine *soziale* Mustergutsfunktion.

Die spezialisierte, hochorganisierte und qualifizierte Betriebsführung der Gutsbetriebe erlaubt ihnen, Aufgaben eines *Experimentierbetriebs* wahrzunehmen. Sie gewährleisten die kontrollierte Durchführung eines Kultur- oder Fütterungsversuchs und dämpfen mit ihrem Produktionsumfang allfällige Ertragsausfälle durch ungünstige Versuchsergebnisse. Auch auf dem Gebiet des landwirtschaftlichen Bauens können sie eine besondere Rolle in der praktischen Erprobung baulicher Innovationen spielen. Da hier aber besonders hohe Investitionen erforderlich sind, ist besonders für die CMS die Realisierung wirklicher Innovationen zyklisch auf Zeiten bedeutender Umstellungen beschränkt; eine solche war beispielsweise mit der baulichen Ausstattung der neugeschaffenen Gutsbetriebe gegeben.

Der langjährige Verwalter und nachmalige Berater der Gutsbetriebe, Dr. Paul Faessler, dessen Marke die Betriebsorganisation im wesentlichen trägt, wird 1969 erster Direktor der neugegründeten «Eidgenössischen Forschungsanstalt für Betriebswirtschaft und Arbeitstechnik» (FAT) in Tänikon TG. Mit ihm stehen die Gutsbetriebe auf persönlicher Ebene lange Zeit in Kontakt mit einer Institution, die Experiment und Prüfung als Bundesauftrag wahrnimmt.

An dieser Stelle muss auch darauf hingewiesen werden, dass die *Waldungen* der *Löwenburg* seit 1957 wissenschaftlich bewirtschaftet werden. Der Waldbetrieb Löwenburg wird von der «Eidgenössischen Forschungsanstalt für das forstliche Versuchswesen» (EAFV) in Birmensdorf zusammen mit dem Institut für Forstwirtschaft der ETH Zürich aufgebaut und betrieben. Das Bemühen ist auch hier darauf gerichtet, nicht «einen Musterbetrieb des ‹reichen Mannes›» zu führen.[432]

Mit der Ausstellung «Grün 80» erhalten die Gutsbetriebe die Aufgabe, sich gegen aussen darzustellen, und zwar weniger als berufsständische, denn als *publikumsorientierte Lehrbetriebe*. Die CMS hat in der ganzen Zeit ihres Bestehens darauf geachtet, Brüglingen und die anderen Güter von ihren Pächtern in sauberem, präsentierbarem Zustand halten zu lassen; schon 1907, als die Ausbauarbeiten am Lachmatthof abgeschlossen werden, würdigt sie neben den betrieblichen Verbesserungen das gewonnene Aussehen eines «stattlichen, einer öffentlichen Verwaltung würdigen Anwesens». Um nichts weniger genügen heute die drei Gutsbetriebe und die drei verbliebenen Pachthöfe den *Repräsentationsanforderungen als Landschafts- und Kulturdenkmal*. Besonders die Löwenburg bietet sich in dieser Beziehung als Besichtigungs- und Ausflugsort an. Ihre Privatstrasse wird gegen Ende der 1960er Jahre von Ausflüglern stark benützt und bei schlechtem Wetter beschädigt, so dass die CMS im Sommer 1971 ein amtliches Fahrverbot für die ganze Weganlage erteilen lässt. Die Anziehungskraft der Löwenburg führt auch zu einer Kleinen Anfrage im Weitern Bürgerrat, in welcher der Verkauf von Offenmilch an Touristen angeregt wird. Durch die Umstellung auf Mutterkuhhaltung kommt es nicht zur Verwirklichung dieses «Touristenmagnets», was nach Einführung der Milchkontingentierung ohnehin zu Ausführungsschwierigkeiten geführt hätte.[433]

1969 wird für interessierte Hofbesucher ein kleiner Löwenburg-Führer herausgegeben. Er soll das Gutspersonal von den zeitaufwendigen Führungen entlasten. Zwischen 600 und 1800 organisierte Besucher haben jährlich die Löwenburg besucht; jedes Jahr werden 40 bis 50 Führungen veranstaltet. Nur eine Minderheit der Besucher sind Fachleute mit Interesse für landwirtschaftliche Betriebsfragen. Zu einem, wenn auch bescheideneren, Zulauf führt die Benützung des 1964–65 renovierten Kirchleins, das von der reformierten Kirchgemeinde Delémont für Gottesdienste benützt wird und das auch den festlichen Rahmen für die traditionelle Weihnachtsfeier bietet.

Der zahlenmässige Rückgang der Landwirtschaftsbetriebe bewirkt einen Anschauungsverlust und – nicht erst bei den heutigen Schülern, sondern schon in der Generation ihrer Eltern – eine zunehmende Verkennung der landwirtschaftlichen Existenzbedingungen. Die überall zu beobachtende Beeinträchtigung der – im Gegensatz zu Naturschutzgebieten und Sportplätzen meist nicht eingezäunten – Kulturen durch Erholungssuchende deutet auf das Fehlen eines wichtigen Aspekts des Umweltverständnisses und eines kultivierten umweltgerechten Verhaltens hin. In dieser Beziehung haben Gutsbetriebe und Pachthöfe einer *Repräsentationsanforderung als Landwirtschaftsbetriebe* zu entsprechen. Die betrieblichen und kulturlandschaftlichen Unterschiede zwischen Unter-Brüglingen, Schlatthof und Löwenburg lassen sie für das exemplarische Aufzeigen agrarräumlicher und -landschaftlicher Vielfalt geeignet erscheinen.

Die Viehwirtschaft im Rahmen von Extensivierung und Spezialisierung

Wie die arbeitswirtschaftliche Entwicklung zeigt, werden die grössten Erfolge in der Senkung des Arbeitsaufwands in der Innenwirtschaft der Gutsbetriebe erzielt. Ausschlaggebend ist der Betriebszweig Viehhaltung. Auf der Löwenburg gewährleistet die Viehhaltung die Nutzung der steilen und überhaupt nur extensiv zu bewirtschaftenden Nutzflächen durch Beweidung; mit der aus betriebs- und volkswirtschaftlichen Gründen vorgenommenen Umstellung von der Milchproduktion auf die Viehzucht und -mast wird sie in beiden Gutsbetrieben arbeitsmässig extensiviert. Durch die viehwirtschaftliche Integration der Löwenburg und des Schlatthofs kann das Gewicht des standortgerechten Betriebszweigs – Viehzucht bzw. Ackerbau – vergrössert und eine arbeitswirtschaftlich sinnvolle Spezialisierung erreicht werden.

Die Aufbauphase

Mit der Planung der neuen Ökonomiegebäude der Löwenburg wird 1957 die «Schweizerische Vereinigung Industrie und Landwirtschaft» (SVIL) beauftragt, in deren Vorstand der CMS-Direktor später eintritt. Unter dem Leitgedanken der Einrichtung eines Musterbetriebs entsteht als Neuheit für die damalige Zeit ein Laufstall für 750 Kühe, der sich als viehfreundlich, aber als arbeitsaufwendiger als moderne Anbindeställe erweist. Zusammen mit dem ausgebauten alten Stallgebäude wird er mit einer hundertköpfigen Viehherde belegt. Diese ist vom Frühling 1960 an in der Ostschweiz zusammengekauft worden; es werden ihr aber auch fluorgeschädigte Rinder aus Zuzgen AG zugeführt, die sich zuvor auf dem Schlatthof gut erholen konnten. 1961 wird überprüft, ob der Viehbestand an die Löwenburger Futterbasis angepasst ist; einerseits muss eine Anpassung infolge Reduktion der landwirtschaftlichen Nutzfläche durch vorgesehene Aufforstungen geprüft werden, anderseits empfiehlt sich eine Aufstockung des Rindviehbestands auf das anhand der Futterbasis errechenbare Maximum angesichts der herrschenden Milchüberproduktion und Gebäudekapazitäten nicht. Als die Milchleistung der Löwenburger Herde anzusteigen beginnt, wird ein Teil des Viehs von der Bangschen Krankheit befallen und müssen 1962 145 Stück abgeschafft werden; von diesen sind etwa die Hälfte Kühe.[434]

Beim Ostschweizer Vieh handelt es sich um Braunvieh, das in der Nordwestschweiz traditionell schwach vertreten ist (1936 mit einem Anteil von 7,2%). Es wird als Gegensatz zum heimischen Simmentaler Rotfleckvieh empfunden und als «Separatistenvieh» bezeichnet; der Löwenburger Viehkauf führt so zu einer leichten Trübung im Verhältnis zu den bernischen Behörden, die aber durch eine Besichtigung der Löwenburg durch die bernischen Regierungsräte behoben wird. Die Löwenburger Viehherde ist von Anfang an gross genug, um eine vom Braunviehzüchter-Verband anerkannte Selektion und damit die Gründung einer eigenen Braunviehgenossenschaft zu gestatten, der sich auch einige Ederswiler Landwirte anschliessen. Die Eidgenössische Viehzählung erfasst in Pleigne 1961 (vor dem Wiederaufbau der Löwenburger Herde im Herbst 1962) 5 Stück (0,7%) Braunvieh, 1966 aber 228 Stück (27%). Damit weist Pleigne den in seiner Nachbarschaft mit Abstand höchsten Braunviehbestand auf; nur in Roggenburg stellt das Braunvieh schon 1956 10% und in Ederswiler 1966 6% des Rindviehs dar. Viehrassen symbolisieren kulturelle Territorien; in viehwirtschaftlicher Beziehung erweist sich die Löwenburg aber als eine bewusst entwickelte Besonderheit.[435]

Die viehwirtschaftliche Integration der beiden Gutsbetriebe

Ab 1964 verkauft der Schlatthof dem Betrieb Löwenburg Kälber zur Aufzucht, die er später in hochträchtigem Zustand wieder zurückkauft, um sie nach dem Abkalben in seine Milchviehherde aufzunehmen. Dieser Abtausch erfolgt über einen offiziellen Aufzuchtvertrag, durch den die beiden Betriebe trotz gemeinsamer Oberverwaltung als getrennte Einheiten mit verschiedenen Standortbedingungen bestehen. In der Aufzuchtsverlegung kommen Aspekte horizontaler und vertikaler Integration[436] zum Ausdruck.

Der Aspekt der *horizontalen Integration* betrifft die Nutzungsoptimierung und damit die standortgemässe Produktion. Er entspricht der andernorts gepflegten Weggabe des Viehs zur Sömmerung und lässt wie dort die räumliche Scheidung der intensiveren und der extensiveren, d.h. der ackerbau- und der grünlandorientierten Leistung auf den jeweils standortgemässeren Betrieb erkennen.
Der Aspekt der *vertikalen Integration* betrifft die Verarbeitungsoptimierung. Im deutschsprachigen Bereich ist er am zutreffendsten als «Vertragslandwirtschaft» zu bezeichnen. Die Integrationspartner Schlatthof und Löwenburg einigen sich mit den Aufzuchtverträgen auch über eine qualitative Leistung: das abgegebene Jungvieh kommt der Veredlungswirtschaft des Schlatthofs, der Milchproduktion, kurz vor dem Erreichen der Laktationsfähigkeit wieder zu. Vertikale Integration bedeutet für den Schlatthof also die Ausquartierung des Viehs in seiner unproduktivsten Lebensphase auf die extensivere Futtergrundlage der Löwenburg.

Die Aufgabe der Milchproduktion

Die auf der *Löwenburg* nach der Ausmerzung des kranken Viehs im Herbst 1962 erfolgte Einstellung der neuen Braunviehherde erbringt schon im nachfolgenden Jahr 80% der maximalen Milchleistung von 1972. Bis 1968 wird die Milchproduktion bis auf 92% des von Land und Gebäude gesetzten Maximums gesteigert, trifft aber auf die zunehmende gesamtschweizerische «Milchschwemme». Mit Milchverfütterung an Zucht- und Masttiere wird der Anteil der abgelieferten Milch von 96% auf 92% gesenkt, was für den Betrieb eine kostspielige Milchverwertung darstellt. Nach den unbefriedigenden Landwirtschaftsjahren 1969, 1970 und 1972 wird 1973 die Umstellung von der Milch- zur Mutterkuhhaltung in Angriff genommen, die Mitte Oktober 1974 abgeschlossen ist. Der Entschluss zu dieser Umstellung wird gefördert durch die starke Lohnbelastung der Milchproduktion, die Einengung durch die zu erwartenden Bundesmassnahmen gegen die Überschussproduktion und die vom Bundesrat in Aussicht gestellten Beiträge an Umstellungen auf Mutterkuhhaltung. Durch eine gegen die Grossbetriebe gerichtete Degression der Umstellungsbeiträge wird der grosse Löwenburger Mutterkuhbestand benachteiligt. Obwohl die Mutterkuhherde in den unmittelbar nachfolgenden Jahren nicht die erwarteten guten Ergebnisse bringt, bleibt die Löwenburg durch die Umstellung doch von den milchwirtschaftlichen Massnahmen unberührt.[437]

Der *Schlatthof* wird von Anfang an als rindviehschwacher Ackerbaubetrieb konzipiert. Nach 1970 hält er im Mittel 31 GVE Kühe. Auf dem Erlenhof befinden sich bis zur viehwirtschaftlichen Umstellung der Löwenburg rund 80, danach rund 50 Mastrinder. Die Preis- und Kostenentwicklung zu Beginn der 1970er Jahre führt trotz der im ganzen befriedigenden Landwirtschaftsjahre 1970–71 zu einer Überprüfung der Betriebsorganisation des Schlatthofs. Besondere Sorgen bereitet die Milchviehhaltung, deren physische Entwicklung nun zwar befriedigt, bei der sich aber das Verhältnis von Aufwand und Ertrag zunehmend verschlechtert. Man erwägt seit einiger Zeit, ob man sie aufgeben oder als notwendiges Übel beibehalten soll, das die Ertragsverwertung der fruchtfolgetechnisch günstigen Kunstwiese und der Randflächen gewährleistet. Durch ihre «Rationalisierungsresistenz» wird die Milchviehhaltung im arbeitsextensiv konzipierten Schlatthof immer mehr zum Problem; Berechnungen führen 1974 zum Verzichtsvorschlag. Nach einer Diskussion der Gutsverwaltung mit der Kommission wird beschlossen, den Viehbestand zu reorganisieren und zu versuchen, die Milchproduktion nochmals zu steigern. 1975 nimmt aber die gesamtschweizerische Milchüberproduktion beunruhigend zu; mit der unmittelbar drohenden Milchkontingentierung würde dem Schlatthof wegen der vorzüglichen ackerbaulichen Bewirtschaftungsalternative kaum mehr ein wirtschaftliches Ablieferungsvolumen zugesprochen werden. Die Güterdelegation verschiebt im Sommer 1976 den Entscheid über die Aufgabe der Milchproduktion auf das folgende Jahr, um die weiteren Massnahmen des Bundes abzuwarten. Am 1. Mai 1977 wird die einzelbetriebliche Milchkontingentierung verfügt und die Milchviehherde des Schlatthofs sukzessive abgeschafft.[438]

Nach der Aufgabe der Milchproduktion wird die Ausdehnung der Jungviehmast unternommen, für die drei Laufställe eingerichtet werden. Dies zieht 1978 die Aufhebung der Viehmast auf dem Erlenhof und die Rückgabe der gepachteten Ökonomiegebäude nach sich. Die wegen der Fleischüberproduktion vorübergehend gedrückten Preise benachteiligen diesen Betriebszweig bereits 1979. Der durch den verkleinerten Viehbestand verringerte Anfall von organischen Dünger wird in der Fruchtfolge mit vermehrter Gründüngung durch Einsaaten ausgeglichen.

Die viehwirtschaftliche Umstellung der Gutsbetriebe in der regionalen Perspektive

Von 1959 bis 1977 produziert die Milchviehherde des Schlatthofs insgesamt 2,08 Mio. kg Milch. Davon werden im Mittel 90,9% an die Milchgenossenschaft in Aesch verkauft. Die Milchlieferungen des Schlatthofs machen 1971 rund ein Sechstel (16,4%) der gesamten an die Sammelstelle Aesch abgelieferten Milchmenge aus. Schon auf der Ebene der Gemeinde, bzw. der einzelnen Milchgenossenschaft darf damit dem volkswirtschaftlichen Argument für die Aufgabe der Milchviehhaltung zugestimmt werden. Die Wirkung der Umstellung zeigt sich aber auch im regionalen Rahmen, obwohl sie in der ganzen Nordwestschweiz (Def. s. Abb. 1) von der 1980 auf 126% der Milchmenge von 1971 gestiegenen Milchflut überdeckt wird.

Die beiden Standortgemeinden der Gutsbetriebe haben im Rahmen der nordwestschweizerischen Landwirtschaft ihren jeweils ganz charakteristischen Platz: So ist *Pleigne* die Gemeinde mit der grössten absoluten Zunahme der Anzahl Kühe 1936–1978 (gefolgt von der Nachbargemeinde Bourrignon), während *Aesch* die drittgrösste absolute Abnahme aufweist (Pleigne 205%, Aesch 30% der Bestände von 1936!). Im Fall von Aesch sind das antizyklische Verhalten des Schlatthofs und die Produktionslenkungen deutlich wirksam; das langjährige Mittel von 62% des relativ hohen Bestands von 1936 fällt erst nach der Betriebszählung von 1975 auf weniger als ein Drittel. Die Umstellung auf Viehmast mit Löwenburger Braunviehremonten lässt den Braunviehanteil des Aescher Viehbestands 1978 auf das 3,2fache von 1973 ansteigen. Bei nahezu gleicher Bestandesgrösse an beiden Zähldaten sinkt der Kuhbestand auf 52% desjenigen von 1973: die Aufgabe der Kuhhaltung des Grossbetriebs «schlägt durch».

Dass der Anteil des Mastviehs am gesamten Rindviehbestand in Aesch anwächst, ist ebenso «agglomerationstypisch» wie die im städtischen Raum feststellbare, der Bestandeszunahme in der Nordwestschweiz zuwiderlaufende Stagnation und Abnahme der Viehzahl vor allem in den 1960er Jahren. Sie geht parallel mit der Abnahme der Fläche des Dauer- und Rotationsgrünlands, die vor allem in der östlichen Hälfte der Nordwestschweiz zu beobachten ist; Aesch weist 1969–1980 die drittgrösste absolute Abnahme aller nordwestschweizerischen Gemeinden auf, was indirekt die wachsende Bedeutung des Ackerfutterbaus zum Ausdruck bringt, dessen Exponent der Schlatthof ist. Wie zu erwarten, ist die Dynamik des Gesamtrindviehbestands geringer als jene des Kuhbestands.

Die Bewegung in der Zusammensetzung des Viehbestands überträgt sich auf die Milchproduktion, die hier an der jährlich abgelieferten Milch gemessen wird. Durch die Aufgabe der Milchviehhaltung auf der Löwenburg wird die Zunahme der von den übrigen Betrieben der Gemeinden Pleigne und Ederswiler zusammen 1980 abgelieferten Milchmenge (auf 124% des Stands von 1971) überkompensiert, so dass daraus eine geringfügige Abnahme auf 98% wird: ein deutlicher Gegensatz zur Zunahme auf 143% im ganzen Bezirk Delémont!
Der Rückgang der Milchmenge in Aesch auf 75% von 1971 bewegt sich dagegen überkonform mit dem im Bezirk Arlesheim feststellbaren Rückgang auf 83%; dies kann nicht die ganze Agglomeration repräsentieren, da im Kanton Basel-Stadt(!) die Milchproduktion gleichzeitig im Mass des nordwestschweizerischen Mittels gesteigert wird.[439]

8.5 Zur demographischen und kulturräumlichen Bedeutung der Gutsbetriebe

1. Die Gutsbetriebe der CMS als Wohnorte

In ihrem Bericht vom September 1957 an den Bürgerrat über die Übernahme des Hinteren Schlatthofs in die Selbstverwaltung hält die CMS ausdrücklich fest, sie sei «willens und in der Lage, einwandfreie Verhältnisse beim Personal zu schaffen».[440] Durch die Verbesserung der bis dahin dürftigen und wenig attraktiven Unterkünfte versucht sie in der folgenden Zeit, auf den beiden Gutshöfen familiengerechtere Wohnverhältnisse zu schaffen. Man hofft, der Beizug von landwirtschaftlichem Personal mit Familien schaffe stabilere Sozialverhältnisse als bisher, da die vielen Saison- oder Einzelanstellungen einen häufigen Bewohnerwechsel verursachten.

Wie Abbildung 38 zeigt, schwankt der Bestand der Wohnbevölkerung beider Gutshöfe bis etwa zur Mitte der 1960er Jahre zwischen der ersten und der zweiten Jahreshälfte infolge der Kurzzeitanstellungen beträchtlich. Die Zunahme der Kinderzahl nach 1960 wird von einer Milderung dieser saisonalen Schwankungen begleitet und weist darauf hin, dass die familienorientierte Personalpraxis der CMS ihre Wirkungen gezeitigt hat. In der Bevölkerung beider Höfe sind bis zum Anfang der 1970er Jahre

Abbildung 38
Die Wohnbevölkerung der Gutsbetriebe Löwenburg und Schlatthof, inklusive Waldbetrieb Löwenburg und Verwalterhaus Schlatthof, 1957/58–1985.
Anzahl Personen am Ende des ersten Halbjahrs (30.6.) und am Ende des zweiten Halbjahrs (31.12.) nach Altersklassen.

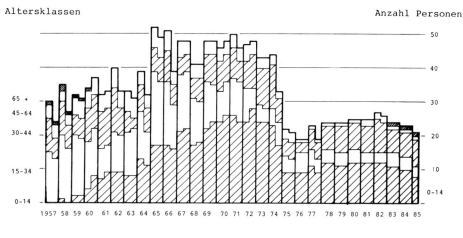

Löwenburg

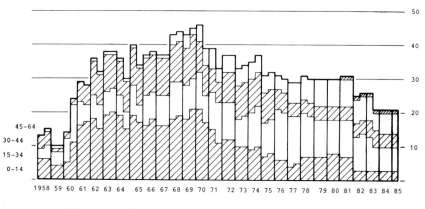

Schlatthof

Kinder und Jugendliche (Alter 0–14 Jahre) mit mittleren Anteilen von über zwei Fünfteln sehr gut vertreten und lassen die Gutsbetriebe erheblich kinderreicher als ihre Standortgemeinden erscheinen.[441] Dagegen fehlen die über 65jährigen fast vollständig, hängt doch die Familienorientiertheit eng mit der leistungsorientierten Betriebsführung zusammen, wo die Alten in der Tat keine Funktion und damit keinen Platz, keinen Wohnraum haben. Die Wohnbevölkerung der Gutsbetriebe ist daher «jugendlich» um den Preis einer lebenszyklisch einseitigen Zusammensetzung, d.h. der Vorherrschaft der Erwerbstätigen mittleren Alters und ihrer Nachkommen.

Beide Gutsbetriebe haben wegen der steigenden Lohnkosten mit Personalproblemen zu kämpfen. Ende der 1950er Jahre beklagt die Gutsverwaltung die starke Fluktuation des Personals und betont gegenüber der Stiftungsverwaltung die Notwendigkeit, genügend Wohnraum für verheiratete Angestellte zu schaffen. Die grossen semesterweisen Schwankungen (z.B. Löwenburg 1957–58) gehen vor allem auf den Einsatz von in- und ausländischen Saisonarbeitern in der Kulturperiode zurück. Die Tatsache, dass der erste Betriebsleiter der Löwenburg von seiner früheren Stelle als Leiter der Strafanstalt Regensdorf Arbeitskräfte mitbringt, mag zu dieser Instabilität noch beitragen. Die Gutsverwaltung macht in dieser Zeit kein Federlesen, wenn sie «arbeitsscheue und minderwertige Elemente» fristlos entlässt; erst Anfang der 1970er Jahre wird das Arbeitsklima auf der Löwenburg als gut bezeichnet.

Von 1965 bis 1974 weist die *Löwenburg* eine relativ grosse Wohnbevölkerung auf (siehe Abb. 38). Die Auswirkungen der stetigen Abnahme der Arbeitskräfte werden von der stetigen Zunahme der Zahl der Kinder und Jugendlichen ausgeglichen: Mit der Bezugsbereitschaft des restaurierten Wohnhauses 1965 bietet sich die Möglichkeit, Familien unterzubringen. Die arbeitswirtschaftlichen Folgen der Aufgabe der Milchproduktion führen 1975 zur Leerung eines grossen Teils dieses Wohnraums: Mit der Umstellung auf die Mutterkuhhaltung scheiden sechs Personen aus dem Dienst der CMS aus und wird nur eine Person neu angestellt. Von 22 schulpflichtigen Kindern bleiben auf der Löwenburg nur 11 zurück, so dass nun ein Kleinbus für die täglichen Schulfahrten nach Kleinlützel und Laufen genügt. 1974 wird erstmals erwogen, die freiwerdenden Wohnungen als Ferienwohnungen einzurichten.[442] Mit der betrieblichen Umstellung sind die Arbeitsreserven der Löwenburg weitgehend ausgeschöpft, was in der erhöhten Konstanz der Wohnbevölkerung zum Ausdruck kommt. Charakteristisch ist die relativ schwache Vertretung der «beweglichen» 15–34jährigen, die bis in die Mitte der 1960er Jahre wesentlich zu den saisonalen Bevölkerungsschwankungen beigetragen haben.

Mit dem Kauf des Vorderen Schlatthofs nimmt die Wohnbevölkerung des *Schlatthofs* 1960–61 stark zu. Vor allem Kinder und Jugendliche (Alter 0–14 Jahre) tragen zu diesem Zuwachs bei. Zehn Jahre später beginnen sie, das Elternhaus zu verlassen, so dass die Wohnbevölkerung unter den Höchststand von 1969–70 und unter das Mittel von 1962–1970 (38 Personen) fällt. Die Gutsverwaltung stellt in der Mitte der 1960er Jahre eine «bemerkenswerte Konstanz» der Angestellten auf dem Schlatthof fest.[443] Mit der Aufgabe der Milchproduktion 1977 wird die Wohnbevölkerung äusserst stabil und 1982 infolge Wegzugs einer Familie nochmals kleiner. Die Wohnsitznahme des ehemaligen Direktors der CMS im Verwalterhaus ergänzt die Bevölkerung des Schlatthofs durch Personen, die altersmässig und funktional ohne direkte Beziehung zum Produktionsgeschehen des Hofs sind.

Die Entwicklung der Wohnbevölkerung des Schlatthofs ist mit Ausnahme der Aufbauphase 1958–1960 gleichmässiger als jene der Löwenburg. Die früher als auf ersterer erreichte Familienstruktur steuert über den Lebenszyklus die Veränderung wirksamer als die zum Teil einschneidenden betrieblichen Umstellungen.

2. Die Besonderheit der kulturräumlichen Situation der Löwenburg

Deutlicher als der Schlatthof erweist sich die Löwenburg als kulturlandschaftlicher Einzelfall. Sie beschränkt sich dabei nicht auf die Gebäude der ehemaligen Priorei des Klosters Lützel, sondern umfasst mit dem Einzelhof Hinterschloss und dem Weiler Neumühle ein von der Talsohle bis auf die Berghöhe reichendes Territorium. Löwenburg ist Wohnort und Wirtschaftszentrum mit eigenständigen sozialen und betrieblichen Beziehungen. Wir versuchen, wie es die CMS 1975 in einem Exposé[444] tut, herauszustellen, worin Löwenburg für die CMS mehr als nur einen Landwirtschaftsbetrieb bildet.

Die funktionale Orientierung der Löwenburg

Die territoriale Zugehörigkeit des Grundbesitzkomplexes Löwenburg zur Gemeinde Pleigne steht zu seiner geographischen Lage insofern in einem Gegensatz, als die Verbindung mit der Gemeinde auf administrative Kontakte beschränkt bleibt.[445] Dass die Gemeinde Pleigne Schreiben an «ihre» Löwenburg nach Ederswiler adressieren muss, charakterisiert den Sprung über die Sprachgrenze, auf die weiter unten eingegangen werden soll. Die Löwenburg ist in allen ihren wesentlichen Funktionen nach Osten orientiert.

Die Eintalung von Bavelier lässt die Erschliessung der Löwenburg von Ederswiler her als die natürlichste erscheinen; «natürlich» sowohl in Bezug auf die naturräumlichen, topographischen Voraussetzungen, aber auch in Bezug auf die kulturräumlichen, traditionellen Beziehungen, deren Richtungen, wie wir wissen, nicht zwingend vom Widerstand des Naturraums bestimmt werden.

Die auf Transportmöglichkeiten ausgerichteten landwirtschaftlichen Beziehungen zu den nächstgelegenen Absatz- und Versorgungsorten haben fast ausschliesslich das Lützel- und das Laufental zum Ziel. Wie ein Vergleich der Erreichbarkeit des Dorfes Pleigne von den im Gemeindegebiet Pleigne liegenden Höfen und Weilern aus zeigt, weist die Löwenburg neben überdurchschnittlich grossen direkten Distanzen (Luftlinie und Strasse) überdurchschnittlich lange Umwege auf. Als «Umweg» muss insbesondere der Weg über das Gebiet einer oder mehrerer anderer Gemeinden gelten: Um nach Pleigne zu gelangen, müssen die Löwenburger über das Gebiet und durch die Dorfsiedlungen von Ederswiler und Movelier fahren. Eine Fahrwegverbindung mit Bavelier würde den Umweg beträchtlich verkleinern; sie kann aber unter Berücksichtigung von Unterhaltsaufwand und Wintersicherheit sowie angesichts der Tatsache, dass Pleigne die ostwärts gepflegten wirtschaftlichen und sozialen Beziehungen der Löwenburg in keiner Weise konkurrenzieren könnte, nur als sehr theoretische Variante betrachtet werden.

Auch andere Infrastrukturen der Löwenburg sind nach Osten ausgerichtet: Neumühle ist an das Wasserversorgungsnetz von Roggenburg angeschlossen, während die Löwenburg zusammen mit Hinterschloss eine eigene, im Laufe der Aufforstung verbesserte Wasserversorgung besitzt. Beide Weiler sind auf die Unterstützung durch die Feuerwehren von Ederswiler und Roggenburg angewiesen; Löwenburg unterhält zusätzlich eine Gutsfeuerwehr, die ihre Instruktionen in Laufen erhält.

Wäre Löwenburg nur ein Alters- oder Feriensitz, gäbe es keine Schulfrage. Da es aber ein demographisch lebendiger Wohnort ist, stellt sich das Problem des Schulbesuchs der Kinder in Kleinlützel und Laufen. Um dies sicherzustellen, trägt die CMS Schul- und Transportkosten, ohne von der Gemeinde in der üblichen Weise unterstützt zu werden. Wie die Schulen wird auch die ärztliche und spitalmässige Versorgung im Raum Laufen gesucht.

Der Kantonswechsel der Löwenburg

Die *Löwenburg* und die Gemeinden *Ederswiler* und *Roggenburg* sind eng mit den Ereignissen um die noch nicht zur Ruhe gekommene räumliche Abgrenzung des neuen

Die Löwenburg.
Blick von Süden über das Hofgut Löwenburg (links), die Ruine Löwenburg (Mitte) und den Hof Hinterschloss (unten rechts). Das Plateau der «Löwenburgscholle» ist durch seine scharfe Begrenzung gegen das Tal der Lützel (am oberen Bildrand) gut erkennbar. Auf verschiedenen steilen Arealen ist aufgeforsteter Wald zu sehen (vgl. Abb. 36).
(Aufnahme vom 5.9. 1986, J. Winkler.)

Kantons Jura verflochten. Die Tatsache, dass die katholische Bevölkerung des ehemals fürstbischöflichen Juras 1815 zum mehrheitlich protestantischen Kanton Bern geschlagen wurde, gab genügend Grund zu separatistischen Regungen, die sich nach dem Zweiten Weltkrieg verstärkten und organisierten.

Am 5. Juli 1959 wird eine kantonale Initiative für ein Juraplebiszit in einer Volksabstimmung verworfen. Bereits zeichnet sich in der Verteilung der zustimmenden und ablehnenden Gemeinden der Umriss des zukünftigen Kantons Jura ab: alle Gemeinden des Bezirks Laufen sowie vier Gemeinden des Bezirks Delémont, darunter Ederswiler und Roggenburg, äussern sich ablehnend. Im September 1969 berät der Grosse Rat des Kantons Bern über neue Verfassungsbestimmungen, die den Weg zur Verselbständigung des Juras grundsätzlich öffnen und in der Volksabstimmung vom 1. März 1970 angenommen werden.

Mit der Verfassungsänderung ist die Grundlage zu einer territorialen Neuorientierung gegeben, die im zukünftigen Grenzgebiet zum Laufental Diskussionen erwarten lässt. Die CMS beginnt zu diesem Zeitpunkt, mit bernischen Behördenvertretern auf Bezirks- und Kantonsebene Kontakt aufzunehmen, um die Frage der Gemeindezugehörigkeit von Löwenburg zur Sprache bringen zu können. Die Gemeinden Ederswiler und Roggenburg sprechen sich schon 1973, vor dem ersten Juraplebiszit, für den Anschluss an das Laufental aus. Die Güterdelegation der CMS ermächtigt die Stiftungsverwaltung 1974, die Gemeindezugehörigkeit von Löwenburg in Verhandlung zu bringen.[446]

Im Ersten Juraplebiszit vom 23. Juni 1974 sprechen sich die Stimmberechtigten der Jurabezirke mit 52% Ja-Stimmen relativ knapp für die Schaffung des Kantons Jura aus. Aufgrund einer Besprechung mit dem Präfekten von Delémont rund einen Monat vor dieser Abstimmung, in der die Möglichkeit einer Loslösung der Löwenburg von Pleigne eher pessimistisch beurteilt und die Zeit vor der Abstimmung als für Verhandlungen ungünstig betrachtet wird, verhält sich die CMS im öffentlichen Bereich ruhig.

Im Zweiten Juraplebiszit vom 16. März 1975 entscheiden sich die südjurassischen Bezirke mit knapp zwei Dritteln befürwortender Stimmen für den Verbleib beim Kanton Bern. Noch vor dem auf den Herbst 1975 angesetzten Dritten Juraplebiszit, das die Grenzen des neuen Kantons im Delsberger Becken und zum Laufental hin klären soll, überreicht die CMS dem Regierungsrat des Kantons Bern sowie den direkt betroffenen Bezirks- und Gemeindebehörden ein Gesuch um Prüfung der Frage der politischen Zugehörigkeit der Löwenburg. Die Gemeinde Ederswiler erklärt sich im Juli 1975 grundsätzlich bereit, Löwenburg in ihr Gebiet zu übernehmen und bietet der CMS ihre Zusammenarbeit an. Die bernischen Behörden teilen Anfang August mit, dass ein Einbezug von Pleener Gemeindegebiet in das Trennungsverfahren auf der Grundlage des Dekrets von 1939 und dessen Ergänzung von 1970 nicht möglich sei; da Pleigne keinen gemeinsamen Grenzpunkt mit dem Laufental aufweise, gebe es keine Möglichkeit für eine Äusserung der Gemeinde über Verbleib oder Loslösung von Löwenburg und Neumühle. Dasselbe gilt für die Gemeinde Ederswiler, die auf diese Weise dem vom Kulturraum abstrahierenden Territorialprinzip zum Opfer fällt. Trotz juristischer Anfechtung kann Roggenburg den einen Grenzstein, den es mit der Laufentaler Gemeinde Liesberg gemeinsam hat, für seine Zulassung zum Trennungsverfahren erfolgreich geltend machen. Die sozial- und kulturräumliche Einheit des Ederswiler-Roggenburger Gemeindegebiets und seiner Bewohner wird so mit dem Kriterium eines Geländepunkts mit juristischer Dimension politisch geteilt.[447]

Am 7. und 14. September und am 19. Oktober 1975 äussern sich im Rahmen des Dritten Juraplebiszits fünf Gemeinden sowie das ganze Laufental für den Verbleib beim Kanton Bern (darunter Roggenburg, das auf diese Weise die Bezirkszugehörigkeit wechselt); acht Gemeinden sprechen sich für den Anschluss an den Kanton Jura aus. Im März 1978 genehmigt der Nationalrat die für die Schaffung des Kantons Jura notwendige Änderung der eidgenössischen Verfassung und in der gesamtschweizerischen Abstimmung vom 24. September 1978 wird mit dem deutlichen Ja-Stimmen-Anteil von 82,3% die Bildung des neuen Kantons von Volk und Ständen gebilligt: seit dem 1. Januar 1979 besteht ein souveräner Kanton Jura.

Auch nach der Bildung des neuen Kantons kommt die Jurapolitik wegen des Einschlusses der Gemeinde Ederswiler und des Ausschlusses der Gemeinde Vellerat aufgrund des Grenzpunkt-Kriteriums nicht zur Ruhe; die Behandlung der Frage eines Anschlusses der Löwenburg an seine deutschsprachige Nachbargemeinde wird im neuen Kanton nicht leichter, so dass auf längere Sicht die nicht unwahrscheinliche Möglichkeit besteht, dass Löwenburg wie Iglingen unmittelbar an eine Kantonsgrenze zu liegen kommt.

Die politisch-statistische und die kulturräumliche Sprachgrenze

Die Löwenburg kann in ihrem Verhältnis zur *politisch-statistischen* Sprachgrenze des Schweizer Juras zusammen mit einigen benachbarten Einzelhöfen als agrarische deutsche Sprachinsel betrachtet werden. Bezüglich ihrer räumlichen Lage muss sie aber, wie Bienz/Gallusser festhalten, zum Kontinuum des deutschsprachigen Sied-

Abbildung 39
Die kulturräumliche Sprachgrenze und die politischen Grenzen im Gebiet von Pleigne (Löwenburg), Movelier, Ederswiler und Roggenburg.
(In Anlehnung an Bienz/Gallusser 1961, 76.)

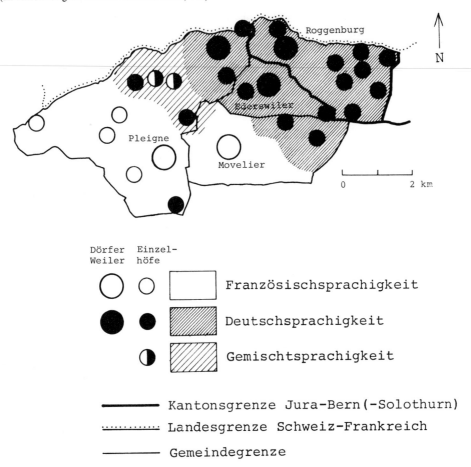

lungsgebiets gezählt werden. Von Grundbesitz und Nutzfläche landwirtschaftlicher Siedlungen getragen, greift der Kulturraum der deutschen Sprache über die politischen Grenzen hinweg bis über die Eintalung von Baderschwiler (Bavelier) nach Westen aus. Wir bezeichnen diese als die *kulturräumliche* Sprachgrenze; da diese nicht wie die politisch-statistisch definierte Grenze linear ist, sondern eine räumliche Tiefe aufweist, muss sie als Grenzsaum betrachtet werden.[448]

Abbildung 39 zeigt in Vereinfachung und Nachführung der Darstellung von Bienz/Gallusser die gegenwärtige Überlagerung von Kantons- und Gemeindegrenzen mit dem Grenzsaum zwischen deutschem und französischem Sprachgebiet. Die lückenlose politische Territorialisierung, die mit den Fortschritten der Vermessung und mit dem steigenden Nutzungsdruck auf das Land (um nur zwei der zahlreichen bewegenden Kräfte zu nennen) im Laufe der letzten 200 Jahre stattgefunden hat, deckt sich nicht mit den nur begrenzt darstellbaren, dynamischen Inhalten von Kulturräumen.

Die aktuelle Situation muss im geschichtlichen Zusammenhang als Rückzug der deutschen Sprache gewertet werden. Meyer vermutet, dass die Grenze zum französischen Sprachgebiet im Spätmittelalter weiter im Westen lag und möglicherweise in Abhängigkeit von der sozialen Stellung der Sprachträger inselartig aufgelöst war. Im 18. Jahrhundert verstanden die Bewohner von Ederswiler und Roggenburg die französisch verfassten fürstbischöflichen Verordnungen nicht. Zimmerli berichtet für das letzte Jahrzehnt des 19. Jahrhunderts, dass sich die Bevölkerung von Pleigne im jurassischen Patois verständige und nicht geneigt sei, das zu dieser Zeit propagierte Französisch zu pflegen.[449]

Die Veränderung der lokalen politischen Einheiten

Löwenburg gehört seit über 160 Jahren politisch zur Gemeinde Pleigne: Mit der Aufhebung des Klosters Lützel im Laufe der Französischen Revolution verliert es 1792 seine Selbständigkeit und wird 1816 an Pleigne angeschlossen. Bis 1936 besteht die bis in die Mitte des 18. Jahrhunderts zurückzuverfolgende Bürgergemeinde[450] Löwenburg formell weiter; 1949 werden die letzten ihr verbliebenen Rechte abgelöst, als die Verschmelzung der Bürgergemeinde und Einwohnergemeinde Pleigne zur Commune mixte de Pleigne reinen Tisch macht. Damit wird aus dem, gemessen an den Gebieten der schweizerischen Lützeltalgemeinden überdurchschnittlich grossen Gebietskörper der Gemeinde Pleigne eine politisch-statistische Einheit geschmiedet, welche die historischen Aspekte der Raumorganisation negiert.

Die öffentliche Präsenz der kulturräumlichen Sprachgrenze

In den Kartenwerken der Eidgenössischen Landestopografie kommt die kulturräumliche Sprachgrenze in den Flurnamen zum Ausdruck.[451] Die Landeskarte 1:25'000 gibt den vom Übersichtsplan 1:10'000 übernommenen Namen *Löwenburg* in unveränderter Schreibweise wieder. Die territoriale Französischsprachigkeit kommt einzig in der Zusatzbezeichnung *Ancien Prieuré* zum Ausdruck. Das deutsche *Hinterschloss* des Übersichtsplans wird aber zu dem auf Löwenburg nie gebrauchten schwerfälligen *Derrière le Château*. Die mit der Lützel verlaufende Landesgrenze ist bis zum Ersten Weltkrieg Grenze zum Deutschen Reich, seither zu Frankreich; es liegt daher nahe, *Neumühle* stets gemeinsam mit *Moulin Neuf* anzuführen.

Die Gemeinde Pleigne beschliesst 1970, drei noch teilweise deutsche Hofnamen durch französische Benennungen zu ersetzen. Die Nomenklaturkommission des Kantons Bern billigt diesen Beschluss, und die Landestopografie übernimmt 1970 in der Gesamtnachführung von Blatt 1086 die beantragte Änderung: *Pleenhof du Haut* und *Pleenhof du Bas* (1880 noch *Schelloch* bezeichnet) heissen seither *La Courtine* und *Le Mécolis*; *La Steinboden* wird zu *Lai Prîrre*.[452]

Anlässlich der Gesamtnachführung von 1982 wird die Schreibweise der deutschen Namen der kulturräumlichen Sprachsituation angepasst: *Hinterschloss* erscheint nun in der dem Gebrauch entsprechenden deutschen Schreibweise und ergänzt die Auswahl deutschsprachiger Flurnamen (*Grosswald, Grossfeld*) im Löwenburger Gebiet in sinnvoller Weise.

Demographische Charakteristiken der Gemeinden im Gebiet der Sprachgrenze

Durch den Vergleich von 11 Gemeinden beidseits der Sprachgrenze und mit dem Versuch, die Zählungsergebnisse für die Gemeinde Pleigne und das in ihr enthaltene Löwenburg zu differenzieren, soll die aktualgeographische Stellung des letzteren auf der Ebene der *politisch-statistischen Sprachgrenze* herausgestellt werden. Bei den nach ihrer Gruppierung um Pleigne und Ederswiler gewählten Gemeinden handelt es sich um 4 deutschsprachige (*Ederswiler* JU, *Kleinlützel* SO, *Liesberg* BE, *Roggenburg* BE) und 7 französischsprachige (*Bourrignon, Charmoille, Mettemberg, Movelier, Pleigne, Pleujouse, Soyhières* – alle JU).[453]

Bevölkerungszahl und Erwerbsstruktur

Die Gesamtbevölkerung der verglichenen Gemeinden beträgt 1980 4463 Personen; sie nimmt 1960–1980 um 12% ab und ist in ausnahmslos allen Gemeinden rückläufig. Die Bevölkerungszahl der vier deutschsprachigen zu den sieben französischsprachigen Gemeinden verhält sich im Mittel der drei berücksichtigten Volkszählungsdaten (1960, 1970, 1980) 57% zu 43%. Die Entwicklung der Erwerbsstruktur zeigt deutliche, mit der Gruppierung der Gemeinden nach Sprachen verbundene Unterschiede. Die deutschsprachigen Gemeinden sind bevölkerungsmässig grösser, haben einen gewerblich-industriellen Ausbau erfahren und Talzentrums-Funktionen übernommen; in ihnen ist der Anteil der in Land- und Forstwirtschaft (1. Wirtschaftssektor) Erwerbstätigen deutlich tiefer als in den französischsprachigen Plateaugemeinden:
Er sinkt von (frspr.) 1950 62% auf 1980 30% der Erwerbstätigen, bzw. von (dtspr.) 24% auf 11%.
Verbunden mit einer Stagnation des Beschäftigungsanteils von Gewerbe und Industrie (2. Wirtschaftssektor) entwickelt sich der Anteil von Handel und Dienstleistungen (3. Wirtschaftssektor) im französischen Sprachgebiet dynamischer:
von (frspr.) 1950 6% der Erwerbstätigen auf 1980 37%(!), bzw. von (dtspr.) 9% auf 29%.
Dies weist auf die Bedeutung von Delémont für das ländliche Pendlerwesen und das Fehlen von Beschäftigungsalternativen im Delsberger Hinterland hin.

Im direkten Zusammenhang mit dem grösseren Gewicht, das die im 1. Wirtschaftssektor Erwerbstätigen im französischen Sprachgebiet haben, ist auch der dortige hohe, 1980 weit über dem nordwestschweizerischen (Def. s. Abb. 1) Mittel liegende Anteil der landwirtschaftlichen Bevölkerung an der Gesamtbevölkerung von 21,1% zu sehen; für die deutschsprachigen Gemeinden beträgt er nur 8,3%. Das nordwestschweizerische Mittel wird allerdings vom demographischen Gewicht der Stadtregion Basel auf das tiefe Anteilsniveau von 2,3% gedrückt; drei Viertel aller Nordwestschweizer Gemeinden weisen Anteile von 3,0% und mehr auf, die Hälfte sogar 8,3% und mehr. Die Gemeinde Pleigne weist mit 33,3% die neuntgewichtigste landwirtschaftliche Bevölkerung der Nordwestschweiz auf; ihr geht auf viertem Platz die Nachbargemeinde Bourrignon (50,7%) voran und folgt auf zehntem Platz die Nachbargemeinde Ederswiler (32,3%). Ohne auf die Zählbogen zurückgegriffen zu haben, können wir annehmen, dass die Bevölkerung der zahlreichen Einzelhöfe der beiden französischsprachigen Gemeinden dieses agrarische Bevölkerungsgewicht bedeutend fördert.[454]

Die Muttersprache

Im Vergleich der beiden Sprachgebiete zeigt sich, dass die französischsprachige Bevölkerung in den von ihr beherrschten Gemeinden weniger überwiegt als die deutschsprachige in den überwiegend deutschsprachigen Gemeinden. Im Mittel der drei Volkszählungsdaten sind in ersteren rund vier Fünftel (81,4%) der Bevölkerung französischsprachig, in letzteren neun Zehntel (91,7%) deutschsprachig. Die sprachlich stärker gemischte Gemeinde Soyhières drückt den Durchschnitt der französischsprachigen Gemeinden deutlich. Im Mittel der drei Zähldaten weist Pleigne einen nur

Tabelle 22
Die Wohnbevölkerung der Löwenburg und des Hofs Hinterschloss 1957–1982 nach Muttersprache, Konfession und Herkunft.
Zahl der auf dem Gut Löwenburg wohnhaften Personen ohne Doppelzählungen; bei längerem Wohnaufenthalt wird eine Person dem längeren Zeitabschnitt ihres Aufenthaltes zugerechnet.

	Konfessionen				Muttersprachen					
	Röm.-kath.	Evang.-Ref.	Andere[1]	Unbekannt	Deutsch	Franz.	Ital.	Roman.	Andere[2]	Unbekannt
1957–1969	86	76	6	27	124	13	39	–	9	7
1970–1982	25	61	6	2	83	2	1	3	6	2
Total	111	137	12	29	207	15	40	3	15	9

Heimatkantone und -staaten

	Schweiz																		
	AG	AI	AR	BE	BE/JU	BS	BL	GL	GR	LU	SG	SO	SZ	TG	VD	VS	ZG	TH	NN
1957–1969	2	5	9	41	12	4	7	5	17	8	5	–	1	–	–	1	1	4	12
1970–1982	7	1	–	51	3	–	–	–	3	–	7	6	–	1	1	–	–	–	7
Total	9	6	9	92	15	4	7	5	20	8	12	6	1	1	1	1	1	4	19

	Deutschland	Frankreich	Österreich	Italien	England	Andere Staaten[3]	Total
1957–1969	11	1	1	39	3	6	195
1970–1982	–	–	–	1	–	6	94
Total	11	1	1	40	3	12	289

[1] Neuapostolisch, Mennonitisch; Muslimisch, Hindu.
[2] Spanisch, Englisch, Niederländisch, Slawisch, Türkisch, Arabisch, Indisch.
[3] Jugoslawien, Niederlande; Türkei; Ägypten, Jordanien, Tunesien; Vereinigte Staaten von Amerika; Indien.

wenig über dem Mittel der französischsprachigen Gemeinden liegenden Mehrheitsanteil (81,9%) auf. Wird die Bevölkerung des deutschsprachigen Weilers Löwenburg von der Pleener Gesamtbevölkerung abgezogen, so hat das Französisch in Pleigne einen mittleren Anteil 1960–80 von 90,4%; es steht damit deutlich über dem Gebietsmittel und lässt Pleigne ebenso deutlich frankophon erscheinen wie seine Nachbargemeinden im Westen (siehe Tab. 22).

Die Konfession

Das Überwiegen protestantischer Bewohner auf Löwenburg veranlasst uns, auch die konfessionellen Verhältnisse zu betrachten. Da die Sprachgrenze hier mitten durch das ehemalige Fürstbistum Basel, heute Gebiet der Diözese Basel, verläuft, zeichnet sie kein signifikanter Unterschied der konfessionellen Mehrheiten in den beiderseitigen Gemeinden aus; die oben festgestellten unterschiedlichen Bevölkerungs- und Wirtschaftsstrukturen erscheinen auf der Ebene der Gemeindeeinheiten weitestgehend konfessionsneutral. In allen Vergleichsgemeinden ausser Roggenburg weisen sich 1980 über vier Fünftel der Bevölkerung (Mittel 1960–80: 87,1%) als Katholiken aus. Eine konfessionelle Vermischung wie im Verstädterungsraum[455] findet kaum statt, wenn auch in den letzten dreissig Jahren die Anteile der beiden Landeskirchen zusammen zugunsten anderer Konfessionen leicht zurückgingen. Schon im letzten Jahrhundert wird festgehalten, dass Einzelhöfe inselartig eine protestantischen Denominationen (Wiedertäufer) angehörige Bevölkerung aufweisen; während die Katholizität der Hauptbevölkerung sprachgrenzneutral erscheint, sind die protestantischen Einzelsiedler meist deutschsprachig.[456]

Der gegenüber dem Gesamtgebietsmittel 1960–80 (11,6%) um ein weniges höhere Anteil der Protestanten in Pleigne von 13,4% verringert sich durch den Abzug der Löwenburger Bevölkerung auf 8,1% und gleicht die Gemeinde an ihre katholischen Nachbargemeinden an. Während die Wohnbevölkerung von Löwenburg im Mittel der drei Zähldaten zu 61% protestantisch ist, erscheinen die konfessionellen Verhältnisse der realen Wohnbevölkerung (d.h. sämtlicher während mindestens eines Monats auf der Löwenburg anwesender Personen, ohne Doppelzählungen; siehe Tab. 22) 1957–1982 in einer für die Region untypischen Weise paritätisch. Vor 1970 überwiegen Katholiken, zur Hauptsache italienische Saisonarbeiter, gegenüber den kinderreicheren Protestanten ein wenig; nach 1970 sind die wieder kinderreicheren Protestanten deutlich zahlreicher als die Katholiken. Die nicht ermittelbare Konfessionszugehörigkeit zahlreicher Bewohner in den 13 Jahren vor 1970 lässt allerdings eine protestantische Mehrheit auch für diesen Zeitabschnitt als möglich erscheinen. Während des ganzen betrachteten Zeitraums herrscht ein Zuzug von Arbeitskräften und Familien aus protestantischen Regionen des Kantons Bern deutlich vor.

Dritter Teil
Räumliche Gestalt und regionale Funktion des gegenwärtigen Grundbesitzes

Kapitel 9
Der «nicht realisierte» Grundbesitz und die Bedeutung des «Pächter-Sozialnetzes»

9.1 Das Handänderungspotential landwirtschaftlicher Güter als Anzeiger grundbesitzlicher Dynamik

Fragestellung und Quellenkritik

Die Dynamik des Grundbesitzes wird üblicherweise an den statistisch erfassbaren *vollzogenen* Handänderungen aufgezeigt; im wesentlichen folgt unsere Arbeit diesem Vorgehen. Die raumzeitliche Dimension der CMS erlaubt uns aber auch, ein Handänderungs*potential* in Gestalt der für die Entwicklung ihres Grundbesitzes folgenlos gebliebenen Güterangebote näher zu betrachten.

Man wird auf die Frage, wie sich der Grundbesitz der CMS auch *hätte* entwickeln können, mit Recht einwenden, sie habe für die Instrumentierung und Operationalisierung ihres zukünftigen Handelns, das auf den *faktisch vorhandenen* Grundbesitz abstellen muss, keine Bedeutung. Schwind stellt in seinem bekannten Vortrag die Kulturlandschaft als «objektivierten Geist» dar – womit dem über die «objektivierende» Bodennutzung verfügenden Grundbesitzer eine im buchstäblichen Sinn grundlegende Rolle zukommt – und misst dem Zufall gestaltende Bedeutung bei; ihren raumwissenschaftlichen Ausdruck hat im übrigen die Frage der Kontingenz, der relativen Zufallsbestimmtheit der vom Menschen geprägten Landschaft («paysage humanisé») in dem von der Schule von Vidal de la Blache vertretenen Possibilismus gefunden.[457]

Land- und Gutsangebote schaffen Verzweigungen im raumwirksamen Handeln und stellen den Handelnden vor die Wahl des Tuns oder Lassens; Desinteresse ebenso wie ein trotz interessierter Prüfung gefasster Entscheid für das Nichteintreten auf ein Angebot können als Unterbleiben oder «Misslingen» kulturlandschaftlicher Prägung betrachtet werden. Für einen solchen Entscheid werden in einer Institution wie der CMS über die individuellen, lebenszyklisch begrenzten Handlungshorizonte der natürlichen Person hinausgehende Erwägungen mobilisiert:

– Es wird eine im Namen Christoph Merians symbolisierte und von seinem Testament im Wortlaut begründete, auslegbare Tradition berücksichtigt,
– Es wird die bisherige konkrete Gestalt der Institution und ihrer Realien in der Wahrnehmung der an den Entscheiden Beteiligten berücksichtigt,
– Es wird das Gewicht der fiskalischen, politischen und institutionellen Rahmenbedingungen gegen jenes der konkreten Raumeinheiten, die Gegenstand des Handelns sind, und ihres funktionalen Nutzens abgewogen.

Anhand der Kommissionsprotokolle und der erhaltenen Korrespondenzen haben wir eine Liste der der CMS angebotenen, von ihr aber nicht erworbenen landwirtschaftlichen Güter erstellt; die vor allem in Stadtnähe zahlreich offerierten Einzelparzellen haben wir nicht berücksichtigt. Die gewonnenen Daten weisen eine nicht messbare Zufallsverteilung auf, die Einzelfakten können zudem nur in wenigen Fällen nach ihrer Bedeutung gewichtet werden. Es ist anzunehmen, dass in den Kopienbüchern, welche die Hauptquelle darstellen, eine Änderung der Verwaltungspraxis ihren Niederschlag in Form einer Lücke in der Zeitreihe findet. Die Interpretation der Daten erfolgt daher mit grossen Vorbehalten. Die Angebote beispielsweise stadtfernerer Güter könnten durch die entfernungsbedingte Notwendigkeit schriftlicher Verständigung übervertreten sein, da mündliche Verhandlungen im Erreichbarkeitsbereich der Stadt in der Dokumentation fehlen. Als ähnlich wirksamer Faktor der Ausdünnung der schriftlichen Information muss die in ihrer Bedeutung im betrachteten Zeitraum stark anwachsende telephonische Kommunikation betrachtet werden.

Die Aufstellung kann und soll in Anbetracht dieser Einschränkungen nur Aussagen über die Datenrelation machen; sie kann die Summe des konkreten Geschehens weder in zeitlicher, räumlicher noch motivationaler Hinsicht abdecken.

Die raumzeitliche Verteilung des Handänderungspotentials

Das ermittelte Güterangebots-Spektrum der CMS wird von uns dargestellt als Karte (Abb. 40), welche die konkrete räumliche Verteilung der angebotenen Güter in der Nordwestschweiz veranschaulicht, und als Graphik (Abb. 41), welche die in der Karte in Erscheinung tretende Verdichtung der Hofangebote in Stadtnähe mit der Einordnung in einen Vier- und Elfkilometer-Radius verdeutlicht. Der Vierkilometer-Radius umfasst die Güter im unmittelbaren Stadtvorland, zu welchen Brüglingen selbst gehört, der Elfkilometer-Radius die Güter bis zum Rand der heutigen statistischen Agglomeration Basel.

Es erweist sich, dass Gegenstand rund eines Fünftels aller Angebote Güter im Stadtrayon (≤4 km) und von zwei Fünfteln solche im Agglomerationsrayon (5–11 km) sind. Von den 1940er Jahren an stehen fast ausschliesslich Güter im letzteren zur Diskussion. Knapp ein Fünftel der Angebote betreffen Güter im Radius der engeren Region (12–19 km), an deren Rand z.B. Iglingen liegt. Ein gutes Fünftel betrifft weiter entfernt gelegene Güter, darunter vor allem im Hochjura gelegene.

Die Gutskäufe der CMS von 1906, 1918, 1929 und 1950 wählten wir als Anhaltspunkte für die Zusammenfassung zu Zeitabschnitten. Die für diese Abschnitte ermittelten Zentralwerte der Stadtentfernung – die Hälfte der angebotenen Güter liegt jeweils näher bzw. weiter als die Distanz des Zentralwerts von der Stadt entfernt – weisen auf eine tendenziell vergrösserte Stadtentfernung der angebotenen Güter hin.

Abbildung 40 ▶
Die regionale Verteilung der seit 1899 der Christoph Merian Stiftung angebotenen Landgüter.

Nicht dargestellt sind folgende Güterangebote mit z.T. nicht identifizierbarer Lage:
1899–1918: 1 Kanton Basel-Landschaft, 2 «Berner Jura», 1 Kanton Bern.
ab 1919: 2 Kanton Bern, 4 Kanton Jura, 1 Kanton Luzern, 1 Kanton Wallis, 1 Deutschland, 1 unbekannt.

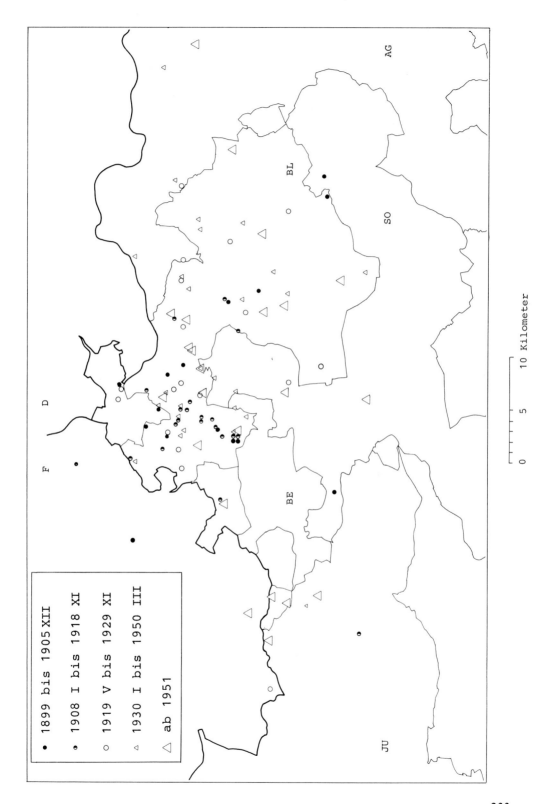

Abbildung 41
Die raumzeitliche Verteilung der seit 1899 der Christoph Merian Stiftung angebotenen Landgüter.

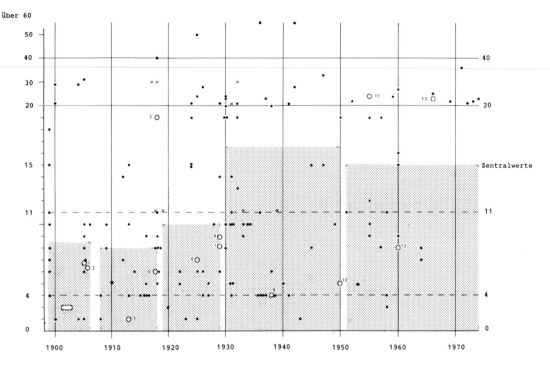

«Angebotswellen» können in den Jahrfünften 1904–1908, 1916–1920 und 1929–1933 beobachtet werden. Eine grosse Zahl Güterangebote ist im Jahr 1906 – im Vorfeld des Lachmatt-Kaufs – zu verzeichnen, sowie im letzten Kriegsjahr 1918, als die CMS die Angebote aufmerksamer zu prüfen scheint und einen misslungenen (Schürhof) sowie zwei ausgeführte Gutskäufe (Weidenhof, Iglingen) ausweist. Die dritte deutliche Verdichtung der Angebotsdokumentation zu Beginn der 1930er Jahre kennzeichnet eine Zeit bedeutender Landverschiebungen. Dieser «Schub», der nach dem Schlatthof- und Schürhofkauf auffälligerweise eine Fernwirkung der CMS als Adressatin vor allem in das obere Baselbiet zeigt, weist darauf hin, dass die Grossgutskäufe werbend wirken. Im besonderen dürfte die Kontaktlage dieses Regionsteils mit traditionellem städtisch-herrschaftlichem Gutsbesitz sowie eine ansatzweise ins letzte Jahrhundert zurückzuverfolgende Darlehenspraxis der CMS – und vermutlich schon Christoph Merians – diese den auftretenden Anbietern zu einer nicht unbekannten Grösse machen.

Das völlige Ausfallen der Dokumentation zwischen Oktober 1901 und Oktober 1904 – es sind lediglich Angebote von Einzelgrundstücken zu verzeichnen – trifft auf die umfangreichen Landkäufe der CMS auf dem Muttenzerfeld und kann wie die unmittelbar folgende Angebotswelle als Funktion der Aufmerksamkeit ihrer Verwaltung betrachtet werden. Tatsächlich muss sich die CMS vor Angeboten retten, wenn im Mai 1900 festgehalten wird, dass «unserer Verwaltung, ohne dass sie hierfür nur einen Finger gerührt hat, von allen Seiten fortwährend grössere und kleinere Güter zum Kaufe offeriert werden»; es wird beschlossen, den Abschluss des noch hängigen Expropriationsverfahrens der Bahnen und das erwartete Zusammenbrechen des zu hohen Preisniveaus abzuwarten.[458] Die «Angebotstiefs» am Ende des Zweiten Weltkriegs und zu Beginn der 1950er Jahre betreffen interessanterweise die Zeit intensiver Bemühungen der CMS, trotz des für sie aus politischen Gründen verknappten Güterangebots im Kanton Basel-Landschaft Gutskäufe zustande zu bringen.

9.2 Das «Pächternetz» als Sozialfaktor in der Güterkauffolge der CMS

Aus der von uns zusammengestellten Übersicht über die Bewirtschafter der Güter unter Christoph Merian und der CMS (siehe Anhang) gewinnen wir die Auffassung, dass den Bewirtschaftertraditionen und -beziehungen in der Erweiterung des Güterbestands der CMS eine nicht ganz unwesentliche Bedeutung zukommt. Leider konnten wir dem äusserst verzweigten agrarsoziologischen Aspekt unseres Themas nicht so weit nachgehen, dass die teilweise lückenhafte Dokumentation über die Pächter im einzelnen zu einem verlässlichen Gesamtbild geworden wäre.

Die CMS zieht nach dem Antritt von Merians Gütern bei Schadenfällen und Pachtzinsfragen unabhängige Gutachter bei; hat sie aber angebotene Güter einer Prüfung zu unterziehen, wie 1905 den Neuhof bei Reinach oder 1918 den Iglingerhof, so verlässt sie sich offenbar auf die Beurteilung ihrer Brüglinger Hauptpächter, welchen sie in diesen Fällen Gutachterstellung verschafft. Mehrfach erweisen sich diese denn auch als Gutsvermittler, sei es durch den Hinweis auf einen zum Verkauf stehenden Hof, sei es durch den Vorschlag an Dritte, der CMS ihren Hof anzubieten.

In den 1920er Jahren kommen die von uns so benannten «Pachthofketten» *Brüglingen-Sternenhof-Hint. Schlatthof* und *Weidenhof-Schürhof* zustande. Die die Pächterfamilien der Brüglinger Höfe, des Rothausguts und des Sternenhofs überdachende verwandtschaftliche und konfessionelle Beziehung fördert die Offerte des letzteren im Jahr 1924. Nach Aussagen der Nachkommen führt die Bekanntschaft des Sternenhofbesitzers und später -pächters mit dem Besitzer des Hinteren Schlatthofs zur 1929 erfolgten Offerte des letzteren an die CMS.

Neben den unmittelbaren nachbarschaftlichen Kontakten, die der Schürhofbesitzer zum *Schlatthof* pflegt, dürften auch die familiären Beziehungen zur Pächterfamilie des Weidenhofs – und entfernter auch zu jener des Lachmatthofs – nicht ohne Gewicht sein: Auf diesem Weg ist für die Anbieter die CMS als Schuldentilgerin und Verpächterin eine vorstellbare Grösse. Daneben kann auch die unkalkulatorische Vorstellung mitwirken, dass die Familie bzw. der Verwandtenkreis auf den Gütern Merians und der CMS eine Tradition von bereits mindestens einer Bewirtschaftergeneration aufweist.

Wir sind nicht beschlagen genug, die geradezu phantastische Konstellation bernischer wiedertäuferischer (mennonitischer) Familien als Bewirtschafter der suburbanen Güter von Basel aufzurollen. Wir weisen lediglich auf einen Aspekt der Persistenz dieser agrarsoziologischen Tatsache hin. Nach der mündlichen Tradition soll der

Stammvater der Familie Rediger, die bis 1978 den Hof Unter-Brüglingen bewirtschaftet, durch die Hofwiler Kontakte Christoph Merians nach Brüglingen gekommen sein. Möglicherweise braucht die Anwesenheit Jakob Wengers in Brüglingen aber nicht diese spezifische Erklärung, da die wiedertäuferische Tradition mit dem in der Erinnerung hochgehaltenen Pächter Freyenberger zu St. Jakob anzeigt, dass unabhängig vom innovativen Hofwil eine bernisch-protestantische Pächterschicht zahlreiche Gutsbetriebe in der Umgebung von Basel bewirtschaftete. Wir gehen wohl nicht fehl mit der Vermutung eines räumlichen Sozialgefüges, in dem sich die Gegenüberstellung protestantisch versus katholisch nicht nur mit dem Gegensatz der Stadt zu ihrer Landschaft, sondern auch der von den Wiedertäufern bewirtschafteten Grossgüter zur kleinbetrieblichen Dorflandwirtschaft deckt.

Christoph Merian dürfte diesem Schlag Landwirte aus den jurassischen Bergkolonien aufgrund ihrer christlichen, mit strengem Arbeitsethos verbundenen Einstellung aus seiner baslerischen Tradition heraus ein besonderes Vertrauen entgegenbringen. Die Wahl von Vertretern einer frühen Innenkolonisation als Hilfe für die Brüglinger Innenkolonisation hat etwas Sinnfälliges. Grundsätzlich von grosser Bedeutung dürfte aber auch die vom verwandtschaftlichen Zusammenhalt geförderte Tatsache sein, dass die «Familie als Lehrmeister» im Verband mit einer aufgeklärten Gutsverwaltung eine der besten Garantien für eine fortschrittlich betriebene Landwirtschaft darstellt. Die «Familie als Arbeitskraftreserve» ist in der Zeit des späteren Mangels an landwirtschaftlichen Arbeitskräften nicht unbedeutend; die Verwaltung der CMS nennt dies als Grund für den Vertragsabschluss mit dem neuen Rothauspächter 1908.[459] Saisonale Hilfskräfte vom wiedertäuferischen «Berg» sind auf dem Roten Haus noch lange von Bedeutung.

Das «Pächternetz», das die miteinander verwandten Familien Amstutz, Gerber, Liechti, Nussbaumer, Rediger, Scheidegger und Würgler zwischen den Stiftungshöfen knüpfen, entspricht der Persistenz der CMS als einer über die physische Existenz der natürlichen Person hinausreichenden Verpächterin: Im Familienverband erlangen die Pachtverhältnisse eine über die lebenszyklische Begrenzung hinausgehende Dauerhaftigkeit. Der landwirtschaftliche Strukturwandel und das Verschwinden besonders der grossen stadtnahen Güter lockern diese Bindungen, die selbstverwalteten Gutsbetriebe setzen ein neues Mass für die betriebliche Effizienz, und die landwirtschaftlichen Schulen laufen der «Familie als Lehrmeister» den Rang ab. Als einziger der Stiftungshöfe beherbergt noch das Untere Gruth eine Familie, die eine entfernte, wenn auch nie aktivierte, verwandtschaftliche Verbindung zum wiedertäuferischen Schwerpunkt Brüglingen nachweisen kann.

Kapitel 10
Die Aktualdynamik des gegenwärtigen Grundbesitzes der CMS

10.1 Die Handänderungen der letzten 25 Jahre

Räumliche Diversifizierung

Die Prozesse von Verstädterung und Entmischung im Agglomerationsraum geben, wie die Abbildungen 42 und 43 zeigen, dem Grundbesitz der CMS eine *räumlich weitgespannte* und *nutzungsmässig diversifizierte* Gestalt. Den landwirtschaftlichen Aspekt der Nutzungsvielfalt haben wir in Abbildung 33 mit der Höhenstufung der Gutsbetriebe und des Walds veranschaulicht; darin wird knapp die Hälfte der gesamten Grundbesitzfläche beschrieben. Die Gegenüberstellung der Situation des Gesamtgrundbesitzes von 1950 (vor dem Kauf des Unteren Gruths) und von 1981 macht seine räumliche und nutzungsmässige Entwicklung deutlich. Dem beträchtlichen Landschwund im Brüglinger Radius (2–4 km Stadtentfernung) und dem Sternenhof-Weidenhof-Radius (6–8 km) steht ein Landzuwachs im Bruderholz-Gruth-Radius (4–6 km) und im Schlatthofradius gegenüber. Zwischen den dargestellten Situationen findet, durch die grossen Landabtretungen beschleunigt, eine Entmischung zwischen landwirtschaftlicher und baulicher Bodennutzung statt; in der Situation 1981 entspricht die realisierte Nutzung mit wenigen Ausnahmen der zonengemässen Nutzung. Besonders eindrücklich ist das Anwachsen des Anteils des «kostspieligen» stadtfernen Grundbesitzes von 13,2% auf über die Hälfte (53,9%), was gewissermassen eine fiskalische Deltabildung im ländlichen Hinterland anzeigt.

Räumliche Verlagerung

Obwohl unsere Betrachtung der Veränderungen des Grundbesitzes zur Gewinnung einer zuverlässigen kontinuierlichen Datenreihe erst mit dem Jahrfünft 1960–1964 beginnt und damit das bedeutende Ereignis des Löwenburg-Kaufs nicht enthält, zeichnet sich das Gewicht der stadtfernen Handänderungen in Tabelle 23 deutlich ab.

Von Anfang 1960 bis Ende 1980 wächst der Grundbesitz der CMS um rund ein Sechstel von 794,49 Hektaren auf 931,45 Hektaren. Die Zunahme findet zur Hauptsache ausserhalb der Kantone Basel-Stadt und Basel-Landschaft statt – im Agglomerationsgebiet nimmt die Grundbesitzfläche ab.
Der gesamte *Landumsatz* teilt sich entsprechend auf die Regionen auf. Es entfallen
    6,5% auf den Kanton Basel-Stadt,
    48,3% auf den Kanton Basel-Landschaft und
    45,2% auf die übrige Nordwestschweiz und die BRD.

Dem negativen Flächensaldo in den beiden Basel 1960–1984 von 18,14 Hektaren steht der achteinhalbfache positive Flächensaldo von 155,09 Hektaren im Gebiet ausserhalb gegenüber. Dass der Gesamtzuwachs des Grundbesitzes in dieser Zeit nur knapp zwei Fünftel (38,8%) des gesamten umgesetzten, d.h. räumlich verlagerten Grundbesitzes beträgt, ist der grundbesitzlichen Dynamik im Agglomerationsgebiet zuzuschreiben, wo ein Flächenschwund feststellbar ist, der fast ein Zehntel (9,4%) des dortigen Umsatzes ausmacht.

Im Gesagten kommt zum Ausdruck, was für die hundertjährige Geschichte des landwirtschaftlichen Grundbesitzes der CMS gilt: dass die vom Stadtgebiet ausgehende Grundbesitzerweiterung nicht linear und additiv, sondern als Produkt komplexer kompensatorischer Landverschiebungen erfolgt, als deren «Energiequelle» wir die durch den funktionalen Entmischungsprozess verstärkten Bodenwertgefälle annehmen. Der Grundbesitzaustausch ist bis in die 1980er Jahre besonders bedeutend im Kanton Basel-Landschaft, wo die Hauptmasse des Grundbesitzes von der stärksten infrastrukturellen Entwicklung getroffen wird.

Der öffentlichen Hand verpflichtet

Wie wir feststellten, spielte die CMS während der ganzen Zeit ihres Bestehens in der staatlichen Landbeschaffung stets eine gewisse Rolle. Diese Verflechtung findet im

Abbildung 42
Der Grundbesitz der Christoph Merian Stiftung 1985.
(Grundkarte reproduziert mit Bewilligung der Eidg. Landestopographie vom 27.6.1986)

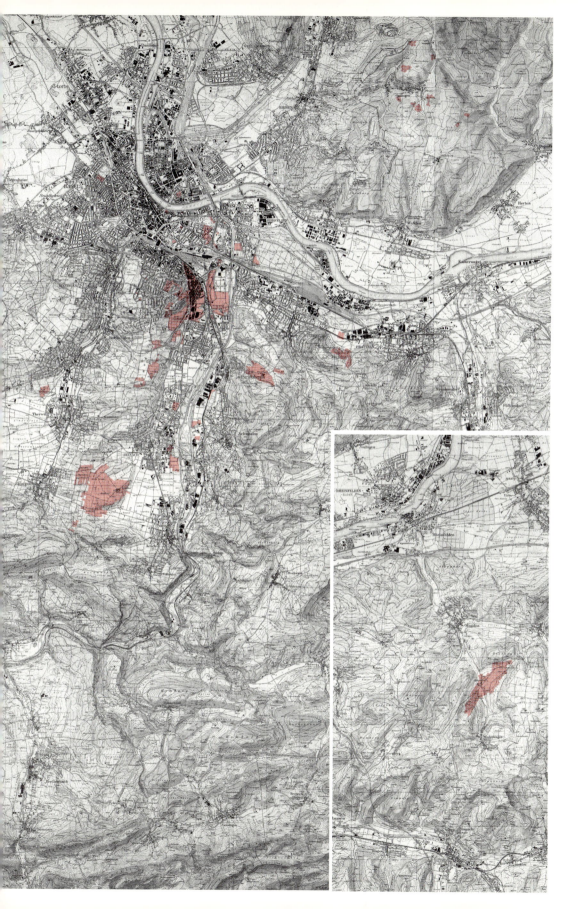

Abbildung 43
Die räumliche Verteilung und Nutzung des Grundbesitzes der Christoph Merian Stiftung 1951 und 1981.

2-Kilometer-Distanzklassen der Entfernung vom Stadtzentrum.

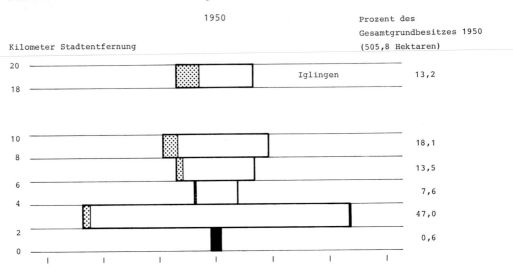

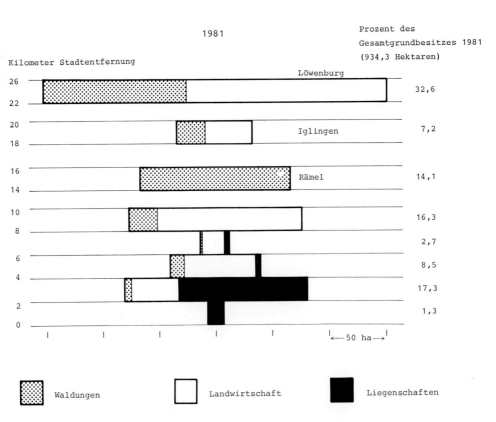

Tabelle 23
Die Veränderung Grundbesitz der Christoph Merian Stiftung 1960–1984 nach regionaler Lage der Flächenänderungen. Flächen in Quadratmetern.

	Zugang ha/a/m²	Abgang ha/a/m²	Saldo ha/a/m²	Umsatz ha/a/m²
	Basel-Stadt			
1960–1964	52120	14939,5	+ 37180,5	
1965–1969	7139	7919	− 7 19 80	
1970–1974	6662	7955	− 1293	
1975–1979	26601	26878	− 277	
1980–1984	3724,5	4165	− 440,5	
1960–1984	96246,5	133056,5	− 36810	229303
	Basel-Landschaft			
1960–1964	294739	170225	+ 124514	
1965–1969	49790	248568	− 198778	
1970–1974	76502	157099	80597	
1975–1979	326822	170682	+ 156140	
1980–1984	31901	177736	− 145835	
1960–1984	779754	924310	− 144556	1704064
	Kantone Aargau, Bern/Jura; Deutschland			
1960–1964	13859	11702	+ 2157	
1965–1969	233884	–	+ 233884	
1970–1974	1319852	1152	+ 1318700	
1975–1979	466	4688	− 4222	
1980–1984	3947	3537	+ 410	
1960–1984	1572008	21079	+ 1550929	1593087
	Total			
1960–1964	360718	196866,5	+ 163851,5	
1965–1969	290813	327687	− 36874	
1970–1974	1403016	166206	− 1236810	
1975–1979	353889	202248	− 151641	
1980–1984	39572,5	185438	− 145865,5	
1960–1984	2448008,5	1078445,5	+ 1369563	3526454

einen der beiden Reliefs, die Bildhauer Kissling für das erste Verwaltungsgebäude der CMS an der Elisabethenstrasse schuf, ihren Ausdruck als etwas Selbstverständliches, sind doch auf der einen Tafel «Landwirtschaft und Öffentliche Bauten» zusammengefasst dargestellt. Die Aktualdynamik des Grundbesitzes der CMS weist denn auch neben der festgestellten regionalen Disparität eine Disparität in der Struktur der Partner ihrer Landgeschäfte auf: Sie kauft von Privaten und verkauft an öffentliche Hände (siehe Tab. 24).

Der Flächenzuwachs des Grundbesitzes zwischen 1960 und 1984 geht zu über vier Fünfteln (84%) auf Käufe *von Privaten*, der Flächenschwund des Grundbesitzes zu über drei Vierteln (76,6%) auf Verkäufe und Abtretungen *an öffentliche Hände* zurück. Von letzteren sind mit 34,1 Hektaren rund zwei Fünftel Abtretungen an Strassen, Allmend und andere obligatorische Abtretungen, die übrigen 48,5 Hektaren Abtretungen für verschiedene öffentliche Werke: zusammen eine Fläche, die dem Umfang des Schlatthofs 1960 entspricht.

Tabelle 24
Die Veränderung des Grundbesitzes der Christoph Merian Stiftung 1960–1984 nach öffentlich-rechtlichen und privat-rechtlichen Abnehmern und Abtretern in den Kantonen Basel-Stadt und Basel-Landschaft und in der Bundesrepublik Deutschland. Flächen in Quadratmetern.

	Lage	Zugang ha/a/m²	Abgang ha/a/m²	Saldo ha/a/m²	Umsatz ha/a/m²
		Von/an öffentliche Grundbesitzer			
1960–1964	BS	5 20 31	1 48 50,5		
	BL	88 13	1 627 49		
		6 08 44	1 775 99,5	− 1 167 55,5	
1965–1969	BS	2 54	7 67 28		
	BL	1 67 00	1 051 11		
		1 69 54	1 818 39	− 1 648 85	
1970–1974	BS	38 51	79 55		
	BL	7 21	1 076 76		
		45 72	1 156 31	− 1 110 59	
1975–1979	BS	–	2 23 29		
	BL	2 891 54	1 706 82		
	BRD	–	46 88		
		2 891 54	1 976 99	+ 914 55	
1980–1984	BS	109,5	1 549,5		
	BL	1 96 53	1 520 47		
		1 97 62,5	1 535 96,5	− 1 338 34	
1960–1984	BS	5 62 45,5	12 34 12	− 6 71 66,5	17 96 57,5
	BL	33 50 41	69 82 65	− 36 32 24	103 33 06
	BRD	–	46 88	− 46 88	46 88
		39 12 86,5	82 63 65	− 43 50 78,5	121 76 51,5
		Von/an private Grundbesitzer			
1960–1984	BS	4 00 01	96 44,5	+ 3 03 56,5	4 96 45,5
	BL	44 47 13	2 260 45	+ 21 86 68	67 07 58
	Andere*	15 72 008	1 63 91	+ 15 15 617	158 83 99
		20 56 722	25 20 80,5	+ 18 046 41,5	230 88 02,5

* Kantone Aargau, Bern, Jura; BRD.

Für die *Stadt Basel* (Einwohnergemeinde) erwirbt die CMS treuhänderisch
– bedarfsorientiert das *Hagnaugut*, eher vorsorglich den *Hinteren Schlatthof* und den *Schürhof*.
Sie tritt der Stadt grössere Landkomplexe ab
– für das Zeughaus beim Singerhof, für die Sportplätze auf den St. Jakobsmatten, für die Grünzone am Jakobsberg.

Dem *Kanton Basel-Landschaft* und der *Schweizerischen Eidgenossenschaft* tritt die CMS Land für die Anlegung und den Ausbau von bedeutenden Infrastrukturanlagen ab:
– Geleiseanlagen, Autobahnen, Kläranlagen.
Verschiedenen *Gemeinden* verkauft sie Land für Anlagen mit öffentlichen Funktionen oder Restareale mit Nutzungsbeschränkungen:
– Schiessanlage, Schulhaus, Pflanzland, Grundwasserschutzzone.

Ein Beispiel gibt der Landkomplex *Muttenzerfeld-Hagnau* der CMS. Von den 43,65 ha Land des Jahres 1955 sind 1983 7,25 ha (16,6%) übrig. Von diesen sind 87% an öffentliche Hände im Landkanton und 9% an Private abgetreten worden. Fast die Hälfte des abgetretenen Lands wird von Verkehrsanlagen und ihren Randarealen

Abbildung 44
Lage des Grundbesitzes baselstädtischer Institutionen in der Dreiländeragglomeration Basel 1981.
Einwohnergemeinde Basel, Kanton Basel-Stadt, Öffentliche Werke (IWB, BVB, Grünflächenplanung,
Fonds de roulement); Bürgergemeinde Basel, Bürgerspital, Christoph Merian Stiftung.

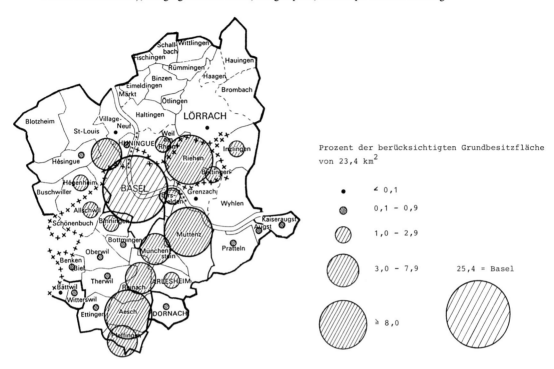

beansprucht, ein Viertel der Restparzellen ist zu Pflanzland geworden. Das noch im Besitz der CMS stehende Land in der Hagnau und beim Hardwald wird mit Ausnahme der Niederterrassenkante über der Hagnau von Familiengärtnern genutzt. 36% des dargestellten Landverbrauchs erfolgt auf Birsfelder Boden, der grössere Rest auf Muttenzer Boden; wie wir weiter unten zeigen, ist letztere Fläche mit einem Anteil von 2,4% am gesamten auf Muttenzer Gemeindegebiet liegenden öffentlichen und gemeinnützigen Grundbesitzes verhältnismässig bescheiden; CMS-Land bildet aber 7,5% des Grundbesitzes seiner öffentlich-rechtlichen Besitznachfolger.

Weniger als ein Viertel des verkauften und abgetretenen Grundbesitzes geht an Private, was eine noch immer zurückhaltende Praxis im freihändigen Verkauf von Stiftungsland anzeigt. Über die Hälfte (55%) der an Private verkauften Fläche geht 1965–1967 an Firmen auf der Langen Heid (Münchenstein), in Reinach, auf der Lachmatt (Muttenz und Pratteln) und im Freuler (Muttenz); diese Verkäufe erfolgen, da sie die Verlegungen und Erweiterungen von Betrieben ermöglichen und damit zur Schaffung und Sicherung von Arbeitsplätzen beitragen, in einem im weitesten Sinne öffentlichen Interesse des Landkantons. Nur 15% der Abtretungen an Private betreffen nicht gewinnorientierte juristische und natürliche Personen; sie werden fast hälftig als Tausch und Verkauf vollzogen und betreffen häufig lediglich Grundstücks-Grenzbereinigungen.

Tabelle 25
Ausgewählter Grundbesitz öffentlicher und gemeinnütziger Körperschaften in der Region Basel 1980/81/82. Flächen in Hektaren.

Gebiet	1. 1981 Staat Basel-Stadt	2. 1980 Bürgergemeinde Basel	3. 1981 CMS	4. 1982 Bürgerspital	5. 1981 Staat Basel-Landschaft	6. 1982 Staat Solothurn	7. 1982 Staat Aargau
	ha	ha	ha	ha	ha	ha	ha
Dreiländeragglomeration Basel							
A. Kanton Basel-Stadt	830,2	23,7	86,1	35,7	–	–	–
B. Aggl.gemeinden Basel-Landschaft	352,7	266,0	328,1	174,2	314,5	–	–
C. Aggl.gemeinde Aargau	8,1	–	–	–	1,4	–	18,5
D. Aggl.gemeinden Solothurn	5,4	–	–	5,5	–	2,4	–
E. Aggl.gemeinden Deutschland	28,3	0,1	16,4	40,2	–	–	–
F. Aggl.gemeinden Frankreich	48,0	–	–	91,1	–	–	–
Ausserhalb der Dreiländeragglomeration:							
G. Nordwestschweiz	290,7	–	503,7	35,4	517,4	471,0	519,5
H. Deutschland und Frankreich	8,6	–	–	4,4	–	–	–
A.–F. **Total Dreiländeragglomeration**	1272,7	289,8	430,6	346,7	315,9	2,4	18,5
G.–H. **Total übrige Region**	299,3	–	503,7	39,8	517,4	471,0	519,5
A.–H. **Total**	1572,0	289,8	934,3	386,5	833,3	473,4	538,0

Die regionale Verteilung von öffentlichem und gemeinnützigem Grundbesitz

Zur Beschreibung der raumbezogenen Verpflichtung der CMS öffentlichen Händen gegenüber betrachten wir die Verteilung ihres Grundbesitzes:
– erstens desjenigen von baselstädtischen öffentlichen und gemeinnützigen Institutionen in der Dreiländeragglomeration Basel nach der Definition von 1970 (Abbildung 44);
– zweitens desjenigen in einem lokalen Gebietsausschnitt, in dem die CMS mit einem beträchtlichen Landanteil vertreten ist (Abbildung 45);
– drittens die Anteilsverhältnisse des öffentlichen Grundbesitzes an der Fläche einer Gemeinde, aus der sich die CMS grundbesitzmässig «zurückgezogen» hat (Abbildung 46).
In den beiden ersten Fällen berücksichtigen wir den Grundbesitz der Eidgenossenschaft und der Bundesrepublik Deutschland (vorwiegend Bahnareale), die in Basel-Stadt unter den vier grössten Grundbesitzern figurieren, nicht.[460]

Abbildung 44 verdeutlicht die räumliche Verteilung eines Teils des in Tabelle 25 wiedergegebenen Grundbesitzes öffentlicher und gemeinnütziger Körperschaften (ohne Allmend und Strassen); vom Gesamtgrundbesitz der berücksichtigten baselstädtischen Institutionen liegen 23,4 km² oder 73% in der Dreiländeragglomeration. Es

Tabelle 25 (Fortsetzung)

Zusammenfassung

Gebiet	1.–4. Institutionen in Basel-Stadt ha	5.–7. Andere Kantone ha	1.–7. Total ha
Dreiländeragglomeration Basel			
A. *Kanton Basel-Stadt*	*975,7*	–	*975,7*
B. *Aggl.gemeinden Basel-Landschaft*	*1121,0*	*314,5*	*1435,5*
C. *Aggl.gemeinde Aargau*	*8,1*	*19,9*	*28,0*
D. *Aggl.gemeinden Solothurn*	*10,9*	*2,4*	*13,3*
E. *Aggl.gemeinden Deutschland*	*85,0*	–	*85,0*
F. *Aggl.gemeinden Frankreich*	*139,1*	–	*139,1*
Ausserhalb der Dreiländeragglomeration			
G. *Nordwestschweiz*	*829,8*	*1507,9*	*2339,1*
H. *Deutschland und Frankreich*	*13,0*	–	*13,0*
A.–F. Total Dreiländeragglomeration	*2339,8*	*336,8*	*2676,6*
G.–H. Total übrige Region	*842,8*	*1507,9*	*2352,1*
A.–H. Total	*3182,6*	*1844,7*	*5027,3*

Berücksichtigt ist Grundbesitz im Gebiet der Kantone Basel-Stadt und Basel-Landschaft; Kanton Aargau, Bezirk Rheinfelden; Kanton Bern, Bezirk Laufen; Kanton Jura, Bezirk Delémont; Kanton Solothurn, Bezirke Dorneck und Thierstein; Bundesrepublik Deutschland; Republik Frankreich.

1. Staat Basel-Stadt: Kanton Basel-Stadt, Einwohnergemeinde Basel-Stadt (Finanz- und Verwaltungsvermögen); Grünflächenplanung, Fonds der roulement, Industrielle Werke, Verkehrsbetriebe.
5. Staat Basel-Landschaft: Kanton Basel-Landschaft (Finanz- und Verwaltungsvermögen, treuhänderischer Grundbesitz Kantonalbank BL. (ohne Nationalstrassen).
6./7. Staat Solothurn/Aargau: (Finanz- und Verwaltungsvermögen). (Ohne Strassen und Gewässer).

kommt die «ausgreifende Bodenpolitik»[461] der Stadt zum Ausdruck, die in den Gemeinden des Birsecks (hier: Münchenstein, Reinach, Aesch und Pfeffingen) fast ein Viertel (24%) und in Muttenz ein Achtel (12%) ihres gesamten Grundbesitzes zusammenkommen lässt. Die betrachteten Grundbesitzer können in *stadtbetonte* und *landbetonte* unterschieden werden:
– Einwohnergemeinde, Kanton und öffentliche Werke haben 65% ihres Grundbesitzes im Kanton Basel-Stadt selbst,
– Bürgergemeinde, Bürgerspital und CMS haben 68% ihres Grundbesitzes in Agglomerationsgemeinden ausserhalb des Stadtkantons.

Die städtische Landnahme ist im Landkanton stärker als im benachbarten Ausland, was in die Zeit des ungeteilten Kantons Basel zurückreichende Beziehungen und die durch zwei Weltkriege verstärkte Abschrankung der ausländischen Nachbarschaft zum Ausdruck bringt. Altes Spitalgut findet sich auf französischem Staatsgebiet in Hegenheim und St. Louis; es wurde in neuerer Zeit durch Land der Einwohnergemeinde Basel ergänzt; ferner auf deutschem Staatsgebiet in Inzlingen, wo auch die CMS ererbten Wald besitzt.

Für die Betrachtung eines lokalen Ausschnitts der räumlichen Verflechtung von öffentlichem und gemeinnützigem Grundbesitz wählen wir das Gebiet der im Schwerpunktbereich des städtischen Grundbesitzes im Birseck gelegenen Gemeinden Aesch und Reinach (Abb. 45). Hier liegen 16% des gesamten Grundbesitzes der CMS oder ein Drittel ihres landwirtschaftlichen Grundbesitzes.[462]

Die Karte lässt deutlich die «städtischen» Besitzkomplexe *Schlatthof* (CMS) und *Neuhof* (Einwohnergemeinde Basel) auf der Grenze zwischen Reinach und Aesch erkennen, an die das Landheim *Erlenhof* (Verein für Jugendfürsorge Basel) anschliesst. Der Schlatthofkomplex ist auf seiner östlichen Seite grundstücksmässig geschlossen, durch die flächenhafte Ausweitung auf der westlichen Seite aber mit der Parzellarstruktur der dörflichen Feldflur verzahnt. Der *Neuhof-Sonnenhof-Neumatthof*-Komplex (EG Basel) reicht, gegen Süden mit stark verstreuten Grundstücken, auf der zusammenhängenden Feldflur in das Aescher Landwirtschafts- und Baugebiet. Der Anteil des Kulturlands am Gesamtgrundbesitz der drei städtischen Grundbesitzer in Aesch und Reinach beträgt fast neun Zehntel; ca. 1,5% davon stellen als noch unüberbautes Bauland (Wohn- und Gewerbebauzone) eine gewisse fiskalische Reserve dar.

Bedeutend anders präsentieren sich die Arealverhältnisse der lokalen öffentlichen Hände. Der Grundbesitz der beiden Bürgergemeinden weist einen hohen Anteil an Waldarealen auf: Es handelt sich in Aesch um den *Gemeindewald*, in Reinach um den *Leuwald* beim Schlatthof, den Wald in der *Reinacher Heide* und das *Predigerholz*, also im wesentlichen um die wenigen geschlossenen Waldareale dieser Gemeinden. Der Grundbesitz der Einwohnergemeinden hat dagegen bedeutendere Anteile an Arealen mit Siedlungsfunktionen (Schul- und Verwaltungsgebäude, Werkhöfe, Liegenschaften, Sportplätze und Schwimmbäder), wie es ihren Aufgaben seit der Ausscheidung von Bürger- und Einwohnergemeinden in der zweiten Hälfte des 19. Jahrhunderts entspricht. Der bedeutende Waldanteil am Grundbesitz der Einwohnergemeinde Reinach wird von der Reinacher Heide gebildet, die nicht als Kulturland angesprochen werden kann; sie stellt eine Ausnahme im stark zerstreuten Grundbesitz der beiden Einwohnergemeinden dar.

Der Kanton Basel-Landschaft besitzt Land hauptsächlich im Bereich realisierter oder geplanter Strassenbauten, der T18 und der zweiten Bruderholz-Querverbindung. Im Bereich des Anschlusses der T18 an den Pfeffingerring in Aesch, der ursprünglich mit Untertunnelung der Schlatthofkuppe ins Leimental hätte führen sollen, förderte der Eingriff in den Landbestand der Einwohnergemeinde Basel über Realersatzgeschäfte eine weitere Landnahme der Stadt in der Gemeinde Aesch.

Die Landkomplexe baselstädtischer Grundbesitzer im Schlatthofgebiet stellen die Konkretisierung städtischer Auslagerungsabsichten dar. Es kann rückblickend vermutet werden, dass die städtische Landnahme in diesem Gebiet auch ohne die Zwischenschaltung der CMS ähnlich verlaufen wäre. Vielleicht hätten aber leichtere Verfügbarkeit (Staatseigentum) der Güter und Verwertungsdruck zur Verwirklichung der geplanten Anstaltsbauten geführt, wie sie heute den Erlenhof prägen. Wenn auch der Beitrag der CMS zur Persistenz der landwirtschaftlichen Nutzung der Schlatthöfe nicht überschätzt werden darf, so muss ihr die Schaffung des Gutsbetriebs als langfristige Sicherung der agrarischen Funktion des Schlatthofgebiets angerechnet werden.

Abbildung 45 ▶
Grundbesitz der öffentlichen Hände beider Basel und gemeinnütziger stadtbaslerischer Institutionen in den Gemeinden Aesch und Reinach 1979/1983.

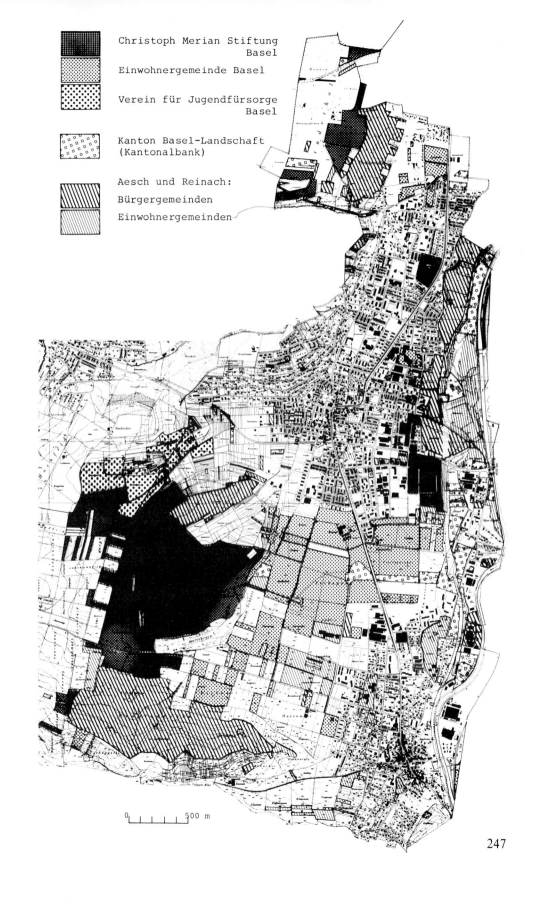

Abbildung 46
Ausgewählter öffentlicher Grundbesitz in der Gemeinde Muttenz 1982/1983.
Kreisfläche = Gesamtfläche der Gemeinde laut Grundbuchstatistik 1'665,45 Hektaren.
(Quellen: Grundbuch der Gemeinde Muttenz, Bodenamt des Kantons Basel-Landschaft, Grundbuch der CMS, Schätzungen nach Planimetrierung.)

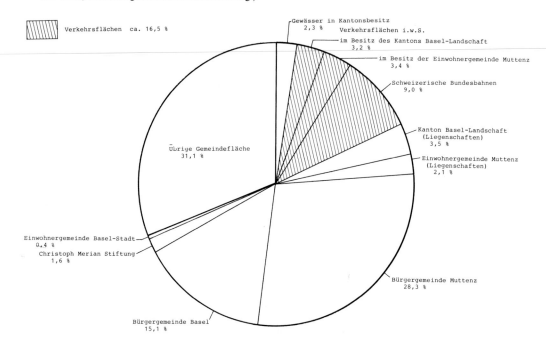

1897 weist die CMS mit 6,35 Hektaren erstmals Grundbesitz in der Gemeinde Muttenz aus. Mit 125,10 Hektaren erreicht dieser 1917 seinen grössten Umfang; er verringert sich wieder bis 1984 auf 25,82 Hektaren. Die Gründe für diese Dynamik wurden bereits besprochen. Muttenz, mit 16,65 km² die flächenmässig mit Abstand grösste Gemeinde des Bezirks Arlesheim, ist nach unseren Schätzungen zu rund 69% im Besitz von öffentlichen Händen einschliesslich CMS. Abbildung 46 zeigt, dass der Grundbesitz der Bürgergemeinden von Muttenz und Basel in extensiver Weise über zwei Fünftel des Gemeindegebiet beinhaltet: er betrifft mit 620 Hektaren zu über vier Fünfteln *Wald*. Nächstbedeutender Grundbesitzer sind die SBB (Schweizerische Eidgenossenschaft) mit dem *Rangierbahnhof*. In den Anteilen des Grundbesitzes der SBB und des Kantons Basel-Landschaft kommt die Ausweitung des «Helvetischen (heute internationalen) Verkehrsnabels» von Basel grundbesitzlich zum Ausdruck.

10.2 Typisierung des aktuellen landwirtschaftlichen Grundbesitzes der CMS

Die Reduktion der landwirtschaftlichen Pachtstellen

Die landwirtschaftlichen Güter als Grundlagen der räumlichen und fiskalischen Entwicklung der CMS erfahren einen über die landwirtschaftsspezifische Entwicklung hinausgehenden Wandel. Dieser spiegelt sich in der Zahl der Pachtstellen, welche die CMS im Laufe der hundert Jahre ihres Bestehens vergibt.

			Pachtstellen	Gutsbetriebe
1886		Brüglinger Gut	5	
1907	+	Lachmatt, Rothaus	7	
1914	+	Hagnau	8	
1919	−	Singerhof,		
	+	Weidenhof, Iglingen	9	
1920	−	Rothaus	8	
1924	+	Sternenhof	9	
1927	−	St. Jakob	8	
1930	+	H. Schlatthof, Schürhof	10	
1952	−	Waldhof,		
	+	Unt. Gruth	10	
1956	−	Hagnau	9	
	+	Löwenburg		1
1960	−	H. Schlatthof (Gutsbetrieb)	8	
	+	V. Schlatthof		2
1961	−	V.-Brüglingen	7	
1966	−	Lachmatt	6	
1978	−	Weidenhof	5	
1979	−	U.-Brüglingen	4	
1981	+	U.-Brüglingen (Gutsbetrieb)		3
1985	−	Sternenhof	3	

Während der Pachtstellenabbau noch bei der Aufgabe des Pachthofs *St. Jakob* 1927 eine Umverteilung der Landreserven des Brüglinger Komplexes bringt, ist er beim *Waldhof* 1952 und beim *Hagnauhof* 1956 die Folge einer durch Landverbrauch erfolgten oder infolge Projekten absehbaren Verminderung und lagemässigen Zersplitterung des Kulturlands. *Lachmatt, Weidenhof* und *Sternenhof* können sich über den Zeitpunkt der starken Verminderung des Grundbesitzes der CMS hinaus dank Eigenland der Pächter oder Zupacht von Dritten erhalten. Die Reduktion der Pachtstellen geht parallel mit dem Ausbau der Gutsbetriebe. Während die *Löwenburg* bereits als Verwalterbetrieb angetreten wird, findet auf dem *Schlatthof* die Zusammenlegung der bisherigen Pachtstelle mit dem neuerworbenen Hofteil (potentielle Pachtstelle) statt und wird die Pachtstelle von *Unter-Brüglingen* in einen spezialisierten Gutsbetrieb umgewandelt.

Typen des aktuellen Grundbesitzes

Auf der Grundlage der Betriebszugehörigkeit lässt sich der aktuelle Grundbesitz der CMS unterteilen in
  A gruppierten agrarischen Besitz,
  B zerstreuten agrarischen Besitz und
  C städtisch-funktionalen Besitz.

Die Reihenfolge der Nennungen soll nicht entwicklungsmässig verstanden werden; vielmehr sind A und C die Pole der nutzungsmässigen räumlichen Entmischung mit starker Eigenständigkeit und Eigendynamik (Agrarpolitik versus Wohnbaupolitik), während B gewissermassen den Konfliktstoff im Entscheidungsprozess zwischen diesen beiden darstellt. Eine besondere Stellung nimmt in diesem Zusammenhang der *Waldbesitz* der CMS ein, der, mit Ausnahme der Löwenburg-Waldungen, von der Forstverwaltung Basel betreut wird. Es handelt sich hier um Zwangsnutzungsareale mit ungünstiger räumlicher Streuung.

Tabelle 26
Park- und Landwirtschaftsland der Christoph Merian-Stiftung Ende 1985

	Hektaren	Prozent
1. Städtische Grünflächen		
C. Merian-Park, Galgenhügel-Promenade, Kinderspielplatz, Gärten	2,37	
Unter-Brüglingen: Botanischer Garten	13,31	
Stadtgärtnerei Basel	2,35	
Stiftung im Grünen	13,20	
Hagnau-Hang (Birsfelden), Div. Pächter, Übriges	2,63	
	33,86	6,8
2. Familiengärten		
Gellert (Basel-Stadt)	0,14	
Bruderholz (Basel-Stadt, Münchenstein)	4,26	
Hagnau (Birsfelden), Hofacker (Muttenz)	6,63	
	11,03	2,2
3. Betriebsloses Kulturland		
1. Bauland		
Kägen (Reinach) ehem. Sternenhof	7,04	
Weiden (Arlesheim) ehem. Weidenhof	1,03	
	8,07	
2. Verpachtetes Land		
Bruderholz		
Margarethenhof (Binningen)	22,22	
Predigerhof (Reinach)	10,44	
Klushof (Aesch)	4,93	
Diverse, Übriges	5,17	
	42,76	
Arlesheimer Weiden		
Ob. Klushof (Pfeffingen)	1,66	
Übriges	0,90	
	2,56	
Schlatt-/Schürhof (Aesch/Ettingen)		
Klushof (Aesch)	2,01	
Diverse	1,16	
	3,17	
Lachmatt (Muttenz)		
Diverse	6,69	
	63,25	12,7
4. Pachthöfe		
Unteres Gruth (Münchenstein, Muttenz)	31,15	
Schürhof (Aesch, Ettingen)	19,19	
Iglingen (Magden, Maisprach, Wintersingen)	42,25	
	92,59	18,6
5. Unselbständige Stiftung		
Bernhardsberg (Oberwil)	6,27	1,3
6. Gutsbetriebe		
Unter-Brüglingen (Münchenstein)	6,60	
Schlatthof (Aesch, Ettingen, Reinach, Therwil)	105,40	
Löwenburg (Ederswiler, Pleigne, Roggenburg)	177,98	
	289,98	58,4
Zusammenfassung		
1. + 2. *Städtische Grünflächen und Familiengärten*	*44,89*	*9*
3. *Betriebsloses Kulturland*	*63,25*	*12,7*
4.–6. *Landwirtschaftsbetriebe*	*388,84*	*78,3*
1.–6. *Total*	*496,98*	*100,0*

A

Als *gruppierten agrarischen Besitz* bezeichnen wir die eigentlichen Domänen der CMS, den landwirtschaftlichen Grundbesitz mit dazugehörigem Betriebszentrum. Dieser stellt Ende 1984 42,1% der gesamten Grundbesitzfläche der CMS oder 86,7% ihres landwirtschaftlichen Grundbesitzes dar (siehe Tab. 26). Drei Viertel dieses Domänenbesitzes werden von den drei Gutsbetrieben gebildet, ein Viertel von den drei verbliebenen Pachtbetrieben und dem als unselbständige Stiftung geführten Bernhardsberg in Oberwil; letzterer wird vom Stiftungsvermögen getrennt verwaltet und wie die Inzlinger Waldungen nur mit einem pro memoria-Betrag zu Buch geschlagen.

Charakteristischerweise hat sich der gruppierte agrarische Besitz auf historischen Gutseinheiten ausgeformt. Diese liegen alle auf Territorialgrenzen in siedlungsferner Lage:

1. Seit ihrer Übernahme durch die CMS wurden die Güter *Iglingen* und *Unteres Gruth* umfangmässig kaum verändert, aber baulich saniert. Ersteres wird von einer Kantonsgrenze geteilt, letzteres greift in Höhenlage über eine Gemeindegrenze.

2. Das bereits zusammengeschlossen angetretene Gut *Löwenburg-Hinterschloss* rundet die CMS mit der ehemals dazugehörigen *Neumühle* ab. Es liegt in einem peripheren, ländlichen Gebiet, das von dynamischen politischen und kulturräumlichen Grenzen durchzogen ist.

3. Den *Schlatthofkomplex* kann die CMS sukzessive wieder zusammenfügen und nicht nur auf seinen historischen Umfang bringen, sondern noch darüber hinaus vergrössern. Der *Schürhof* wird mit veränderter Kulturlandzuteilung als selbständiger Pachtbetrieb weitergeführt, der Schlatthof wird zum Gutsbetrieb ausgebaut. Einerseits *sucht* die CMS aktiv diese atypisch grossen Güter, um sie als Gutsbetriebe betreiben zu können. Anderseits können diese, ohne zu mehreren Pachtbetrieben zerschlagen zu werden, nur als Gutsbetriebe rentabel geführt werden; ihre Grösse lässt sie dem kapitalkräftigen Besitzer *zufallen*. Die Schlatthöfe liegen am Agglomerationsrand auf dem Gebiet von vier Gemeinden.

4. Das von der städtebaulichen Entwicklung und städtischen Erholungs-Raumansprüchen von seinen alten Kulturlandreserven amputierte Gut *Brüglingen* wird in bewusster Verflechtung mit den Erholungsfunktionen der Brüglinger Ebene auf den Gutskern reduziert und in Selbstverwaltung geführt. Im Verkehrsanschlussgebiet der Stadt Basel gelegen, ist der früher von der Kantonsgrenze durchzogene Landkomplex in seiner politischen Zugehörigkeit entmischt worden.

B

Als *zerstreuten agrarischen Besitz* bezeichnen wir sowohl Besitzreste der aufgelösten Landgütereinheiten als auch das zerstreut zugekaufte und nicht zu einer räumlichen und betrieblichen Einheit vereinigte Kulturland. Sein Hauptmerkmal ist das Fehlen eines zu diesem Besitz gehörenden landwirtschaftlichen Betriebszentrums. Er bildet 1984 mit 63,2 Hektaren 6,7% der gesamten Grundbesitzfläche der CMS oder 14% ihres landwirtschaftlichen Grundbesitzes ohne Familiengärten.

1. Fast die Hälfte des landwirtschaftlich genutzten Kulturlands (47%) ist Restfläche der zerschlagenen Pachthöfe der CMS, des *Brüglinger Guts*, des *Sternenhofs*, des *Weidenhofs* und des *Lachmatthofs*, sowie peripheres Schlatthofland. 8 Hektaren davon sind Bauland, das der landwirtschaftlichen Nutzung in den nächsten Jahren entzogen wird.

2. Das *Predigerhofland* wurde von der CMS bereits ohne die Gebäude erworben und bis 1985 ohne Auflösung der betrieblichen Einheit verpachtet.

Der grösste Teil des Rest- und betriebslosen Lands stellt geschichtlich eine Fortsetzung der von Waldhof und Bruderholzhofprojekt markierten westlichen Ausweitung des Brüglinger Guts dar und liegt in drei Gemeindegebieten des *Bruderholzes*: 26,5 Hektaren befinden sich im stadtnäheren und grösstenteils stadtbaslerischen Bereich bei Klosterfiechten, 17,5 Hektaren auf dem Bruderholzplateau in den Gemeinden Münchenstein und Reinach.

C

Als *städtisch-funktionalen Besitz* bezeichnen wir jene 16,3% (151,9 Hektaren) des gesamten Grundbesitzes der CMS, der mit Bauliegenschaften (107 Hektaren), Grünflächen (33,9 Hektaren) und Familiengärten (11 Hektaren) genutzt werden. Dieser Teil des Grundbesitzes liegt zu fast neun Zehnteln (88%) in Basel-Stadt und Münchenstein und vereinigt auf sich so heterogene Nutzungen wie das grosse, relativ geschlossene Gewerbeareal auf dem Dreispitz, die Sportplätze, das Erholungsgebiet und den Botanischen Garten bei den Brüglinger Höfen und, teils ausserhalb des «Brüglinger Schwerpunkts» verstreute, teils gruppierte Wohnbauten. Zum städtisch-funktionalen Besitz zählen wir auch die Familiengärten, die wie zahlreiche suburbane Liegenschaften der CMS auf Restflächen des zerschlagenen Brüglinger Guts entstanden sind. Sie liegen zu drei Fünfteln (60,1%) im Bereich von Muttenzerfeld und Hagnau, wo die Eingriffe in den Grundbesitz besonders gross waren, sowie auf dem Bruderholz im Bereich der Querverbindungsstrasse. Ihre Landbeanspruchung ist bezüglich des Flächenopfers für die Erschliessung (Parkplätze, Gemeinschaftsanlagen), der Exklusivität der Benützung (abgeschlossene Areale) und des ihnen eigenen Landschaftsbilds (Zäune, Sträucher und Arboreten) eine wesentlich andere als jene der Landwirtschaft. Die über lange Zeiträume geschaffenen grossen Parzellar- und Nutzungseinheiten verfallen hier einer städtischen Mikroparzellierung.

Die Aktualdynamik des agrarischen und städtisch-funktionalen Grundbesitzes

Nach 1980 beschränken sich die flächenhaften Änderungen im Grundbesitz der CMS auf das Kauf- und Tauschgeschäft mit der Gemeinde Arlesheim über Weidenhofland (1981) und den Verkauf von Wohnbau-Baurechtsparzellen in Muttenz (1983). Damit findet eine Bereinigung von landwirtschaftlichem und überbautem Streugrundbesitz durch Überführung in weniger, dafür höherwertiges Land oder durch Liquidation statt. Die verbleibenden Flächen sind durch die übergeordneten raumplanerischen Ziele, bzw. durch die Zwangsnutzung nach Forstgesetz in ihrem Nutzungspotential stark festgeschrieben; bedeutende flächenhafte Verschiebungen sind nur in den zwei genannten Bereichen *A* und *B* denkbar:

A Zum Beispiel weitere Guts- oder Arrondierungskäufe im Bereich des *gruppierten agrarischen Grundbesitzes*:
Für den Kauf weiterer Landwirtschaftsgüter, die eine betriebliche Einheit darstellen, ist heute eine vom landwirtschaftlichen Bedarf und der Begründung als Landersatz unabhängige grundsätzliche Entscheidung notwendig. Die CMS könnte der testamentarischen Verpflichtung zur wertmässigen Erhaltung ihres Grundbesitzes im städtischen Bereich nachkommen, gleichzeitig aber ein stadtnahes Gut oder dessen Land pachten und im Verbund mit dem biologischen Gutsbetrieb Brüglingen bewirtschaften. Sie würde damit in hohem Masse dem weiter unten dargestellten «landwirtschaft-

lichen Auftrag» nachkommen und ihre Aufgabe zum Nutzen des städtischen Gemeinwesens zeitgemäss wahrnehmen. Arrondierungskäufe für die bestehenden Betriebe erscheinen angesichts der optimierten Betriebsgrössen der Landwirtschaftsbetriebe der CMS nicht dringend; sie könnten sich allenfalls zur Kompensation von Kulturlandverminderung infolge Anlage von Windschutzstreifen oder naturräumlich ausgleichenden Landschaftselementen notwendig erweisen.

B Zum Beispiel Liquidation von Streubesitz oder dessen Schliessung zu gruppiertem Besitz durch Arrondierungskäufe oder -pachten:
In den räumlich nicht geschlossenen «Konfliktländereien» liegt noch eine gewisse Freiheit der Entscheidung für die Richtung der agrarischen oder suburbanen Nutzung von Kulturland. Am bedeutendsten, weil nach Brüglingen das zweite wichtige stadtnahe Erholungsgebiet südlich von Basel darstellend, ist in dieser Beziehung die Bruderholzhöhe, wo gleichzeitig das unter *A* Gesagte Zukunftswert hat. Im Bereich von Predigerhof und Klosterfiechten bietet sich der CMS die Möglichkeit, zusammen mit der öffentlichen Hand einen landwirtschaftlichen Betriebsschwerpunkt zu schaffen, mit dem in beispielhafter Weise die «Versöhnung» von städtischer und landwirtschaftlicher Raumbeanspruchung nach dem Brüglinger Vorbild verwirklicht werden könnte.

Kapitel 11
Gedanken über Chancen und Probleme der CMS als regionale Grundbesitzerin

Die Wiedergewinnung der räumlichen Bedeutung

Wir diskutierten eingangs, welche Güterverwaltungspraxis Christoph Merian wohl vorschweben mochte, als er das Veräusserungsverbot formulierte. Wir konnten feststellen, dass er eine *räumliche Konzentration* seines Grundbesitzes auf Brüglingen und die Stadtliegenschaft vornahm, während die 1897 legalisierte Ersatzkaufpraxis eine im Grunde genommen *räumlich indifferente* Behandlung des Grundbesitzes der CMS förderte. Danach folgte der Grundbesitz der CMS mit seinem Anwachsen von 2,9 km^2 im Jahr 1886 auf 9,3 km^2 im Jahr 1985 der inflationären Entwicklung der Geldwerte.

Bereits um die Jahrhundertwende stellten die Sozialausgaben in Basel zwei Fünftel der staatlichen Gesamtausgaben dar[463]; mit dem Ausbau des Sozial- und Wohlfahrtsstaats werden die von Merian noch für die Linderung von Subsistenznot vergebenen Erträge der CMS zunehmend Unternehmungen zum Ausbau und zur Verbesserung der lebensräumlichen Qualität zugeführt: Sportanlagen (1930er Jahre), Wohnungsbauten (ab 1940er Jahre), Strassenbauten (1960er Jahre), Erholungsgebieten und kulturellen Aufgaben (1970er Jahre). Nach einer langen Zeit der passiven fiskalischen Rolle wird der überwiegend landwirtschaftliche Grundbesitz der CMS sowohl städtebaulich als auch landwirtschaftlich aktiviert und gewinnt damit einen *räumlichen Wert*.

Die Vereinigung eines räumlich und nutzungsmässig diversifizierten, also weitgespannten Grundbesitzes in einer Hand lässt Chancen und Probleme erkennen. Wir möchte sie mit fünf Stichworten charakterisieren.

Die atypische Grundeigentümerin:

Wird der Idealtypus des Eigentümers, den klassischen liberalen Theoretikern und den Zielen der Kodifizierung des Eigentumsrechts im 19. Jahrhundert folgend, in der natürlichen Person gesehen, so stellt die CMS als juristische Person einen Atypus dar.[464] Als atypisch müssen unter diesem Blickwinkel auch der Umfang des in ihrem Eigentum akkumulierten Grundbesitzes und die kulturlandschaftliche Eigenart von Bestandteilen desselben (inselhafte Grossgüter) betrachtet werden.

Die Treuhänderin des städtischen Gemeinwesens:

Entscheidungsgrundlagen der CMS sind die Testamentsbestimmungen Merians, ihre Entscheidungsträger sind die siebenköpfige Stiftungskommission; die Oberaufsicht übt der Bürgerrat als Repräsentant der Bürgergemeinde aus. Da der Nutzen von Merians Gütern durch die Stiftung an die Stadt ging und die CMS heute der Aufsicht einer öffentlich-rechtlichen Korporation unterstellt ist, hat die Vermögensverwaltung der CMS der städtischen und bürgerlichen Öffentlichkeit gegenüber treuhänderischen Charakter.

Die Treuhänderin der Allgemeinheit:

Neben der Verantwortung für das Treuhandgut dem durch die Aufsichtbehörde vertretenen städtischen Gemeinwesen gegenüber kann im besonderen der Grundbesitz der CMS einer allgemeineren Verantwortung unterstellt werden, die dem noch auszudiskutierenden Patrimoniumsgedanken[465] entspringt: treuhänderisches Umgehen mit Land im Interesse der Stadt ist gleichzeitig treuhänderisches Umgehen mit Umwelt im Interesse einer Allgemeinheit, die nicht mit Kantonsgrenzen festgelegt werden kann. Wenn die CMS dadurch, dass sie Landwirtschaft betreibt, den Landschaftsraum und das Ertragspotential pflegt, tut sie dies in dem regionalen und nationalen Interesse, das heute auch in der Landwirtschaftspolitik ausformuliert wird. Einem Wirken über die Stadt hinaus kann sie sich auch im nichtlandwirtschaftlichen Bereich wegen der Verteilung ihres Grundbesitzes auf fünf Kantone und zwei Staaten nicht entziehen.

Die Verwaltungspraxis der CMS hat sich den aktuellen Gegebenheiten, die sie teilweise selbst geschaffen hat, in selbstverständlicher Weise angepasst; die Oberbehörden – Bürgerrat und Regierungsrat – haben diesen Schritt teilweise noch zu tun. Das Heuslersche Gutachten hat für 90 Jahre die Argumentationsgrundlage für das Wirken der CMS geliefert. Wie wir feststellten, gibt Heusler 1896 eine zeitgemässe und damit auch zeitgebundene Auslegung des primären Stiftungszwecks und der zu seiner Erfüllung gerechtfertigten Mittel. Unseres Erachtens wäre es angesichts der seither stark veränderten inneren Struktur der CMS und ihrer faktisch weit über die Polis in die Stadtregion hinausgreifenden Wirkung an der Zeit, die Testamentsbestimmungen wieder einer Auslegung zuzuführen; eine solche wäre für ihr Verhältnis zur Oberbehörde bezüglich ihres raumpolitischen Handelns zweifellos fruchtbar. Eine neuerliche Auslegung kann und soll nicht mehr als zeitgemäss und zeitgebunden sein, um nicht den von Merian selbst freigehaltenen Wandlungs- und Handlungsspielraum in Frage zu stellen. Die Beantwortung der Frage, ob ein begriffliches Herauspräparieren der vor rund 130 Jahren gesehenen «Vaterstadt Basel» noch gelingt, ist entscheidend und erfordert Nachdenken sowohl im Halbkanton von Merians Stadthaus als auch in demjenigen von Merians Landhaus.

Die Besitzkonzentration und die «aktive Hand»:

Der grosse Grundbesitz der CMS ist vorwiegend durch den Kauf aus dem Besitz natürlicher Personen entstanden. Eine Ausnahme stellt – vor der Zeit der CMS – das unter Christoph Merian privatisierte und durch die CMS wieder dem Gemeinwesen zufallende Waisenhausgut St. Jakob dar. Durch zahlreiche Abtretungen an Infrastrukturaufgaben wird die CMS ungewollt zur Zwischenhändlerin von Grundbesitz zwischen der privaten und der öffentlichen Hand. Die CMS trägt auf diese Weise zur Entpersönlichung von Grundbesitz und zu seiner Konzentration in weniger Händen bei.[466]

Unseres Erachtes besteht bei der gegenwärtigen Konstellation des Grundbesitzes der CMS keine Gefahr der Bildung eines Nutzungsmonopols und des Ausgreifens der «toten Hand», wie oft befürchtet wurde. Zu einer Zeit, in der noch alle Möglichkeiten der Siedlungs- und Wirtschaftsentwicklung offengestanden haben und jedes stadtnahe Kulturland in irgend einer Weise Bauerwartungsland dargestellt hat, konnte ein konservativer landwirtschaftlicher Grundbesitzer als Verwertungsverhinderer angesehen werden; mit der öffentlichen Nutzungsplanung, die eine Trennung der Nutzungsfunktionen anstrebt, wird das Kulturland zum selbständigen Ausgleichsraum aufgewertet und nicht mehr ausschliesslich als «Manövriermasse» des Siedlungswachstums verstanden. Die tote Hand kann nur noch innerlandwirtschaftlich als solche verstanden werden, dann nämlich, wenn das Ziel sein soll, ohne Rücksicht auf Standorte selbstbewirtschaftende Familienbetriebe zu fördern. Im Falle der CMS handelt es sich aber um historische Grossgüter, für die eine Familienbetriebsverfassung ohne Verlust der geschichtlichen Gutseinheit nicht realisierbar ist.

Die «Beweglichkeitsreserve»:

Die Grösse und die regionsweite Spanne des CMS-Grundbesitzes sowie die vielfältigen Aktivitäten der CMS geben ihr eine grosse Beweglichkeit in der Behandlung von Plänen zur Nutzung ihres Landes. Die Aufgabe unausführbarer Projekte fällt ihr dank der Ausweichmöglichkeit auf andere Standorte ohne Verlassen des eigenen Grundbesitzes leichter. So ist verständlich, dass kein Druck entstand, der zu einer frühen Verwertung der Brüglinger Ebene und einer Überbauung des Gellertfelds schon um die Jahrhundertwende hätte führen können. Die Ausweitung des Grundbesitzes wurde zeitweise von der öffentlichen Hand angetrieben, die selbst von seiner Beweglichkeit für die Plazierung und Realisierung öffentlicher Vorhaben profitierte. Die CMS ist nicht zuletzt wegen der Diversifiziertheit ihres Grundbesitzes seit den 1950er Jahren stark am Planungsprozess beteiligt. Ausser für Brüglingen(!) verfolgt sie die bauliche Nutzung der ertragsschwachen Ländereien, in strenger funktionaler Trennung von den im Weiterbestehen gesicherten agrarischen Gütern.

Die Nutzfläche der Landwirtschaftsgüter dürfte in der näheren Zukunft vor allem durch die steigenden Erholungs-Raumansprüche einer von Altersbevölkerung und Freizeit geprägten Gesellschaft beansprucht werden. Nach dem Landbedarf für Infrastrukturaufgaben (Erschliessung, Versorgung, Entsorgung) könnte hier ein neues Feld des Zusammenwirkens der CMS mit der öffentlichen Hand liegen.

Agrarischer Grundbesitz und Landwirtschaft weisen über sich hinaus

Wie wir bereits in unseren Ausführungen über die Gutsbetriebe der CMS (s. Kap. 8.4.3) erwähnt haben, sind der Landwirtschaft einer städtischen Institution über die Landbewirtschaftung hinausgehende Funktionen eigen. Ihren *Produktionsauftrag* ergänzt ein bereits in der Agrarpolitik anerkannter *Umweltauftrag*. Zu diesen tritt besonders im Verstädterungsgebiet ein mit letzterem sich überschneidender *soziokultureller Auftrag*.[467]

Umwelt:

Die agrarischen Güter der CMS bilden und erhalten *kulturlandschaftliche Substanz*. Dies gilt sowohl für den rein ästhetischen Aspekt (unverbaute Gebiete) als auch für den funktionalen Aspekt (standortgerechte Bewirtschaftung). Durch die Sicherung der landwirtschaftlichen Funktion der Siedlungszwischenräume leisten sie einen Beitrag zur regionalen Nutzungsplanung. Sie wirken der kultur- und siedlungsräumlichen Nivellierung entgegen; in einer rasch sich wandelnden Umwelt können ihre Landwirtschaftsgüter heute räumliche Ruhe- und Identifikationspunkte bilden, ohne einer landschaftsschützerischen Musealisierung zu verfallen.

Produktion:

Die agrarischen Güter der CMS werden nach wirtschaftlichen Gesichtspunkten geführt und dienen nach wie vor der *Landesversorgung* durch Nahrungsmittelproduktion. In Zeiten normaler Marktverhältnisse helfen sie durch antizyklisches Produktionsverhalten Überschüsse abbauen und Innovationen fördern; in diesem Sinne sind die Gutsbetriebe mit der Aufgabe der Verkehrsmilchproduktion vorangegangen. In Zeiten gestörter Versorgung können sie die von ihnen erhaltenen Produktionsreserven aktivieren. Noch in den 1930er Jahren ist die Verpflichtung eines Pächters der CMS, seine Hofprodukte im Falle einer Nahrungsmittelknappheit den bürgerlichen Anstalten zu offerieren, Bestandteil des Pachtvertrags. Wie wir an anderer Stelle erwähnten, macht die Ausstattung der Gutsbetriebe mit Land, Gebäuden, Fiskal- und Human-Kapital sie als Versuchsstandorte geeignet, womit sie eine wichtige innerlandwirtschaftliche Funktion erfüllen können.

Siedlungsbezogene Aufgaben:

Der agrarische Grundbesitz der CMS ist, wie wir am Beispiel der Gutsbetriebe aufzeigten, nicht bevölkerungsleer, sondern weist eine eigene demographische Dynamik auf und erfüllt damit die Aufgabe der funktionsgerechten geordneten *Besiedlung des Landes*. Mit der Erfüllung des besprochenen Umweltauftrags leistet er den Bewohnern des umgebenden Siedlungsraums einen Dienst, der, wie wir meinen, nicht mit weiteren Landansprüchen für sog. Intensiverholungsanlagen honoriert werden darf: Im Gegenteil sollte durch geeignete Gestaltung der Weganlagen mit einem natürlichen Schutz des Kulturlands die extensive, *landschaftsbezogene Erholung* gefördert werden. Über die Repräsentation des Betriebszentrums als *Kulturdenkmal* hinaus wird bereits heute die Repräsentation des *Landwirtschaftsbetriebs in seiner funktionellen Bedeutung* gepflegt (Betriebsbesichtigungen durch Schulen). Diese Vermittlung von der Agrarlandschaft zur Stadtlandschaft ist im Sinne der Kultivierung eines humanistischen Umweltbewusstseins ausserordentlich wichtig und wiegt die Didaktik der Naturschutzgebiete durchaus auf.

Rekapitulation

**Die Landwirtschaftsgüter der
Christoph Merian Stiftung Basel
Eine hundertfünfzigjährige Entwicklung**

Die *Christoph Merian Stiftung* (CMS), begründet durch das Testament von Christoph Merian-Burckhardt (1800–1858), übernimmt 1886, nach dem Tod der Witwe des Stifters, das von ihm hinterlassene Vermögen in Form der Kapitalanlagen und des Landguts Brüglingen. Im Ausscheidungsvertrag wird die CMS 1876 der Aufsicht der neugebildeten Bürgergemeinde der Stadt Basel unterstellt.

In zeitgemässer Auslegung des vom Stifter erlassenen Verbots, Landgüter zu veräussern, wird die CMS vom Bürgerrat 1897 ermächtigt, freihändig Land zu verkaufen, sofern sie es zur Erhaltung der Vermögenswerte wieder angemessen ersetzt. Auf dieser Grundlage ersetzt die CMS das von ihr vor allem der öffentlichen Hand abgetretene Land durch Kulturland und Landwirtschaftsgüter. Ihr Grundbesitz wächst dadurch von 296,4 Hektaren im Jahr 1886 auf ein Maximum von 946,4 Hektaren im Jahr 1978 an; er weitet sich im gleichen Zeitraum von drei Gemeinden (zwei Kantonen, zwei Staaten) auf zwanzig Gemeinden (fünf Kantone, zwei Staaten) aus und wandelt sich von der fast ausschliesslichen landwirtschaftlichen Nutzung zu vielfältigen städtischen und agrarischen Nutzungen.

Unter dem Druck politischer Verhältnisse, des Wohnungsbedarfs der Zeit nach dem Zweiten Weltkrieg und einer planungsorientierten, aktiven Verwaltung von Vermögen und Grundbesitz nimmt die CMS Aufgaben des Wohnungsbaus auf ihrem stadtnahen Brüglinger Grundbesitz wahr und intensiviert die Bewirtschaftung ihres agrarischen Grundbesitzes durch die Schaffung einer eigenen Gutsverwaltung. Im Verstädterungsbereich weicht die landwirtschaftliche Nutzung ihres Bodens nach Massgabe der Zonenplanungen weitgehend siedlungsfunktionalen Nutzungen.

Wir unterscheiden in der Entwicklung der Landwirtschaftsgüter der CMS folgende raumzeitlichen Einheiten, welche die regionale Ausweitung des CMS-Grundbesitzes in Beziehung zur Ausweitung des Verstädterungsgebiets setzen.

1. Das «Stammgut» Brüglingen

Das auf der Grenze von Basel zu Münchenstein gelegene Brüglinger Landgut wird durch Chri-

Récapitulation

*Les domaines agricoles de la
Fondation Christoph Merian Bâle
Cent cinquante ans d'évolution*

En 1886, après le décès de la veuve du fondateur, la Fondation Christoph Merian (CMS), instituée par le testament de Christoph Merian-Burckhardt (1800–1858), entre en possession de la fortune que ce dernier a laissée sous forme d'investissements et du domaine de Brüglingen. Le Ausscheidungsvertrag de 1876 prévoit que la CMS relève de la Bourgeoisie de Bâle, qui vient de se constituer.

Interprétant, en fonction des critères de l'époque, l'interdiction de vendre les domaines, décrétée par le fondateur, le Conseil bourgeoisial autorise la CMS en 1897 à vendre des terres si elle les remplace de manière propre à sauvegarder les valeurs immobilisées. S'y conformant, la CMS remplace les terrains, cédés en grande partie aux pouvoirs publics, par des terres cultivables et des domaines agricoles. Sa propriété foncière passe de 296,4 hectares en 1886 au maximum de 946,4 hectares en 1978; elle se trouve implantée dans vingt communes (cinq cantons, deux Etats; auparavant deux cantons, deux Etats) et se convertit de l'utilisation presque exclusivement agricole à des utilisations urbaines et agricoles variées.

Sous la pression des circonstances politiques, du besoin de logements qui se fait sentir dans les années après la seconde guerre mondiale, et du fait de la gestion judicieuse et planifiée de la fortune et de la propriété foncière, la CMS entreprend la construction de logements sur ses terrains péri-urbains de Brüglingen et intensifie l'exploitation de ses terres labourables par l'institution d'une administration des domaines agricoles. Dans la zone urbanisable l'utilisation agricole de ses terres cède la place à l'occupation par l'habitat, conformément au zonage.

Dans l'évolution des domaines agricoles de la CMS, nous distinguons des unités espace-temps qui mettent en relation l'extension de la propriété foncière de la CMS dans la région et l'extension de la zone urbanisée.

Brüglingen, premier domaine

Sis sur la frontière séparant Bâle et Münchenstein et modeste à l'origine, il est progressivement et systématiquement agrandi par Christoph Merian, qui, entre autres, acquiert le grand domaine de St Jakob appartenant à l'or-

stoph Merian von einer relativ bescheidenen Kulturlandbasis hauptsächlich mit dem Kauf des Waisenhausguts St. Jakob zielstrebig erweitert und nach den für seine Zeit modernsten landwirtschaftlichen Gesichtspunkten ausgebaut.

Da der Landanspruch der Eisenbahnen seit den 1850er Jahren das Gut in bedeutendem Mass trifft, beginnt die CMS kurz vor der Jahrhundertwende mit Ersatz-Landkäufen, die eine Ausweitung des Kulturlands des Brüglinger Guts auf das Muttenzerfeld und auf das Bruderholz bewirken. Zur besseren Bewirtschaftung des letzteren errichtet sie 1898 die Pachtstelle Waldhof an der Reinacherstrasse.

Ab 1900 tritt sie, beginnend beim Dreispitzgut, umfangreiche Flächen für öffentliche Rohmateriallagerplätze ab. 1913 erwirbt sie für nicht realisierte öffentliche Vorhaben das Hagnaugut in Birsfelden. Während der Grundbesitz auf Muttenzerfeld und Hagnau vom weiteren Bedarf an Verkehrsflächen fast vollständig aufgebraucht wird, findet die Ausweitung auf das Bruderholz mit dem Kauf des Predigerhoflands 1938 ihren Fortgang. 1951 werden die stadtnahen Landwirtschaftgüter der CMS durch das Untere Gruth in Münchenstein ergänzt.

Das Stadtwachstum führt noch vor der Überbauung des in das städtische Baugebiet reichenden Brüglinger Landes zur Beanspruchung der Birsebene als Erholungsgebiet. Auf die «Erste Umwandlung» der Ebene im 19. Jahrhundert vom Flussbett zum Wies- und Ackerland folgt die «Zweite Umwandlung» zur Erholungslandschaft, die mit der Ausstellung für Garten- und Landschaftsbau «Grün 80» vollendet wird. Städtische und landwirtschaftliche Nutzungen werden dabei in neuer Weise verknüpft.

2. Die Gutskäufe im zukünftigen Verstädterungsgebiet

1905 und 1906 erwirbt die CMS die Landgüter Rothaus und Lachmatt in Muttenz und Pratteln, die bis in das 19. Jahrhundert eine Einheit bilden.

In der Nähe des Rothausguts findet seit der Mitte des 19. Jahrhunderts eine mit den Rheinsalinen Schweizerhalle beginnende Industrieansiedlung statt. Die Suche von Basler Chemiebetrieben nach Reserveland im Gebiet der zukünftigen basellandschaftlichen Hafenanlagen führt schon 1920 zum vollständigen Verkauf des Guts.

phelinat, et qui gère ce domaine selon les principes agricoles les plus avancés de son temps.

La construction des chemins de fer touchant fortement le domaine à partir des années 1850, la CMS se met, peu avant le tournant du siècle, à acquérir des terres de substitution, à la suite de quoi les terres du domaine de Brüglingen s'étendent vers le Muttenzerfeld et le Bruderholz. Pour une meilleure exploitation de ce dernier, elle construit en 1898 à la Reinacherstrasse la ferme dite Waldhof.

A partir de 1900, la CMS cède de grands terrains, commençant près du domaine du Dreispitz, pour l'établissement de dépôts publics de matières premières. En 1913, elle acquiert pour des projets publics, non réalisés par la suite, le domaine de Hagnau, sis à Birsfelden. Alors que les biens-fonds du Muttenzerfeld et de la Hagnau sont par la suite presque entièrement sacrifiés à la construction de routes, l'extension sur le Bruderholz se poursuit en 1938 par l'acquisition des terres du Predigerhof. En 1951, les domaines agricoles péri-urbains de la CMS sont complétés par la Untere Gruth, sise à Münchenstein. Avant la constructuion de logements sur les terrains de Brüglingen, qui s'étendent jusque dans la zone à bâtir bâloise, la croissance urbaine aboutit à la réquisition de la plaine de la Birse comme zone de récréation. Aux premiers travaux, entrepris au 19e siècle, qui transforment le lit de la rivière en prés et terres arables, succèdent les travaux qui en font un paysage de détente. Celui-ci trouve son achèvement dans l'exposition horticole «Grün 80». Lors de cette exposition, les utilisations urbaines et agricoles sont réunies d'une manière inédite.

L'acquisition de domaines dans la zone urbanisable

En 1905 et 1906, la CMS acquiert Rothaus et Lachmatt, domaines sis à Muttenz et Pratteln, qui constituent une unité jusqu'au 19e siècle. Depuis le milieu du 19e siècle, les terres sises dans le voisinage de Rothaus subissent un début d'occupation industrielle dû aux salines de Schweizerhall. Le fait que l'industrie chimique bâloise cherche des terrains de réserve dans la zone des futures installations portuaires de Bâle-Campagne mène dès 1920 à la vente intégrale du domaine.

Le domaine de Lachmatt, devenu indépendant au 19e siècle, est traversé par la nouvelle ligne ferroviaire Bâle-Pratteln à partir de 1922. Ses terres rassemblées par le remembrement parcellaire sont aménagées du côté de Pratteln à

Das betrieblich und grundbesitzlich im 19. Jahrhundert verselbständigte Lachmattgut wird 1922 von der neuen Überlandbahn Basel-Pratteln durchquert. Sein durch Felderregulierungen zusammengelegtes Land wird prattlerseits schon in den 1930er Jahren für industrielle Zwecke erschlossen. Nach dem Zweiten Weltkrieg und in den 1960er Jahren verkauft die CMS bedeutende Landstücke und den Hof selbst an die dort niedergelassenen Firmen. 1953 tritt sie der Gemeinde Muttenz ein grosses Areal für die Errichtung einer Gemeinschaftsschiessanlage ab.

Von den beiden Gütern sind heute noch Wald, zum Teil Aufforstungsareale, und nur wenig Kulturland im Besitz der CMS.

1918 und 1924 erwirbt die CMS den Weidenhof in der Arlesheimer Birsebene und den Sternenhof bei Reinach als Ersatz für das von Bahnen und Pflanzland beanspruchte Brüglinger Land. Diese Landkäufe erfolgen von nicht ohne die Erwartung einer Wertsteigerung des Bodens durch die Siedlungsentwicklung.

Die beiden im 19. Jahrhundert entstandenen Güter sind in landwirtschaftlicher Beziehung anspruchsvoll, da sie durch ihre Lage auf stark drainierenden Böden etwas dürregefährdet sind.

Der Weidenhof entsteht als gezielte Kolonisation des Auenlandes in Abhängigkeit von der benachbarten Schappeindustrie und weist bezüglich Gebäuden und Land eine gewisse Geschlossenheit auf. Der Sternenhof entsteht durch den allmählichen Ausbau eines Feld-Ökonomiegebäudes auf der Grundlage von Kulturland, das in der ehemals dörflichen Flur zerstreut ist.

Die Industrialisierung der von der Jurabahn durchquerten Arlesheimer Weiden führt in den 1950er Jahren zu ersten Verkäufen des nördlich gelegenen Weidenhoflands. Der südlichste Abschnitt des Gutes wird erst in den 1970er Jahren erschlossen. Durch Landtausch mit der Gemeinde Arlesheim und mit der Einwohnergemeinde Basel können die Grundwasserschutzzone gesichert und eine Baumschule der Stadtgärtnerei Basel angelegt werden.

Die Söhne des Weidenhofpächters, der den Hof seit den 1950er Jahren nur dank eigenem Land noch bewirtschaften kann, übernehmen mit Vermittlung der CMS andere Landwirtschaftsbetriebe, so dass der Weidenhof 1979 aufgegeben wird.

des buts industriels dès les années 1930. Après la seconde guerre mondiale et dans les années 1960, la CMS vend d'importantes portions de terrains et le domaine lui-même aux entreprises qui y sont établies. En 1953, elle cède à la commune de Muttenz un grand terrain pour la construction d'un stand de tir public servant aux communes avoisinantes.

Actuellement, des deux domaines, il ne reste en possession de la CMS que quelques terres cultivées et la forêt, dont une partie est constituée par des aires de reboisement.

En 1918 la CMS acquiert le Weidenhof, sis dans la plaine de la Birse près d'Arlesheim, et en 1924 le Sternenhof, sis près de Reinach, pour remplacer les terres de Brüglingen occupées par les lignes ferroviaires et les jardins familiaux. Ces acquisitions se font dans l'expectative d'une plus-value par suite de l'évolution de l'occupation du sol par l'habitat.

Les deux domaines, constitués au 19e siècle, pratiquent un faire-valoir assez difficile, leurs sols fortement drainés étant quelque peu menacés de sécheresse.

Le Weidenhof doit son existence à l'occupation des terres bordant la Birse, colonisation entreprise par l'industrie de la schappe, et présente une certaine unité entre ses bâtiments et les terres. Le Sternenhof doit son existence à l'agrandissement d'un bâtiment agricole; il fait valoir des terres dispersées sur le territoire du village.

L'industrialisation des Arlesheimer Weiden, traversées par la ligne ferroviaire du Jura, a entraîné, dans les années 1950, les premières ventes des terres les plus septentrionales du Weidenhof. Dans le secteur le plus méridional, la viabilisation n'a lieu que dans les années 1970. Un échange de terrains avec la commune d'Arlesheim et la municipalité de Bâle permet de protéger les eaux souterraines et d'établir une pépinière du Service des parcs et jardins de Bâle.

Depuis les années 1950, le tenancier du Weidenhof n'aurait pu exploiter le domaine s'il n'avait pas possédé des terres en propre; ses fils reprennent d'autres domaines agricoles par l'intermédiaire de la CMS et abandonnent le Weidenhof en 1979.

Les terres du Sternenhof subissent un arrondissement considérable en 1926 et 1945 du fait du remembrement parcellaire. La perte de terres agricoles consécutive à l'extension des zones

Das Sternenhofland erfährt durch Felderregulierungen 1926 und 1945 eine bedeutende landwirtschaftliche Arrondierung. Der Kulturlandschwund durch die Bautätigkeit in Reinach kann noch einige Zeit durch die Bewirtschaftung von CMS-Land auf dem Bruderholz ausgeglichen werden. Das Hofland, das von der Reinacher Zonenplanung der 1950er Jahre teils der Wohnbau-, teils der Landwirtschaftszone zugewiesen wird, gelangt in den 1960er Jahren vollständig in die Gewerbezone, was die Aufgabe des Hofes absehen lässt. Nach dem Bau der Erschliessungsstrassen und des Autobahnzubringers wird der Landwirtschaftsbetrieb Ende 1984 aufgegeben und macht der gewerblichen Landnutzung durch Baurechte Platz.

3. Die Gutskäufe im agrarischen Gebiet

1918 erwirbt die CMS nach dem Weidenhof das ländliche Gut Iglingen, ein altes, im 19. Jahrhundert auf zwei Hofstellen erweitertes Gut; es liegt auf der Gemeindegrenze Magden-Wintersingen, die zugleich Kantonsgrenze Basel-Landschaft-Aargau ist. Als Reservepachtstelle erlaubt Iglingen der CMS, den Singerhof auf dem Wolf aufzugeben.

Als damals entferntest gelegenes und keine Aussichten auf eine Wertsteigerung seines Landes aufweisendes Landwirtschaftsgut ist es die ganze Zeit über ein «Sorgenkind» der CMS. Nach vergeblichen Verkaufsversuchen wird es von der CMS saniert. Sein arrondiertes Land, das in Kontrast zum kleinparzellierten lokalen landwirtschaftlichen Grundbesitz im Wintersinger Talraum steht, wird in die Güterzusammenlegungen der beiden Standortgemeinden miteinbezogen.

1930 erwirbt die CMS den Hinteren Schlatthof und den Schürhof bei Aesch. Ähnlich wie bei Rothaus-Lachmatt handelt es sich dabei um die hostorischen Hofstellen des Schlattguts, die sich im 19. Jahrhundert verselbständigt haben und durch die CMS wieder zusammengefügt werden.

Die CMS tätigt diese Gutskäufe auf Drängen der baselstädtischen Behörden als Reservelandkäufe für Anstaltsprojekte und als Ersatzkäufe für den bedeutenden Landverkauf für die Sportanlagen auf den St. Jakobsmatten. 1960 kann sie auch den Vorderen Schlatthof als Ersatz für das an Verkehrsbauten abgetretene Brüglinger Land erwerben und beginnt, den Schlatthofkomplex mit Ausnahme des Schürhofs als Gutsbetrieb zu bewirtschaften. Durch

bâties à Reinach est compensée quelque temps par l'exploitation de terres de la CMS sises au Bruderholz. Dans les années 1960, les terres du domaine que le zonage des années 1950 attribue en partie à la construction, en partie à l'agriculture, sont attribuées entièrement à la zone industrielle. Fin 1984, après la construction des routes de desserte et de la voie express, le domaine est abandonné et cède la place à l'occupation industrielle du sol en droit de superficie.

L'acquisition de domaines dans la zone agricole

En 1918, après l'achat de la ferme du Weidenhof, la CMS acquiert le vieux domaine d'Iglingen, élargi au 19e siècle à deux fermes. Il se trouve sur la limite communale entre Magden et Wintersingen, qui est en même temps la frontière cantonale entre Bâle-Campagne et Argovie. Ferme offrant un bail supplémentaire, Iglingen permet à la CMS d'abandonner le Singerhof, ferme la plus rapprochée de la ville.

Situé en son temps le plus à l'écart et ne présentant pas l'espoir d'une plus-value de ses terres, Iglingen fait toujours l'objet des préoccupations de la CMS. Après de vaines tentatives de le vendre, il est assaini par la CMS. Ses terres remembrées, qui font contraste avec le morcellement de la propriété foncière de la vallée de Wintersingen, sont entraînées dans le remaniement parcellaire des deux communes où il se trouve.

En 1930, la CMS acquiert les fermes dites Hinterer Schlatthof et Schürhof, situées près d'Aesch. Comme pour Rothaus et Lachmatt, il s'agit de fermes du domaine dit Schlattgut, qui s'étaient rendues indépendantes au 19e siècle et qui ont été réunies par la CMS.

La CMS procède à ces acquisitions sous la pression des autorités bâloises. Les terres achetées constituent des réserves où pourront être construits des bâtiments publics (prison, sanatorium), ou sont destinées à compenser les ventes des grands terrains où s'élèvera le stade de St. Jakob. En 1960, elle acquiert la ferme appelée Vorderer Schlatthof pour compenser les terres de Brüglingen, cédées pour permettre la construction d'ouvrages d'art routiers, et elle se met à exploiter à elle-même les terres des Schlatthöfe, excepté le Schürhof. Par un échange contre des terres du Weidenhof, les terres agricoles du Schlatthof sont agrandies au courant des années 1970.

den Tausch gegen Weidenhofland und Realersatz für abgetretens Land wird die Kulturlandbasis des Schlatthofs in den 1970er Jahren nachhaltig verbreitet.

1956 erwirbt die CMS das alte Hofgut Löwenburg-Hinterschloss in Pleigne (Kanton Bern, heute Jura), das sie 1966 um die ehemals dazugehörige Neumühle erweitern kann. Mit der Renovation des Kulturdenkmals Löwenburg übernimmt die CMS das Gut in Selbstverwaltung und lässt den Wald als Versuchsbetrieb bewirtschaften. Nach der Vereinigung der Schlatthöfe 1960 werden auch diese in Selbstverwaltung übernommen und wird eine viehwirtschaftliche Arbeitsteilung der beiden Gutsbetriebe eingeführt.

Mit der Bildung des Kantons Jura 1979 wechselt die Löwenburg zusammen mit der Nachbargemeinde Ederswiler die Kantonszugehörigkeit und bildet mit ihrer Bevölkerung eine historisch begründete deutschsprachige Minderheit im neuen frankophonen Kanton. Sowohl in betrieblicher wie auch in kulturlandschaftlicher und sozialer Beziehung stellen die grossen Gutsbetriebe der CMS Raumelemente dar, die sich von ihrer Umgebung inselhaft abheben.

Nach der Zweiten Umwandlung der Brüglinger Ebene wird auch der Hof Unter-Brüglingen von der Gutsverwaltung übernommen. Mit Hilfe der Fachanstalt für biologischen Landbau, die ihren Sitz auf dem seit 1973 im Besitz der CMS stehenden Bernhardsberg in Oberwil hat, wird hier ab 1981 ein bezüglich Umfang, Betriebsrichtung und Ertragserwartung völlig neu ausgerichteter Landwirtschaftsbetrieb realisiert.

Der Kauf der Neumühle 1966 und die tauschweise Arrondierung des Schlatthofkomplexes 1978 sind die letzten Ereignisse, die die räumliche Gestalt des landwirtschaftlichen Grundbesitzes der CMS prägen. Der Kauf des Rämelwalds und die Schenkung Bernhardsberg 1973 erfolgen nicht zur Ergänzung bestehender Güter.

4. Die Verselbständigung der CMS

Die CMS wird von Anfang an als ideell und verwaltungsmässig selbständige Institution verstanden. Sie steht im Zusammenhang mit dem Zuwachs und dem Aufbrauch ihres Grundbesitzes in enger Verbindung mit der öffentlichen Hand. Das Rechtsgutachten, das zur erwähnten bürgerrätlichen Ermächtigung

En 1956, la CMS acquiert le vieux domaine de Löwenburg-Hinterschloss, sis à Pleigne (BE, maintenant JU), auquel elle ajoute en 1966 le Neumühle/Moulin Neuf, qui en faisait partie autrefois. En même temps qu'elle fait restaurer la Löwenburg, monument historique, l'administration des domaines agricoles de la CMS prend ce domaine en autogestion et fait gérer la forêt en exploitation expérimentale. Après la réunification des Schlatthöfe en 1960, ceux-ci sont également mis en autogestion et on y adopte la division du travail d'élevage.

Avec la constitution du canton du Jura en 1979, la Löwenburg change d'appartenance cantonale. En même temps, la commune voisine d'Ederswiler et sa population constituent, dans le nouveau canton francophone, une minorité germanophone historiquement fondée. Tant sous le rapport de l'exploitation que de celui du paysage humanisé et des relations sociales, les grands domaines de la CMS se distinguent nettement de leur entourage.

Après la deuxième transformation de la plaine de Brüglingen, l'administration du domaine reprend la ferme d'Unter-Brüglingen. Avec l'aide de la station expérimentale d'agriculture biologique, dont le siège se trouve au Bernhardsberg à Oberwil, possession depuis 1973 de la CMS, on y met en oeuvre depuis 1981 un faire-valoir entièrement nouveau sous les rapports taille de l'exploitation, orientation de la production et rendement.

L'achat du Moulin-Neuf en 1966, et le remaniement des Schlatthöfe en 1978 sont les derniers événements qui donnent leur forme à la propriété foncière agricole de la CMS. En 1973, l'acquisition du Rämelwald et la donation du Bernhardsberg sont indépendantes des acquisitions et des cessions de terres.

L'accès de la CMS à l'autonomie

Dès le début, la CMS s'entend comme une institution autogérée sans but lucratif. Dans les années 1890 notamment, elle est empêchée de se lier plus étroitement avec la Bourgeoisie. Cependant, les acquisitions et les cessions successives de biens-fonds la mettent en étroit rapport avec les pouvoirs publics. L'avis de droit qui mène à l'autorisation, délivrée par le Conseil bourgeoisial, de vendre des terrains est suggéré par le gouvernement cantonal. L'acquisition de divers domaines: Hagnauhof, Schlatthof et les terres du Predigerhof, a lieu directement ou indirectement à la suggestion des autorités de Bâle-Ville; la CMS ne tient pas

zu Landverkäufen führt, wird von Regierungsseite angeregt; verschiedene Gutskäufe – Hagnauhof, Schlatthof, Predigerhofland – erfolgen direkt oder indirekt auf Anregung der baselstädtischen Behörden; auf ebensoviele Anregungen zu Gutskäufen tritt die CMS nicht ein. Während sie in den 1950er Jahren trotz (und wegen) der für sie im Nachbarkanton entstehenden Schwierigkeiten, Landgüter kaufen zu können, eine von der öffentlichen Hand unabhängigere Kaufpraxis entwickelt, kann sie sich den grossen Landabtretungen an diese nicht entziehen; Hauptbeansprucher sind, in der Reihenfolge ihres Auftretens, die Bahnen, der Staat Basel und der Staat Basel-Landschaft. Die Verbindung mit öffentlichen Aufgaben verschiebt sich in der jüngsten Zeit tendenziell von der Abtretung benötigten Landes zur fiskalischen Unterstützung öffentlicher Aufgaben.

Durch die Verteilung ihres Grundbesitzes in der ganzen Nordwestschweiz erhält die Tätigkeit der CMS eine über den Stadtkanton hinausreichende Bedeutung. Sie fördert zonenkonform Wohn- und Gewerbebau, verwaltet aber gleichzeitig im Interesse einer breiten Allgemeinheit einen Ausgleichsraum zum städtischen Verdichtungsgebiet.

5. Die Eigenständigkeit der Landwirtschaftsgüter

Als funktionaler Aspekt des CMS-Grundbesitzes kann bis zum Zweiten Weltkrieg die Landwirtschaft betrachtet werden, die die CMS als vom Stifter begründete Tradition weiterführt. Der vorwiegend landwirtschaftliche Grundbesitz hat dabei aber deutlich fiskalischen Charakter und spielt eine passive, für die Ertragsbildung untergeordnete Rolle im Stiftungsvermögen. In den 1920er und 1930er Jahren ist die Aufmerksamkeit auf die Erhaltung gewonnener oder zukünftiger Grundstückswerte gerichtet; die für die Grundbesitzerin defizitäre landwirtschaftliche Verpachtung wird dabei als mittelfristige, bewegliche «Übergangsnutzung» betrachtet. Nach dem Zweiten Weltkrieg, als der Reinertrag der CMS in zunehmendem Mass von Stadtliegenschaften gebildet wird, werden die stadtferneren Landwirtschaftsgüter vom aktivierten stadtnahen landwirtschaftlichen Grundbesitz mitgetragen; insgesamt defizitär und von Wertzuwachs-Erwartungen frei, gewinnen die agrarischen Güter eine funktionale Eigenständigkeit.

Die grossen Pachtgüter der CMS nehmen bis heute auf drei gut geführte Höfe ab. Mit der Übernahme der grossen Betriebe Löwenburg

compte d'un nombre égal de suggestions d'acquisition.

Dans les années 1950, malgré (et à cause) des difficultés qu'elle rencontre dans le canton voisin quand elle veut acheter des domaines agricoles, elle met au point une pratique d'acquisition dépendant moins des pouvoirs publics; nonobstant, elle est obligée de leur céder de grandes surfaces. Les principaux demandeurs sont, dans l'ordre chronologique, les chemins de fer, l'Etat de Bâle-Ville et l'Etat de Bâle-Campagne. Ces derniers temps, c'est plus par son soutien fiscal que par la cession de terrains que la CMS participe aux oeuvres d'utilité publique.

L'étalement de la propriété foncière dans le nord-ouest de la Suisse confère à l'activité de la CMS une importance dépassant les limites du canton-ville. Se conformant au zonage, la CMS encourage la construction d'habitations et de bâtiments industriels; en même temps, elle gère un espace qui contrebalance la zone urbaine de densification, ceci dans l'intérêt d'une large communauté.

L'autonomie des domaines agricoles

Jusqu'à la seconde guerre mondiale, l'agriculture, pratiquée par la CMS dans la tradition remontant à son fondateur, représente l'aspect fonctionnel de sa propriété foncière. Mais la propriété foncière principalement agricole a un caractère nettement fiscal et elle n'est pas d'un grand rapport. Dans les années 1920 et 1930, l'attention se porte sur la sécurité de la valeur des biens-fonds et des bénéfices espérés. L'affermage déficitaire est considéré par la propriétaire foncière comme une solution passagère permettant d'utiliser le sol.

Après la seconde guerre mondiale, quand une part croissante des revenus de la CMS provient de ses immeubles sis en ville, les domaines agricoles situés à l'écart sont partiellement financés par la propriété foncière péri-urbaine; déficitaires dans leur ensemble et non prometteurs d'une plus-value, les domaines agricoles acquièrent une autonomie fonctionnelle.

Les domaines de taille moyenne affermés se sont réduits au nombre de trois fermes bien gérées. Par la reprise en autogestion des grandes exploitations Löwenburg et Schlatthof et la création de l'exploitation spécialisée Unter-Brüglingen, la CMS se met jouer un rôle actif dans la gestion de ses exploitations et dans leur faire-valoir. Les domaines accusent une diversité liée à leur implantation: Brüglingen, petite

und Schlatthof, und des neuen Spezialbetriebs Unter-Brüglingen in Selbstverwaltung beginnt die CMS eine aktive Rolle in der Betriebsgestaltung und Landbewirtschaftung zu spielen. Die Gutsbetriebe zeigen einne standortgebundene Vielfalt: der kleine, intensiv bewirtschaftete biologische Obst- und Gemüsebaubetrieb Brüglingen in unmittelbarer Stadtnähe; der grosse Ackerbaubetrieb Schlatthof am Rand des Verstädterungsgebiets; und der grosse, wegen der Höhenlage extensiver bewirtschaftete Viehzucht- und Ackerbaubetrieb Löwenburg im Delsberger Jura.

Guts- und Pachtbetriebe der CMS erfüllen Aufgaben im Interesse der Allgemeinheit durch die Produktion von Nahrungsmitteln, durch die Pflege der Kulturlandschaftund damit der Umwelt und durch die Schaffung einer funktionalen und sozialen Beziehung zwischen dem städtischen und dem agrarischen Raum. Die funktional am ökonomischen Ertrag orientierte Erfüllung dieser Aufgaben wird zunehmend ergänzt von einer am ideellen Ertrag orientierten Aktivität. Zu letzterer gehören die Funktionen eines Musterguts oder Experimentierbetriebs im Dienst der qualitativen Verbesserung der Landbewirtschaftung und eventuell der ökonomisch integrierten Landschaftspflege.

Die gerechte Abgeltung der ideellen Leistungen der Landwirtschaftsgüter der CMS müsste über eine Interpretationsleistung am Testament Christoph Merians erfolgen. Die CMS ist und soll in ihren städtischen und landwirtschaftlichen grundbesitzlichen Aktivitäten eine selbständige, eigendynamische Institution bleiben, deren fiskalische und räumlich-konkrete Wohlfahrtsleistungen trotz der Bindung an das städtische Gemeinwesen eine regionale Bedeutung gewonnen haben.

exploitation fruitière et maraîchère intensive et biologique, à proximité de la ville; Schlatthof, grande exploitation de cultures de plein champ en bordure de la zone urbanisée; Löwenburg, domaine d'élevage et de cultures de plein champ en faire-valoir extensif du fait de l'altitude de sa situation dans le Jura delémontois.

Les domaines de la CMS, autogérés ou affermés, servent l'intérêt général en produisant des produits alimentaires, en entretenant le paysage humanisé, donc l'environnement, et en créant une relation fonctionnelle et sociale entre l'espace urbain et l'espace rural. Le rendement économique fait de plus en plus place à une fonction non lucrative. De cette dernière fait partie l'exploitation d'un domaine modèle ou d'une station expérimentale, éventuellement l'entretien du paysage humanisé.

L'indemnisation des prestations incorporelles des domaines agricoles de la CMS devrait se faire par le biais d'une nouvelle interprétation des disposition testamentaires de Christoph Merian. La CMS est et se doit de rester une institution indépendante et dynamique dans ses activités foncières urbaines et agricoles, institution dont les prestations de bienfaisance fiscales et spatiales dépassent le cadre de l'Etat-ville bâlois.

(Traduction: M.J. Wullschleger)

Anmerkungen

Einleitung

1. Regio Basiliensis 3(1), 1961.
2. Danielli/Leser/Schmidt 1984.
3. Gallusser 1979 I, 155.
4. Annaheim 1961.
5. Siehe Gallusser 1979 I, 1979 II.
6. Böhm 1980, 6.
7. Wir nennen Hartke 1953 als einen wichtigen Exponenten der Betrachtung von Landschaft als räumliches Sozialgefüge.
8. Bradley/Beaulieu 1973, 7.
9. Sedlacek 1982, 194.
10. Arendt 1981, 174.
11. Schweiz exkl. Davos. Siehe Statistische Quellenwerke der Schweiz 741(41) und 148, 1985; für die Dreiländeragglomeration Basel siehe Eichenberger 1968, v.a. 158ff.
12. Obwohl Brüglingen durch Merians testamentarische Bestimmungen (v.a. bezüglich der Unverkäuflichkeit) Aspekte eines feudalen *Stamm-* oder *Familienguts* aufweist, benützen wir den Terminus «Stammgut» hier nicht im Sinne des rechtshistorischen Begriffs. Dazu siehe Flossmann 1976, 48ff.

Erster Teil, Kapitel 2

13. Geering 1908, 59ff.; Wanner 1958, 118ff., wenn auch mit nicht belegbaren Ausschmückungen.
14. Dass alle Unterlagen z.B. zur Betriebs- und Rechnungsführung von Brüglingen unter Christoph Merian fehlen, geht auf Säuberungen des Nachlasses unter seiner Witwe oder nach deren Tod (?) zurück. (Siehe Wanner 1958, 424.) Es sind Deckel von Journalheften erhalten, deren Seiten herausgerissen wurden. Dass die den Grundbesitz betreffenden Unterlagen dagegen sehr vollständig erhalten sind (HA CMS und StA BS), lässt deutlich eine selektive, auf das längerfristig Wichtige bedachte Behandlung von Merians Nachlass erkennen.
15. Guggisberg 1953, II 280; Goethe 1840, Bd. 18, I 6, 79.
16. *Goethe* beschreibt den Oheim in *Wanderjahre* I 7 im Einschub von 1826 als Rückkehrer von Amerika, der die ihm unerträglich geschichtslosen «unbegrenzten Möglichkeiten» wieder gegen den alten, kulturell geprägten Boden Europas tauschen will. Mit liberal aufgefasster Tüchtigkeit und nüchterner Wirtschaftsweise bringt er die ererbten Familiengüter zur Blüte. Ohne solches Wirken bliebe nach ihm auch für die Armen nichts übrig, denn ein wirtschaftlich blühendes Gut verpflichte seinen Besitzer: «Immer aber denke er dabei, wie er andere daran [sc. an seinem Besitz] will Theil nehmen lassen: denn nur sofern werden die Vermögenden geschätzt, als andere durch sie geniessen.» (1840, Bd. 18, I 6, 78.)
17. Geering 1908, 60; Wanner 1958, 128f.
Goethe kommt in Kontakt mit *Fellenberg*, als er für die Söhne von Grossherzog Karl eine Bildungsstätte sucht. 1820 erhält er ausserdem den Besuch von Fellenbergs Sohn. Nach der enttäuschten Abkehr von *Pestalozzi* gibt ihm die Beschäftigung mit Fellenbergs Ideen den Anstoss, etliche seit 1796 verfasste Schriften 1821 zu den *Wanderjahren* zusammenzufügen. Die Landschaft des idealen Guts in I 6/7 soll nach Küntzel (1961, 892ff.) jene «der nördlichen Schweiz, nahe der süddeutschen Hochebene» sein.
18. Siehe Habermas 1980. Böhm (1980, 9) deutet die begriffliche Konstituierung und Erstarkung eines öffentlichen Bereichs als Reaktion auf Auswüchse der durch die private Verfügbarkeit verstärkten Grundbesitzmobilität.
19. Nach Miescher 1936, 12f.
20. SK 21.1. 1889.
21. Nach VB insgesamt 0,76 Aren Strassen und Plätze einschliesslich des St. Jakobskirchleins (1891); SK 19.12. 1898; SK 29.1. 1904.
22. KaufV Basel, 21.3. 1889; Bereits 1870 (StA BS, Land- und Waldakten K5: Stadtrath an Bürgermeister, 9.2. 1870) erwirbt die Stadt am Bruderholz ein Grundstück, das dem Lössabtrag zur Terrainauffüllung auf dem Areal des neuen Friedhofs dient.
23. VB 1889, 97, nennt Juli 1872. Im HA CMS erhalten ist ein PV von Wwe. Merian mit dem Stadtrat vom 31.3. 1869 mit Nachtrag vom 1.7. 1880.
24. StA BS, Spitalarchiv N6; EBR 31.10. 1894; BR Rg 21.11. 1894.
25. KaufV Basel, 14.2. 1895; VB 1894, 27.
26. StA BS, Spitalarchiv N6; VB 1896, 50; VB 1897, 54; VB 1898, 27.
27. BR Rg 1050, 24.1. 1962.
28. KaufV Basel, 9.7. 1895; BRB 24.10. 1895; RRB 13.12. 1895; Miescher 1936, 57f.; StA BS, Gemeindeakten B8, 31.10. 1895.
29. *Basellandschaftliche Zeitung*, 10.6. 1885; «Aus bekannter Feder», wie es in *Basler Nachrichten*, 11.6. 1885, heisst.
30. Basellandschaftliche Zeitung, 12.6. 1885.
31. *Rechtsgutachten betreffend die Veräusserung von Liegenschaften der Christoph Merian'schen Stiftung*, Prof. Dr. A. Heusler, Prof. Dr. A. von Tuhr, Basel, 14.12. 1896/31.12. 1896. Siehe auch BR Bt *über die Frage der Veräusserung von Grundbesitz der Christoph Merian'schen Stiftung*, 31.3. 1897.
32. Heusler 1896, 6.
33. von Tuhr 1896, 7f.
34. Miescher 1936, 64.
35. Brugger 1879, 243ff.
36. Heusler 1896, 7; Miescher 1936, 60.
37. KB 1916-3.
38. Zu den unternehmerischen Aspekten der CMS siehe Grüninger 1984, 13ff.

39. BGer Expertengutachten, Winterthur, Zürich und Basel, 13.6.1900; BGer, Rechtskraft für Urteilsantrag, Lausanne, 14.12.1900.
40. CMS an Eidg. Schätzungskommission, 14.4.1899, 15, 19, 25.
41. Eidg. Schätzungskommission, 15.4.1899, 29ff.; dies. 4.1.1900.
42. Langner 1966, 12.
43. GR Rg 2.11.1892; StA BS, Grundbuch A9.
44. BR Anzug Zutt, 4.10.1894; SK 29.1.1901; BR Rg 30.1.1901.
45. StA BS, Grundbuch A9, Finanzdept. an RR BS, 19.9.1895; Sandreuter 1935, 44f; Hummel 1932, 3f. (Siehe unten Anm. *286.*)
46. Hummel 1932, 4f.; Joller 1969, 150ff.
47. SK 19.12.1898; Sandreuter 1935, 17.
48. Aubert 1963, 355.
49. BR Bt 25.9.1912; Sandreuter 1934, 72ff., 76f.; Miescher 1936, 61f.
50. SK 17.6.1927; Miescher 1936, 63; Das Gutachten des Schweizerischen Bauernverbands, auf das sich die CMS stützt, war leider nicht mehr auffindbar.
51. Siehe Bernoulli 1946, 100ff., 190f.
52. BR Rg 598, 10.1.1939; BR Bt 721, 6.1.1948, 8.
53. GRPr 12.6.1947 (Bolza, Jaquet); GR Pr 8.4.1948 (Trüdinger).

Zweiter Teil, Kapitel 3.1

54. Wittmann 1961, Abb. 5: Die *Brüglinger* Terrassenstufe wird als B3-Niederterrassenfeld bezeichnet und als Erosionsniveau der mittleren Würmeiszeit bestimmt. Sie findet ihre Entsprechung auf der gegenüberliegenden Seite der Birs in einem Terrassenrest in der Hagnau und bildet auch den Auenboden zwischen dem ehemaligen Rothausgut (Schweizerhalle) und Augst. *Ruchfeld-Wolffeld* werden als A1/A2-Niederterrassenfelder bezeichnet und als Akkumulationsterrassen bestimmt; im Bereich des Wolfgottesakkers ist der *Wolfrain*, die Terrassenkante, heute noch erkennbar.
Im Mittel der Jahre 1958–1982 ist der mittlere Monatsabfluss der Birs von Dezember bis April am höchsten. Darin kommen aber die Fälle extremer, nur wenige Tage kurzer Abflussspitzen in den abflussschwachen Sommermonaten nicht zum Ausdruck. (Siehe Schmassmann 1944, 5; Annaheim 1961, 9; Golder 1984, 46ff.)
55. Annaheim 1961, 8ff.
56. Schweizer 1923, 162ff.
57. Schweizer 1924, 163ff., 168ff.
58. Übersichtsplan 1850–1854, Geometer Siegfried.
59. Schweizer 1923, 9f., 22f.
60. Zur Zeit des Erwerbs durch Christoph Merian 1834 offenbar *Schwenkelmatten* geschrieben. (Siehe Wanner 1958, 251.)
Das Gebiet von Neuewelt heisst *Herrenmatten* im Plan Jac. Meyer, Basel 1657; *Draht Zug in der neuen Welt* im Plan J.J. Fechter, Nürnberg 1748; *die Neue Welt* und *Trahtzug* im Plan E. Büchel nach Meyer, Basel 1750. Siehe auch Bruckner, Merkwürdigkeiten der Landschaft Basel; Schweizer 1924, 175ff.
61. Der Ausdruck *welt* (*wält*) für Boden, d.h. Kulturland, kann in anderen Schweizer Mundarten noch angetroffen werden. Wenn in der Verwendung dieses Wortes im 18. Jahrhundert eine solche Bedeutung festgestellt werden könnte, wäre der Bezug des Flurnamens auf das neugewonnene Land eindeutig. In einer undatierten Beschreibung der Liegenschaften in der Neuen Welt aus dem Anfang des 19. Jahrhunderts ist u.a. von *Ägerten* die Rede. (Siehe Wanner 1958, 252.) Nach Bader (1973, 161ff) sind mit diesem Namen «Sondergebiete verminderter Nutzfähigkeit» bezeichnet. Das möglicherweise auf *a-g-eridan* =*ungepflügt* zurückgehende Wort *egert* erscheint verhältnismässig spät in den schriftlichen Quellen und scheint aus Einzelhofgebieten ohne Zelgenwirtschaft zu stammen.
62. Schweizer 1924, 105; Golder 1984, 14.Vgl. Pläne J. Meyer 1657 und J.J. Schäfer 1798; StA BS, Bau V 1.2, Rotulus Actorum über die Eindämmung der untern Birs, 1798ff.; Umzeichnungen dieser Birspläne werden in der Heimatkunde Münchenstein erscheinen.
63. His 1930, 66f.; Stehlin, dem als Präsident des Baukollegiums seit 1810 das staatliche Bauwesen von Basel untersteht, ist in dieser Zeit in einem der grössten innenkolonisatorischen Unternehmungen der Schweiz engagiert, wo auch Tulla arbeitet und Schäfer sich informiert: 1810–1828 amtet er als Präsident der Schätzungskommission der Linthkorrektion.
64. StA BS, Bau V 1.2, Rotulus Actorum über die Eindämmung der Birs bey Mönchenstein; Golder 1984, 17ff.
65. Schweizer 1924, 190ff.
66. StA BS, Bau V 1.2, Landkollegium 30.3.1818, Zirkularbeschluss 7.7.1825; Wanner 1958, 89ff., 239ff., 325.

Kapitel 3.2

67. Wanner 1958, 232ff.
68. Wanner 1958, 288ff., listet die dokumentierten Landkäufe von Christoph Merian-Hoffmann auf, die eine annähernde, wenn auch nicht restlos zuverlässige Bezifferung der Grösse des *Brüglinger Guts* zur Zeit des Antritts durch Christoph Merian Sohn 1824 zulassen. Alle Flächenangaben für die Zeit vor der ersten Vermessung 1839 können nur Schätzungen darstellen.
KaufV 21.8.1812 über das *Landgut Gundeldingen*, «auch St. Jacobs Berg genannt», mit Hieronimus Hosch-Vest. Das Gut weist zu diesem Zeitpunkt eine Grösse von 36 ha (127 jr ABM) auf, von welchen 75% Ackerland sind. (StA BS, Hausurkunden 472.)
69. VorV 5.8.1811, KaufV 17.2.1815. Das *Dreispitzgut* wächst von ca. 13 ha im Jahr 1807

265

auf ca. 17Dha im Jahr 1815 an, da ihm Land auf dem Wolfrain und Gipsgruben beim Hardwald in Muttenz eingegliedert werden.
Das *Mittlere Gundeldingen* wird anlässlich der Verpachtung 1857 noch mit einem Umfang von 52 ha angegeben; bis 1862 vermindert sich seine Fläche auf 49 ha. Trotz Zukäufen auf dem Bruderholz misst es in den 1870er Jahren und später nur noch 40 ha. (StA BS, Spitalarchiv Q5.)
70. Wanner 1958, 145ff., 162ff., 169.
71. Suter 1969, 64.
72. C.W. Forcart besucht ab 1812 die 1804 eröffnete *Kgl. Lehranstalt des Landbaus* von Albrecht Thaer in Berlin; im Wintersemester 1815–16 das 1807 eröffnete *Landwirtschaftliche Institut Hofwil* von Ph.E. von Fellenberg. Chr. Merian besucht 1818–19 das *Landwirtschaftliche Institut Hofwil* und vom Wintersemester 1819–20 bis zum Wintersemester 1820–21 die 1818 eröffnete *Kgl. Landwirtschaftliche Akademie Hohenheim*.
(Siehe Wanner 1958, 134ff., 151ff., 164.)
73. Über den genauen Umfang des Brüglinger Guts 1824 müssen Unklarheiten bestehen bleiben. Die Aufsummierung der dokumentierten, von Christoph Merian Vater gekauften Flächen führt zur Annahme von rund 55 ha. Nach der Rückrechnung vom Stand des Massregisters 1839 wären es rund 71 ha. Dementsprechend differiert die anzunehmende Grösse des Guts nach dem Kauf von St. Jakob von 245 ha zu 261 ha.
74. Geering 1908, 123f.
75. 1825 und 1829, siehe Wanner 1958, 288ff.; StA BS, PA 97.18, «Beschreibung des Gut's St. Jacob. De 1788», 68, 70.
76. StA BS, Bau V 1.2; Wanner 1958, 325.
77. Geering 1908, 102f.
78. StA BS, Planarchiv, «Plan über die streitige Banngrenze zwischen Basel und Münchenstein», Hofer 19.1. 1820.
79. Wanner 1958, 251f., 257f.
80. Wanner 1958, 186ff., 211ff.
81. StaA BS, PA 79, 21.
82. Riggenbach 1944, 189; siehe Anm. *72.*
83. Geering 1908, 105; Wanner 1958, 265f., 277.
84. Geering 1908, 108f.; Wanner 1958, 264ff.
85. Siehe oben Anm. *73.* Diese Fläche berechnet sich ohne Berücksichtigung des von Merian sogleich weiterverkauften Lands in der *Hagnau* in Muttenz. Geering (1908, 104) und, ihm folgend, Wanner sprechen von einer Zunahme von «200 auf weit über 700 Jucharten». Diese Zahlen, ob mit Basler oder Schweizer Juchartmass (ABM/ASM, siehe Anm. *93.*) umgerechnet, können nicht mit den aus den einzelnen Kaufverträgen angenäherten Massen des Guts in Übereinstimmung gebracht werden.
86. Wanner 1958, 269ff.
87. Riggenbach 1944, 189; Wanner 1958, 290ff.
88. Wanner 1958, 274ff.; Ein Abtretungsvertrag vom 31.1. 1874 zwischen der Waisenhausinspektion und der Kirchen- und Schulgutsverwaltung wird von der zuständigen Behörde nicht ratifiziert. StA BS, PA I 7.
89. Schweizer 1924, 275.
90. Wanner 1958, 273f.
91. Wanner 1958, 275. Die Reparaturliste Hegners von 1838 erwähnt u.a. eine Scheune, einen «von Grund auf» erneuerten Rinderstall und einen neuen Schweinestall. (StA BS, PA I 17.) Die verhältnismässig geringe Bedeutung dieses Pachthofs in der Gesamtheit der Brüglinger Landwirtschaft drückt sich in seinem baufälligen Zustand gegen Ende des 19. Jahrhunderts aus. Über diese baulich «schwache Stelle» des Dörfleins von St. Jakob wird 1938 die neue St. Jakobsstrasse gezogen, die den Anfang einer unvorteilhaften Veränderung des Gesamtbildes der Häusergruppe macht.
92. Stohler 1903 II, 76f.; Wanner 1958, 275, 289ff.; StA BS, PA I 79.21. (Siehe auch Anm. *85.*)
93. Siehe Stohler 1903 II, 76f.

Zur Umrechnung der alten Flächenmasse

Die Masse der Grundstücke Christoph Merians sind in den Massregistern üblicherweise zweispaltig gegeben.
MR 1839/1854: «Alt Basel Maass» und «[Alt] Schweizer Maass»;
MR 1879: «Alt Schweizer Maas» und «Neu Schweizer Maas».

Das *Alte Basler Mass* (ABM) weist eine etwa ein Fünftel kleinere Jucharte als die später übliche auf. Teilung:
1 jr = 140 rt^2 = 14'000 q' = 0,2836 ha

In Merians Registern nicht anzutreffen ist das *[Neue] Basler Mass* (NBM), das mit dem Gesetz vom 5. Dezember 1836 durch das [Alte] Schweizer Mass ersetzt wird. (Stohler 1923, 32.) Übergangsdatum nach Staatsarchiv Basel-Stadt (1964) Anfang 1838. Es findet in vielen Kaufverträgen der 1830er Jahre unter der Bezeichnung «Neues Mass» Anwendung. Teilung:
1 jr = 360 rt^2 = 36'000 q' = 0,3338 ha
(Stohler 1903, 16: 0,33387372 ha)

Das *[Alte] Schweizer Mass* (ASM) wird Ende 1836 als verbindliches Flächenmass in Basel eingeführt. Teilung:
1 jr = 400 rt^2 = 40'000 q' = 0,3600 ha
(Verdenhalven 1968: 0,359665 ha)

Das *[Neue] Schweizer Mass* (NSM) ist das heute übliche, durch das Bundesgesetz vom 3.6. 1851 verbindlich erklärte metrisch-dezimale Flächenmass. Teilung:
1 ha = 100 a = 10'000 m^2

Der Genauigkeitsanspruch

In den älteren Kaufakten von Christoph Merian Vater aus der Zeit nach dem Erwerb von Brüglingen 1811 sind die Masse nicht näher bezeichnet (üblicherweise ABM) und mehrheitlich mit dem Ungenauigkeitsvorbehalt *ca.* versehen. Die Umrechnung der Flächenangaben in den Dokumenten der Zeit vor dem Kauf von St. Jakob 1836 auf der Grundlage der Juchart ABM dürfte im allgemeinen zu korrekten Ergebnissen führen.

In den Verträgen über Landgeschäfte von Christoph Merian Sohn werden seit den 1830er Jahren alte und neue Flächenmasse unterschieden. Kaufakten über Parzellen, die von der Kantons- und Gemeindegrenze geteilt werden (Ruchfeld), enthalten für den Münchensteiner Flächenanteil nur ungefähre, am vollen Juchartmass orientierte Angaben, für den vermessenen Basler Flächenanteil dagegen eine genaue Bezifferung des Masses.

Der Anonymus der «Beschreibung des Gut's St. Jacob» 1788 (StA BS, P I 79.18, 27) geht beim Versuch, die Fläche der *Walkematte* zu schätzen, auf die Problematik der uneinheitlichen Flächenmasse ein: «Eine Thauen wird in unserer Gescheids-Ordnung für 121 Jucharten gerechnet. Es wird aber mit denselben sehr ungleich gehalten.» Er hält fest, dass daher in Streitfällen die «Possession» [vermutlich der durch Marksteine definierte Grundstücksumfang] und nicht das Flächenmass entscheidend sei.

94. HA CMS.
95. Wanner 1958, 298ff.
96. Wie im Zusammenhang mit MR 1839 (s. Anm. *73.*) ergibt auch hier die Aufsummierung der aus den erhaltenen Kaufverträgen bekannten und schätzbaren Flächen eine negative Differenz von fast 5 ha zu der aus den Massregistern ableitbaren Flächenzunahme von 39,9 ha.
97. Geering 1908, 119; nach ihm Wanner 1958, 375.
98. Wanner (1958, 303) errechnet 311 ha, vermutlich ohne die an die SCB abgetretene Fläche abzuziehen; Miescher 1936, 15.
99. Miescher 1936, 11ff., 24ff.; Wanner 1958, 335ff.
100. SK 27.8. 1886; Geering 1908, 166ff.
101. SK 22.9. 1887; KB 1887–10; VB 1888, 32; VB 1889, 93f.; VB 1898, 98.
102. VB 1886, 97f.; VB 1894, 77; VB 1896, 89.
103. SK 21.1. 1889.
104. SK 22.12. 1886; KB 1887–6.
105. Schweizer 1924, 199ff.; MR 1879 Nachträge.
106. VB 1886, 97ff.; VB 1888, 96; VB 1898, 99; VB 1899, 99; VB 1889, 86; VB 1891, 95; VB 1892, 94; VB 1893, 90.
107. VB 1914, 129; VB 1916, 122; VB 1918, 163; VB 1922, 136.
108. Schweizer 1924, 207.
109. Schweizer 1924, 202; VB 1912, 129; VB 1913, 126; VB 1914, 133; VB 1916, 121.
110. Schweizer 1924, 119, 219ff.; VB 1903, 117f.; VB 1914, 129; VB 1922, 136; VB 1924, 129; VB 1926, 126.

Kapitel 3.3

111. Eröffnungsdaten siehe Verkehrsatlas 1915, Tf. IVa; Kuntzemüller 1939, 106. Expertise Stepehnson/Swinburne/Geigy/Ziegler siehe NN 1861, 43. Gesetze siehe BV 12.9. 1848, Art. 21; VollzugsV Schweiz. Eisenbahngesetz 28.6. 1852, Art. 6; Weissenbach 1898, 226.
112. Verkehrsatlas 1915, Tf. IVa.
113. Eine Zusammenstellung vom 21.11. 1879 zum MR 1879 im HA CMS weist 29,67 ha Gesamtabtretungsfläche zwischen 1855 und 1879 aus, die mit den Grundbuchdaten der SCB und den (möglicherweise unvollständig dokumentierten) Abtretungen an die Jurabahn nicht in Übereinstimmung gebracht werden können. Dies besonders, weil die Abtretung von 1853 diese Fläche noch auf 31,7 ha erhöhen würde.
114. Schweizerische Centralbahn, *Grundbuch für die Gemeinden Muttenz und Basel*, Archiv der SBB, Luzern.
115. Kuntzemüller 1939, 106.
116. Die angegebene Gesamtfläche wird hier in Abweichung vom Grundbuch SCB mit 19,77 ha (statt 18,58 ha) angenommen; HA CMS, «Entschädigung für die Lehenleute», Basel, 22.6. 1875.
117. Aus Anlass einer Obstbaumzählung 1876–77 wird der Bestand des Brüglinger Guts erhoben, der folgende Verteilung der Baumarten zeigt.

Bäume	Basel	Münchenstein
Nuss-	22,9	6,6
Zwetschgen-	16,5	25,6
Kirsch-	19,0	14,8
Apfel-	36,3	45,8
Birn-	5,3	7,2
	100% = 735	100% = 743

Nach GD 17.1. 1887. Es fällt der grössere Nuss- und Kirschbaumbestand auf dem Basler Kulturland des Guts auf. Die Verbreiterung des Leimgrubenwegs in den 1930er Jahren lässt seine prachtvolle Nussbaumallee verschwinden.
118. Eisenbahngesetz 1852, Art. 27.
119. SK 26.6. 1897; SK 26.6. 1899.
120. Auftrag von SK an GD 14.6. 1897; VB 1897, 91; SK 3.2. 1898; SK 1.6. 1898; SK 28.11. 1898.
121. SK 22.9. 1906; SK 2.3. 1907.
122. SK 26.6. 1899; VB 1921, 123; VB 1922, 137.
123. VB 1906, 116; VB 1907, 123; VB 1908, 126; Vertrag 7.1. 1907.
124. H.P. Kaiser an CMS, Basel 11.4. 1922; ACV an CMS, 19.10. 1922.
125. Mündliche Auskünfte von Karl Kilcher-Haumüller (1902–1985), Birsfelden, und Walter Banga-Liechti (*1913), Unteres Gruth, Münchenstein. Die milchausmessenden Bauern pflegten bis in die 1920er Jahre ihre Tour durch die neuen

Quartiere um neun Uhr morgens mit dem Zusammensitzen im «Goldenen Sternen» und in der «Glocke» abzuschliessen. An Freitagen soll sich dieses Zusammensein bis über die Mittagszeit hinaus zum sog. «Buuresunntig» ausgedehnt haben. Die beiden Gewährsleute bezeichnen diesen als Anlass der «besseren» Bauern. Er soll aber auch zur Vernachlässigung dringender Hofarbeiten beigetragen haben, weshalb ihm offenbar der Makel der Unseriosität anhaftete.

126. Hofer 1923, 17; VB 1936, 124; Senti 1982, 18; Stocker 1982, 356, 538ff.
127. KB 1945-4; Jb Coop Basel ACV 1951; SK 9./16.12. 1949; VB 1951, 108f.
128. Auf den landwirtschaftlichen Pachtzinsanteil der Gebäude bezogen, nimmt der Ertrag sogar um fast das viereinhalbfache zu. Die Pachtzinsen von *Unter-* und *Vorder-Brüglingen* wachsen durch die Übernahme des freiwerdenden *Waldhof*-Kulturlands um genau ein Drittel. (SK XI 1966.)

Kapitel 4.1

129. SK 27.11. 1896; SK 21.1. 1897.
130. SK 27.11. 1896; VB 1897, 33: betreffend die Abtretung von 0,15 ha am Basler Brückenkopf; KB 1897-5. Von E. Kellerhals erwirbt die CMS ausserdem im nachfolgenden Jahr ein 0,49 ha grosses Grundstück in den *Langen Äckern* am Bruderholz auf Baselstädtischem Gebiet. (SK 3.2. 1898.)
131. Vernehmlassung an das Schiedsgericht, Dr. E. Miescher, 17.7. 1937.
132. KB 1898-12; siehe auch VB 1898, 33.
133. SK 16.12. 1903; SK 30.1. 1905.
134. Weg entlang der Hard: SK 17.12. 1910; 16.10. 1911. Landtausch: SK 13.9. 1911, Fertigungsprotokoll Muttenz, 15.11. 1911. VB 1914, 135f.
135. Auswertung der Fertigungsprotokolle der Gemeinde Muttenz, Gemeindeverwaltung Muttenz.
136. Pulvertürme: Landerwerb durch den Kanton Basel, 13.12. 1859; 28.5. 1869.
Friedhöfe: *Bericht betreffend die Erweiterung unerer Begräbnisplätze*, 9.8. 1905, Sanitätsdepartement, StA BS, Bau HH5.
137. Finanzdepartement an CMS, 14./18.12. 1905, StA BS, Bau HH5; SK 16.12. 1905; KB 1905-12.
1920 wird der CMS der dem *Landauerhof* benachbart liegende, 19,2 ha grosse *Rankhof* angeboten, der für sie angesichts der horrenden Preisforderung und der Deckung ihres Landbedarfs durch Weidenhof und Iglingen nicht von Interesse ist. Da das Gas- und Wasserwerk das anstossende *Ewigsche Gut* und *Zur schönen Aussicht* besitzt, informiert die CMS dieses über das Angebot und erklärt sich später auch bereit, den Hof zu übernehmen, falls das ihm nicht möglich wäre. SK 3.12. 1920; SK 4.2. 1921.
138. RRB BS 13.1. 1906; SK 23.6. 1906.
139. Justizdir. BL an Sanitätsdept. BS, Liestal 28.7. 1909; SK 16.9. 1909; RRB BS 16.10. 1909.
140. Sanitätsdept. an RR BS, 16.6. 1911, StA BS, Bau HH5.
141. SK 16.10. 1911; KB 1913-5; Ms. Eintragung auf Projektplan; Kantonsing. BS an Vorsteher Baudept., 20.10. 1915, StA BS, Bau HH5.
142. Wanner 1958, 279f.; *Birsfelder Anzeiger*, 15.8. 1975.
143. SK 17.11. 1908; KB 1908-11; SK 31.10. 1912; SK 13.12. 1912; SK 28.1. 1913; SK 7.4. 1913.
144. KV 23.6. 1913, WBR 8.7. 1913; RR 12.7. 1913. Paul Roths Bemerkung in *Basler Nachrichten* 3.1. 1956, die CMS habe mit dem Kauf des Hagnauhofs ihren Brüglinger Grundbesitz «in willkommener Weise» vermehren können, ist weitgehend eine wohlmeinende Floskel.
145. EBR an RR BS, 27.7. 1913.
146. Polizeidir. BL an Sanitätsdept. BS, Liestal 24.2. 1917.

Kapitel 4.2

147. Verzeichnis über Bodenverbesserungen, Meliorationsamt Baselland, Nr. 1.-152.; Nr. 145.; SK 23.7. 1920; KB 1920-10; SK 8.10. 1920.
148. Wertberechnungs- und Geldausgleichungstabelle, Feldregulierung Muttenz IV, 20.12. 1921; VB 1921, 123f.
149. Rekurs der CMS 6.1. 1931; Entscheid der Finanzdir. BL, Liestal 6.3. 1931.
150. RRB BL 24.4. 1931; EGV Muttenz 19.4. 1932.
151. Alter Bestand 6,91 ha, Neuer Bestand 6,00 ha. RRB BL 3.2. 1933.
152. BR Rg 886, 20.12. 1955.
153. GV Feldregulierungsgenossenschaft, Birsfelden 19.7. 1955; Besitzstand 15.10. 1955; EGV Muttenz 25.5. 1956.
154. RRB BL 26.3. 1974; W2, W3 und G3 nach basellandschaftlicher Zonenplan-Nomenklatur.
155. Böhm 1973, 9.
156. Welti 1927, 1, 13; Schaad 1968, 229; Planauflage im Juli 1920.
157. SBB Kreis XVI, 24.11. 1922; Entscheid der Eidgenössischen Schätzungskommission Kreis XVI, 24.5. 1923.
158. RR BL an CMS, Liestal 24.3. 1936; CMS an RR BL, 29.4. 1936.
159. RR BL an CMS, Liestal 11.9. 1936; Bosshardt Ing., Basel 22.3. 1937.
160. RR BL an CMS, Liestal 24.11. 1936; CMS an RR BL, 4.12. 1936; Konstitution des Schiedgerichts 5.2. 1937; Urteil des Schiedgerichts in Sachen CMS gegen Kanton Basel-Landschaft, Muttenz 22.9. 1938.
161. Vernehmlassung an das Schiedsgericht, Dr. E. Miescher, 17.7. 1937.
162. Duplik an das Schiedsgericht, Dres. Veit und cons., Liestal 15.10. 1937. Die aus den im HA CMS befindlichen Akten von Dr. Ramstein,

Feldregulierungsgenossenschaft «Im Freuler», ersichtliche, gelinde gesagt unsorgfältige Geschäftführung der Regulierungsgenossenschaft und die Tatsache, dass verschiedene im Freulergebiet Boden besitzende Aktiengesellschaften vermutlich in seiner Hand vereinigt sind, bestätigen indirekt diese Auffassung der basellandschaftlichen Behörden.
163. Vereinbarung über die Neuordnung der Gesamtarbeitsverträge vom 7.9.1936.
164. GRK Bt 3960, 22.7.1942, 8f; Polivka 1976, 56f.
165. Ferner Bruderholz, Therwil, Hohenrain-Pratteln, Möhlinerfeld. Aviatik beider Basel an RR BS, 7.2.1942.
166. BR 5.5.1942; Aviatik beider Basel an RR BL, 6.5.1942.
167. ˜ Gutachten über die Entwertung der Gebäulichkeiten und die Reduktion des Viehbestandes der Gutsbetriebe Vorder-Brüglingen und Hagnau bei Verwirklichung des Flugplatzprojekts Hard, Muttenz, Schätzungsamt SBV, Brugg 4.3.1943, HA CMS.
Konferenz über das Flugplatzprojekt Hard, 8.1.1943.
168. GRB 18.2.1943 betr. «die Errichtung eines Grossflugplatzes Allschwil-Burgfelden und einer Übergangslösung in der Hard».

Kapitel 4.3

169. SK 7.7.1950; VB 1952, 112f.; VB 1953, 116; SK 1.2.1954; SK 1.2.1954; VB 1954, 119.
170. Beilage zum Pachtvertrag, 27.12.1954 (10,83 ha in der Hagnau-Ebene); 1. Nachtrag, 1.6.1955 (11,48 ha ebenda).
171. VB 1954, 116; HA CMS, GD 13.5.1955.
172. SK 13.5.1958.
173. CMS an SBB Kreisdirektion II, 16.11.1954; Gutachten über *Teilverkauf des landwirtschaftlichen Kulturlandes des Hofgutes Hagnau*, Hans Nebiker, Sissach, Juli 1957.
174. Übersichtspläne der Stadt Basel 1905 und 1930.
175. SBB Kreisdirektion II an CMS, Luzern 11.8./2.4.1955; CMS an SK, 29.4.1957; CMS an BR, 7.11.1957; BR Rg 939, 3.12.1957.
176. Gutachten *Rangierbahnhof Basel-Muttenz: Kiesausbeutung im Bereiche der projektierten Geleiseanlagen*, Versuchsanstalt für Wasserbau und Erdbau ETH, Abt. Erdbau, G. Schnitter, Ch. Schaerer, Zürich 15.1.1958; CMS an SK 10.2.1958.
177. Rückweisung im BR 3.12.1957; Kauf- und TauschV Arlesheim 12.3.1958.
178. *National-Zeitung* 30./31.7.1955.
179. SK 16.1.1961; JB962; Aegerter & Bosshardt AG, Ingenieurbureau: «Eröffnung Nationalstrasse N2, Abschnitt Basel-Augst», Basel 18.12.1969.
180. BR Rg 1010, 15.6.1960; BR Rg011, 16.6.1960; *Birsfelder Anzeiger* 15.8.1975.
181. RRB BL 17.3.1950.

182. VB 1972, 34; VB 1974, 32; RRB BL 30.1.1973.
183. RRB BL 23.9.1951; Gemeinde Birsfelden an RR BL, Birsfelden 12.11.1955; RRB BL 4.2.1958.
184. Siehe Falter 1984, 158.
185. GdRB Birsfelden 24.10.1980; ERB 10.12.1980; RRB BL 1.12.1981; JB 1981; JB 1982.

Kapitel 5.1

186. Miescher 1936, 63; Falter 1984, 81ff.; KB 1923–6.
187. Miescher 1936, 62; siehe Graphiken Falter 1984, 90f.; Das für Pflanzland verpachtete Areal der CMS befindet sich 1919 an der Weidengasse (St. Alban-Rheinweg), auf dem Gellertfeld, beim Walke- und Brüglingerweg und auf dem Hechtliacker am Bruderholz.
188. Falter 1984, 158.
189. SK 1.2.1929.
190. KB 1940–10; VB 1944, 109.
191. Die CMS verpachtet Land zu Pflanzlandzwecken
– an die Staatliche Pflanzlandkommission bzw. die Stadtgärtnerei (ab 1917);
– an die Pflanzlandvereinigung Freidorf Muttenz (ab 1927);
– in sehr geringem Umfang an Einzelpächter.
Gesondert geführt wird das Dreispitzpflanzland beim Wolfgottesacker 1934–1940.
192. SK 21.5.1926; VB 1926, 126; SK 7.1.1927; SK 31.5.1927; SK 9.9.1927; VB 1927, 121.
193. BR Rg 402, 21.6.1927.
194. KB 1918–2; Concordia an RR BS, 30.8.1923, StA BS, Bau H9; SK lehnt 8.2.1924 ab; KB 1923–10 Anfrage der Genossenschaft Radrennbahn.
195. VB 1917, 140; KB 1917–4; KB 1918–2; *Basler Nachrichten* 15.8.1929.
196. RRB 23.8.1929; *National-Zeitung* 26.10.1930, «Basel erhält die grösste Sportanlage der Schweiz»; GR 13.2.1930.
197. RRB 11.2.1930; von Sinner & Beyeler Architekten, *Gutachten über die Sportanlagen St. Jakobsmatten bei Basel*, Bern 9.5.1930, StA BS, Bau CC 166.
198. GR BL 4816, 9.9.1952.
199. SK 11.4.1930. Die zum niedrigeren Ansatz entschädigte Hälfte der 1927 von den SBB expropriierten Fläche von 4,1 ha kommt die Bahnen auf im Mittel Fr. 5.50/m² zu stehen, die zum höheren Ansatz entschädigte Hälfte Fr. 12.45/m² (SK 31.5.1927) Der für die Einwohnergemeinde nur drei Viertel bis halb so hohe Kaufpreis muss als grosses Entgegenkommen CMS gewertet werden, besonders wenn berücksichtigt wird, dass es sich hier um das achteinhalbfache der 1927 enteigneten Fläche handelt.
200. RR Del 29.9.1931; BR Rg 463, 1930; SK 9.1.1931; BR Rg 470, 20.1.1931.

201. KB 1930–9: Unter-Brüglingen verliert 16,2 ha, Vorder-Brüglingen 7,8 ha Kulturland. VB 1926, 126; VB 1927, 121; VB 1928, 119; BR Rg 463, 30.9.1930; KB 1930–8; VB 1931, 130f.
202. 1. Etappe GR Rg 3237, 31.3.1932, GRB 30.1.1931/14.4.1932; 2. Etappe GRB 6.6./22.12.1933; 3. Etappe GRB 6.2.1936. StA BS, Bau CC166.
203. *Basler Nachrichten* 23.12.1933, «Zur Sportplatzfrage»; *National-Zeitung* 7.10.1930.
204. GR 1.3.1935; RRB 22.1.1937; Baudept. an Kantonsbaumeister, 20.1.1937; RR Rg 4798, 30.6.1952; RR Bt 4816, 9.9.1952.
205. KB 1931–8; GR Ip 24.6.1948. Die Schuttablage ist 1934 Ursache dafür, dass die Stiftungsverwaltung den Pächter von Vorder-Brüglingen auffordert, die von dort ausgehende Rattenplage zu bekämpfen. (KB 1934–10)
206. GRB 18.12.1952; GR Bt 4932, 28.8.1952; GR Rg 4989, 11.3.1954.

Kapitel 5.2

207. JB 1972, 26; JB 1974, 23.
208. JB 1975, 25f., 33.
209. ER Münchenstein Rg 76/56, 21.12.1976; ERB M. 31.1.1977; ER M. Pr 10, 30.1.1978.
210. Gemeinde-Volksabstimmung Münchenstein, 28.5.1978.
211. VV 23.11.1977; GR 19.1.1978; GR Rg 3775, 25.11.1977; ER Münchenstein 30.1.1978; JB 1978, 23; JB 1979, 19f.
212. SK 7.12.1955; SK 26.9.1961; Exposé Gutsverwaltung 25.9.1961; GD 6.11.1962; JB 1964, 10.
213. JB 1975, 47.
214. JB 1976, 21.
215. JB 1978, 22; JB 1979, 56; JB 1981, 37.
216. Vorlage für die Gemeinde-Volksabstimmung vom 28. Mai 1978 über den Einwohnerrats-Beschluss vom 30.1.1978, 4f. Es fällt auch bei der Umzonungsdiskussion von 1982 auf, dass die Sportanlagen, deren Ausweitung mehr Kulturland verbraucht als die Erhaltung des Quellsees, als undiskutierte Gegebenheit betrachtet werden. Der Sportbetrieb und der durch den Platzunterhalt verursachte Betriebsverkehr werden nicht gegen den abgewehrten Mehrverkehr des Topfpflanzenbetriebs aufgerechnet.
217. EGdV Münchenstein, 12.1.1981 (Pr).
218. Pr Gde. Münchenstein, 12.1.1981, 67.
219. Gemeinde-Volksabstimmung Münchenstein, 5.4.1981.
220. JB 1980, 28.
221. Luftaufnahmen der Eidgenössischen Landestopografie, Nr. 7747, 18.7.1967. Schwächer erkennbar ist diese Bänderung auch in der Aufnahme ELT Nr. 8937, 24.5.1976, im Bereich der Baustelle der Querverbindungsstrasse aber bereits beseitigt.

222. VB 1901, 84, 119; VB 1902, 119; VB 1914, 32f.; SK 21.12.1923.
223. KB 1887–10; VB 1889, 87; VB 1892, 93.
224. Jahresbericht der BVB 1984, 7. Der gesamte jährliche Personenverkehr der BVB wird 1984 mit 101,8 Mio. Personen angegeben, derjenige des Flughafens Basel-Mulhouse 1984 mit 1,02 Mio. Personen.
225. JB 1983, 46f.

Kapitel 6.1

226. Wanner 1958, 299; StA BS, PA 7.9, 20.
227. SK 2.5.1890; SK 26.1.1900; SK 25.5.1900.
228. Siehe Fahm 1951, 5f. und Anm. 229.
229. HA CMS und StA BS, Korrespondenzen.
230. BRB 21.2.1899; GR Rg 1253, 31.5.1900.
231. Finanzdept. an CMS, 8.1.1900.
232. SK 26.1.1900; SK 1.3.1900.
233. StA BS, Gemeindeakten B 8.
234. Miescher 1396, 98.
235. Verwaltung Öff. Materiallagerplätze an Finanzdepartement. 19.5.1910.
236. GR Ip 11.5.1911; BR Ip 9.5.1911; BR Bt 231, 6.6.1911, 4f., 10f.
237. Fahm 1951, 14.
238. PV 2.9.1921; SK 7.10.1921; Fahm 1951, 14.
239. *Basler Nachrichten*, Sondernummer 4.7.1923, darin s. v.a. W. Jenne, 2f.
240. Vernehmlassung, 1.6.1923; Öffentliche Materiallgerplätze: *Die Erweiterung der Öffentlichen Materiallagerplätze Basel-Dreispitz gegen Süden auf dem Gebiet der Gemeinde Münchenstein*, 25.1.1950, 11f.
241. GdRB Münchenstein 5.4.1923; Öff. Materiallagerplätze 1950, 16f.; SK 23.7.1920; SK 8.10.1920 (ein im Meliorationsverzeichnis des Kantons Basel-Landschaft nicht angeführtes Werk).
242. Fahm 1951, 18; Verwaltung der Öff. Materiallagerplätze an CMS, 16.6.1950.
243. GR Rg 4594, 16.3.1950; Verwaltung Öff. Materiallagerplätze an Finanzdept., 7.4.1949; Fahm 1951, 20; JB 1954, 120.
244. JB 1978, 9; JB 1984, 13f.
245. Verwaltung Öff. Materiallagerplätze, 12.5.1955.

Kapitel 6.2

246. Pleuler 1970, 44ff.
247. KB 1910–9; KB 1911–11.
248. SK 16.10.1911; SK 4.3.1912; KB 1916–8.
249. SK 7.2.1913; VB 1913, 128; SK 11.2.1914; SK 23.11.1914; SK 17.1.1916; KB 1919–10/12.
250. BR Rg 31.10.1894; StA BS, Spitalarchiv N 6; umgerechnet Fr. -.39/m². KB 1904–12.
251. KB 1916–11; KB 1917–3; KB 1920–10; KB 1927–2.

252. SK 22.1. 1943; SK 21.12. 1943; SK 26.5. 1944; StA BS, BD Reg 1 S.
253. Bau- und Strassenlineinfestsetzung und Ausführungsgenehmigung erfolgen im Jahr 1945. (RRB 20.2./2.5. 1945) Die Erstellung der Strasse wird verschoben, um eine bessere Verfassung des Arbeitsmarkts abzuwarten. Die Erschliessungskosten verteilen sich auf neun Anstösser. Von den 12 kostenpflichtigen Parzellen gehören nur 5 Privaten; die übrigen stehen im Besitz der Landgenossenschaft Jakobsberg, der CMS, der Einwohnergemeinde Basel und der Kantonalbank Basel-Landschaft. (StA BS, BD Reg 1 S) Fast neun Zehntel der in den 1950er Jahren geleisteten Anwänderbeiträge entfallen auf die CMS.
254. KB 1908-1; SK 29.1. 1908; KB 1916-4/6/9/11; KB 1917-2; KB 1931-12; KB 1936-11.
255. VV zu einem KV, Arlesheim 18.1. 1938; WBR 1.3. 1938; RRB 11.3. 1938; Rechtskraft 19.4. 1938.
256. KB 1938-1; BR Rg 582, 1.2. 1938; SK 14.3. 1938; SK 14.10. 1938.
257. Verzeichnis über Bodenverbesserungen BL, Nr. 259; Derendinger an CMS, Reinach, 28.11. 1941; Eigentümerversammlung 19.8. 1955; RRB BL 4.10. 1955; Schlussbericht 4.2. 1967.
258. Faessler, P., Gutsverwaltung CMS: *Exposé über die zukünftige Aufteilung des landwirtschaftlichen Bodens der CMS in Basel, Münchenstein und Reinach*, 25.9. 1961; SK 25.9. 1961.
259. Waldhof: Projektauftrag für Überbauung, GD 8.2. 1963; Abbruch des Hofs Ende 1966: SK 9.11. 1966; KB 1934-12; Exposé 25.9. 1961.
260. GD 6.11. 1962; SK 2.9. 1970.
261. Direktion des Innern BL an CMS/BR, Liestal 18.2. 1938.
262. BR an RR BL, 11.4. 1938; Dir. des Innern BL an BR, Liestal 28.4. 1938.
263. RR BS an RR BL, 25.5. 1938.
264. KB 1938-10/12; KB 1939-1.
265. KB 1945-7.
266. CMS an Dir. des Innern BL, 12.4. 1945; Dir. des Innern BL an CMS, Liestal 7.5./22.5. 1945.
267. Justizdepartement BS an RR BS, 29.10. 1946.
268. SK 6.12. 1946; SK 6.2. 1947; SK 11.4. 1947.
269. Annaheim 1961, 27ff., unter Bezugnahme auf Lutz 1805 I, 179.
270. KB 1940-11.
271. SK 21.4. 1950; GD 7.7. 1950; KV Arlesheim 28.12. 1950.
272. SK 3.11. 1950; SK 14.9. 1951; SK 16.3. 1951; SK 5.6. 1951.
273. SK 20.7. 1951; SK 14.9. 1951; BR Rg 784, 2.10. 951; SK 7.8. 1953.
274. SK 23.6. 1962; GD 7.9. 1963.
275. BR Anzug H. Martin, 18.11. 1952; BR Bt 1088, 30.4. 1963.

Kapitel 7.1

276. Z.B. Brugg-Baden (Windisch), Delle-Dannemarie (Florimont).
277. Eglin 1918, 5ff.; Meyer 1967, 7ff., 41; Miescher 1936, 86ff.
278. Polivka 1973, 441.
279. SK 23.6. 1905; Gutachten Liechti/Degen/Gisiger, Basel/Oberwil/Münchenstein, 1.9. 1905; SK 13.10. 1905; GR Rg 9.1. 1930.
280. SK 13.10. 1905; SK 31.10. 1905; CMS an SK, 31.10. 1905; KV Basel 15.11. 1905; WBR 30.11. 1905; VB 1906, 117.
281. KV 1.11. 1906; VB 1906, 120; KB 1913-1.
282. Möglicherweise entspricht die Grenzlage des Gutes dem Flurnamen *Laach*-, den Zeugin (1936, 52) ohne quellenkundliche Abstützung von ahd. *lahhen* = Grenzzeichen, *Lohen*, herleitet. In Schweizerdeutschen Mundarten kann ebenfalls *laachen* (*Lochen, Logel*, synonym mit *March*) nachgewiesen werden. (Schweiz. Idiotikon 3, 1895, 998ff.), was Zeugins Annahme stützen würde; *lache* als Ausdruck für *Pfütze* (*Gungge, Gumpe*) käme als Erklärung insofern in Frage, als der Lachmattweiher und die zahlreichen Vernässungen im Hofland namengebende Flurbestandteile sein könnten.
283. Fertigungsprotokolle Muttenz, 14.3. 1906; SK 23.6. 1906.
284. SK 4.1. 1910; SK 17.10. 1910; SK 9.11. 1910.
285. SK 17.12. 1910; SK 27.1. 1911; SK 20.2. 1911; SK 24.5. 1911; E. Müry-Flück an SK, 20.9. 1917.
286. E. Müry-Flück an SK, 20.9. 1917. 1917 wird Alt-Regierungsrat und Nationalrat Prof. Paul Speiser, den wir in Kap. 2.4. als Initiator eines aktiven städtischen Liegenschaftshandels erwähnen, Verwaltungsratspräsident der «Chemischen Fabrik vormals Sandoz»; es ist denkbar, dass er in dieser plötzlich erfolgreichen Landkaufinitiative eine wichtige Rolle spielt. Zur «Persönlichkeitsfrage» siehe auch Anm. *343.*
287. BR Rg 18.12. 1917; Polivka 1974, 69.
288. SK 9.12. 1917.
289. Landwirtschaftliche Kontrollkommission BL, Liestal, 27.7. 1920.
290. VB 1920, 134.
291. Aebi 1969, 16; Polivka 1974, 70f., 80f.
292. Zeugin 1954, 104.
293. VB 1908, 126; VB 1913, 127.
294. Ing. Hetzel an CMS, 1.11. 1907.
295. Leupin 1967, 190-197; Pleuler 1970, 47ff.
296. VB 1923, 124ff.; CMS an GdR Pratteln, 24.11. 1921; SK 18.11. 1921; SK 23.12. 1921; SK 10.2. 1922; SK 22.9. 1922.
297. Verzeichnis über Bodenverbesserungen Baselland: Nr. 173, Felderregulierung Pratteln, 1923-24; Nr. 173, Drainage Hexmatt-Zwein, 1923-24; Nr. 210, Drainage Muttenz V, 1929-32; Nr. 220, Felderregulierung Muttenz V, 1930-34. VB 1922, 139ff.; VB 1923, 123.

298. Verzeichnis über Bodenverbesserungen, Nr. 210/220; VB 1929, 120.
299. SK 11.9. 1933; SK 26.1. 1934.
300. VB 1947, 117.
301. GrunddienstbarkeitsV Olten/Basel 1.2. 1935.
302. Dir. des Innern BL an CMS, Liestal 10.5. 1947.
303. SK 22.1. 1943; SK 11.5. 1945; SK 12.1. 1948.
304. SK 20.7. 1951; BR Rg 792, 18.12. 1951; WBR 18.12. 1951.
305. Pratteln, Zonenplan 1953: EGV 1.4. 1953, RRB BL 25.9. 1956.
Muttenz, Zonenplan 1961: EGV 3.5. 1961, RRB BL 16.2. 1965.
Muttenz, Zonenplan Landschaft: EGV 20.6. 1978, RRB BL 12.12. 1978.

Kapitel 7.2 *Weidenhof*

306. SK 8.10. 1920; Gutachten Eidg. Forschungsanstalt Zürich-Reckenholz, 27.8. 1951; Sumpf 1958, 31; Windler 1975, 105ff.
307. *Bachtel(en)* als Zusammenzug aus *Bach-Tal.* Plan 1:5000 von Arlesheim, Geometer Philipp Jacob Siegfried 1828, StA BS Planarchiv J 3,11; Sumpf 1958; Windler 1975, 108.
308. Von daher kommt offenbar der Name der 1941 abgebrannten, *Känelscheuer* genannten Feldscheune des Weidenhofs.
309. Miescher 1936, 91; Sütterlin 1910, 137f., 257; Frohnmeyer 1917; Müller 1940, 94ff.; Sumpf 1958, 43; Suter 1969, 174; StA BS Planarchiv Z 4,291.
310. GD 9.12. 1917; SK 29.4. 1918.
311. CMS an A. Alioth-Ronus, 4.2. 1918; VB 1918, 166.
312. VB 1921, 121; VB 1939.
313. VB 1922, 136; VB 1938, 123f.
314. GdR Arlesheim an CMS, 29.10. 1942; Gutachten des Kant. Wasserwirtschaftsexperten W. Schmassmann, Muttenz, 8.2. 1945.
315. Eine im Januar 1952 gezogene Wasserprobe weist nach der Untersuchung durch das Hygienische Institut der Universität Basel Tuberkelbazillen Typus Humanus auf. Sie lässt die anfänglich verworfene Vermutung des scheidenden Weidenhof-Pächters, dass die Verwendung von Wasser des Bachtelenbachs zur Verdünnung von Jauche in einem Zusammenhang mit der auf dem Hof aufgetretenen Viehseuche stehe, plausibel erscheinen. Tuberkelbazillen der Typen Humanus und Bovinus können Mensch und Tier gleichermassen infizieren. (Hygienisches Institut der Universität Basel an CMS, 15.8. 1952.) Wie das Vieh in Berührung mit Verdünnungswasser kommt, muss dahingestellt bleiben.
316. Expertengutachten des Hygienischen Instituts der Universität Zürich und der Eidg. Anstalt für Wasserversorgung, Abwasserreinigung und Gewässerschutz ETH, Zürich 23.12. 1950; GD 17.2. 1955.

317. DurchleitungsV CMS mit Staat Basel-Landschaft, Basel/Liestal, 4./22.5. 1962; Gemeinde Arlesheim, Zonenplan Landschaft, GdVB 19.11. 1980, RRB BL 17.11. 1981, RRB BL 2.11. 1982.
318. SK 15.11. 1951; CMS an Gemeindeverwaltung Arlesheim, 22.12. 1951; BR Rg 794, 26.2. 1952.
319. KV 10.7. 1954, Genehmigung BR 31.8. 1954.
320. BR Pr 18.3. 1952; Direktion des Innern BL an CMS, Liestal, 4.4. 1952; SK 18.4. 1952.
321. CMS an Strassen- und Wasserbauinspektorat BL, 18.7. 1957; CMS an Landrätliche Strassenkommission, 20.2. 1958.
322. GD 9.11. 1955; SK 1.4. 1958; VB 1958, 7.
323. CMS an Holle KG Arlesheim, 12.9. 1961; Gde. Arlesheim an CMS, 26.10. 1961.
324. KV 2.11. 1962; BR Pr 13.11. 1962; GD 31.6. 1967.
325. GRB 20.2. 1969.
326. SK 7.1. 1970, 6.1. 1971, 26.8. 1971, 3.11. 1971; GD 7.12. 1971.
327. SK 2.2. 1972; VB 1971, 26.
328. SK 6.9. 1972; Aktennotiz 14.12. 1972.
329. GR Rg 7059, 14.3. 1974; GRK Bt 7159, 1975.
330. GRB 25.6. 1975; CMS an BR, 6.2. 1978.
331. CMS an BR, 6.2. 1978.
332. PV/MV 28.1. 1977.
333. KaufrechtsV Gde Arlesheim mit CMS, 11.8. 1978; GdV 22.5. 1980; Kauf- und TauschV 17.10. 1980.
334. CMS an RR BL, 4.4. 1966; GdR Arlesheim an Vermessungsamt BL, Arlesheim, 11.5. 1966.
335. Vereinbarung GVM mit CMS, Bern/Basel, 5./11.7. 1966; Rohner Ing., Arlesheim, 14.1. 1969; SK 5.3. 1969; Neuzuteilungstabelle 1.4. 1969; RRB BL 31.7. 1973; Neuzuteilung im Bauland-Umlegungsverfahren, Arlesheim, 7.12. 1973.
336. BR 6.7. 1973; Rechtskraft 14.7. 1973.
337. AuflösungsV Basel/Oberwil 1.10./24.9. 1976.
338. VB 1973, 18; CMS an BR, 4.6. 1970; CMS an BR, 4.6. 1970.

Kapitel 7.2 *Sternenhof*

339. Miescher 1936, 95; Windler 1975, 114, 132f.
340. KB 1924–8.
341. SK 14.11. 1924; VorV 21.11. 1924; BR Rg 377, 9.12. 1924.
342. SK 18.12. 1915; SK 28.4. 1916.
343. Es kann nicht mehr als eine Vermutung sein, dass hier der Wechsel des Stiftungsverwalters im Jahr 1922 und die mit insgesamt 27 Jahren einen Rekord darstellende Amtszeit von Ernst Miescher als Statthalter und als Präsident der Stiftungskommission von Bedeutung sein könnten; SK 7.12. 1945.

344. Meliorationsverzeichnis Basel-Landschaft, Nr. 177; Neuzuteilung Felderregulierung Reinach II, 27.6. 1927; RRB BL 12.6. 1928.
345. Meliorationsverzeichnis BL, Nr. 334; Gründungsversammlung Felderregulierung Reinach III, 4.5. 1936; RRB BL 20.5. 1936; Neuzuteilungs- und Geldausgleichungstabelle, Nr. 144, 1943; CMS an Felderregulierung Reinach III, 24.7. 1946.
346. EGdV Reinach 15.11. 1951; RRB BL 2.10. 1956.
347. EGdV Reinach 29.9. 1966; RRB BL 5.9. 1967.
348. CMS 30.11. 1966; EGV 28.3. 1967.
349. RRB BL zur Zonenordnung Kägen, 17.4. 1968.
350. Schlussbericht Baulandumlegung Kägen, 22.5. 1973, 5; Neuvermessung 12.12. 1969.
351. CMS 3.2. 1969; Schlussbericht 1973, 3f.
352. Schwörer & Bütler Architekten: *Shopping Center Dreispitz*, Untersuchung geographischer, planerischer und statistischer Grundlagen, Liestal, 20.2. 1963.
Maurer, W. et al.: *Shopping Center Münchenstein*, Ökonomische und demographische Grundlagen-Untersuchung, Prognos AG, Basel 1964.
GD 20.9. 1961; SK 6.2. 1962.
353. SK 1.10. 1969.
354. SK 20.9. 1970; SK 4.11. 1970; GD 6.1. 1971.
355. SK 7.4. 1971; SK 3.5. 1972; SK 6.9. 1972; BRV 20.12. 1972.
356. LR BL 13.9. 1973; LRB BL 403, 13.3. 1975, §3.
357. Maurer et al.: *Einkaufszentrum Arlesheim*, ORL ETHZ, Zürich 14.8. 1978.
GdV Arlesheim 28.4. 1980; GdAbstimmung 28.9. 1980.
358. SK 3.5. 1967; GD 29.4. 1968; FAT Tänikon, Bericht über den Sternenhof in Reinach, Tänikon 2.11. 1978.
359. RRB BL 26.8. 1975; GD 23.3. 1976.
360. GD 6.1. 1977; GD 8.9. 1978.
361. SK 29.8. 1980

Kapitel 8.1

362. Annaheim 1961, 19f. Boner 1983, 8.
363. KV Rheinfelden 24.3. 1821, KV Rheinfelden 4.2. 1828, HA CMS ; Situationsplan 1:2000, Geometer Bodenehr 1859, HA CMS; Miescher 1936, 93.
364. Annaheim 1961, 21.
365. Annaheim 1961, 17f.
366. KB 1918-7, 1918-9.
367. Gutachten Pfr. Ernst Marti, Grossaffoltern, 22.8. 1918.
368. KV Rheinfelden 5.12. 1918; BR Rg 304, 24.9. 1918.
369. VB 1919, 133.
370. Miescher 1936, 92; SK 11.4. 1930; KB 1938-1.
371. VB 1924, 130.

372. M. Keller-Merz, Aarau, 5./18.6. 1920.
373. A. Gutzwiller, Basel, 22.10. 1920; Wasserwerk Basel, A. Linder, Basel, 12.12. 1921.
374. KB 1934-6.
375. Bohrprofil 1:1000, Hans Blattner Ing., Sissach 17.1. 1967.
376. VB 1935, 126; Kantonsförster Basel an CMS, 2.9. 1938; ders. an CMS, 6.3. 1940; RRB AG 18.6. 1941.
377. GD 17.3. 1962; GD 8.2. 1963; GD 1.4. 1964.
378. Annaheim, H.: «Chance und Not der Basler Region», in *National-Zeitung*, 14.6. 1963, 5–6; «Neue Wohnzonen für die Stadt», ebenda, 16.6. 1963, 15–16.
379. SK 4.8. 1964.
380. SK 12.1. 1965.
381. Gutsverwaltung CMS, Gutachten über das Hofgut Iglingen in Magden, Löwenburg 13./21.12. 1961; Gutsverwaltung an CMS, 4.12. 1964/14.4. 1965.
382. GD 2.5. 1964; SK 8.3. 1967; GD 7.2./29.4. 1968.
383. Kantonales Meliorationsamt BL, Erhebung 1980 Wintersingen; Güterregister Felderregulierung Wintersingen, Stand 1.1. 1982.
384. Die beim Kauf des Guts gepriesenen Obstbaumbestände haben keine Nachfolge erhalten. Mit ihrem Abgehen und in jüngster Zeit auch ihrer sukzessiven Entfernung erhält der Landwirt mehr Bewegungsfreiheit in der Bewirtschaftung des Dauergrünlands. H. Schuhmacher pflanzt nach bernisch-freiburgischer Tradition einen «Hoschtet» (Hofstatt)-Baumgarten in unmittelbarer Hofnähe in der Talsohle, wo dieser aber unter der besonderen Forstgefährdung durch Kaltluftstau leidet.
385. SK 6.12. 1972; Besitzstandstabelle 1.3. 1984.
386. CMS an BVG Magden, 5.2. 1985; VB 1938, 124.

Kapitel 8.2

387. Annaheim 1961, 30f.; Gass 1932, 164; Wanner 1963.
388. Gass 1932, 164; Annaheim 1961, 30; Mündliche Auskünfte von Herrn Ernst Flückiger-Schäubli (*1906), dem ehemaligen Pächter des Hinteren Schlatthofs.
389. Zusammensetzung der undatierten, vermutlich auf die Vermessung des Gemeindebanns Aesch durch Philipp Jacob Siegfried von 1830 zurückgehenden Katasterpläne im Archiv der Gemeindeverwaltung Aesch.
1:1000, Sektion B, Bl. 5 (*Unterm Dick*), Bl. 5r (*Auf der Chilchenmatt*); Sektion C, Bl. 3 (*Am Hollenrain*), Bl. 5r (*Schürfeld, Riedermatten, Burenfeld*)
1:2000, Sektion C, Bl. 5 (*Schlatthof*).
390. Meliorationsamt Basel-Landschaft, Verzeichnis über Bodenverbesserungen, Nr. 87 (*Flühberg-Eigen*).

391. ibid. Nr. 102 (*Unter dem Schwang*), Nr. 316 (Feldregulierung Aesch), Nr. 404 (*Klusreben*), Nr. 243/253 (*Schlatthof/Schürhof*), Nr. 228/278 (*Erlenhof*), Nr. 280 (*Schlattacker*), Nr. 248 (*Neuhof*).
392. Annaheim 1961, 32, unter Verweis auf W. Bruckner 1945, Ortsnamenkunde, und M. Buck 1880, Oberdeutsches Flurnamenbuch.
393. Schröder 1984, 3f.
394. Schröder 1984, 11, 15ff.; Neuhof Reinach: Nach dem Brandlagerbuch Reinach (StA BL) ist das Haus Nr. 154 unbestimmte Zeit vor 1879 als Wohnhaus mit Ökonomieräumlichkeiten entstanden und in den 1890er Jahren ausgebaut worden.
395. Meyer 1968, 239f.
396. Maurer 1961, 115; Meyer 1968, 245.
397. Mündliche Mitteilung Dr. R. Moser; KaufV 16.4./8.5. 1942. Die beiden Familien sind ohne verwandtschaftlichen Zusammenhang; die Verkäufer bewirtschaften die Löwenburg seit zwei Generationen.
398. Mündliche Mitteilung Dr. R. Moser. Die ackerbauliche Ausrichtung schlägt sich ausserdem in einer von Oskar Moser verfassten Anleitung zum Ackerbau nieder; siehe Moser 1944.

Kapitel 8.3

399. KB 1899-1,10-12; KB 1900-1,5.
400. KB 1905-3-6,9-10; KB 1906-10; KB 1909-2; KB 1924-8; KB 1913-9.
401. KB 1916-11; KB 1918-2; SK 1./2.7. 1918; KB 1918-7; BR Rg 301, 7.5. 1918; KB 1918-8,11.
402. KB 1925-8; KB 1926-6; KB 1927-5-6.
403. Brandkataster Reinach, Nachweis eines Wohnhauses,Nr. 26, 1886; KB 1927-7; KB 1927-7-8.
404. Zickendraht 1942, 19; JB Basler Webstube 1929, 7f.; *Basler Nachrichten* 14.7. 1929.
405. Auszug aus dem Grundbuch der Gemeinde Reinach 1979; Flächenverzeichnis und Situationsplan 1:2000 Landheim Erlenhof, Arlesheim 30.6. 1967.
406. Mündliche Auskünfte von Herrn E. Flückiger; KB 1929-6; Finanzdepartement Basel-Stadt an CMS, 21.5. 1929.
407. StA BS, PD Reg 1, 1253: «Raumnot im Lohnhof» 1927; RRB 5.7. 1929, GRB 4.7. 1929; RRB 28.10. 1930.
408. SK 11.6. 1929.
409. SK 10.9. 1929; KV Schlatthof Aesch/Reinach, 18./17.12. 1929; KV Schürhof Aesch 18.12. 1929.
410. KB 7,9-1929.
411. Mündliche Mitteilung Dr. H. Meier; GD 13.6. 1955; September 1946.
412. RRB 1.11. 1955; H. Nebiker an CMS, Sissach, 11.8. 1955.
413. GD 19.11. 1955.
414. SK 28.11. 1955; SK 12.2. 1957, ohne Eintreten auf neuerliches Angebot des Arxhofs.
415. SK 7.12. 1955; KaufV 15.12. 1955, Nachtrag 28.5. 1956; BR Bt 887, 17.1. 1956; BR 31.1. 1956.
416. SK 2.11. 1965; SK 2.3. 1966.
417. Zur Zeit der Pachtaufgabe ist Ernst Flückiger 52jährig; er errichtet auf einem kleinen Grundstück an der Alten Ettingerstrasse, das unmittelbar an das Schlattgut angrenzt, ein Haus mit einem kleinen Landwirtschaftsbetrieb. (CMS an BR, 20.9. 1957.)
418. GD 20.3. 1957.
419. SK 16.6. 1959; SK 30.5. 1961; GD 13.2. 1958.
420. SK 13.5. 1960; BR Rg 1010, 15.6. 1960; BR Rg 1101, 15.6. 1960.
Aesch Zonenplan 1951, RRB BL 2.10. 1956; ZP 1966, RRB BL 5.9. 1967.
Reinach Zonenplan 1952, RRB BL 30.1. 1953; ZP 1964, RRB BL 30.6. 1964.
421. VorV zu KV N.6. 1960.
422. GD 31.1. 1968; SK 13.3. 1968.
423. PV 21.2./4.3. 1968.
424. Arrondierungsfragen, diskutiert an der Versammlung der Milchgenossenschaft Ettingen vom 14.1. 1982; s.a. Lizenziatsarbeit J. Winkler 1981.
425. SK 7.3. 1961; BRV 30.5. 1961; SK 4.12. 1962; SK 6.9. 1967, 4.12. 1968, 8.1. 1969; Mutationsplan 1664, 30.6. 1969.

Kapitel 8.4

426. Krammer 1974, 8.
427. Inklusive Haushalt : Löwenburg 1959 23 AK; Schlatthof 1967 10,6 AK.
428. Zur Aussenwirtschaft werden gezählt: Akker-, Wiesland- und Obstkultur, Meliorations- und Drittarbeiten; zur Innenwirtschaft Viehhaltung, Hofarbeiten, Maschinenunterhalt, Heizung, Haushalt und Verwaltung.
429. Durch die Luftbildvermessung der Löwenburg wird 1977 die Landwirtschaftliche Nutzfläche als rechnerische Grösse von 151,3 ha auf 143,5 ha vermindert, ohne dass die für die Arbeitswirtschaft ausschlaggebende physische Grösse des Guts sich verändert hätte; dadurch weisen die flächenbezogenen Werte nach 1977 gegenüber den vorangehenden einen kleinen «unechten» Fortschritt aus.
430. BR Kl. Anfrage H. Keller und Kons., 31.10. 1961.CMS an BR, 15.6. 1962.
431. GD 1.11. 1967.
432. Kurth/Steinlin 1978, 7.
433. Zitat nach VB 1907; BR Kl. Anfrage Bleuler 1958.
434. SK 2.8. 1962.
435. Siehe zu dieser Frage ausführlicher Wasmer 1984, 69.
436. Siehe Schmitt 1961, 346, 353.
437. GD 24.1. 1974; SK 13.2. 1974.
438. GD 16.6. 1976.
439. Berechnungen auf der Grundlage der Eidgenössischen Viehzählungen und der Einlieferungsstatistiken der MIBA 1971/1980.

Kapitel 8.5

440. CMS an BR, 20.9.1957; BR Rg 936, 29.10.1957.
441. Mittlerer Anteil der 0–14jährigen: Schlatthof 1961–1974 42,9% (Gemeinde Aesch/Bezirk Arlesheim 1970 28,4% / 25,9%). Löwenburg 1961–1974 42,6% (Gemeinde Pleigne/Bezirk Delémont 1970 32,1% / 26,7%).
442. GD 24.1.1974.
443. JB 1964.
444. Exposé über «Gemeindezugehörigkeit der Löwenburg und der Neumühle», Basel, 6.6.1975.
445. Für die Pleener Gemeindeverwaltung ist die CMS zu bestimmten Zeitpunkten offenbar eine Unbekannte und wird sowohl mit «Christian Merian» als auch mit «Christoph Meriam» Stiftung angeschrieben.
446. GdeV Roggenburg, 24.7.1973; GD 15.2.1974.
447. SK 4.6.1975; Exposé s. Anm. *444.*; Gemeindeverwaltung Ederswiler an CMS, 30.7.1975; Dekret über die Einteilung des Kantons Bern in 30 Distrikte, 16.11.1939; Ergänzungsbestimmungen, 1.3.1970.
448. Bienz/Gallusser 1961, 76.
449. Meyer 1968, 184; Zimmerli 1891, 10.
450. Meyer 1968, 246.
451. Die Eidgenössische Landestopographie hat sich an die Nomenklaturweisungen des Bundes zu halten:
BRB über die Erhebung und Schreibweise der Lokalnamen bei Grundbuchvermessungen, 22.2.1938; Weisungen für die Erhebung und Schreibweise der Lokalnamen bei Grundbuchvermessungen in der deutschsprachigen Schweiz, 27.10.1948; BRB über Orts-, Gemeinde- und Stationsnamen, 30.12.1970.
452. Commune de Pleigne an Eidg. Landestopographie, 15.4.1970; Vermessungsamt des Kantons Bern an Commune de Pleigne, Bern 16.11.1970.
453. Bundesamt für Statistik, Schweizerische Quellenwerke zur Statistik (QS):
Volkszählung 1950, QS 251 (BE), 254 (SO), 255 (AG), 268 (BS,BL);
Volkszählung 1960, QS 354/355 (BS/BL), 362 (SO), 364 (BE),, 367 (AG);
Volkszählung 1970, QS 493 (AG), 497 (BS), 496, (BL), 498 (BE), 510 (SO);
Volkszählung 1980, QS 702, QS 704.
454. Bienz/Gallusser 1961 stellen für 1960 eine deutliche Differenzierung von Dorf- und Hofbevölkerung fest.
455. Siehe Gallusser 1984.
456. Zimmerli 1891, 10.

Dritter Teil, Kapitel 9

457. Schwind 1951, 15; siehe auch Sorre 1961, 5.
458. CMS an Dr. Carl Haga, 29.5.1900.
459. CMS an GD, 21.1.1908.

Kapitel 10

460. Studer 1972, 61.
461. *B.*: «Ausgreifende staatliche Bodenpolitik. Der Ankauf des Schlossgutes Angenstein», in *Basler Nachrichten*, 18./19.11.1950.
462. Die Flächenwerte des Gemeindekatasters und des Kantonalen Bodenamts weichen z.T. beträchtlich voneinander ab. (Für den baselstädtischen Grundbesitz nur -1,1% der Fläche, für den Grundbesitz des Kantons Basel-Landschaft aber +18,5% der Fläche.) Eine direkte Vergleichbarkeit der Zahlen wird allerdings nicht angestrebt; die maximal 4 Jahre auseinanderliegenden Referenzdaten tragen v.a. im Bereich der Autobahn wegen nicht nachgeführter Mutationen zu grösseren Flächenverschiebungen. Aus diesen Gründen und angesichts der Tatsache, dass jedes Kartenbild im Augenblick seiner Fertigstellung bereits veraltet ist, haben wir keine Korrektur vorgenommen.

Kapitel 11

463. Mauersberg 1960, 568f.
464. Bornschier 1983, 163; Kallenberger 1976, 165.
465. Binswanger 1978, 87ff.; Gallusser 1979, 160f.
466. Joller 1969, 97ff.
467. Siehe die vom Regierungsrat Thurgau (1983, 12ff.) angeführten Ziele, auf die wir uns stützen. Ich danke Frau S. Zehntner für den Hinweis, dass eine «stadtbezogene» Rolle der Landwirtschaft bereits in der Zeit nach dem Ersten Weltkrieg, namentlich von Hans Bernhard, dem Gründer der SVIL, erkannt und ausgesprochen wurde.

Abkürzungen und Bibliographie

Verwendete Abkürzungen

1. *Quellen*

AD	Delegation zu den Anlagen der CMS (Anlagendelegation)
BG	Bürgergemeinde
BGer	Bundesgericht
BGerE	Bundesgerichtsentscheid
BR	Bürgerrat der Bürgergemeinde Basel (s.a. EBR/WBR)
Bt	Bericht (an BR/GR)
CMS	Christoph Merian Stiftung; bis 1974 geschrieben Christoph Merian'sche Stiftung
Del	Delegation (RR)
EBR	Engerer Bürgerrat der Bürgergemeinde Basel
EG	Einwohnergemeinde
ER	Einwohnerrat
GD	Delegation zu den Güter der CMS (Güterdelegation)
GR	Grosser Rat Basel-Stadt
GRB	Grossratsbeschluss
HA CMS	Hausarchiv der CMS
Ip	Interpellation (BR/GR)
JB	Jahresbericht der CMS
Jb	Jahrbuch
KB	Kopienbücher im Hausarchiv der CMS; nachgewiesen z.B. 1886–12 = Dez. 1886.
KV	Kaufvertrag
LR	Landrat Basel-Landschaft
LRB	Landratsbeschluss
PV	Pachtvertrag
Rg	Ratschlag (BR/GR)
RR BS/BL	Regierungsrat des Kantons Basel-Stadt/Basel- Landschaft
RRB	Regierungsratsbeschluss
SK	Stiftungskommission der CMS
StA BS/BL	Staatsarchiv des Kantons Basel-Stadt/Basel- Landschaft
VB	Verwaltungsbericht des Bürgerrates an den Weitern Bürgerrat der Bürgergemeinde Basel
VV	Vorvertrag
WBR	Weiterer Bürgerrat (heute: Gemeinderat)

2. *Masse und Massverzeichnisse*

jr	Juchart	ha	Hektare	ABM	Altes Basler Mass
rt	Rute	a	Are	NBM	Neues Basler Mass
q'	Quadratschuh	m²	Quadratmeter		

MR 1839   HA CMS: «Maass-Register über sämmtliche Güter, welche Herrn Christof Merian-Burckhardt in den Bännen Basel und Mönchenstein angehören», o.J. [Siegfried 1839].

MR 1854 I   HA CMS: «Maas-Register über die Liegenschaften welche Herrn Christof Merian-Burckhardt in den Bänen von Basel und Mönchenstein angehören. 1854.» [Siegfried]

MR 1854 II   (1879) HA CMS: «Maass-Register über sämmtliche Güter von Herrn Ch. Merian-Burckhardt sel. Frau Wittwe, in den Bännen Basel-Stadt & Mönchenstein». 1879 erstellte Kopie mit dem Bestand vom 13.12. 1854 und Mutationen bis 1.12. 1879, gez. Baerlocher.

MR 1879   HA CMS: «Maass-Register über sämmtliche Güter von Herrn Ch. Merian-Burckhardt sel. Frau Wittwe, in den Bännen Basel-Stadt & Mönchenstein». 1.12. 1879. Beigelegt «Register [der Pächter] zu dem Maassregister von Siegfried» o.J.

(Zu den Definitionen siehe Exkurs «Masseinheiten», Kap. 3.2, Anm. *93*.)

Literatur

(Zeitungsartikel, Manuskripte und Archivalien sind ausschliesslich in den Anmerkungen zum Text nachgewiesen.)

Aebi, M.: «Sandoz Werk Muttenz – Vergangenheit, Gegenwart, Zukunft», in *Sandoz-Bulletin* 15, 1969, 15–26.

Annaheim, H.: «Zur Geographie des Grundbesitzes der Christoph Merian'schen Stiftung», in *Regio Basiliensis* 3(1), 1961, 5–44.

Arendt, H.: *Vita activa oder Vom tätigen Leben*, München 1981.

Aubert, J.-F.: «L'acquisition de terres par la collectivité», in *Schweiz. Zentralblatt für Staats- und Gemeindeverwaltung* 64(16), 1963, 345–355, 377–384.

Bader, K.S.: *Rechtsformen und Schichten der Liegenschaftsnutzung im mittelalterlichen Dorf*, Band 3, Wien 1973.

Beaulieu, A.; Bradley, L.F.: *Social and Geographical Aspects of Agricultural Land Use in Prince Edward Island*, Ottawa 1973 = Environment Canada Lands Directorate, Geographical Paper 54.

Bernoulli, H: *Die Stadt und ihr Boden*, Erlenbach 1946.

Bienz, G.; Gallusser, W.A.: «Die Kulturlandschaft des schweizerischen Lützeltales», in *Regio Basiliensis* 3(1), 1961, 67–99.

Binswanger, H.Ch. et al.: *Eigentum und Eigentumspolitik. Ein Beitrag zur Totalrevision der Bundesverfassung.* Zürich 1978.

Böhm, H.: *Bodenmobilität und Bodenpreisgefüge in ihrer Bedeutung für die Siedlungsentwicklung*, Bonn 1980. = Bonner Geographische Abhandlungen 65.

Boner, G.: «Iglingen im Fricktal», in *Vom Jura zum Schwarzwald* N.F. 57, 1983, 5–17.

Bornschier, V.: «Eigentum und Verfügungsmacht. Zum korporativen Eigentum», in *Eigentum und seine Gründe*, Holzhey/Kohler/Gagnebin edd. Bern/Stuttgart 1983, 161–197.

Brugger, H.: *Die Schweizerische Landwirtschaft in der ersten Hälfte des 19. Jahrhunderts*, Frauenfeld 1956.

ders.: *Die Schweizerische Landwirtschaft 1850 bis 1914*, Frauenfeld 1978.

Bundesamt für Statistik ed.: *Statistische Quellenwerke der Schweiz* (Q), Volkszählungen:
1950, 251 (BE), 254–55 (SO,AG), 268 (BL/BS);
1960, 354–55 (BS-BL), 362 (SO), 364 (BE), 367 (AG);
1970, 493 (AG), 496–98 (BL,BS,BE), 510 (SO);
1980, 702, 704.

Danielli, G.; Leser, H.; Schmidt, R.-G.: *Geographisches Umweltgutachten zur Neugestaltung des Hundsbuckel-Areals*, Basel 1984. = Basler Beiträge zur Physiogeographie 7.

Eglin, J.: *Geschichtlicher Vortrag über das Rothausgut bei Muttenz*, gehalten am 26.2. 1918, hektographiert, Muttenz 1918.

Eichenberger, U.: *Die Agglomeration Basel in ihrer raumzeitlichen Struktur*, Basel 1968. = Basler Beiträge zur Geographie 8.

Falter, F.: *Die Grünflächen der Stadt Basel. Humangeographische Studie zur Dynamik urbaner Grünräume im 19. und 20. Jahrhundert, mit besonderer Berücksichtigung der Kleingärten*. Basel 1984. = Basler Beiträge zur Geographie 28.

Flossmann, U.: *Eigentumsbegriff und Bodennutzung im historischen Wandel*, Linz 1976. = Kommunale Forschung in Österreich 25.

Frohnmeyer, O.: *Gempenplateau und Unteres Birstal*. Eine geographische Studie. Basel 1917.

Füglister H., Küpfer, D.; Lötscher, L.: «Das Bruderholz als Naherholungsgebiet. Ein aktuelles Landschaftsproblem», in *Regio Basiliensis* 14(3), 1973, 375–414.

Gallusser, W.A.: *Struktur und Entwicklung ländlicher Räume der Nordwestschweiz*, Basel 1970. = Basler Beiträge zur Geographie 11.

ders.: «Über die geographische Bedeutung des Grundeigentums», in *Geographica Helvetica* 1979(4), 153–162.

ders.: «Veränderungen im Grundeigentum als Ausdruck der Raumdynamik», in *Siedlungsgeographische Studien*, Fs. G. Schwarz, Berlin/N.York 1979, 465–482.

ders.: «Konfessionelle Bevölkerungsstruktur und Kultraum im aktuellen Verstädterungsprozess», in *Alemannisches Jahrbuch 1981/83*, 1984, 277–318.

Geering, T.: *Christoph Merian 1800–1858*, Basel 1908.

Golder, E.: *100 Jahre Birswuhr Neue Welt*. Die Geschichte eines Bauwerkes. Basel 1984.

Grüninger, H.: *Die Unternehmensstiftung in der Schweiz*: Zulässigkeit, Eignung, Besteuerung. Basel 1984. = Basler Studien zur Rechtswissenschaft, Reihe A: Privatrecht Band 8.

Guggisberg, K.: *Philipp Emanuel von Fellenberg und sein Erziehungsstaat*, 2 Bände, Bern 1953.

Haag, R.E.: *Die Burgergemeinde der Stadt Bern im Lichte ihrer wirtschaftlichen, sozialpolitischen und wissenschaftlich-kulturellen Bedeutung*. Zürich 1968.

Habermas, J.: *Strukturwandel der Öffentlichkeit*, Darmstadt 1980.

Hartke, W.: «Die soziale Differenzierung der Agrarlandschaft im Rhein-Main-Gebiet», in *Erdkunde* 7(1), 1953, 11–27.

His, E.: *Basler Staatsmänner des 19. Jahrhunderts*, Basel 1930.

Hofer, H.: *Der Zusammenschluss in der schweizerischen Milchwirtschaft*, Weinfelden 1923.

Huber, P.W.: *Die Schweizerische Centralbahn*. Ausgangsbedingungen, Gründung, Finanzierung der ersten Baujahre. Lizenziatsarbeit phil. hist., Basel 1979.

Hummel, Th.: *Die Dynamik der Bodenpreise im Kanton Basel seit 1869.* Eine sozialpolitische Betrachtung. Basel 1932.

Joller, R.: *Die Wandlungen des Grundeigentums zwischen 1941 und 1965,* untersucht an einigen Gemeinden des Kantons Graubünden, Bern 1969.

Kallenberger, W.: *Bodenreformkonzeptionen,* Zürich 1976.

Krammer, M.: «Zehn Jahre meteorologische Beobachtung in Breitenhof BL und Löwenburg BE», in *Basler Geographische Hefte* 7, 1974.

Küntzel, G.: «Einführung in 'Wilhelm Meisters Wanderjahre'», in *J.W. Goethe, Gedenkausgabe der Werke, Briefe und Gespräche,* E. Beutler ed., Zürich/Stuttgart 1961, 885–958.

Kuntzemüller, A.: «Die Basler Verbindungsbahn», in *Archiv für Eisenbahnwesen* 1939(1), 103–118.

Kurth, A.; Steinlin, H.J.: «Zwanzig Jahre Waldbewirtschaftung und Waldentwicklung im Hofgut Löwenburg der Christoph Merian Stiftung Basel», in *Schweiz. Zeitschrift für Forstwesen* 129(8), 1978, 657–682.

Leupin, A,: «Die Basellandschaftliche Überlandbahn», in *Baselbieter Heimatblätter* 32(4), 1967, 190–201.

Leupin, A. et al.: *Heimatkunde von Pratteln,* Liestal 1968.

Mauersberg, H.: *Wirtschafts-und Sozialgeschichte zentraleuropäischer Städte in neuerer Zeit,* Göttingen 1960.

Maurer, E.: «Die Löwenburg als Baudenkmal», in *Regio Basiliensis* 3(1), 1961, 114–122.

Meyer, E.A.: *50 Jahre Säurefabrik Schweizerhall,* Schweizerhalle 1967.

Meyer, W.: *Die Löwenburg im Berner Jura,* Basel 1966. = Basler Beiträge zur Geschichtswissenschaft 113.

Miescher, E.: *Die Christoph Merian'sche Stiftung in Basel während der ersten fünfzig Jahre ihres Bestehens 1886–1936,* Basel 1936.

Moser, O.: *Das Wirtschaftsjahr im Ackerbau,* Bern 1944.

Müller, A.: *Die Entstehung der Industrien im Unteren Birstal,* Laufen 1940.

Nef, R.: «Die Kategorie der Sache. Das Privateigentum im Spannungsfeld zwischen Sachherrschaft und Personenherrschaft. 20 Thesen», in *Eigentum und seine Gründe,* Holzhey/Kohler/Gagnebin edd., Bern/Stuttgart 1983, 199–226.

NN: *Die Rechte des Staates in Eisenbahn-Angelegenheiten der Schweiz,* Zürich 1861.

Oeri, H.G.: «Das Brüglinger Gut im Wandel», in *Basler Stadtbuch 1982,* 1983, 155–165.

Pleuler, R.: *75 Jahre Basler Verkehrs-Betriebe,* Basel 1970. = 145. Neujahrsblatt.

Polivka, H.: «Schweizerhalle», in *Regio Basiliensis* 14(3), 1973, 439–455.

ders.: *Die chemische Industrie im Raume von Basel,* Basel 1974. = Basler Beiträge zur Geographie 16.

ders.: «Die wirtschaftliche Entwicklung Birsfeldens», in *Heimatkunde Birsfelden,* K. Rüdisühli ed., Liestal 1976, 48–61.

Rassemblement Jurassien: *Mémento.* Succession des événements qui jalonnent le combat jurassien pour la libération. o.O, o.J. [1982].

Regierungsrat des Kantons Thurgau: *Gesamtkonzeption der Domänen und Gutsbetriebe des Kantons Thurgau*, Frauenfeld, März 1983.

Regio Basiliensis, Thematische Nummer CMS, 3(1), 1961.

Riggenbach, R.: «Kapelle und Siechenhaus von St. Jakob an der Birs»,
in *Gedenkbuch zur Fünfhundertjahrfeier der Schlacht bei St. Jakob an der Birs*, Basel 1944, 157-214.

Rüdisühli, K. ed.: *Heimatkunde Birsfelden*. Festschrift zum hundertjährigen Bestehen der selbständigen Gemeinde Birsfelden. Liestal 1976.

Sandreuter, R.: *Kommunale Bodenpolitik in der Schweiz*, Basel 1935.

Sedlacek, P.: «Kulturgeographie als normative Handlungswissenschaft», in *Kultur- und Sozialgeographie*, P. Sedlacek ed., Paderborn 1982, 187-216.

Schmassmann, W.: «Der Schutz des Grundwassers», in *Strasse und Verkehr* 30(4), 1944, 1-10.

Schmitt, G.: «Einige Bemerkungen zum Begriff und zur Theorie der 'vertikalen Integration' in der Landwirtschaft», in *Agrarwirtschaft* 11, 1961, 341-353.

Schröder, E.-J.: *Der agrarische Grossbetrieb in Baden-Württemberg*, Freiburg i.Br. 1984. = Freiburger Geographische Hefte 23.

Schweizer, E.: «Die Lehen und Gewerbe am St. Albanteich», in *Basler Zeitschrift für Geschichte und Altertumskunde* 21, 1923, 4-74;
22, 1924, 86-180, 189-287.

Schweiz. Post- und Eisenbahndepartement ed.: *Graphisch-statistischer Verkehrsatlas der Schweiz*, Bern 1915.

Schwind, M.: «Kulturlandschaft als objektivierter Geist», in *Deutsche Geographische Blätter* 46(1) 1951, 5-28.

Senti, A.: «Die Milchwirtschaft seit dem 18. Jahrhundert», in *75 Jahre ZVSM*, Bern 1982, 15-28.

Sorre, M.: *L'homme et la terre*, Paris 1961.

Sprecher, G.: «Brücken, Fähren, Kraftwerk und Schleuse», in *Heimatkunde Birsfelden*, K. Rüdisühli ed., Liestal 1976, 163-169.

Staatsarchiv Basel-Stadt: *Alt-Basler Münzen, Masse und Gewichte*, hektographiert, Basel 1964.

Stocker, Th.: «75 Jahre Zentralverband schweizerischer Milchproduzenten. Ein geschichtlicher Rückblick», in *75 Jahre ZVSM*, Bern 1982, 535-543.

Stohler, M.: *Das Vermessungs- und Katasterwesen des Kantons Basel-Stadt*, Ms. Basel 1903, StA BS, Grundbuch A 11.

Stohler, M.: «Die Katastervermessung des Kantons Baselstadt», in *Zeitschrift des Vereins Schweizerischer Konkordatsgeometer* 1(8/9), 1903, 69-90.

Studer, T.: «Eine Basler Grundbesitz-Statistik nach wirtschaftlichen Gesichtspunkten», in *Wirtschaft und Verwaltung* 31(2), 1972, 41-63.

ders.: «Prognose der Einwohner und Arbeitsplätze in der Stadt Basel», in *Wirtschaft und Verwaltung* 32(112) 1973, 1-37.

Sumpf, A.: *Die Flurnamen von Arlesheim*, Arlesheim 1958.

Suter, P.: *Die Einzelhöfe von Baselland*, Liestal 1969. = Quellen und Forschungen zur Geschichte und Landeskunde von Baselland 8.

Suter, R.: *Die Christoph Merian Stiftung 1886–1986*, Basel 1985.

Verdenhalven, F.: *Alte Masse, Münzen und Gewichte*, Neustadt a.A. 1968.

Wanner, G.,A.: *Christoph Merian 1800–1858*, Basel 1958.

Wasmer, K.: *Landwirtschaft und Sprachgrenze*, Basel 1984. = Basler Beiträge zur Geographie 30.

Weissenbach, P.: «Die Entwicklung der Eisenbahnfrage in der Schweiz», in *Archiv für Eisenbahnwesen* 1898, 221–243, 417–453.

Welti, A.: *25 Jahre Schweizerische Bundesbahnen 1902–1927*, Zürich/Leipzig 1927.

Windler, H. et al.: *Reinach*. Beiträge zur Heimatkunde einer jungen Stadt, Liestal 1975.

Wittmann, O.: *Die Niederterrassenfelder im Umkreis von Basel und ihre kartographische Darstellung*, Basel 1961. = Basler Beiträge zur Geographie und Ethnologie 3.

Zeugin, E.: *Die Flurnamen von Pratteln*, Pratteln 1936.

ders.: *Pratteln*, Pratteln 1954.

Zickendraht, K.: *Heinrich Kestenholz (1876–1941), Gründer der Basler Webstube*, Basel 1942.

Zimmerli, J.: *Die deutsch-französische Sprachgrenze im Schweizerischen Jura*, Darmstadt 1891.

Chronologische Übersicht über die Bewirtschafter der Landwirtschaftsgüter von Christoph Merian-Burckhardt und der Christoph Merian Stiftung

Quellen:
Kopienbücher im HA CMS, Verwaltungsberichte des Bürgerrats (VB), Protokolle der Stiftungskommission (SK).
Geering 1908, Miescher 1936, Wanner 1958.
Überlieferung von Emma Wiedmer-Rediger, Manuskript 1957.
Mündliche Mitteilungen von: Walter Banga-Liechti, Münchenstein; Hans Gerber-Balsiger, Muttenz; David Nussbaumer-Gerber, Reinach/Seewen; Paul Nussbaumer-Hügli, Aesch; Werner Rediger-Amstutz, Binningen.

Die Gutsverwalter und Gutsaufseher Christoph Merians und der CMS

ca. 1820–1838 *Friedrich Hartmann Aeby-Georg* (1797–1851), von Kirchberg BE, Gutsverwalter von Chr. Merian-Hoffmann (Vater) in Bonnefontaine,
1918–1851 Gutsverwalter von Chr. Merian-Burckhardt (Sohn) in Brüglingen, wohnhaft in den Neusätzen.

1838–1851 *Jakob Verklé-Georg* (†1877), von Wiberschwiller F, Meisterknecht in Brüglingen,
1851–1877 Gutsverwalter in Brüglingen zusammen mit H. Kapp, wohnhaft im Haus Scherkessel bis 1872, im Siechenhaus St. Jakob 1872–1877

1836–1858 *Heinrich Kapp* (†1858), von Münchenstein BL, Aufseher der Neuen Welt und der Waldungen, ab 1851 Gutsverwalter in Brüglingen zusammen mit J. Verklé
[1877?]–1903 *Ernst Kapp* (Sohn, †1903), Gutsaufseher in Brüglingen
1903 XII- *Otto Girod*, von Buckten BL, Gutsaufseher in Brüglingen

Die Pächter von Christoph und Margarethe Merian-Burckhardt und der CMS

1. Unter-Brüglingen (Münchenstein und Basel)

nicht vor 1844–1876 XII *Jakob Wenger* (1802–1889), von Gurzelen BE, in zweiter Ehe verheiratet mit Barbara Rediger, von Meersburg D (1892 Basel)
Wenger ist zuvor auf dem Gut Bonnefontaine von Christoph Merian Vater tätig. Schweizer (1924, 279f.) nennt, gestützt auf eine Auskunft der Stiftungsverwaltung, andere Jahreszahlen als Wanner (1958, 95f.). Nach der von Geering (1908, 123) vermittelten «mündlichen Tradition auf dem Pachthof» wird angenommen, dass Christoph Merian das Gut fünf Jahre lang selbst bewirtschaftet und der Pachtantritt von Wenger deshalb 1829 erfolgt sei. Dieskann nach den von Wanner berücksichtigten Quellen nicht der Fall sein.
Merians Pächter Wenger, Gutsverwalter Aeby und Meisterknecht Verklé bleiben 1836 vorerst im Dienst der neuen Besitzer von Bonnefontaine. Sie kommen erst 14 Jahre nach Merians Antritt von Brüglingen dorthin. Es bleibt offen, mit wessen Hilfe Merian die Bewirtschaftung des Guts vor 1838 bewältigt.
Jakob Wengers Halbbruder, *Jakob Wenger-Wenger*, erwirbt 1865 die sog. Heusslersche Bleiche am Lehenmattweg, wo er eine Kornmühle betreibt. Die Liegenschaft wird nach einigen Handänderungen 1898 von der Stadt als Allmendreserve erworben. (Schweizer 1924, 284)

1877 I–1908 XII *Heinrich Rediger-Würgler* (Sohn, 1845-1921)
1909 I–1952 XII *Heinrich Rediger-Gerber/-Amstutz* (Sohn, 1882–1969)
1953 I–1979 *Werner Rediger-Amstutz* (*1916), *Willy Rediger-Amstutz* (*1921) (Söhne aus 1. Ehe; *Heinrich Rediger* siehe Weidenhof)

1a. Brüglinger Mühle in Unter-Brüglingen

1872 XII–1910 *Johannes Eicher-Schwary*, von Karspach F; die Mühlenpacht geht 1910 an den Pächter von Unter-Brüglingen über.

2. Vorder-Brüglingen auch: Ober-Brüglingen (Münchenstein und Basel)

1837/38 Bau des Ökonomiegebäudes
1839/40 Bau des Wohnhauses
1840–1853 *Peter Tschanz* (†1853)
1853–1884 II *Joseph Tschanz* (Sohn), wandert nach der Kündigung durch die CMS aus.
1884 III–1891 IX *Joseph Gisiger-Brogle* (und Sohn), zuvor in der Neuen Welt
1891 X–1898 IX *Arnold Gisiger-Zipfel* (Sohn)
1898 IV–1910 IX *Ulrich Bärtschi-Sterchi* (†1910), von Lützelflüh BE
1910 X–1918 XII Geschwister *Ernst Bärtschi-Sommer* (†1915), *Gottfried Bärtschi (-Sommer)* und *Jakob Bärtschi-Sommer*
Sie ziehen Anfang 1919 nach Iglingen (s.u.), das sie bis 1925 bewirtschaften.
1919 I–1933 XII *Fritz Liechti-Kurth* (†1933), von Landiswil BE (1893 Basel), zuvor auf dem Singerhof (s.u.)
1934 I–1939 III Wwe. *Rosalie Liechti-Kurth* (†1939)
1939 III–VII *Hans Liechti-Häusermann* (Sohn, †1939)
1939 VIII– Wwe. *Liechti-Häusermann* (VB 1939,122)
1951–1961 XII *Jakob Mühlethaler-[Liechti], (von Bollodingen BE?)*
Mühlethaler kann kann nach der Aufgabe des Waldhofs (s.u.), den er als Verwalter des ACV bewirtschaftet nach Vorder-Brüglingen übersiedeln. Er kündigt aus Gesundheitsgründen. Das Gut wird im Rahmen der Güterreorganisation und mit Blick auf die Projekte für den Botanischen Garten nicht mehr verpachtet.

3. St. Jakob (Basel)

1779–1829 *Johannes Freyenberger* (1751–1829)
1829–1837 *Christian Gerig-Freyenberger* (1773–1837), (von Mogelsberg SG?, 1875 Basel)
1837–1860 *Jakob Weitstich*
1860– *Peter Würgler-Joder*, von Blumberg D (Bruder des Singerhof-Pächters Joh. Würgler)
Um 1887–1911 XII *Jakob Würgler-Hauter* (Enkel, †1937)
Die Zeit des Pachtantritts ist unklar; ein «Jos. Würgler-Hauter, Hier» adressiertes Schreiben der CMS (15.4. 1887) über einen neuen Pachtvertrag ist einziger Anhaltspunkt.
Schweizer (1924, 184) erwähnt einen Joseph Würgler-Hauter als Besitzer der Lehenmattmühle mit 1,5 ha Grundbesitz.Der Betreffende betreibt die Mühle nach dem Verkauf an die Stadt bis 1903 II als Pächter.
Jakob Würgler kauft Land auf dem Muttenzerfeld, wo er im Lutzert den «Jakobshof» genannten Hof baut und 1912 bezieht.
1912 I–1926 XII *Jakob Würgler-Würgler* (Sohn)
Nach der Aufhebung des Pachthofs St. Jakob Anfang 1927 als Folge des Bahnbaus im Bereich der Ökonomiegebäude wechselt Jakob Würgler auf den Singerhof, wo er eine Fuhrhalterei führt. (KB 1937-9)

4. Ziegelhüttenhof St. Jakob (Basel)

1872 I–1887 IX *Samuel Kellerhals-Kellerhals* (†1887), von Niederbipp BE (1870 Basel)
1887 IX–1889 XII Wwe. *Marie Kellerhals-Kellerhals*
1889 XII–1893 *Theophil Blattner-Kellerhals* (†1893), von Bottmingen BL, zweiter Ehemann von Marie Kellerhals, und Wwe. *Marie Blattner-Kellerhals*
Frau Blattner [Kellerhals] wird 1896 im Zusammenhang mit dem ersten Landkauf der CMS auf dem Muttenzerfeld als ehemalige Pächterin erwähnt. Der Ziegelhüttenhof wird in den Akten oft «Kellerhals'scher Hof» genannt. (SK 27.11. 1896; SK 3.2. 1898)
1894 VII–1898 XII *Emil Kellerhals-Kellerhals* (Sohn)
1898 Die Pachtstelle des Ziegelhüttenhofs wird wegen der Baufälligkeit und der beengten Lage der Gebäude aufgehoben. Emil Kellerhals tritt 1899 die Pacht des neuen Waldhofs an. Die Ziegelhütte wird 1900 abgebrochen.

5. Waldhof (Basel)

Ab 1898 VI Bau des Waldhofs
1899 I–1921 XII *Emil Kellerhals-Kellerhals*, zuvor auf dem Ziegelhüttenhof St. Jakob
Nach Auseinandersetzungen mit der Stiftungsverwaltung wird ihm von der CMS gekündigt.

1922 I–1951 III *Allgemeiner Consumverein Beider Basel (ACV)*
Der letzte Verwalter des ACV auf dem Waldhof, Jakob Mühlethaler, wechselt auf den Pachthof Vorder-Brüglingen.
1951 V–1965 XII *Dreyfus, Goetschel & Cie.*, Vieh- und Pferdehändler

6. Singerhof auch: Büchingut od. Büchisches Gut, Pachthof am Singerweg (Basel)

1837– *Johann Würgler* (Bruder des Peter Würgler-Joder zu St. Jakob)
1893 dort *Jakob Würgler-Wenger*, Sohn von Peter Würgler-Joder, St. Jakob
Bis 1896 V *Christian Liechti-Krebs* (†1896), von Landiswil BE, und Sohn
1896 V–1909 XII Wwe. *Elisabeth Liechti-Krebs* und Söhne *Fritz Liechti-Kurth* und *Johann Liechti-Zurlinden*
1910 I–1918 XII *Fritz Liechti-Kurth* (†1933)
Er zieht anlässlich der Reorganisation der Brüglinger Güter 1919 I nach Vorder-Brüglingen um. Die Pachtstelle Singerhof wird dabei aufgehoben.
1919 I–1922 VIII *Philipp Bloch* (†1922), Pferdehändler
1922 VIII–1926 XII *Louis Bloch* (Sohn)
1927– *Jakob Würgler-Würgler*, zuvor auf dem Pachthof St. Jakob, führt hier eine Fuhrhalterei
1943 I Verkauf der Gebäude des Singerhofs an den Nordwestschweizerischen Milchverband

7. Neusatzgütchen (Basel)

Bis 1919/20 Frau *Knapp*, ohne Namensnennung als «langjährige Pächterin» erwähnt (VB 1920,133)

8. Hagnauhof (Birsfelden und Muttenz)

1872 Kauf des Hagnauhofs durch *Wilhelm Kellerhals-Häring* (Vater)
1913 XI Kauf des Hagnauhofs durch die CMS von *Wilhelm Kellerhals-Häring* (Sohn, Witwer) und dessen Kindern
1914 I–1923 [IX] *Wilhelm Kellerhals-Spichty* (Sohn)
1923[X]–1956 *Fritz Kellerhals-Imhof* (Sohn)

9. Lachmatthof (Pratteln und Muttenz)

NN *Niklaus Portmann*, von 1857 bis 1871 Besitzer des Lachmatthofs, bleibt für eine nicht bekannte Dauer Pächter des Käufers Daniel Meyer-Merian.
1905 XI Kauf des Lachmatthof durch die CMS
Um 1900–1925 VI *Jakob Portmann-Krummenacher* (1850-1925), von Escholzmatt LU
Trotz gleichem Heimatort besteht kein den Nachkommen bekannter familiärer Zusammenhang mit dem Hofbesitzer der 1860er Jahre. 1911 werden † Emil Portmann vom Sulzhof in Muttenz und † Joh. Portmann-Nebel vom Markhof in Herten als vormalige Bürgen des Pächters erwähnt. (KB 2–1911)
1925 VI–1973 III Wwe. *Marie Portmann-Krummenacher* und Sohn *Jakob Portmann-Stohler* (†1973)
1973 VI–1976 *Hans Portmann-Gschwind* (Sohn)
Seit dem Verkauf des Hofs an die Firma Firestone AG pachtet er die Gebäude; hatte das Gut schon unter seinem Vater den Charakter eines auslaufenden Betriebs, so betreibt er Landwirtschaft nur noch als Nebenerwerb.

10. Rothaus (Muttenz)

1900 VI–1905 IX *Jakob Thalmann-Leupin* (†1905), von Marbach LU
1906 XI Kauf des Rothausguts durch die CMS
1905 IX–1908 XII *Fritz Nebiker-Thalmann*, von Pratteln BL (Schwiegersohn seines Pachtvorgängers)
1909 I–1913 X *Isaak Gerber-Scheidegger* (1845–1913), von Langnau BE
Isaak Gerber ist zuvor auf Vacheries-Mouillard (Courgenay) und ab 1902 auf dem Schlossgut Pfeffingen. Seine Frau stammt von La Petite Taille, wohin Anfang der 1950er Jahre der Sohn seiner Tochter, Heinrich Rediger, der den Weidenhof in Pacht hat, zieht.

1913 X–1938 *Johann Gerber-Amstutz* (Sohn, 1874–1938)
Johann Gerber ist nach einem Unfall 1916 gelähmt und leitet die Bewirtschaftung des Guts durch seine Söhne.
1918 und **1920** Verkauf des Rothausguts durch die CMS an drei Chemieunternehmen; die Gebäude gehen an die Sandoz AG.
1938–1971 *Hans Gerber-Balsiger* (Sohn, *1905) bewirtschaftet das sukzessive verkleinerte Gut bis zu dessen Aufhebung

11. Weidenhof (Arlesheim)

1905 VII–1921 III *Joseph Portmann-Portmann* (†ca.1926), von Escholzmatt LU
Joseph Portmann, Bruder des Lachmatt-Pächters Jakob Portmann und Onkel des Schürhofverkäufers und -pächters Karl Nussbaumer, ist bis 1892/93 Pächter des Klosterfiechtenguts am Bruderholz; er zieht zuerst ins Dorf Arlesheim und 1905 auf den Weidenhof.
1918 III Kauf des Weidenhofs durch die CMS
1921 IV–1935 IX *Joseph Portmann-Brunner* (Sohn), zieht aus Gesundheitsgründen und wegen Verschuldung nach einem Trocken- und Schädlingsjahr ab.
1935 IX–1952 III *Heinrich Rediger-Liechti* (Sohn des Pächters von Unter-Brüglingen)
Heinrich Rediger zieht nach der Pachtaufgabe auf das ehemals Scheideggersche Gut La Petite Taille in Florimont F.
1952 IV–1958 III *Hans Schnyder*, von Uttewil BE
1958 IV–1978 III *Franz Leuthardt-Vögtli* (*1918), von Arlesheim BL, zieht vom elterlichen Hof im Dorf auf den Weidenhof
1973 IV–1979 III *Franz Leuthardt-Stoecklin* (Sohn I, *1947) bewirtschaftet den **Birsmattenhof** in Therwil, den die CMS in einem Kauf-/Mietverhältnis übernimmt. Wegen der Auflage des Vermieters, biologische Landwirtschaft zu treiben, wandert er nach den USA aus.
Seit 1978 IV *Urs Leuthardt-Martin* (Sohn II, *1951) übernimmt den **Oberen Klushof** in Pfeffingen in Pacht
Es handelt sich um eine dreistufige Unterpacht des der Sandoz AG gehörenden Guts: Pächter A. Koellreuter, Untere Klus, 1. Unterpächterin CMS; 2. Unterpächter U. Leuthardt. Ab 1986 wird ein einfacher Pachtvertrag ohne die beiden Zwischenpächter in Kraft gesetzt.

12. Iglingerhof (Magden und Wintersingen)

1918 XII Kauf des Iglingerhofs durch die CMS
Ende 1918–1925 III *Jakob Bärtschi-Sommer* und *Gottfried Bärtschi-Sommer* (†1921)
Die beiden Familien ziehen von Vorder-Brüglingen nach Iglingen. Jakob Bärtschi zieht nach der Kündigung nach Würenlos weiter. (KB 4–1925)
1925 IV–1958 III *Hermann Schumacher* (1892–1982), von Treiten FR
1958 IV–1982 IV *Ernst Schumacher-Waltert* (Sohn, *1927)
Er gibt nach dem Verlassen von Iglingen die landwirtschaftliche Tätigkeit auf und lässt sich im Mumpf nieder.
Seit 1982 IV *Johann Gredig-Buchli*, von Safien GR, zuvor Pächter eines Hof in Arisdorf

13. Sternenhof (Reinach)

1910 X Kauf des Sternenhofs durch *Samuel Nussbaumer-Scheidegger*, von Lüterkofen SO
1925 III Kauf des Sternenhofs durch die CMS
1925 III–1947 *Samuel Nussbaumer-Scheidegger* (†1947)
1947–1984 XII *David Nussbaumer-Gerber*

14. Hinterer Schlatthof (Aesch)

1910 Kauf des Hinteren Schlatthofs durch *Fritz Flückiger*, von Dürrenroth BE
1930 IV Kauf des Hinteren Schlatthofs durch die CMS
1930 IV–1934 III *Otto* und *Ernst Flückiger* (Söhne)
1934 IV–1958 IV *Ernst Flückiger-Schäubli* (Sohn, *1906)
Ernst Flückiger lässt sich an der Landkronstrasse unweit des Schlatthofs nieder, wo er einen Landwirtschaftsbetrieb von kleinem Umfang führt. Der Schlatthof wird vom Zeitpunkt seiner Pachtaufgabe an als Gutsbetrieb geführt; 1960 wird der hinzuerworbene **Vordere Schlatthof** in den Gutsbetrieb integriert.

15. Schürhof (Aesch und Ettingen)

1899 *Hermann Nussbaumer-Kilcher* (1860–1938), von Mümliswil SO, erwirbt den Schürhof und zieht vom Lärchengarten in Birsfelden dorthin.
1918 Der Kauf des Schürhofs durch die CMS scheitert im letzten Augenblick.
1919–1962 *Karl Nussbaumer-Portmann* (Sohn, 1888–1968) pachtet den Hof von seinem Vater und wird 1930 IV Pächter der CMS.
 Vater Hermann Nussbaumer bewirtschaftet 1920–1925 das Luftmattgut in Basel und lässt sich dann in Arlesheim nieder, woher seine Schwiegertochter (Weidenhof) kommt.
Seit 1962 *Paul Nussbaumer-Hügli* (Sohn, *1920)

16. Predigerhofland (Reinach)

1938 IV Kauf des Predigerhoflands durch die CMS mit Vorkaufsrecht auf die Gebäude von Arnold Spaar
1938 IV–1968 IV *Arnold Spaar-Feigenwinter*
1968 IV–1985 VIII *Fridolin Spaar-Schindelholz* (Sohn, †1985)

16. Unteres Gruth (Münchenstein und Muttenz)

1884–1918 *Erwin Alfred Banga* (1845–1918), von Münchenstein BL, erwirbt das Gut 1887, nachdem er es bereits seit drei Jahren als Pächter bewirtschaftete.
1919–1939 *Walter Banga-Gross* (Sohn, 1871–1939)
1939–1973 *Walter Banga-Liechti* (Sohn, *1913) bewirtschaftet das Gut nach dem Verkauf an die CMS als deren Pächter.
1951 XI Kauf des Unteren Gruth durch die CMS
Seit 1974 I *Walter Banga-Iselin/-Banga* (Sohn, *1942)

Namenregister

Kursive Seitenzahlen bezeichnen Textstellen, wo der Name ausführlicher behandelt wird; **fette** Seitenzahlen weisen auf Abbildungsbegleittext hin.

Anmerkungen und Anhang sind, soweit sie als Exkurse Bezug auf den Haupttext nehmen, erfasst. Diese Seitenzahlen werden durch einen Strichpunkt von jenen des Haupttextes abgesetzt.

1. Ortschaften, Hofgüter, Fluren

Aargau, Kanton (Gebiet, Behörden)   128, 173, 177, 179ff., 241f., 244f.
Abwasserreinigungsanlage Birs I (Reinach)   151
Abwasserreinigungsanlage Birs II (Birsfelden)   94, **95**
Aesch BL   89, 132, 135, 146f., 152, 160, 167, 174, 185ff., 192, 197ff., 203, 206f., 245f., **245**
Aeschen-Tor (Basel)   40
Aescherfeld   160
Äussere Wanne (Bruderholz; Basel/Münchenstein)   54, 74
Allschwil BL   40f., 83, 89f., 130, 153
Altenbach (Arlesheim)   148
Angenstein (Duggingen)   132
Arisdorf BL   18
Arlesheim BL (Gemeinde, Bezirk)   100, 109, 148f., 150ff., 154, 157, 161, 165, 170, 220, 248
Arxhof (Niederdorf)   130, 194f.
Asphof (Münchenstein)   134, 197
Au, August (Muttenz)   136, 138f.
Auf der Wacht (Reinach)   161, 164f.
Augst BL   139, 142
Auhafen (Birsfelden/Muttenz)   87, 89, 141

Bachgraben (Allschwil)   153
Bachofensches Sommergut (Gellert; Basel)   44
Bachtelenbach (Arlesheim)   148, 150, 158; 272a
Baderschwiler (Pleigne; s.a. Bavelier)   189, 223, 226
Bahnhof, Badischer   69, 118
Bahnhof, Central- (= Bahnhof SBB)   40f., 91, 117
Bahnhof, Französischer   69
Banga-Landgüter (Pfeffingen)   128
Basel, Agglomeration (Stadtregion)   *17ff.*, 92, 106, 152, 220, 228, 232, 236f., 243f., **243**
Basel, Fürstbistum/Diözese   229
Basel, s.a. Bürgergemeinde, Bürgerrat, Einwohnergemeinde, Grosser Rat
Basel-Landschaft, Kanton (Behörden)   36, 73, 77, 81ff., 87ff., 92, 94, 96, 107f., 112, 119f., *127f.*, 139, 142, 146f., 151f., 154, 164, 166ff., 169f., 173, 179, 183, 194f., 197f., 202, 242ff., 246f.
Basel-Landschaft, Kanton (Gebiet)   135f., 173, 193, 198, 235, 237, 241, 245

Basel-Stadt, Stadt und Kanton (Behörden)   38ff., 46, 51, 58, 62, 64, 68, 72, 80, 89, 92, 98, 102ff., 106f., 109, 111, 116ff., 119, 123, 127f., 130, 132f., 134, 136, 142, 155, 189, 191ff., 194ff., 197, 243ff., 253
Basel-Stadt, Kanton (Gebiet)   24f., 69ff., 73, 80, 93, 97, 104, 111, 117f., 125, 130, 149, 155, 160, 167, 176, 220, 237, 241f., 244f., 251ff.
Bavelier (Pleigne), s.a. Baderschwiler   189, 223, 226
Berlin D   52; 266a
Bern, Agglomeration (Stadtregion)   17
Bern, Burgergemeinde   13
Bern, Kanton (Gebiet, Behörden)   176, 196, 218, 224f., 227, 230, 241f.
Bernhardsberg (Oberwil)   17, 21, 112, 134f., 250f.
Binningen BL   80
Birmensdorf ZH   216
Birs (Fluss)   41, 49ff., 54, 58, 69ff., 76, 81, 106, 148ff., 158f.; 265
Birsebene   41, 49ff., 54, 61, 73, 84, 90, *97ff.*, 106f., *109ff.*, 128, 148f., 165
Birseck, s. Birstal
Birseckbahn   32,142f.
Birsfelden BL   80, 82f., 86ff., 91, 94ff., 128, 139, 142, 147, 243
Birsig (Fluss)   69ff.
Birskommission   50, 68
Birsmattenhof (Therwil)   153, 158f.; 285
Birstal, Birseck   **102, 128, 130,** *148ff.,* 159, 171f., 207, 245f.
Birstal-Autobahnzubringer T18   94, 107, 165, 167, 169ff., 202, 246
Birsuferwäldchen (Münchenstein)   68, 102, 105f.
Blauenweg (Aesch)   215
Bonnefontaine F   51ff.; 282
Botanischer Garten Brüglingen   107f., 112f., 155, 252; 283
Bottmingen BL   107, 125, 127, 146
Bourrignon JU   18, 220, 228
Breitfeldhof (Wintersingen)   184
Bruckmühle (Arlesheim)   148
Bruderhalde (Magden)   178
Bruderholz, Vorderes   115, *121ff.*, 130, 237, 252f.
Bruderholz (Basel)   39, 52f., 54, 71, 73, 74, 108f., *121ff.*, 173
Bruderholz (Landgemeinden)   107, 121, *123ff.*, 127, 135, 171; 269a
Bruderholzhof (Projekt)   108, *126f.*

287

Bruderholzstrasse (Münchenstein) 119
Bruderholztram 114, 121f., 143
Brüglingen, Gut (Münchenstein/Basel) 13f., 26, 42, 44, *49ff.*, 52f., **54**, **56**, **58**, 61ff., 67, 69ff., 73, 80, **98**, **100**, 102, 106ff., 114, 123, 132, 135, 148ff., 155, 172f., 196f., 232, 235, 249, 251ff., 255; 265, 282ff.
Brüglingen-St.Jakob, Pachthöfe 17, 43, **54**, **56**, 61f., **64**, 67, 77, 98, 115, 121, 126, 137, 140, 161, 171, 173, 190, 216, 249
Brüglingen, Unter-, Pachthof 30, 32, 53, **58**, 61f., 66, 71, 74, 76, 98ff., 104f., *108ff.*, 126, 159, 176, 188, 197, 236, 249; 268[a], 282
Brüglingen, Unter-, Gutsbetrieb 112f., 203f., 217, 249ff., 252
Brüglingen, Vorder- 30, **58**, 61f., 67, 87f., 90, 98, 104, *108ff.*, 112, 114, 126, 176, 197, 249; 268[a], 269[b], 283
Brüglingen, Bad 49
Brüglingen, Mühle 30, 49, 52f., 61, 67, 109; 282
Brüglingen, Villa, Park 30, 67, 112, 114
Brüglinger Ebene, s. Birsebene
Brüglingerstrasse (=Neue Walkestrasse; Basel) 32
Bruggstrasse (Reinach) 160, 164f., 171
Brunnwasser (Brüglingen) 49
Brunnwasser (Wintersingen) 181
Bubendorf BL 194
Büchisches Gut (s.a. Singerhof) 61
Bürgergemeinde der Stadt Basel 39, 46, 66, 72, 80, 88f., 95, 118, 134, 243ff., 247, 254
Bürgerrat der Stadt Basel 15, 39f., 41, 47, 48, 76f., 82, 89, 92, 97, 105, 118, 125, 127, 130, 133f., 137, 139, 147, 151f., 160, 176f., 198, 214, 216, 220, 254
Bürgerspital Basel, Spitalpflegamt 38f., 46, 60, 67, 72, 98, 109, 122, 120, 134, 153, 243ff.
Bund (Schweiz. Eidgenossenschaft, Behörden, Parlament) 69, 88f., 93, 116, 120, 128, 142, 183, 218f., 225, 242, 244, 248
Bundesgericht 68, 72, 75, 100, 170
Burgfelden F 89f.
Burgfelderstrasse (Basel) 130
Burenfeld (Ettingen) 186; 273[b]

Charmoille JU 18, 228
Chemische Fabrik Schweizerhall AG 139
Chilchenmatt (Aesch) 273[b]
Chrischona, Rekonvaleszentenstation 67
Colmar F 172
Courtine (=Pleenhof du Bas; Pleigne) 227

Davos GR 39
Delémont JU (Gemeinde, Bezirk) 69, 217, 220, 224f., 228
Derrière le Château, s. Hinterschloss
Deschlike (Magden) 172
Deutschland, Bundesrepublik 237, 241f., 244
Dick, Unterm (Aesch) 273[b]
Dornach SO 148f., 152
Dornachbrugg 148, 160f., 173

Dornacherstrasse (Basel) 118
Drahtzug (Neuewelt; Münchenstein) 50; 265
Dreiländeragglomeration, s. Basel, Agglomeration
Dreispitz (Flur, Hof; Basel) 43, 45, 49, 52, 64, 74f., *115f.*; 265[b]f.
Dreispitz (Lagerplätze, Gewerbeareal; Basel/Münchenstein) 28f., 31f., 47, 75, *115ff.*, 123, 127, 137, 168, 252
Duggingen BE 132

Ebenrain (Sissach) 133
Ederswiler JU 18, 206, 218, 220, 223ff., **226**, 227f.
Ehingersches Gut (Münchenstein) 197
Einwohnergemeinde Basel 38, 43, 45, 47, 66, 72, 76, 86, 88, 105f., 108f., 112, 120f., 126, 133f., 137, 153, 155, 158, 167, 171, 192, 194, 197ff., 202f., 242f., 245f.; 269[b]f.
Elisabethenstrasse (Basel) 40, 76, 241
Elsässer-Bahn 45
Elsass 56
Erlenhof (Reinach/Therwil) 155, 186, 188, *191f.*, *198f.*, **200f.**, 202, 205, 207f., 212, 219, 246
Ettingen BL 135, 186, 199ff., 203, 206
Ettingerbach (Aesch/Reinach) 186
Ettingerstrasse (Aesch) 199
Ewigsches Gut (Basel) 268[a]

Féchy VD 108
Feldreben (Muttenz) 90
Fichtenwald (Münchenstein) 119
Flühberg (Ettingen) 201
Les Fontaines (Hof, Mont-Tramelan) 160
Frankreich, Republik 89, 158
Freiburg, Kanton 153
Frenkendorf BL 169f.
Freuler (Muttenz) 85, 87f., 90, 128, 161, 166, 243
Freulerstrasse (Muttenz) 94
Frickgau 173
Fröscheneck (Muttenz) 147

Galgenmatt (Ettingen) 203
Gartenstadt (Münchenstein) 168
Geisswald (Pratteln) 147
Gellert, auf dem (Basel) 38, 44f., 46, 56, 73, 90, 96ff.; 269[b]
Gellertstrasse (Basel) 63
Gemeindewald (Aesch) 246
Gemeinschaftsschiessanlage, Lachmatt 147
Gemeinschaftsschiessanlage, Schürhof 203
Genève, Agglomeration (Stadtregion) 17
Geren (Arlesheim) 148
Gernlersche Erblehen (Basel) 64
Gillhof (Wigoltingen TG) 62
Giornicostrasse (Basel) 109, 121, 123
Glaserberg 189
Glocke, Rest. (Basel) 268[a]
Goldener Sternen, Rest. (Basel) 268[a]

Goleten (Muttenz)   143
Grenzweg (Aesch/Ettingen)   186
Grosse Allee (Brüglingen-St. Jakob)   102, 106, 113ff.
Grosser Rat Basel-Stadt   40, 44, 47, 102, 105, 112, 118, 120f., 153, 155
Grosser Teich (St. Albanteich)   113
Grossfeld/-wald (Löwenburg)   227
Gruth, Oberes   132f.
Gruth, Unteres (Münchenstein/Muttenz)   17, 21, 32f., 121, *127ff.*, 134, 147, 152, 197, 237, 249ff.; 286
Gundeldingen (Basel)   52, 116f., 121
Gundeldingen, Mittleres (Gut, Basel)   52; 266ª
Gundeldingen, Vorderes (Gut, Basel)   *52f.*; 265ᵇ

Habermatten (Hof, Basel)   160
Hänslisreben (Hof, Oberwil)   188
Hafenbahn, Birsfelder   32, 86, *87ff.*, 95
Hagendorn (Ettingen)   199, 202
Hagnaufeld (Birsfelden)   82, 95, *96*, 108; 266ª
Hagnauhof (Birsfelden/Muttenz)   17, 21, 28, 46, **58**, 62, 76, 79f., *81ff.*, **84**, 84f., 87, *90f.*, **93**, 94ff., 97, 108, 136, 161, 190, 194f., 198, 242f., 249, 252; 265ª, 284
Hagnaustrasse (Birsfelden)   91, 94
Hammerschmiede (Neuewelt)   50
Hangacker (Schlatthof)   202
Hard (Waldung, Muttenz)   77, 79ff., 83ff., 87, 89, 92f., **95**, 138, 242
Hardacker (Muttenz)   94f., 135
Hardflugplatz (Projekt)   47, *89ff.*
Hardfriedhof (Projekt)   *81ff.*
Hechtliacker (Basel)   39, 122; 269ᵇ
Hegenheim F   245
Herrenweg (Reinach)   165
Hersberg BL   18
Herten D   53
Hertenstein, Haus zum (Basel)   115
Heusslersche Bleiche (Lehenmatt, Basel)   282
Hexmatt-Zweien (Pratteln)   143
Hinterkirch (Reinach)   161, 165
Hinterschlatt (Schlatthof)   209
Hinterschloss (Hof, Löwenburg)   176, 189, 222f., 227, 229, 251
Hirzbrunnen (Hof, Basel)   160, 176
Hölstein BL   132
Hörnli (Gellert/Lehenmatt; Basel)   49
Hörnli, Friedhof am (Riehen)   83, 105
Hofacker (Muttenz)   77, 85f., 90, 94f.
Hofackerbrücke (Projekt)   88
Hofmatt (Münchenstein)   51
Hofwil (Münchenbuchsee BE)   35, 52f., 236; 266ª
Hohenheim, Stuttgart- D   266ª
Hohenrain (Pratteln)   269ª
Hohen Thierlin Stein (Basel/Münchenstein)   54
Holdenweid (Hof, Hölstein)   132f.
Hollenmatt (Aesch)   203
Hollenrain (Aesch)   215; 273ᵇ
Horburg, Friedhof (Basel)   80

Hülften (Frenkendorf)   169f.
Hüningen F   51
Hundsbuckel, Hundsruck (Basel)   13, 127

Iglingen (Magden/Wintersingen)   17, 21, 30, 32f., 83, 136, 140, 148, *172ff.*, **174**, **178f.**, 183f., 191, 234f., 249ff.; 285
Iglingen, Bruder-/Schwesternhaus   172
Iglinger-Tal (Wintersingen)   *181f.*, **182f.**
Inzlingen D   25, 64, 245, 251

Jakobshof (Muttenz)   94
Jakobsberg, Hinterer (Basel)   39, 242
Jakobsbergerhof (Basel)   39, *122f.*
Jakobsbergerholz (Basel)   56, 121, 126
Les Joux (Hof, Tramelan)   191
Jura (Naturraum)   172, 203, 225, 232, 236
Jura, Kanton   *224ff.*, 241f.
Jurabahn, s. Bernische Jurabahn

Kägen (Reinach)   135, **163**, *165ff.*
Känelscheuer (Arlesheim)   272ª
Kannenfeld, Friedhof (Basel)   80
Karlsbad CS   190
Kartause (Basel)   58
Kellerhalsscher Hof, s. Ziegelhüttenhof
Kirschgarten, Haus zum (Basel)   193
Kleinhüningen (Basel)   46, 105
Kleinlützel SO   222f., 228
Klosterfiechten (Hof, Basel)   53, 64, 108, 113, 121, 123, 126f., 155, 158, 202, 252f.; 285
Klünenfeld (Birsfelden/Muttenz)   81, 85, 90
Klushof (Pfeffingen)   159, 188, 199; 285
Klushof, Oberer (Pfeffingen)   109, 137, 159, 190, 202; 285
Klushof, Unterer (Pfeffingen)   190; 285
Klusreben (Aesch)   186
Kreuzbrunnen (Hof, Wintersingen)   177
Kreuzweg (Reinach/Therwil)   202
Krummenacker (Basel)   39, 122
Küchenacker (Basel)   64
Kunzenhof (Reinacherhof, Reinach)   160

Lachmatt (Muttenz/Pratteln)   17, 21, 30, 82f., 91, 132f., 134, *135ff.*, *142f.*, **144**, 195, 197, 234, 243, 249ff.; 271ᵇ, 284
Lachmattweiher (Pratteln)   144
Lärchengarten (Hof, Birsfelden)   286
Lahalden (Pratteln)   136, 142
Lai Prîrre (Hof, Pleigne)   227
Landauerhof (Basel)   45, 80f.; 268ª
Landhof (Reinach)   161
Lange Heid (Münchenstein)   52ff., 56, 64, 80, 123, 137, 168, 243
Laufen BE   222ff.
Laufental   223ff.
Lehenmatten (Basel)   67, 84
Leimental   201, 246
Leimgrubenweg (Basel)   80
Lettenacker (Reinach)   186

289

Leuwald (Reinach)   246
Liesberg BE   225, 228
Liestal BL   69, 130, 132, 142f.
Limmern (Basel/Münchenstein)   56
Linthebene   51; 265
Löchliacker (Muttenz)   77
Löwenburg, Gut (Pleigne)   14, 17, 21, 28ff., 91, 136, 176, *189ff.*, *194ff.*, **195**, 196, 216f., *222ff.*, **224**, 229, 237, 249ff.; 274[b]
Löwenburg, Gutsbetrieb   113, 127, *196ff.*, *203ff.*, **211f.**, 217, *220ff.*, **221**, **224**, 229, 249
Lostorf SO   176
Lützel, Kloster   189, 222, 227
Lützel, Fluss/Tal   189, 196, 223, 227
Luftmatt (Hof, Basel)   286
Lutzert (Muttenz)   94

Märkische Matten (Neuewelt)   52
Magden AG   18, 172ff., 176ff., 180, 184f.
Maisprach BL   18, 132, 176, 183
Mannheim D   51
Margarethenhof (Binningen)   109, 159
Markgräfler Hof (Basel)   60
Markhof (Herten)   53; 284
Mécolis (=Pleehof du Bas; Pleigne)   227
Mettemberg JU   18, 228
Metzerlen SO   76
Mischeli (Reinach)   171
Möhlin AG   18; 269[a]
Mont-Tramelan BE   160
Moulin-Neuf, s. Neumühle
Movelier JU   18, 223, **226**, 228
Mühlenteich (Arlesheim)   148
Mühlenteich (St. Albanteich; Brüglingen)   52, 68, 113
Münch von Münchenstein, Familie   189
Münchenstein BL   51, 54, 62f., 68, 80f., 104, 107f., 111ff., 118ff., 125, 127f., 132f., 135, 148f., 152f., 157, 160f., 168, 189, 197, 243, 245, 252
Münchenstein, Amt   58
Münchensteinerbrücke   51
Muldenacker (Schlatthof)   209
Muttenz BL   25, 70, 73, 77, 81, 83, 85ff., 92, 94f., 115, 118, 128, 133, 136, 138, 141, 143, 147f., 161, 166, 189, 243, 245, **248**, 252
Muttenz-Muttenzerfeld, Rangierbahnhof   74, 82f., 87f., *90ff.*, 93f., **95**, 98ff., 141f., 248
Muttenzerfeld (Muttenz)   17, 32, 43, *76ff.*, 82, *83ff.*, **84**, 87f., *90ff.*, 92ff., **95**, 98, 108, 116, 130, 135, 137, 235, 242f., 252
Muttenzerstrasse (Birsfelden)   91

Nationalstrasse N2   *92ff.*, **95**, 95f., 135, 141, 198
Neubach (Arlesheim)   148
Neuewelt, Neue Welt (Münchenstein)   49ff., *54ff.*, 66, 68, 107, 142, 197; 265, 282
Neuhof (Oberwil)   188
Neuhof (Reinach)   76, 89, 137, 160, 186, 188, 190, 235, 246; 274[a]
Neumättli (Arlesheim)   148

Neumatthof (Aesch)   246
Neumühle (Löwenburg)   17, 21, 189, **195**, *196*, 204, 212, 222, 225, 227, 251
Neusätze (St. Jakob; Basel)   52, 54, **58**, 73; 282, 284
Niederdorf BL   130
Niedergösgen SO   146, 193
Nordwestschweiz   18, 219f., 228f., 232, 237
Nusshof BL   18

Oberaesch (Hof, Duggingen)   132
Oberwil BL   76, 83, 112, 134
Öffentliche Materiallagerplätze auf dem Dreispitz   43, 86, 109, *117ff.*, 137
Önsberg (Magden)   174, 177f.
Oggimatt-Hardacker (Pratteln)   144f.
Oggimattstrasse (Pratteln)   146
Olsberg AG (Gemeinde, Stift)   18, 172f.

Pappelweiher (Lachmatt, Pratteln)   144
Park im Grüene (Rüschlikon)   108
Pfeffingen BL   47, 109, 128, 137, 146, 185, 194, 203, 245
Pfeffingerring (Aesch)   246
Pleigne JU   18f., 196, 206f., 218ff., 223ff., **226**, 227ff.
Pleujouse JU   18, 228
Porrentruy JU   191
Pratteln BL   80, 87, 136, 138, 141, 143, 146ff., 243
Predigerhof (Reinach)   17, 21, 90, 121, *123ff.*, **124**, 191, 252f.; 286
Predigerholz (Reinach)   123, 246

Quellsee (Brüglingen, Münchenstein)   111

Rämel (Waldung, Burg BE)   21
Räte, s. Stadtrat, Grosser Rat, Bürgerrat Basel
Rangierbahnhof, s. Muttenz-Muttenzerfeld, Wolf
Rankhof (Basel)   268[a]
Regensdorf ZH, Strafanstalt   222
Reichenstein (Waldung, Arlesheim)   161
Reinach BL   76, 89, 100, 123, 125, 135, 137, 142, 151, 159ff., 164f., 167ff., 186, 191f., 197ff., 206, 235, 243, 245f., **245**, 252
Reinacherheide   149, 165, 246
Reinacherhof (=Waldhof; Basel)   74
Reinacherhof (=Schweighauserscher Hof; Reinach)   123
Reinacherhof (=Kunzenhof; Reinach)   160f.
Reinacherstrasse, Alte (Basel)   40, 47, 74f.
Reinacherstrasse (Basel)   76, 121, 130
Rhein (Fluss)   93, 136, 138f.
Rheinfelden AG   18, 128, 142, 176
Ried(ern)matten (Aesch/Ettingen)   **186**; 273[b]
Riehen BS   83, 112
Roggenburg BE   18, 206, 218, 223f., **226**, 227ff.
Rosenhof (Muttenz/Pratteln)   141

Rotberg (Metzerlen) 76
Rothaus, Rotes Haus (Muttenz) 17, 21, 30, 32, 42f., 82f., 88, 93, 127, *135ff.*, **140f.**,142f., 160, 172f., 176, 191, 235f., 249; 265ª, 284f.
Rothausacker (Grenzach-Wyhlen) 136
Ruchfeld (Münchenstein) 49, 52, 56, 58, 62ff., 73, 83f., 98, 108, *115f.*, 122f., 127, 142, 160; 265ª
Rüschlikon ZH 108
Rüti BE 66
Rütiacker (Muttenz) 133

Schänzli (Muttenz) 84, 106, 142
Schauenburg (Frenkendorf/Pratteln) 136
Scherkessel (St. Jakob, Basel) 60, 62; 282
Schlatt (Aesch, Wintersingen) 177f., 188, 201
Schlattacker (Reinach) 186
Schlattfeld (Aesch) **186**
Schlatthöfe, Schlattgut 19, 46, 89, 126, 136, 155, 160, 173f., *185ff.*, *190ff.*, 197f., 237, 241, 246, 251; 273ᵇ
Schlatthof, Gutsbetrieb 159, **192**, *196ff.*, *203ff.*, **210**, **212**, 217ff., *220ff.*, **221**, 249ff.
Schlatthof, Hinterer (Aesch) 17, 21, 33, 83, **102**, 186, *190ff.*, 196f., 214, 234f., 242, 249; 273ᵇ, 285
Schlatthof, Vorderer (=Hellhof; Aesch/Reinach)) 17, 21, 45, 94, 126, **130**, 134f., *190ff.*, 194, *198*, 205, 207, 214, 222, 249
Schlattholz (Aesch) 198
Schlosshof (Pfeffingen) *128f.*, 146, 188, 194; 284
Schüracker (Muttenz) 85
Schürfeld (Aesch) 273ᵇ
Schürhof (Aesch/Ettingen) 17, 21, 30, 33, 83, **102**, 132, 146f., 159, 174, **186**, *190ff.*, 197, 203, 207f., **210**, 234f., 242, 249ff.; 286
Schwäbisch Hall D 136
Schwankenmatten (Neuewelt; Münchenstein) 50; 265ª
Schweighauserscher Hof (=Bottmingerhof; Reinach) 123, 160
Schweiz, Agglomerationen und Städte 17
Schweizerhalle (Muttenz) 85, 93, 127, 130, *136*, **141**
Seegarten (Brüglingen; Münchenstein) 114
Sesselacker (Basel) 56, 98, 123
Shopping Center Dreispitz (Projekt) 168
Siechenhaus, s. St. Jakob an der Birs
Siechenholz (Muttenz) 77, 94
Signal de Bougy (Féchy) 108
Singerfeld, Auf dem Singer (Basel) 45
Singerhof (Basel) 30, 44, 58, 61f., 66, 71, 97, 102, 114, 125, 174, 176, 191, 242, 249; 284
Singerweg (Basel) 73
Sisgau 173
Sissach BL 133, 194
Sohrhof (Wintersingen) 184
Solothurn, Kanton 244f.
Sonnenhof (Aesch) 89, 171, 246
Soyhières JU 228
Spitzacker (Bruderholz; Basel) 39, 123

St. Alban, Kloster (Basel) 61f., 81
St. Alban-Graben (Basel) 38ff.
St. Alban-Tal (Basel) 13, 151, 155
St. Albanteich (s.a. Grosser Teich, Mühlenteich; Korporation) 49f., 61, 67f.
St. Alban-Tor (Basel) 40
St. Jakob an der Birs (Basel) 33, *49ff.*, 53f., 56, **58**, *58ff.*, **63**, 63f., 66, 74, 77, 81, **84**, 95, *97ff.*, 114, 121f., 135f., 142f., 185, 193f., 255; 283
St. Jakob, Fabrik 58, 100
St. Jakob, Gartenbad 106
St. Jakob, Pachthof 29f., **58**, 61f., **63**, 66, 75, 87, *97ff.*, 104, 114f., 122, 160, 176, 236, 249; 283
St. Jakob, Reben 60f., 215
St. Jakob, Stadionanlagen 105
St. Jakobs-Berg (=Vorderes Gundeldingen; Basel)) 265ᵇ
St. Jakobsmatten (=Walkematten) 32, **102**; 267ª
St. Jakobsmatten (Schlachtfeld) Sportanlagen *97ff.*, 242
St. Jakobsstrasse 61, 105, 116; 266ᵇ
St. Johann (Basel) 69, 116
St. Johann, Güterbahnhof 118
St-Louis F 69, 245
St. Margarethen (Binningen) 53
St. Nikolauskapelle Iglingen 172
St. Peter (Lützeltal) 189
Stadthaus (Bürgergemeinde Basel) 39f.
Stadtrat, E.E. Grosser 36f., 50, 51
Steinboden (Hof, Pleigne) 189, 227
Sternenfeld (Birsfelden) 89, 93
Sternenhof (Reinach) 17, 21, 30, 32, 62, 83, 86, **102**, 125f., 142, 149, *159ff.*, **163**, **169**, *170ff.*, 191, 194, 197, 235, 237, 249ff.; 285
Stöckacker (Münchenstein) 168
Strassburg F 69
Sulzhof (Muttenz) 284
Surbaum (Reinach) 161

T18, s. Birstal-Autobahnzubringer
Tänikon TG 216
Taille, La Petite (Florimont F) 284f.
Talhof (Pratteln) 144
Teschlikon (Magden) 172
Teufelsgraben (Münchenstein) 134
Therwil BL 137, 153, 186, 192, 199, 206; 269ª
Thurgau, Kanton 13; 275ᵇ
Tramelan BE 191
Truchsesserhof, Hinterer (Basel) 39f.

Überlandbahn, Basellandschaftliche 142ff.

Vacheries-Mouillard(Courgenay) 284
Vellerat BE 225

Waisenhausgut, s. St. Jakob an der Birs
Waisenhausinspektion 58ff., 61

Waldhof (Basel) 17, 30, 42f., **58**, 114, 119, 123, 126, 249, 252; 268[a], 283
Walke (St. Jakob; Basel) 54, 58, 61, 64
Walkematte (St. Jakob; Basel) 267[a]
Walkeweg (Basel) 122; 269[b]
Wartenberg (Muttenz) 148
Wasserhaus (Münchenstein) 50f., 74
Wegacker (Schlatthof) 209
Weiden, Arlesheimer 165
Weiden, Reinacher (=Reinacherheide) 149, 165, 246
Weiden, Obere (Arlesheim) 148f., 151f., 158f.
Weiden, Untere (Arlesheim) 151, **154**, 155
Weidenmatten (Arlesheim) 148
Weidenhof (Arlesheim) 17, 21, 30, 32f., 83, 91, **100**, 109, 118, 135, 140, *148ff.*, **154**, 158ff., 161, 164f., 170, 173, 191, 195, 197, 234f., 237, 249ff.; 272[a], 285
Weissenbergerscher Hof (=Predigerhof; Reinach) 123
Wenkenhof (Riehen) 112
Wigoltingen TG 56, 62
Wintersingen BL 18, 172ff., 176ff., 181ff., 185
Wintersingerbach (Iglingen) 177
Wintersingeregg (Maisprach/Wintersingen) 173
Wolf, Wolffeld (Basel) 29, 37, 43, 49, 52, 56, 58, 64, 69ff., 98; 265[a]
Wolf, Gottesacker 32, 37, *38f.*, 58, 80f., 143
Wolf, Rangierbahnhof 43f., 69ff., 74, 86, 116f.
Wolfrain (Basel) 54, 60, 64, 115; 265[a]
Wyhlenfeld (Grenzach-Wyhlen) 136

Zentralfriedhof *80ff.*, 123, 137
Zeughaus Basel 47, 102, 174, 242
Zeughausmatte (Basel) 92, 102
Ziegelacker (Löwenburg) 214
Ziegelhof (Oberwil) 76
Ziegelhüttenhof St.Jakob **58**, 61f., 74f., 77; 266[b], 283
Zollfreilager Basel 47, 119
Zollhaus St. Jakob 58ff.
Zollwiden (Münchenstein) 49, 67
Zürich, Agglomeration (Stadtregion) 17
Zur Schönen Aussicht (Gut, Basel) 268[a]
Zuzgen AG 217

2. Personen, Gesellschaften

Aare-Tessin AG 146f.
ACV s. Allg. Consumverein
Aeby, Friedrich Hartmann 53; 282
Alioth, Achilles 149
Alioth, Joh. Georg 149
Alioth & Cie. Elektrizitätsgesellschaft 149
Allg. Consumverein beider Basel 75f.; 284
Aluminiumwerke Münchenstein 153
Amstutz, Eduard 89

Amstutz, Familie 236
Annaheim, Hans 15, 132, 172, 179
Anstalt zur Hoffnung 197
Arendt, Hannah 16
ARFA Röhrenwerke AG 120
Aviatik beider Basel 89

Bärtschi, Familie 176; 283, 285
Banga, Familie 132f.; 267[b], 286
Banga, Hofeigentümer (Pfeffingen) 128
Basellandschaftliche Zeitung 40
Basler Depositenbank 40
Basler Freilagergesellschaft 119f.
Basler Genossenschaft für Arbeitsbeschaffung 178
Basler Handelskammer 119f.
Basler Jugendheim, s. Verein für Jugendfürsorge
Basler Verkehrsbetriebe (s.a. Strassenbahnen) 243
Basler Webstube 191, 198
Basler Wohngenossenschaft 46
Beatus Papa 189
Beaulieu, Andrée 15
Bernhard, Hans 98; 275[b]
Bernische Jurabahn 69, 165
Bernoulli, Hans 45ff.
Berri, Melchior 61
Bienz, Georges 225f.
Bischoff, Wilhelm 40
Blattner, Theophil 283
Bloch, Ph. & L., Firma 284
Bodenehr, A. 173f.
Böhm, Hans 15
Bolza, Erich 48, 152
Boner. Georg 172
Bonneville, Ida de 196
Bradley, L.F. 15
Brenner, Ernst 98
Brown Boveri & Cie. AG 149
Büchler, Joh. Jakob 56
Bürgergemeinde, -rat, s. Basel-Stadt (Ortsregister)
Burckhardt, Margaretha (Merian-Burckhardt, M.) 53, 66, 70, 80; 282

Concordia, Fussballclub 102
Christ, Hieronymus 51f.

David, Adam 97
Dietschi, Joh. 173
Dietschy, Joh. 62
Dobler, Familie 132
Drei Eidgenossen, Vorstadtgesellschaft zu den 64
Dreyfus, Goetschel & Cie. 284
Dreyfus & Söhne, Firma 39, 122

Eicher, Joh. 282
Eidg. Alkoholverwaltung 215

Eidg. Forschungsanstalt für Betriebswirtschaft und Arbeitstechnik, Tänikon 216
Eidg. Forschungsanstalt für das forstliche Versuchswesen, Birmensdorf 216
Eidg. Landestopographie 275[a]
Eidg. Schätzungskommission/Schiedgericht 72, 88, 100, 143
Eidg. Schwing- und Älplerfest 102
Eidg. Technische Hochschule (ETH) Zürich 89, 92, 170, 216

Eisenbahner-Baugenossenschaft Basel 122
Elektra Baselland 146f.
Elektra Birseck 68
Elektrizitätswerk Olten-Aarburg 146

Faessler, Paul 11, 216
Falter, Felix 97f.
Fellenberg, Philipp Emanuel von 35f., 52f.; 264[b], 266[a]
Firestone AG 87, 146; 284
Flückiger, Familie 193; 273[b], 274[b], 285
Forcart, Carl Wilhelm 52f.; 266[a]
Forcart-Merian, Susanna 52
Forcart-Weiss & Burckhardt-Wildt, Firma 64
Forschungsanstalt für biologischen Landbau Oberwil 112f.
Forstverwaltung Basel 249
Frei-Land, Gesellschaft 44
Freuler, Landumlegungs-Genossenschaft *85f.*; 269[a]
Freunde des Botanischen Gartens in Brüglingen 110
Freyenberger, Joh. 58, 61, 236; 283

Gallusser, Werner A. 11, 14f., 225
Gas- und Wasserwerk Basel 32, 45, 158; 268[a]
Gasverbund Mittelland 158
Geering, Traugott 13
Geigy AG 130, 138f.
Gemuseus, Rudolf 52
Geographisches Institut der Universität Basel 13, 179f.
Gerber, Familie 236; 284f.
Gerig, Christian 61; 283
Girod, Otto 282
Gisiger, Familie 283
Gleim, Otto 116
Glenck, A. Freiherr von 136
Goethe, Joh. Wolfgang von 35; 264
Grastrocknungs AG Muttenz 203
Gredig, Joh. 285
Grosser Rat, Stadtrat, s. Ortsnamenregister
Grün 59 107
Grün 80 105, *106ff.*, 109f., 113, 159
Gschwind, H. 130
Gürtler, Mathias 132
Gutsbetriebe CMS 32, *196ff.*, *203ff.*, **204**, **206**, **212**, 215f., *220ff.*, **221**, 249ff., 255
Gutsverwaltung CMS 113f., 126, 181, *196ff.*, 214ff.

Hardwasser AG/Hardwasserdelegation 92
Hartke, Wolfgang 15
Hegner, Josef 62; 266[a]
Hell, Familie 185f.
Hell, Oskar 198
Hell, Peter 190
Heusler, Andreas 36, 41f., 76, 254
Hosch, Hieronimus 265[b]
Hummel, Theodor 45

Industrielle Werke Basel 243

Joller, Rudolf 45f.
Jugendheim, Basler, s. Verein für Jugendfürsorge

Kapp, Familie 282
Kardinal, Brauerei 138
Keller, bürgerrätl. Anzug 214
Kellerhals, Familie (St. Jakob-Waldhof) 283
Kellerhals, Emil 75, 77
Kellerhals, Familie (Hagnauhof) 91; 284
Kellerhals, Wilhelm sen./jun. 80, 82
Kestenholz, Heinrich 191
Kilcher, Karl 267[b]
Kirchen- und Schulgut, Basler 64, 66
Kissling, Richard 241
Kleinkinderschule zu St. Elisabethen 25, 64
Klingentalmühle AG 177, 181
Knapp, Familie 284
Knutty, Christoph 136
Koechlin, Wwe. 39
Koellreuter, Andreas 285
Korporation der Lehen und Gewerbe am St. Albanteich 68f.
Künzli, Otto 174
Kultur in Brüglingen, Verein 112

La Roche, Carl 115
Landgenossenschaft Jakobsberg 123; 271[a]
Landgesellschaft Bruderholz 121
Landkollegium Basel 51
Landökonomische Waisenanstalt (Basel) 35, 52f.
Landwirtschaftliches Arbeiterheim 191
Leuthardt, Familie 152, 158f.; 285
Liechti, Familie 236; 283f.
Löffel, Alexander 51

Martin, bürgerrätl. Anzug 134
Maurer, Emil 189
Meier, Hans 11
Merian-Burckhardt, Christoph (Sohn) 13f., *34ff.*, 38, 40ff., 46, 51ff., 54ff., 58ff., 61ff., 66, 69ff., 81, 106, 115, 121, 134, 136, 149, 196, 231, 234ff., 253ff.; 265[b], 266f., 282
Merian-Hoffmann, Christoph (Vater) 51ff., 56, 64; 265[b], 282
Merian-Iselin, Emanuel 136

293

Merian-Burckhardt, Margaretha 38, 53, 66, 70ff., 80; 282
Merian, Nikolaus 51
Merian, Susanna (Forcart-Merian, S.) 52
Merian-Respinger, Remigius 136
Meyer-Seiler, Adalbert 137
Meyer-Merian, Daniel 136; 284
Meyer, Jacob 50; 265
Meyer-Delhay, Theodor 137
Meyer, Werner 227
Miescher, Ernst 13, 25, 176; 272[b]
Migros-Genossenschaftsbund 108, 168, 170
Moser, Ernst & Gustav 190
Moser, Oskar 190; 274[a]
Moser, René 190, 196
Mühlethaler, Jakob 108; 283f.

Nebiker, Fritz 284
Nebiker, Hans 194
Nordwestschweiz. Milchverband 125; 284
Nussbaumer, Familie (Sternenhof) 193, 236; 285
Nussbaumer, Familie (Schürhof) 236; 286
Nussbaumer, Karl sen./jun. 191, 197

Pestalozzi, Joh. Heinrich 36; 264[b]
Pfaff & Co. 190
Pflanzlandkommission, Staatliche 269[b]
Pflanzlandpächter-Vereinigung Basel 97
Pflanzlandvereinigung Freidorf Muttenz 269[b]
Portmann, Familie (Lachmatt) 284
Portmann, Familie (Weidenhof) 285
Portmann, Niklaus 136
Psychiatrische Universitätsklinik Basel 133
PTT 154, 158f.

Ratzel, Friedrich 15
Rediger, Familie 109, 113, 159, 236; 282, 285
Rediger, Heinrich sen./jun. 74, 160
Regionalplanungsstelle beider Basel, Liestal 153f.
Reimann, Brüder 173
Reiterklub beider Basel 106
Rennverein, Basler 80, 102, 105
Richter-Linder, Joh. Jakob 148
Rupf, Vorstadtgesellschaft zum 64

Säurefabrik Schweizerhall AG 139
Saline Schweizerhall 136
Sandoz AG 139f., 142, 159, 199, 203; 271[b], 285
SBB, s. Schweiz. Bundesbahnen
SCB, s. Schweiz. Central-Bahn
Schäfer, Joh. Jakob 50f., 113
Schappecordonnetspinnerei St. Jakob AG 100
Schappeindustrie Arlesheim 148ff., 152, 170
Scheidegger, Familie 236
Scheuner, Gottlieb 173
Schindler, Waggon AG Lausen 146ff.
Schnyder, Hans 152; 285

Schröder, Ernst-Jürgen 188
Schumacher, Familie 176; 273[b], 285
Schwabe, Erich 11
Schweizer, Eduard 61, 68
Schweizer Bauer 176
Schweiz. Ausstellung für Garten- und Landschaftsbau, s. Grün 59/Grün 80
Schweiz. Bauernverband 89, 108, 191
Schweiz. Bundesbahnen 32, 44, 73, 85, 87f, 91f., 98ff., 105, 122, 137, 160, 190, 248
Schweiz. Central-Bahn 43ff., 64, 69ff., 82, 87, 116f.
Schweiz. Eidgenossenschaft, s. Bund (Ortsregister)
Schweiz. Familiengärtnerverband 110
Schweiz. Naturschutzkommission 106
Schweiz. Vereinigung für Innenkolonisation und Industrielle Landwirtschaft (heute: Industrie und Landwirtschaft) 98, 217; 275[b]
Schwind, Martin 231
Sedlacek, Peter 16
Siegfried, Philipp Jacob 15, 62, 141; 272[a], 273[b]
Silbernagel, bürgerrätl. Anzug 46
Spaar, Familie 125; 286
Speiser, Paul 45, 118; 271[b]
Stadtgärtnerei Basel 90f., 94, 97f., 111ff., 126, 153ff.
Stadtrat, Grosser Rat, s. Ortsnamenregister
Stächelin, Gregor 47
Staehelin, B. de B., Firma 54, 100
Staehelin & Respinger, Firma 58
Stamm, Werner 153
Stehlin, Hans Georg 51; 265
Stiftung im Grünen 108, 111, 114
Stoecklin AG Papierfabrik 151f.
Strassenbahnen, Kantonale (s.a. Basler Verkehrbetriebe) 142f.
Suter, Rudolf 11, 13
SVIL, s. Schweiz. Vereinigung...

Thaer, Albrecht 52; 266[a]
Thalmann, Jakob 284
Thurneysen-Bischoff, Joh. Jakob 52
Thurneysen-Merian, Joh. Ludwig 52
Trambahn Basel-Aesch, Gesellschaft 143
Transplan AG 168ff., 171
Tschanz, Familie 61; 283
Tschientschy, Simon 60
Tuhr, Andreas von 41f.
Tulla, Joh. Gottfried 51

Überparteiliches Komitee für den Brüglinger Bauernhof 110

Verband Nordwestschweizerischer Milch- und Käsereigenossenschaften 75
Verband Schweizer Drogisten 110
Verband Schweizer Gärtnermeister 107f.
Verein für Jugendfürsorge Basel 113, 191f., 198, 246

Verein für Säuglingsfürsorge Basel 75
Verklé, Jakob 282
Vidal de la Blache, Paul 231

Wanner, Gustav Adolf 13, 115
Watt, Jean-Amédée 190
Webern, E. Zunft zu 58, 61
Weiss, bürgerrätl. Anzug 47
Weitstich, Jakob 61; 283
Wenger, Jakob 53, 61, 236; 282

Wohngenossenschaft Kannenfeld 130
Würgler, Familie 61, 236; 283f.

Zentralverband Schweizer Milchproduzenten 75
Zeughausverwaltung Kanton Basel-Landschaft 153
Zeyer, J.M. 113
Zimmerli, Jacob 227
Zutt, bürgerrätl. Anzug 44

E quindi uscimmo a riveder le stelle

Lebenslauf

Ich, Justin Winkler, von Basel und Mettau/Aargau, wurde am 30. Juni 1955 in Basel geboren, als Sohn von Heinrich Winkler, Orthopädieschuhmachermeister in Basel, und von Elisabeth Stöcklin.

Ich besuchte von 1962 bis 1974 die Primarschule und das Humanistische Gymnasium in Basel. Nach der Maturitätspüfung Typus A im Frühjahr 1974 begann ich im Wintersemester 1974–75 an der Philosophisch-Historischen Fakultät der Universität Basel das Studium der Geographie (Proff. Dres. W. A. Gallusser und H. Leser), der Musikwissenschaft (Proff. Dres. H. Oesch und W. Arlt) und der Ethnologie (Prof. Dr. M. Schuster).

1981 bestand ich das Lizenziatsexamen und begann 1982 auf Anregung von Prof. Dr. W. A. Gallusser mit der Arbeit an der Dissertation, für die ich von der Christoph Merian Stiftung finanziell unterstützt wurde; ich schloss diese mit der mündlichen Prüfung am 30. Mai 1986 ab. Zum Zeitpunkt der Promotion bin ich als Assistent am Geographischen Institut der Universität Basel tätig.